경계와 소통, 한국 현대문학의 다층성

남 기 택 I 저

Communication across Boundaries,
Multi-Dimensionality of
Modern Korean Literature

책머리에

한국 근현대문학은 성립기의 결여와 혼란에도 불구하고 건실한 100여 년의 역사를 정립해나가는 중이다. 그 과정의 질곡과 시대적 길항을 문학사는 이미 효율적으로 기록하고 있다. 하지만 명멸했던 문학적 사건과 텍스트 양상이 쉽게 구획하기 어려운 다층적 범주를 구성하고 있음 역시 주지의 사실이다. 이 책은 한국문학의 다양한 성격에 접근하려는 하나의 입장이요, 그에 관한 통시론적이고 주제론적인 시도라 하겠다. 또한 이 책은 현대문학의 나아갈 방향에 대한 제언이기도 하다.

되돌아보니 필자의 지난 10여 년은 국문학의 다양한 경계를 둘러보고 소통의 가능성을 타진해 온 듯하다. 한국사회 내 변방의 지역을 오가면서 자연스럽게 우리 문학장 주변을 되돌아볼 수 있었고, 기존 정전의 관점으로부터 소외된 텍스트에 주목하여 재해석하고자 했다. 성공과 실패를 떠나, 이 책은 그런 노력의 현단계 결과일 수밖에 없다.

경계에 대한 사유는 외국의 다양한 장소 경험을 반복하면서 더욱 깊어진 듯하다. 지난 몇 년간 가깝게는 일본, 중국, 태국, 필리핀 등으로부터 멀게는 뉴질랜드, 멕시코, 미국 등을 돌아다녔다. 그 중 필리핀에서의 석 달과 미국에서의 1년은 그들 나라의 문학과 삶을 어느 정도 이해하는 시간이 되었다. 또한 두 나라에 미묘하게 오버랩된 역사와 문화적 이미지를 체감하는 계기였다. 이들 경험이 내게 준 교훈은 언어와 문화가 결국 삶과 역사로부터 무관하지 않다는 익숙한 진리였다. 하지만 강력한 단일민족 단위의 국가공동체에서 굵어진 사유와 몸이 그 차이를 실감하기에는 오랜 시간과 고민이 필요했다. 우선 급한 것은 우리 내부의 경계와 차이 문제를 일단락 짓는 일이었다.

이 책은 기왕에 개별 학술논문으로 기획되었던 글들에 의거하고 있기 때문에 전체적인 통일성 면에서는 관련이 부족할 수밖에 없다. 그럼에도 이 책의 기본 입장, 즉 한국 현대문학의 다층성을 다양한 시각에서 섭렵하자는 의도에 부합되는 글들을 선별하여 전체적으로 재구성하였다. 근대문학의 초기 단계로부터 최근 양상에 이르기까지 한국 근현대문학의 다층적 경계를 소통의 관점으로 모색하려고 한 데에서 의미를 구하고자 한다. 이 책의 각 장들은 한국 현대문학과 사회라는 보편적 주제에 다가가는 특수한 문제의식을 담고 있을 것이다. 또한 문학을 전공하지 않더라도 한국 현대문학의 기본적 이해로부터 우리 사회의 성격과 특수성을 파악하는 데 도움이 되는 하나의 교양 도서를 지향하고자 하였다.

내용은 크게 3부로 나뉘는데, 우선 첫 부분은 근대성(모더니티)과 관련된 글들이다. 한국문학과 모더니티의 문제는 한때 국문학 연구의 유행 담론이기도 하였지만, 일정 정도의 시간이 지난 지금의 시점에서도 여전히 문제적 쟁점임이 분명하다. 미적 근대성의 문제는 한국 현대문학을 연구하는 사람 나름의 관점으로 반드시 정립해야 하는 전제 조건이기도 하다. 여기 수록된 글들은 문학의 모더니티를 바라보는 하나의 시각을 제공할 것이다.

두 번째 부분은 우리 문학의 다양한 경계 양상에 주목한 글들이다. 특히 디지털 언어, 판타지적 상상력, 문학과 정치 혹은 소통과 관련된 주제가 다루어지고 있다. 우리 문학장의 활황은 세계적 관점에서 보더라도 특이한 현상이 아닐 수 없다. 자본주의가 미분화되면서 문학적 상상력의 지평 역시 더더욱 다양한 양상을 보이고 있다. 디지털의 보편화는 문학을 포함하여 모든 문화적 경계를 해체 재구성하는 핵심 기제일 것이다. 이때 경계와 지평에 대한 모색은 문학의 본질과 방향을 사유하는 주요한 수단이리라 본다.

마지막 부분은 문학과 로컬리티라는 표제로 관련된 글이 수록되었다. 장소성 혹은 로컬리티의 문제는 21세기, 국문학 담론의 주요 코드로 주목받고 있다. 이러한 입장에는 기존 미학의 공준을 재구하고 새로운 패러다임 모색을 통해 국문학 범주를 확장하려는 시의적 요청이 담겨 있다. 문학이라는 것이 현실적 삶과 무관하지 않다면 모든 문학은 궁극적으로 삶의 문학이요 지역의 문학이다. 지역은 곧 구체적 삶과 체험이 구성되는 현실적 장소이기 때문이다. 여기 소개되는 사례는 해당 텍스트를 바라보는 기존 관점들에 문학적 로컬리티의 의미를 더하고자 하는 실험적 노력들이라 하겠다.

우리 문학에 실재하는 다양한 경계, 기존 문학사가 미처 그리지 못한 장소와 내부. 이 서툰 저작은 그에 관해 충분히 설명하지 못한다. 하지만 문학적 다층성에 대한 관심과 이론적 접근들이 일련의 실천적 작업으로 연속될 때 한국문학의 개성과 깊이가 더욱 융성해지리라 믿는다.

2013년 2월

언장골 서재에서 남기택

차 례

PART 3. 문학과 로컬리티

PART 1

모더니티의 변주

01

근대문학사상의 형성과 효용(效用)

1. 한국문학과 근대

한국 근대문학의 형성을 보는 시각은 다양하다. 그것에 대해 기왕에 있어왔던 많은 논의들과 여전한 미결정의 질은 그만큼 관련 논점이 방대하고 또한 새로운 시각이 가능하다는 사실에 대한 반증일 것이다. 따라서 근대 혹은 근대문학의 기점을 한마디로 규정하기란 매우 어려운 일이다. 포스트모던 담론의 유행은 역설적으로 근대에 대한 진지한 성찰을 낳았고, 그렇게 되돌아본 근대란 자신의 규범적 토대를 구축하기 위해 끊임없는 자기성찰과 혁신을 실행하는 '계몽의 변증법'을 생래적 구조로 지니고 있는 것이었다.[1] 오늘날 문학적 담론의 수위 역시 완전한 근대를 향한, 혹은 모순의 근대를 지양하기 위한 실천적 노력에 닿아있다고 할 수 있

1) 하버마스(Jürgen Habermas), 이진우 역, 『현대성의 철학적 담론』, 문예출판사, 1994, 452면.

다. 이러한 근대의 보편적 질에 우리 사회와 문학이라는 특수한 현상이 어우러져 한국 근대문학이라는 실체가 형성되었다고 할 때, 그것을 밝히는 작업은 다각도의 사유와 검증을 필요로 하게 될 것이다.

결국 하나의 결정적 사고로 근대문학의 형성을 이해할 수는 없다. 한 예로 개항과 더불어 근대문학이 시작되었다는 관점은, 그 역사적 사건이 지니고 있는 근대적 성격 이면의 이질적 요소들을 떠오르게 한다. 개항은 근대를 향한 자생적 동인을 압살하는 내적 기제였으며 서구화를 곧 근대화로 도식화하는, 나아가 제국주의의 식민지 수탈에 교두보 역할로 기능하게 되었다는 이면을 지니는 사건이었다. 이러한 역사적 성격의 다층성을 무시한 채로 사회사적 전환을 문학의 기점에 적용시킬 수는 없을 것이다.

그렇다면 어떤 관점으로 한국 근대문학은 온전히 설명될 수 있는가? 오히려, 포스트모더니즘의 유행으로 재조명된 근대의 실체와 현재를 통한 새로운 반추2)가 담론의 유행으로 부각되고 있는 이때, '온전한' 설명이라는 이성적 시각 자체의 무의미함이 더욱 강조되고 있는 것은 아닐까? 이러한 난관 속에서도 근대문학은 다양한 방법론을 통해 새롭게 재조명되고 있다.

이 글의 관심은 근대문학론의 정립 과정에서 나타난 효용론적 양상의 본질과 의미에 관해서이다. 문학을 통해서 대중을 계몽하

---

2) 예컨대 가라타니 고진(柄谷行人) 식의 사유를 들 수 있겠다. 그가 조명한 일본 근대문학의 본질은 민족국가 성립의 장치 혹은 내면화된 체제 긍정이었으며, 그 '되돌아봄'을 견인했던 것은 바로 지금도 되풀이되고 있는 기원의 역학이나 지적 상황에 대한 인식이었다.(가라타니 고진, 박유하 옮김, 『일본 근대문학의 기원』, 민음사, 1997, 7-8면.)

거나 근대적 가치를 설파하려는 경향은 우리 근대문학의 형성시기에 종종 발견되는 현상이다. 그런데 근대는 자아와 합리성의 시대요, 문학에 관련지어 말하자면 그것은 자율적 형식을 발견하고 주체의 내면을 표현하는 독립된 매체로서 문학을 상정한다. 오늘날의 관점에서 문학은 그 안에 담은 내용이 근대적이든 혹은 전근대적인 것이든 개인적 서정과 내면이 문학 형성의 근간을 이룰 때 근대적라는 수사를 얻게 된다. 그런데 형성기 근대문학과 관련된 담론들에서는 개인의 주관과 자아에 기초하되 그것을 넘어서는 공론의 질, 문학 자체보다 그를 매개로 하는 계몽, 대의명분과 충효를 강조하는 유교적 가치관 등이 우선시되는 현상이 나타나고 있다. 이에 대한 기존의 연구들은 주로 전통과 형식의 문제에 초점을 맞춰 계승 혹은 단절론의 차원에서 논의되어온 듯하다. 이 글은 초기 근대문학과 관련된 담론들에서 나타나는 효용의 강조와 근대적 문학 형성과정이 어떠한 역학관계에 놓여져 있었는가에 대한 하나의 인식론적 접근이 될 것이다.

2. 근대문학관의 전개

우리의 근대문학은 소위 보편적 근대문학의 질과 많은 거리감을 가지며 형성되었던 것이 사실이다. 그것은 전근대적인 것이라기보다는 우리의 특수한 현상일 것이다. 이를 사상한 채 서구문학적 기준으로 근대문학을 규정하자면 우리의 근대문학 형성은 『무정』(1917)이나 『창조』(1919) 이후로 늦춰질 수밖에 없다. 실증성을 근거로 18세기설과 통칭 개화기(혹은 근대계몽기)를 부정하는 애국계몽기(1905-10)설은 민족문학적 관점에서 우리 문학의 근대적 전환을 실증하고자 한다.[3] 그럼에도 이 시기 애국계몽적 서사물들로써 문학적 근대를 실증한다는 것도 곤란한 일이 아닐 수 없다. 미학적 자율성의 차원에서 볼 때 이때의 작품들은 근대문학의 자율적 형식을 보여주고 있지 못한 것이 사실이기 때문이다.[4] 이에, 문학적인 것과 비문학적인 것의 혼효를 인정하며 문학 자체의 내재적 관점으로는 설명하기 어렵다는 주장이 제기된다.[5] 이 주장에는 문학장르를 분리함으로써 당대의 특이성을 제대로 보지 못한다는 참신한 문제의식이 깔려있는데, 우리가 실재하는 문학장(文學場)[6]을 부

---

3) 최원식, 「민족문학의 근대적 전환」, 민족문학사연구소 엮음, 『민족문학사 강좌·하』, 창작과비평사, 1995. 이후 최원식은 이를 발전시켜 한국의 계몽주의문학을 맹아기(1894-1905), 애국계몽기(1905-1910), 1910년대(1910-1919) 등으로 단계화시킨다.(최원식, 「한국계몽주의 문학의 세 단계」, 『근대계몽기 문예운동의 시각』, 민족문학사연구소 심포지움 자료집, 1998.)

4) 김영민은 실증적 자료 제시를 강조하면서 다시 1890년대를 근대문학의 기점으로 설정한다. 특히 이 시기 서사적 논설과 논설적 서사의 현실성, 문체, 매체, 전문적 작가군과 독자 등을 그 근대적 특성으로 지적하고 있다.(김영민, 「한국문학사의 근대와 근대성」, 문학과사상연구회, 『20세기 한국문학의 반성과 쟁점』, 소명출판, 1999.) 그런데 이 글에서도 '전환기적 서사 양식' '전환기적 문장'이라는 용어가 계속해서 사용되고 있다. 이는 온전한 근대문학의 양식적 특질을 구현하는 문학담론으로서 이 시기 작품들을 규정하기는 어렵다는 인식의 산물일 것이다.

5) 고미숙, 「근대계몽기, 그 생성과 변이의 공간에 대한 몇 가지 단상」, 『비평기계』, 소명출판, 2000, 218-224면.

6) 이는 부르디외(Pierre Bourdieu)의 용어로서, 그가 볼 때 문학의 장은 권력의 장과 피지배적인 위치에 놓여 있으며, 하나의 문화적 생산장의 자율성의 정도는 내외적 위계화의 종속성 여부에 따라 달라진다. 결국 문학장은 그 안에 들어오는 모든 사람들에게 작용하는 힘들의 장이요, 이 힘들의 장을 보존하거나 변형하려고 하는 경쟁적 투쟁들의 장이다. 나아가 그는 이 시스템의 생성적이고 통일적인 원칙은 투쟁 그 자체라고 단언한다.(피에르 부르디외, 하태환 옮김, 『예술의 규칙』, 동문선, 1999, 285-307면.) 이러한 근대문학장의 동력은 우리 근대문학 형성의 장에 있었던 다양한 문학상들의 대립과 충돌의 본질을 설

정할 수는 없을 것이다. 문학이 비문학과 혼효되어 있는 것이지 문학 자체가 존재하지 않았던 것은 아니다. 우리 논의의 초점은 문학장을 인정하고 그 형성과 변모를 구명하는 쪽으로 방향이 설정되어야 하리라고 본다.

이러한 저간의 사정을 감안한다면 우리의 근대문학은 어느 한 작품이나 서구적 가치기준으로 규정될 대상이 아닌 듯하다. 19세기 후반부터의 내외적 충격들 속에서 우리 나름대로의 근대문학적 특성들이 발현되고 구체화되는 것일텐데, 이러한 점진적 변화의 과정을 근대문학 형성의 과정으로 이해할 수 있을 것이다.

우선 근대문학의 형성에 물리적 계기가 된 사건이었던 1894년의 갑오경장 즈음을 보자. 주지하는 바와 같이 개항과 더불어 한국 사회는 서구 근대적 문물과 제도를 수용하기 시작한다. 많은 한계를 내포하는 역사적 사건이었지만 이 시기를 전후한 사회사적 변화는 한국 사회의 근대화에 현상적 계기가 되었다는 점을 부정할 수는 없을 것이다. 이와 더불어 우리에게도 근대사회의 지표라고 할 수 있는 민족국가 형성과 계몽주의에 대한 자각이 나타나게 된다. 그런데 근대사회의 상을 제시했던 사상의 연원에는 전통적 유교사상이 자리하고 있었다.

당시 개화파를 위시한 근대사상 수용의 노력들과 유교의 한 갈래인 실학이 그 사상적 연원에서 닿아 있다는 점은 새로운 사실이 아니다. 한 예로 급진개화파를 이끈 박영효와 온건개화파의 김윤식은 박규수의 제자로서, 그는 북학파의 대표적 인물이었던 박지

명할 수 있는 이론적 틀을 제공해 준다. 근대문학 형성기의 문학적 실천들은 자율적 문학장을 형성해나가는 하나의 과정으로 이해될 수 있다.

원의 손자였다.7) 물론 이러한 인맥이 사상의 실체와 직접 연관되는 것은 아니지만 사제간의 절대적 영향력이 존재했던 조선시대 학풍을 생각해볼 때, 또한 인맥과 학연의 영향이 오늘날까지 엄연하다는 사정을 전제한다면 그 영향력의 실체를 아주 부정할 수는 없을 것이다. 에두른 표현이기는 하나, 조선 후기에 유교이념이 사회적으로 확립되면서 사회의 중추적 역할을 담당했던 유학자들은 정통주의적 배척과 저항이라는 기본 태도를 지닌 채 수구적으로 또는 적극적 개화사상으로 현실에 대응해 나갔다.8) 결국 다양한 유교사상의 한 갈래가 자생적 근대의 모색 지점과 맞닿아 있었던 것이라 할 수 있다.

문학과 관련하여 보다 구체적인 근대적 사유를 제공하는 것은 애국계몽기의 주요 이론가들이라 할 수 있다. 독립협회의 성격과 노선을 이어받은 애국계몽사상은 국권신장과 민중계몽을 목표로 교육, 산업개발, 언론활동 등 문화적 측면에서 근대사회로의 전이를 꾀하였다.9) 이 중 대표적 이론가라고 할 수 있는 박은식, 신채호, 장지연 등은 근대문학사상의 형성에 직간접적인 영향을 미치고 있다. 우리의 전통적 문학관이 '재도지기(載道之器)'라는 효용론적 관점에 기초하고 있었다는 것은 잘 알려져 있는 사실이다. '문학(literature)'이라는 독립된 문학개념 자체가 근대의 산물이라고 할 수 있다.10) 이러한 근대적 문학관이 애국계몽기 박은식, 신채호, 장지

7) 한국철학사연구회, 『한국철학사상사』, 한울, 1997, 352-361면 참조.

8) 금장태, 『한국근대의 유학사상』(증보판), 서울대출판부, 1999, 31-36면.

9) 한국철학사연구회, 앞의 책, 364-369면 참조.

10) 동양에서 'literature'와 가까운 개념은 전통적 '文'의 개념일 것이며, 이는 선진(先秦)시기 혹은 『논어』에서보다도 앞선 상·은(商·殷)조의 갑골문(甲骨

연 등 개신유학자들에 의해 그 단초가 발견되는 것이다. 박은식과 장지연은 전통적인 '삼재지문(三才之文)'의 개념으로부터 탈피, '실질지문(實質之文)'이 되지 못하고 '허문(虛文)'으로 흐르는 당대의 문학 경향을 비판하였고, 이로부터 '문무일도(文武一途)'의 논의로 나아가는 양상을 보여주고 있다.[11] 그런데 이러한 혁신적 문학관 속에서도 전통적 문학론의 영향이 여전히 지속되고 있음을 알 수 있다. 당시의 '문학'이라는 관념 속에는 중국 식의 인식, 즉 '문장(文章)'의 의미에 '사상'이 접목된 것이 보편적으로 통용되고 있었다.[12] 이렇게 볼 때 당시의 문학 혁명이라는 것은 곧 사상의 혁명이라는 의미가 내포될 수밖에 없었고, 이 점은 문학에 대한 근대적 인식을 보여주는 동시에 여전한 전근대적 특성이기도 하다.

근대적이라 함은 물론 전대의 사상과 문학에 대한 부정적 인식을 보여주고 있다는 점을 가리킨다. 이전의 사상적 전통이 새로운

文)이나 동기(銅器)에서부터 발견된다. 그 이후로 중국에 있어 문학의 개념이 다변해 왔으나 기원전 2세기 이래의 관념들에서 서양에서 'terature'로 불렸던 것들과 상사점을 발견할 수 있을 것이다.(유약우(劉若愚), 이장우 역, 『중국의 문학이론』, 명문당, 1994, 29-36면.) 근대적 문학 개념의 성립에 관해서는 권보드래, 『한국 근대소설의 기원』(소명출판, 2000) 중 제2장 「'문학' 범주 형성의 배경」; 김동식, 「한국의 근대적 문학 개념 형성과정 연구」(서울대 박사논문, 1999); 황종연, 「문학이라는 譯語」(문학사와비평연구회, 『한국문학과 계몽담론』, 새미, 1999) 등 참조.

11) 홍신선, 「한국근대문학이론 형성과정에 관한 연구」, 동국대 박사논문, 1987, 94-102면.

12) 김윤식, 『한국근대문학사상사』, 한길사, 1984, 28-29면. 그에 따르면 형성기 근대문학에 대한 인식은 몇 가지로 분류된다. 첫째, 情의 만족을 강조한 육당과 춘원의 문학관, 둘째, 문학의 자율성을 강조한 김동인과 정지용류의 문학관, 셋째, 불교적 사상성과 관련된 만해류의 문학관, 넷째, 근대문학에 대한 전면적 부정을 보이는 단재류의 문학관 등이 그것이다.(같은 책, 19-23면.)

가치에 의해 멸절해야 할 구사상임을 개신유학자들의 문학론은 강조하고 있다. 그러나 이들의 문학론과 실천이 애국계몽운동의 일환이었다는 점, 따라서 효용으로서의 문학을 보는 태도는 전통적 문학관의 범주에서 벗어나지 못한다.[13] 또한 이들 사상의 근대적 성격은 민족국가의 수립과 계몽주의의 강조에서 찾아볼 수 있다. 그러나, 제국주의의 침략정책에 맞서 근대적 민족 개념을 인식하고 이를 위해 계몽사상의 정론화에 부단한 노력을 했음에도 불구하고, 이들 사상에 함의된 계몽주의의 성격은 서구의 그것과는 명백히 다른 것이었다. 우리가 기억하는 서구 계몽주의는 초기 근대의 합리주의 철학을 근거로 하면서 18세기 중엽에 확산되기 시작하였다. 그것은 시민적 공공성의 확립을 통한 시민사회의 형성, 자본주의 경제의 확립, 개인의 해방, 이성의 일방적 지배, 진보에 대한 믿음 등을 통해 전통과의 단절을 보여주고 있으며, 특히 우리 시대의 제문제를 배태하고 있다는 점에서 근대성을 담보하게 된다.[14] 물론 개신유학자들의 계몽사상 속에도 근대적 시민사회 형성을 위한 노력이나 사회 진보에 대한 믿음이 주요한 내용을 이루고 있었다. 그럼에도 흔히 이들의 한계로 지적되는 부분으로서, 유교적 세계인식에 기초한 나머지 중국과 일본을 동일한 유교적 문화권으로 이해한다든지, 제국주의의 침략을 정당화시키는 사회진화론에 이론적 기반을 삼고 있었다는 점을 부정할 수 없다.

---

13) 예컨대 신채호는 박은식, 장지연, 황현 등과 함께 토착 선비류로서 중화사상에 연한 위정척사파와 같은 부류는 아니라 할지라도, 전통사상에 기반을 둔 사상가의 범주에서 벗어나지 못한다는 것이다.(위의 책, 30면.)

14) 임정택, 「계몽의 현대성」, 김성기 편, 『모더니티란 무엇인가』, 민음사, 1994, 56면.

이러한 측면은 근대적 가치와는 다른 지속되는 전근대적 특성이라고도 할 수 있을 것이다. 한편 그것은 우리의 근대를 견인했던 특수한 현상이 아니었을까? 골드만(L. Goldmann)의 지적처럼 서구 합리주의와 경험주의, 계몽주의의 근간에는 전통 기독교 신앙과 변증법의 역사가 있었다.[15] 서구의 계몽주의가 인간의 행위를 지배하는 초개인적인 개념과 개인적 이성의 상호 대타적 의식 속에서 성장했던 것이라면 우리의 경우 개인 이성의 대립항에는 유교가 있었던 것이다. 유교적 가치관은 조선 민족의 에피스테메로서 이조 500년을 기능해 왔다. 한말 계몽주의의 충격은 유교적 가치기준을 근본적으로 뒤흔든 것이었지만 큰타자[16]로서의 유교를 발본직으로 재구성하기에는 그 충격이 자생적이지 못했던, 즉 지극히 외재적인 것이었다. 따라서 서구식 이성중심주의로의 이전은 여전히 요원한 문제였으며, 유교적 효용성을 매개하는 계몽사상은 우리 근대의 실체를 이루게되는 것이다.

근대적 문학의 개념이 보다 구체화되는 것은 이광수를 비롯한 유학세대에 이르러서이다. 백대진, 이광수, 최두선 등의 공통된 주장은 문학이 정의(情意)를 담고 있어야 한다는 것이었다. 이는 기존의 효용론적 문학론과는 변별되는 자율적 문학에 대한 독자적 인

---

15) L. 골드만(L. Goldmann), 문학과사회연구소 역, 『계몽주의의 철학』, 청하, 1983, 41면.

16) 여기서 '큰타자(Other, Autre)'란 '본질적인 교체성, 타자성(radical alterity, an other－ness)'을 가리킨다. 사실 라깡(Jacques Lacan)이 사용했던 문맥은 보다 복잡한데, 본질적 교체성(타자성)이란 언어나 법과 같은 것이므로 큰타자는 본질적 교체성이나 고유한 특성 내에서는 또 다른 주체가 되는 동시에, 다른 주체와의 관계를 매개하는 상징적 질서이기도 하다.(Dylan Evans, An Introductory Dictionary of Lacanian Psychoanalysis, Routledge, 1996, 133면.)

식이 아닐 수 없다. 기존의 문학에 대한 관념은 이광수와 최남선 등에 이르면 그 정론성을 벗고 '情'의 만족을 강조하는 근대적 문학관의 성격이 강화되는 것이다. 그러나 이 역시 문학의 자율성에 근거한 서구식 근대문학관과는 변별되는데, 그것은 바로 情을 知나 意 아래 격하시켰던 구사상에 대해 情의 독립성과 대등성을 주장함으로써 구사상으로부터 벗어나려는 무기로서의 문학관이라는 성격을 지닌다는 점에서 그러하다.[17] 요컨대, 유교적 효용의 관점 아래, 情으로서의 문학은 자신의 독자적인 자율성의 체계로 정립되어 나간 것이 아니라, 자율성의 형식을 빌어 상대적 독립성이라는 내용을 주제화하는 기형의 혹은 특수한 영역이 되었던 것이다.

이는 우리 근대문학의 형성의 장에서 나타나고 있는 분명한 문제적 현상이라고 할 수 있다. 이러한 현상은 대한제국 멸망 이후 문학의 자율성을 강조하는 김동인·정지용류의 문학관이 등장하기 전까지 지속된다. 그것은 서구적 근대와의 차이점인 동시에 우리 근대의 특수한 현상이었다.

3. 문학의 자리와 효용의 가치

실로 유교는 이조 500여 년 우리 민족의 정신적 삶을 지배해 왔던 에피스테메라고 할 수 있다. 구한말의 혼란에 이어 식민지 사회로 이르는 격동의 과정을 거쳤다고 하더라도 인식의 근원이 쉽게 뒤바뀔 수는 없었을 것이다. 더더욱 우리 근대의 특수한 성격은 유교적 가치의 잠재적 존속을 동인했다고 볼 수 있다. 무릇 근대란

---

17) 김윤식, 앞의 책, 19면.

민중 스스로의 변화의지에 의해 그 토대적 변모를 완성한다. 상부구조로서의 철학과 이론과 정치는 공론의 형성이라는 토대에 견인되어 서구 근대 사회의 완성을 낳게 되는데, 우리의 경우 조선 후기 민중의식의 각성이나 동학운동으로 대표되는 자생적 근대의 토대는 외세의 간섭이라는 지정학적 질서에 편승됨으로써 자생적 상부구조를 형성하는 데 실패하게 된다. 이른바 정치의 부재가 그 전형적 상황이다. 이광수의 근대적 계몽에 나타나는 유교적 효용의 양상은 이같은 혼동의 상황을 잘 반영하고 있다.

이러한 문제는 근대문학의 형성기라 할 수 있는 근대계몽기의 시점에서 더욱 확연히 드러난다. 근대적 민족국가의 수립이라는 당면 과세를 끌어안고 각종 애국계몽운동이 성행했던 당시, 소위 신학문이란 이름으로 민족적 자아의 인식과 국학의식이 발아되는 과정에서 실학의 부활은 그 뿌리가 유교에 닿아 있다는 점을 전제할 때 근대사상의 형성과 유교의 교착점을 단적으로 보여준다.[18)]

또한 신채호의 경우 후기 사상에 이르러 서구적 근대문학을 전면적으로 부정하고 있어, 또 다른 근대적 계몽의 유교적 편향을 보여주고 있다. 그의 사상이 결국 주자학적 세계관과 근사한 것이었다거나 한문의 의고체를 고수함으로써 관념의 추상성에서 벗어나고 있지 못하다는 지적[19)]은 그 단적인 예라 할 수 있다.

이러한 사정은 애국계몽기 문학개혁운동을 주장한 논자들에게서 공통적으로 발견되는 특성이 아닌가 한다. 신채호는 「천희당시

---

18) 임형택, 「20세기 초 신·구학의 교체와 실학」, 민족문학사연구소 편, 『민족문학사연구』제9호, 창작과비평사, 1996, 5-20면 참조.

19) 김윤식, 앞의 책, 33-34면.

화(天喜堂詩話)」(『대한매일신보』, 1909.11.9-12.4)를 통해 동국시의 혁명을 주장하는 등 문학개혁운동의 대표적 논자이다. 그의 국시 운동은 국민의 혼을 불러 일으킬 수 있는 가장 좋은 그릇이 시라고 보고 있다는 점에서 보수사림파의 문학관에서 크게 벗어나지 않는다.[20) 물론 보수사림들과는 달리 문학을 소일거리로 생각하지 않고 절대화하고 있다는 차이점이 존재하기는 하나, 이러한 문학관은 서구적 개념의 문학과는 분리된 것이요 당대의 시대적 이념을 문학에 담으려고 하는 도구적 문학관의 극단이었던 것이다.

근대문학을 논의하는 자리에 빠질 수 없는 이광수는 주정주의(主情主義)를 통해 근대적 문학관의 단초를 보이고, 나아가 중국을 타자화하며 조선의 자아를 강조함으로써 심미화된 문학과 민족적 정체성 자각이라는 전형적 근대의식을 보여주고 있다고 평가받고 있다.[21) 이처럼 그는 근대를 지향하고 유교 등 전통사상을 부정하는 의식적 경향을 보여주고 있다.

> ……從來, 朝鮮에서는 文學이라 하면 반드시 儒敎式 道德을 鼓吹하는 者, 勸善懲惡을 諷諭하는 者로만 思하여 此準繩外에 出하는 者는 唾棄하였나니, 是乃 朝鮮에 文學이 發達치 못한 最大한 原因이라.[22)

그럼에도 불구하고 그의 논의나 작품 속에는 유교적 관념이 종

---

20) 송현호, 「애국계몽기의 문학개혁운동과 문학론」, 『인문논총』제8집, 아주대 인문과학연구소, 1997.12, 14면.

21) 황종연, 앞의 글, 25-26면.

22) 이광수, 「文學이란 何오」, 『每日申報』, 1916.11.10-11.23. 인용은 권영민 편, 『한국현대문학비평사(자료Ⅰ)』, 단대출판부, 1981, 40면.

종 등장한다. 대표적인 예로 『무정』(1917)을 들 수 있다. 고아로 자랐다는 이광수의 전기적 사실과도 연관되면서 그의 자서전 격으로 해석되는 『무정』에는 유교적인 덕목의 하나로 꼽히는 정절 관념이 등장인물들의 관념 속에 전형적으로 나타난다.[23] 뿐만 아니라 『무정』의 정신적 심연에는 여전히 유교적 의리와 도덕 감정이 서사 진행을 통어하고 있다는 지적도 볼 수 있다.[24]

이광수의 소설 속에 유교적 관념의 편린들이 제시되고 있다는 사실은 무엇을 의미하는가? 『무정』은 문명개화라는 이광수의 초월적 목적론에 의지, 비근대적인 희생을 강요하면서도 근대를 지향한 이광수 계몽기획의 서사적 예증이었다.[25] 인식텍스트와 서사텍스트의 안벽한 합일을 추구하는 과정 속에 나타나는 이와 같은 어긋남이야말로 그 시기 근대의 특질이며 전근대의 유산이 아닐까. 거기에 바로 유교라고 하는 큰타자가 자리하고 있었던 것이다.

이광수에게 그 사상의 의식적·무의식적 편린들은 더욱 복잡한 양상으로 전개되고 있다. 이광수의 의식적 유교 부정은 그만큼의 수위로 유교적 습속을 은연중에 드러내게 된다. 그의 문학 담론에 나타나는 끊임없는 계몽의 정신, 전근대적 가치의 지향, 유교적 인간형의 인물 설정 등은 문학의 효용을 강조하는 그의 문학관과 아울러 전근대의 잔재이다. 우리는 이를 근대문학의식의 성립에 수반하는 유교의 습합, 또는 유교라는 큰타자의 억압이라 부를 수 있을 것이다.

---

23) 김윤식, 앞의 책, 52-59면.

24) 송기섭, 「도덕감정의 심연과 근대적 주체」, 어문연구학회, 『어문연구』32, 이회문화사, 1999, 359면.

25) 나병철, 『근대성과 근대문학』, 문예출판사, 1995, 32-36면.

그리하여 유교라는 사고의 틀은 문학에 있어 효용의 가치를 지속시키고 있다. 그것은 문학의 자리에 개화·계몽의 매체로 인식되던 시문학, 그리고 사실과 허구의 기본적 경계마저도 혼동되던 도구적 소설관을 낳았다. 이 효용의 가치를 전근대적인 것으로 규정하거나 소위 '개화기'라는 과도기로 상정했던 것이 그간의 문학사의 관례가 아니었나 한다. 그런데 우리 근대문학의 형성 시기를 '개화기'로 분류하여 본격 근대문학의 시기에 대한 과도기로 보는 입장은 이제 수정, 보완되고 있는 듯하다. 앞서 살펴본 바대로 최근 근대문학의 형성을 재고하는 논의틀을 통해서 이러한 문제의식은 보편화되고 있다. 즉 이들 논의에 이르러 근대문학 형성 시기를 근대시와의 변별적 특징을 보이는 시기, 혹은 과도기적 시공간 속에서 전통의 존속과 지양 과정으로 보는 시각의 문제점이 공통적으로 인식되기 시작한 것이다. 개화기를 설정하는 시각에서는, 시의 경우, 개화기 시가가 근대시와 변별되는 이유로 여전히 전통적인 가창 양식에 해당된다는 점이 지적되어 왔다. 이러한 시각은 "우리 근대 문학의 시발점이기도 했던 개화기 문학의 문학사적 의의를 전통의 창조적 계승과 극복이라는 관점에서"[26] 찾아보고자 하는 태도의 반영이다. 그런데 스스로 지적하고 있듯이 개화기 시가에는 당대의 다양한 계층들이 각기 다른 현실 인식을 가지고 전대와는 '전혀 다른 사상적 편린'들을 보여주거나 전통적 문학 장르가 새로운 내용과 형식을 수용하여 '변모'하거나 '쇠퇴'하고 있다.[27] 이러한 현상은 전대와는 구별되는 새로운 문학에 대한 인식

---

26) 윤여탁, 「개화기 시가를 통해 본 전통의 문제」, 『국어교육연구』, 서울대 국어교육연구소, 1997, 166면.

이 낳은 결과가 아닐 수 없다.

개화기 시가가 근대시와 구별되는 또 하나의 주요한 이유로 가창과 음영(吟詠)의 차원을 들 수 있다.[28] 이중의 문자체제 하에서 음영과 가창이 분리되어 향수되던 전근대 시의 구조에 비해 근대시가 한시의 전통을 따르고 있으며 개화기 시가는 국문시가의 가창의 성질을 이어받고 있다는 점을 부정할 수는 없다. 그러나 개화기 시가는 "시민사회 내의 자율적 의사 소통의 한 방식"[29]이라고 하는 근대 이전의 시와 변별되는 구조 속에서 존재한다. 그야말로 사회적 자율성의 소통구조를 생성의 매커니즘으로 갖게 된 것이요 애국계몽이라는 근대적 정서를 담아내는 매체로 기능했던 것이다. 따라서 개화기 문학은 근대문학의 타자가 아니다. 그것은 내외적 충격 속에서 우리 문학의 근대적 지향을 모색한 불완전하지만 온전한 모습이었다. 효용의 가치는 상징적인 권력을 지닌 채 자율적 문학장을 향하는 생성의 공간을 주도하고 있었던 것이다.

4. '충격'의 실체

우리 근대문학사상의 성립에 작용했던 변수, 그것은 일제로 대표되는 외재적 충격과 내적 토대의 성숙 등이라 하겠다. 민족에 대한 각성과 주체의 자각이라는 자생적 토대와 함께 일본을 통한 서구적 근대의 수용은 우리의 근대 사회와 문학을 형성해 나가는 데

27) 위의 글, 172-175면.

28) 위의 글, 181-182면. 그리고 김종철, 「20세기 한국시의 서정성과 전통」, 『포에지』, 나남출판, 2000 여름, 34-37면.

29) 김종철, 앞의 글, 37면.

결정적인 작용을 하게 된다. 일제의 식민통치, 오늘날까지 이어지는 이후 근대의 상은 결국 형성기 근대가 지속된 결과라고 봤을 때, 이때 작용했던 '충격'의 실체에 대한 해명은 우리의 근대를 이해하는 중요한 열쇠이다.

역사를 볼 때 근대의 발견은 곧 민족국가의 발견과 비례한다. 외세의 영향이 국가의 존망을 위협하던 무렵, 독자적 민족단위를 구획하고 그것을 국가체제로 정비하려는 노력은 근대의 필연적 과정이었다. 그러나 일제에 의한 충격은 우리의 민족국가 성립을 강제적으로 제한했고 따라서 근대를 향하는 우리의 자생적 노력은 일단 굴절하게 된다. 이처럼 제국주의의 사상적·제도적 침략이 미친 영향은 우리 근대의 형성에 있어서 간과할 수 없는 조건이었다. 거기에, 비록 일본을 통한 간접적 수입이기는 하나, 서구의 영향은 소위 '개화'라는 슬로건 아래 우리의 정치, 경제, 문화 등 모든 분야에서 그간의 가치 기준을 근본적으로 뒤집는 사건이었던 것이다.

이 강렬한 충격은 우리 근대문학사상의 형성에 부정할 수 없는 흔적을 남겨놓는다. 문학의 상은 서구적 규범의 내용과 형식으로 전이해 갔으며, 오늘날까지 이어지는 견고하고 독립된 미적 자율성의 영역으로 점차 자리잡게 된다. 또한, 근대문학 형성의 시기를 풍미했던 애국계몽 사상의 원천, 즉 상대적 단위로서 민족의 위상과 가치를 제고하고, 그것을 문학에 담아내려고 했던 효용적 문학관들은 외재적 충격의 직접적 결과가 아닐 수 없다. 그 충격은 전지구적인 것이어서 그다지 특별한 경우가 아닌 듯도 하다. 제국주의는 그만큼 근대가 보편화되는 하나의 구조였던 것이다.[30] 요컨대 근대의 보편성을 강조하면서 더더욱 중요해지는 문제는 우리 근대의 특수한 성격이다. 비교문학적 관점에서 제3국의 특수한 근대 이행의 과정이 설명되고 그로부터 다시 걸러지는 근대의 본질적 지류는 근대를 정리하고 전망하는 남은 과제일 것이다.

한편, 우리는 중국이나 일본과는 또 다른 이중의 굴절을 겪었다는 점에서 충격의 강도가 배가된다. 히야마 히사오(檜山久雄)는 동양이라는 독자적 공간에서 서양의 그것과 구별되는 근대의 창출을 인식한 인물로서 루쉰(魯迅)과 나쓰메 소세키(夏目漱石)를 주목한다. 그가 볼 때 동양의 근대화는 서양 근대의 충격을 기다려야 작동하기 시작했고, 그 조력(助力)은 중국이나 인도의 경우 침략의 형태를 취했으며, 일본은 모방문화라는 숙명을 안게 되었다는 것이다. 그리하여 루신에게는 자국의 전통에 뿌리를 둔, 소세키에게는 모방문화를 극복하고 자기본위(自己本位)의 독자적 근대를 창출하려는 노력이 비롯되었다.[31] 우리의 근대는 '모방문화의 숙명'을 지닌 일본에 의한 강점의 역사였으니 우리에게 있어 '동양적 근대'의 창출이란 자국의 전통을 넘어서면서도 '모방된' 서양을 극복해야 하는 이중의 과제를 안을 수밖에 없었다.

일본 제국주의와 모방된 서구라는 말로 근대의 충격을 단순화한다면, 우리에게 그 충격의 강도를 절감하게 했던 구체적 상황은 무엇이었을까. 여러 가지 조건이 있겠으나 무엇보다 정치와 경제

---

30) 제국주의로서 문화의 보편주의는 탈식민 시대에서도 주변 사회를 왜곡시켜 왔다. 탈식민 국가들은 전후 근대화나 개발 이데올로기에서 드러나듯 세계체제 이론에 적합해져야 했던 것이다.(강상중(姜尙中), 이경덕 · 임성모 옮김, 『오리엔탈리즘을 넘어서』, 이산, 1997, 174-175면.)

31) 히야마 히사오(檜山久雄), 정선태 역, 『동양적 근대의 창출』, 소명출판, 2000, 13-45면 참조.

의 식민지화를 들 수 있을 것이다. 근대사회로 이행할 수 있는 물리적 조건도, 이로부터 파생되어 또 다른 의미로 토대를 역규정하는 상부구조도 예속된 기형의 상황 속에서, 우리의 근대가 전대의 전범을 받아들이게 된 것은 자연스러운 선택이 아니었을까. 그것이 곧 유교일진대, 유교적 효용이 의식의 표면으로 부각되는 것은 일제에 의해 역수입된 서구적 근대사상을 받아들이는 이면의 구조였다고 볼 수 있을 것이다.

이광수의 의식적인 유교 부정은 분명 근대적 개인주의에 닿아 있었다. 그의 주정주의는 인간 내부의 자연과의 새로운 접촉을 절실한 것으로 간주했다는 점에서 낭만적인 것이며, 인간 마음에 대한 형식적 통제를 배격하고 인간 본연의 자발적 욕구를 긍정한다는 반유교적 특성을 지니고 있다.[32] 그런데 "정은 諸義務의 原動力이 되며, 各活動의 根據地니라. 人으로 하여금 自動的으로 孝하며, 悌하며, 忠하며, 信하며, 愛케 할지어다"(「금일 아한청년과 정육(今日 我韓青年과 情育)」, 『대한흥학보』10, 1910.2)에서 볼 수 있듯이 이광수에게 정은, 루소의 도덕적 자율성의 원천과도 같이, 인간 각자의 도덕적 행동을 스스로 규율하고, 인간 사회의 윤리적 이상을 자발적으로 실현하게 만들어주는 것이다.[33] 이러한 주장의 맥락에는 이성에 의해 인공적 인간관계의 형성을 지적하는 홉스(Thomas Hobbs), 감정이 인간적 대타관계를 형성시킨다는 도덕감정이론을 주창한 스미스(Adam Smith), 하나의 인격이 정치와 경제와 윤리 등 삼중의 구조로 인격화되는 자기입법의 구조를 지닌다는 칸트(Immanuel Kant) 등

32) 황종연, 앞의 글, 33-34면.

33) 위의 글, 35면.

근대적 주체에 의한 시민사회의 형성과도 긴밀하게 연관되고 있다.[34] 그러나 우리가 이광수에게서 함께 보아야 하는 것은 이중의 굴절, 먼저 그러한 근대적 자아관이 정치혁명이나 산업혁명으로 이어지며 자기통제의 근대 시민사회로 발전되지 못하고 있다는 구체적 현실과, 나아가 자기통제적인 근대적 시민의식이 결국 계급적 · 민족적 · 인종차별적 배제의 이데올로기 장치로 기능하게 된다[35]는 보편적 현실이다. 이광수에게서 나타나는 의식의 혼란은 정치 부재의 시대와 배제적인 근대적 자아에 대응하는 방식의 어려움을 보여주고 있다.

요컨대 「금일 아한청년과 정육」에서처럼 이광수 의식의 부면에 떠오른 '충'과 '효'의 강조는 분명한 유교의 산상이다. 또한 유교적인 인간상, 유교적 가치 지향의 인간형은 근대적 가치의 강조와 더불어서 그의 텍스트를 구성하는 요소이다. 이는 불완전한 근대적 자아의 형상이라 할 수 있다. 우리의 자생적 토대가 외래적 충격에 닿아 맺힌 정신적 상처, 그것은 전근대의 큰타자인 유교가 근대적 문학사상의 형성에 끊임없이 접목되는 흔적이었다.

이러한 굴곡은 중국의 경우도 유사하게 나타난다. 중국 근대문학의 중요한 논자 중 양계초(梁啓超)와 5.4 계몽주의 문학가들은 문학을 구망(救亡)과 계몽을 위한 효과적인 수단으로 이해하였던 것이다. 그리하여 주제의식을 형상적 언어로 승화시키지 못한 채 관념적 언어를 그대로 노출시키게 되는데, 이는 문학적 사유에 기반하

---

34) 자기통제적 근대 시민사회의 성립과 성격에 대해서는 이마무라 히토시(今村仁司), 이수정 옮김, 『근대성의 구조』, 민음사, 1999, 145-158면 참조.

35) 위의 책, 172-176면.

지 않고 문학의 유용성에 대한 환상에 기초했기 때문이다.[36] 이들의 문학적 실천이 중국의 효용론적 문학관의 전통과 매우 밀접하게 연관되어 있다는 사실은 새삼스러운 것이 아니다.

양계초의 사상이 우리 근대문학 형성기 개신유학자들에게 직간접적인 영향력을 지니고 있다는 점 역시 주지의 사실이다. 그가 소설의 효용적 기능을 강조한 점이라든가 동국시계혁명론으로 한시의 혁명을 주창한 것은 우리 애국계몽사상가들이 선험한 문학을 보는 새로운 태도였다.[37] 그 안에 효용론의 전통이 매개되어 있었으니, 유교적 효용의 가치는 근대문학사상의 형성에 이중 삼중의 영향력을 발휘했던 타자의 자리에 놓일 수밖에 없었던 것이다.

그것은 정신질환일까? 이에 대한 해답은 근대의 가치를 어디에 두느냐에 따라 달라질 것이다. 분명한 것은 서구의 가치기준에 대한 많은 회의가, 오늘 담론의 화두가 되고 있다는 사실이다. 또한

---

36) 이종민, 「근대 중국의 시대인식과 문학적 사유」, 서울대 박사논문, 1998, 9면. 양계초의 주요한 문학적 실천 중 하나로서 전통적 문이재도(文以載道)론의 변형태인 '문이재군(文以載群)론'을 들 수 있다. 이는 문학의 힘을 빌어 중국의 현실을 개혁하려는 정치 중심의 문학적 사유로서, 이때 '군(郡)'은 '천하의 공리'이자 '만물의 공성'으로, 우주 만물의 선험적 본질이자 최고 원칙이라는 의미를 지닌다. 이처럼 '군의 세계에 근본한 문학'은 양계초의 문학적 사유의 궁극적 관심이며 동시에 그의 혼란을 상징하기도 하는데, 요컨대 文以載道론에 기반한 전통문학을 같은 방식으로 비판함으로써 비근대적이고 비문학적인 한계를 지닌다는 것이다.(같은 글, 114-123면 참조)

37) 물론 신채호의 동국시 혁명은 양계초의 그것과는 다른 내용성을 지닌다. 송현호의 지적대로 양계초의 동국시계혁명에는 한국의 한시가 포함되지 않은, 중국시의 혁명 선언과 같다. 신채호는 한문 숭상의 태도를 탈피하는 것이 진정한 혁명이라고 보고 '국자(國字)를 다용하고 국어로 성구(成句)'하는 일이 무엇보다도 중요하다고 역설하고 있다.(송현호, 앞의 글, 9-11면) 이러한 양계초의 사상이나 그에 대한 신채호의 수용과 그 '극복'의 이면에는 유교주의가 공통적으로 매개되어 있었음을 확인할 수 있다.

가치평가의 이전에 전제되어야 할 것은 우리 근대문학 형성기에 나타난 다양성의 실재이다. 유교적 효용의 강조가 근대문학사상의 한 특성인 것과 동시에 재래의 문학관을 강조하거나 서구적 자율성의 문학으로 지향하려는 다양한 현상이 하나의 일반화를 거부한 채 혼효되고 상충했던 지점이 바로 근대문학 형성의 장이었던 것이다. 이는 근대문학 형성기에 나타난 외재적 충격의 효과라고도 할 수 있을 분명한 현상이었다.

유교적 효용은 오늘날까지 우리의 정신적 삶을 지배하는 중요한 인식소이다. 우리에게 남아있는 뿌리깊은 남성우월주의, 체면과 겉치레를 중시하는 습속, 파벌, 학연, 지연 등 굳이 설명하지 않더라도 유교적 가치의 존속을 부정할 수 없는 현실이다. 물론 그것을 이야기할 때는 우리 민족적 삶의 정체성을 유지시켜주는 긍정적인 측면이 분명 포함되어야 한다.

그 막대한 영향력은 우리 근대문학사상을 성립시키는 지점에서도 발견되고 있다. 우리에게 있어 근대란 전통적 삶의 기준으로부터 새로운 세계로의 전이를 모색하는 과정이었으며, 정치의 부재와 모방된 서구를 뛰어넘어야 하는 이중의 부담을 안은 현실이었다. 이때 문학은 새로운 세계상을 모색할 수 있는 효과적 도구였다. 이 고군분투의 과정 모두(冒頭)에서부터, 전대의 가치기준으로서 유교적 효용의 관점은 지속적인 영향을 미치게 된다. 그것이 실재했던 시공간 속에서 근대문학의 상은 정립되어 갔다.

유교적 효용은 여전히 문제적인 삶의 가치기준으로 기능하고 있다. 문학장 내에서도 근대문학의 형성과정에 나타났던 정신적 상처는 여전히 지속되고 있다. 이는 우리들 정신적 외상의 근거가 온전한 민족국가 성립, 자율적 사회경제구조의 형성이라는 미완의 과제로 여전히 남아 있는 현실과 같다. 그리하여 유교적 효용성은 오늘날에도 문학담론의 유행주의를 낳고 보편적 인간형으로서 유교적 인간형을 그려낸다.

이를 평가하는 작업이 앞으로 중요할 터인데, 형성기 근대문학의 담론에서부터 지속되어온 효용적 사고방식을 지양해야 할 전근대의 유산으로 치부할 수 있을까? 이는 다양하게 모색되고 있는 근대적 가치의 해명 과정에서 끊임없이 고개 드는 큰타자로서의 자기 위상이 밝혀질 때 비로소 평가될 수 있을 것이다. 그와 함께 정신병을 앓고 있는 근대문학 혹은 우리의 구체적 근대는 가시화될 수 있다. 이 글이 담고 있지 못한 많은 논구의 여백들은, 그런 현재화의 노력 속에서 하나둘 해결되어야 할 과제들일 것이다.

02

동화적 상상력과 근대문학의 성립

1. 동화적 상상력과 근대

동화적 상상력이 본격적인 문학 형성의 동력으로서 문학장 속에 개입되는 시점은 근대적 아동문학 장르가 개척되는 시기, 즉 방정환의 소년운동이 전개되고 그 일환으로 잡지 『어린이』가 출간되는 1923년 전후가 될 것이다. 그러나 아동문학의 본격적 전개 이전에도 그와 같은 성격의 문학적 행위가 존재하지 않았다고는 할 수 없다. 아동문학을 포함하는 근대문학 자체가 미적 자율성의 형식이라는 제도 이전에 다양한 문학적 실천들의 혼효와 상충을 동반하고 있는 사건이었다. 예컨대 문학을 통한 효용의 추구는 근대문학 이전과 이후를 관통하는 주요한 속성의 하나이다. 이러한 지적이 '문학'이라는 개념의 발생적 맥락, 즉 문학이 제도의 성립과 더불어 창출된 근대적 역어(譯語)라는 사실을 부정하는 것은 아니다.[1] 다만, 그것을 어떤 표현으로 부르든 문학적 행위는 제도와 무관하게 지속되었던 실체적 활동이라는 사실을 상기하고자 할 따름이다. 동화적 상상력 역시 각종 신화나 설화를 포함하여 고전문학의 주요 모티프로서 산견될 뿐만 아니라,[2] 근대문학의 형성과 전개를 담당하는 동력의 일환으로 문학장 속에서 기능하게 된다. 『소년』(1908)을 통한 최남선의 출판문화 운동이 근대문학의 형성에 지대한 영향을 미친 사실은 주지하는 바와 같다. 『소년』에 이은 『붉은 저고리』(1913), 『아이들 보이』(1913), 『청춘』(1914) 등의 발간 목적이 젊은 독자를 대상으로 한 계몽의식의 설파에 있는 동시에, 그러한 목적으로 인하여 주요 논조가 낭만적 이상과 동경의 정서에 기초하게 된다는 점 역시 남다른 지적은 아니다.

그럼에도 불구하고 동화적 상상력이라는 문학 발생의 한 요소가 근대문학장의 성립에 어떠한 역할을 담당하고 있었는가에 대한 접근은 동화 혹은 아동문학이라는 개별 장르의 연구 분야에만 국한되고 있는 듯하다. 그 이유는 우선 동화적 상상력이 근대문학장 속에 본격화되는 배경과 관련된다. 아동문학은 소위 근대 기획의 일환으로 문학장에 등장하게 된다. 그리하여 그것은 계몽주의 패러다임의 최전선에서 기획의 의지에 종속됨으로써 '문학'으로서의

---

1) 근대적 문학 개념의 성립에 관해서는 권보드래, 『한국 근대소설의 기원』(소명출판, 2000) 중 제2장 「'문학' 범주 형성의 배경」과 김동식, 「한국의 근대적 문학 개념 형성과정 연구」(서울대 박사학위논문, 1999), 황종연, 「문학이라는 譯語」(문학사와비평연구회, 『한국문학과 계몽담론』, 새미, 1999) 등 참조.

2) 예컨대 이정자는 향가와 그 배경 설화 속에 나타난 동화적 요소를 지적한다. 이를테면 「서동요(薯童謠)」의 가사내용은 동화에서나 가능한 주술적 요소를 담고 있으며, 그 배경 설화 역시 한 편의 동화라 할 수 있다. 서동이의 신이적(神異的) 탄생설화, 서동이의 동요 전파, 공주와의 만남, 법사의 신통력 등이 그것이다.(이정자, 「향가와 그 배경 설화에 나타난 동화적 요소 고찰」, 건국대 동화와번역연구소 편, 『동화와 신화』, 새미, 2002, 81-83면)

자격을 얻지 못하는 것이다. 주체적 근대의 역사(役事)를 위한 '소년'의 등장 역시 동궤의 한계를 벗어나지 못한다. 또한 기존의 문학사가 아동문학에 부여한 구성적 지위, 즉 동화와 동시 등 아동문학은 근대문학의 주변부에 위치한다는 점을 들 수 있겠다. 다시 말해 동화라는 장르는 본격적인 문학에서 주변적인 위치에 놓이며 특수한 독자층에 한정된다는 시각이 그것이다. 그 밖에도 분명한 장르 구분, 즉 문학과 아동문학의 구분은 문학에 포함된 동화성의 요소를 '미적 자율성'의 하위 수단으로 특화시킨다. 따라서 아동을 대상으로 한 '아동문학'과 미적 자율성으로서의 '문학'이 엄격하게 분리된다. 이러한 시각으로 볼 때 아동문학은 본격 문학 논의의 대상이 되기에는 한계를 지닌다. 형식적인 면에서나 내용적 측면에서 동화 혹은 동화적 상상력을 모태로 한 문학은 본격 문학의 성립과 발전 과정에서 주변적인 대상일 수밖에 없었다.

이러한 기존의 입장은 문학과 아동문학을 구별하는 문학사의 관성이 그대로 반영된 결과라 할 수 있다. 이 글은 동화적 상상력을 장르적으로 한정하는 시각에서 벗어나 그것이 근대문학 일반에도 일정한 영향력을 행사하며, 또한 다양한 전개 과정에서 하나의 역할을 담당하고 있다는 입론 아래 최남선의 경우를 주목하고자 한다. '소년'으로 상징되는 최남선의 계몽사상은 근대문학의 형성에 중요한 역할을 한 바 있다. 아동문학사의 쟁점 중에는 그 기원과 관련하여 『소년』을 중심으로 한 최남선의 문학 활동이 포함된다. 이러한 논란 속에는 아동문학의 기점을 그에게로 소급할 수 있느냐의 문제만이 아닌 대상화된 아동을 상상적으로 그려나가는 차원, 그와 더불어 문학의 성립을 매개하는 동화적 상상력의 작용이라는 문제가 동시에 관련된다. 이 글은 이에 대한 시론격의 접근에 해당할 것이다.

2. 문학장의 성립과 동화적 상상력

우선 이 글에서 사용하는 동화적 상상력이라는 개념에 대해 그 의미망을 한정할 필요가 있겠다. 이를 위해 동화라는 장르의 일반적 개념과 발생 과정을 간략히 정리하면 다음과 같다. 동화는 산문이면서 시적이요 공상적인 이야기로서 발생사적으로는 소설의 모체라 할 수 있다. 소설과 다른 점으로 동화는 추상적이요 공상적인 요소를 가지며 서술에 있어서도 줄거리에 치중하면서 산문시적인 표현을 하며 디테일의 묘사는 거의 존재하지 않는다는 점을 들 수 있다. 소설이 치밀한 묘사와 정확하고 과학적인 계산 아래 씌어지는 데 비해서, 동화는 함축성 있는 단순한 묘사를 지향하고 그 내용에서도 공상적·초자연적 세계를 그릴 수 있는 것이 특징인 것이다.[3] 이러한 동화는 구전되어 오던 전래 동화를 계승하여 문학으로서의 위치를 확보하게 된다. 근대적 동화의 모태로 거론되는 그림(Grimm) 동화나 안데르센(Andersen) 동화 역시 이와 같은 성립 과정을 거치고 있다. 본격적 창작 동화의 발생 또한 옛날이야기를 재구성하는 차원에서 비롯됨을 볼 수 있다.

동화적 상상력은 이러한 동화를 성립시키는 정신일 것이며 장르에만 국한되는 요소는 아니다. 사후적 해석이긴 하나 구전 설화나 옛이야기는 이미 동화적 상상력의 소산이라고 할 수 있을 것이다. 범박한 차원에서 정의내리자면 동화적 상상력은 동심에 기초

3) 이원수, 『아동문학 입문』(개정판), 한길사, 2001, 30면.

하고 있으며 환상성과 낭만성을 포함하는 문학적 장치이다. 여기에는 환상에 근거하고 있는 서사구조, 우화적 내용을 주제화함에 있어 토속적인 소재를 취하거나 방언을 활용하는 수사기교 및 이미지 등이 포함될 수 있다. 의도적인 동심 지향성과 유년기의 체험을 주된 소재로 활용하고 있는 경우도 동화적 상상력에 바탕한 문학 양상이라고 할 수 있겠다.

그렇다면 공상적 요소를 근간으로 하며, 이러한 모티프를 지닌 모든 문학을 동화적 상상력의 소산이라 규정할 수 있는가의 문제가 발생하게 된다. 이와 관련하여 한 작가의 작품세계 전반을 통해 동화적 상상력이라는 문학 발생 요소가 존재하는지의 여부가 신중히 판단되어야 하리라고 본다. 그 결과 단순한 소재의 차원을 넘어 동화적 상상력의 의식적 구사가 문학세계의 주요 요소를 이루고 있는 경우를 준별해나가는 작업이 필요할 것이다. 본고에서 주목하고자 하는 최남선의 경우 외에도 이광수, 전영택, 이무영, 백석, 윤동주, 이태준, 정지용 등의 문학은 동화적 상상력과 긴밀하게 연관되어 있는 예에 해당한다. 그 외에도 동화적 상상력의 구조를 문학세계의 주요 요소로 지니는 작가들이 다수 존재하는 이유는 초기 근대문학장에 있어서 아동문학과 일반문학의 엄격한 구분이 존재하지 않았다는 특성과도 관련이 있다. 예컨대 정지용과 이태준은 1920년대 후반에서 1930년대 초에 걸쳐 아동문학을 본격문학으로 승격시키는 데에 결정적 기여를 하게 된다.[4] 이러한 근대문학의 다양한 성격들이 아동문학적 관점에서는 물론 일반문학사의

4) 원종찬, 「정지용과 이태준의 아동문학」, 『아동문학과 비평정신』, 창작과비평사, 2001, 324면.

차원에서도 심도 있게 연구되어야 할 것이다. 또 다른 예를 들자면 동화적 상상력의 의식적 구사와 관련하여 백석을 주목할 수 있다. 백석은 1930년대의 특유한 모더니즘적 성과를 이루어내는 과정에서 동화적 상상력을 매개하고 있으니 이는 자기만족적인 소재주의의 아동을 벗어나는 경지라 할 수 있다. 또한 그러한 특성을 해방 이후에까지도 지속시키고 있는 드문 예에 해당한다.[5] 이를 통해서 우리는 동화적 상상력이 아동문학 뿐만 아니라 일반 문학 속에서도 미적 자아에 대한 인식과 더불어 문학의 한 속성으로 존재한다는 점을 확인할 수 있다. 동화적 상상력은 불구적 근대를 복원하는 능동적 기획으로서의 성격과 계몽주의 서사의 완성을 향한 도구적 이성의 수단이라는 성격 등 복합성을 지니는 근대문학의 한 동력이었던 것이다.

동화적 상상력이 본격적으로 근대문학의 장에 개입되는 과정은 아동문학의 성립과정과 크게 다르지 않다. 동화적 상상력이 수반하는 근대문학적 성과를 논하기 위해서는 근대문학장 속에서 동화

---

5) 나아가 백석의 문학세계는 일본의 근대 작가 아쿠타가와 류노스케(芥川龍之介)와 동화적 상상력이 관련된 대비점을 지니고 있다. 이들의 문학은 무엇보다 동화적 상상력에 기반하고 있으며 강한 서정성을 지향하였다는 점에서 친연성을 지니면서도, 백석이 전통적 정서와 공동체의식을 형상화한 반면 아쿠타가와는 지극한 자기애라는 인간의 존재조건에 기초하고 있다는 차이점이 드러나기도 한다.(이에 대해서는 이 책 3장 참조) 사실 근대문학장 내에서 아동문학 혹은 동화적 상상력의 존재나, 예컨대 백석 문학이 지니는 동화적 특성에 대한 지적이 새로운 것은 아니다. 그렇다면 백석의 문학세계에 나타나는 동화적 상상력에 대해서 형식적 특질을 넘어 어떤 위상으로 의미를 부여할 수 있을까가 관건이 된다. 분명한 것은 백석 문학에서 자타의 이분법적 구분을 넘어 화해와 우화를 지향하는 것이 동화적 상상력의 정체를 이루고 있다는 점이라 할 수 있겠다.

적 상상력의 주체인 아동의 개념이 본격화되는 정치사회적 맥락을 고려해야만 한다. 주지하는 바와 같이 '소년'으로 상징되는 동화적 주체는 근대문학의 성립기에 시대적 화두로 등장한 바 있다. 제도적으로 볼 때 19세기 후반에 이르러 근대적 교육이 학교교육의 형식으로 자리하게 된다. 그 과정에서 계몽주의적 관점은 근대적 권력을 위한 수단으로서 아동을 통제하고 규율권력으로 작용하기에 이른다.[6] 이처럼 소년은 근대적 계몽의식에 의해 타자화된 대상으로서, 혹은 대상화된 소년으로서 '발견'된 것이었다.[7] 문학을 통해서 대중을 계몽하거나 근대적 가치를 설파하려는 경향은 근대문학의 형성시기에 종종 발견되는 현상이다. 그러나 '소년'은 계몽주의적 수사에 한정되지 않는 중층의 차원으로 대상화되는 것도 사실이다. 최남선은 『소년』을 통해 조선의 현실을 소년에 등치시켜 인식하고 있었으며, 그에 따라 근대문학의 동력인 출판문화 운동을 주도하게 된다. 여기서 소년은 식민지화되어 가는 조선의 운명 혹은 성숙되어야만 하는 계몽의 대상으로 설정된 것이었다. 이러한 인식적 구도는 최남선 문학과 동화적 상상력의 관계를 우연한 도식이 아니게 하는 근거가 된다.

---

6) 근대 교육과 아동의 제도화, 근대적 아동문학의 형성과정에서 발견된 '소년'과 '청춘'의 의미에 대해서는 김화선, 「한국 근대 아동문학의 형성과정 연구」, 충남대 박사학위논문, 2002 참조.

7) 가라타니 고진(柄谷行人)에 따르면 '아동문학'의 탄생은 역사적 연속성이 아니라 하나의 절단, 전도로서 또는 물질적 형식(제도)의 확립으로 간주해야 한다. '아동'의 발견은 '풍경'이나 '내면'의 발견에서 생겨난 것이며, 그것은 아동문학에 한정되는 문제가 아니다.(가라타니 고진, 「아동의 발견」, 『일본 근대문학의 기원』, 박유하 역, 민음사, 1997, 156면) 우리 근대문학장의 성립이 이와 동일한 관점에서 해석될 수는 없겠지만, '진정한 어린이'의 관념이 '아동' 자체의 역사성을 은폐한다는 지적은 보편적인 기원의 역학을 설명해주고 있다.

이와 연관하여 간과할 수 없는 문제는 근대문학의 성립이 본격적 출판문화의 전개와 동시에 진행되었다는 점이다. 초기 출판문화의 본격화 과정에 나타나는 동화적 상상력의 양상은 『소년』과 『청춘』 등에 집중되는데, 이들 잡지를 전후하여 근대적 출판문화의 형태가 존재하지 않았던 것은 아니다. 그러나 당시의 출판문화 현황은 상업성에 치중한 점이 없지 않았다. 신소설의 매체가 된 신문 잡지의 경우가 대표적인 예라 할 수 있다. 초기 근대문학사의 성립에는 신문과 출판사의 분업체제가 작동하고 있었지만, 대중성과 상업성의 추구로 인하여 근대 세계체제의 제도적, 인식론적 특질이 침투하고 있지 못하는 것이다.[8)] 이러한 한계를 직시하고 근대적 세계 인식과 계몽 의식의 추구를 통해 문학에 있어서도 근대적 장을 형성하게 된 것이 최남선의 『소년』과 『청춘』이었고, 그 과정에는 웅대한 꿈의 실현이 동화적 상상력을 통해 강조되고 있었다.

그러나 동화적 상상력이 근대문학에 관계하는 방식은 긍정적인 것만이 아니었다. 주지하다시피 계몽을 위한 수단으로서 아동의 발견이나, 도구적 문학관의 양산 등은 아동문학을 포함한 근대문학 초기의 한계 상황인 것이다. 이처럼 동화적 상상력이 계몽을 빌미로 아동을 전유하는 양상은 비단 우리 문학계만의 문제는 아니었다. 이를테면 키플링의 『킴』(1901)은 서양인의 인도 체험이 동화적 모티프를 빌어서 어떻게 동양을 전도시키는가에 대한 하나의 예시가 될 수 있다.[9)] 우리의 제국주의 경험은 오리엔탈리즘의 전

---

8) 한기형, 「최남선의 잡지 발간과 초기 근대문학의 재편－『소년』, 『청춘』의 문학사적 역할과 위상」, 『대동문화연구』 제45집, 성균관대 대동문화연구원, 2004, 223면.

도된 성격을 이중적으로 체험하는 과정이었다. 동화적 상상력과 관련시켜 볼 때, 일본 제국주의의 내면화된 오리엔탈리즘은 그 실현의 과정에서 동화(同化)를 위해 동화(童話)를 전유하는 양상을 드러내고 있다. 이러한 내외적 혼란 속의 문학 성립 과정에서 동화적 상상력은 순수한 동심의 추구나 내면적 세계로의 침잠과는 다른 계몽주의적 속성을 지닐 수밖에 없었다.

그렇게 성립된 동화적 상상력의 개별 작품들은 한 작가의 문학세계나 문학장 전반과 연관되는 내용적, 형식적 특질을 포함하게 된다. 따라서 근대문학에 나타난 동화적 상상력은 단순한 삽화를 넘어 전반적 문학세계의 의미를 결정하는 한 요소라 할 수 있다. 이처럼 동화적 상상력은 문학적 전통의 하나인 환상성과 낭만성에 연관되며 근대적 패러다임을 경험하면서 본격적으로 전개되어 나간다. 그 과정에서 내면으로만 침잠할 수 없었던 내외적 조건이 우리 문학의 동화적 상상력에 강한 계몽성을 지니게 한 원인이었으며, 그럼에도 불구하고 민족공동체적 질서의 재발견이나 자아와 타자라는 이항대립적 경계의 해체 등 긍정적 효과를 산출하기도 한다. 실로 근대문학은 미적 자율성이라는 지배적 형상을 변주하는 우연적이고도 특수한 문학적 실천을 통해 다양하게 전개되어 나간다. 동화적 상상력이 담당한 이러한 변방의 실천은 외재적이

---

9) 이에 대해서는 에드워드 사이드, 「제국주의의 즐거움」, 『문화와 제국주의』, 김성곤 · 정정호 역, 도서출판 창, 1995 참조. 사이드에 따르면 "키플링의 소년다운 쾌락적 기질의 표시"가 드러내는 『킴』은 말장난과 진지한 정치적 신중성이 혼합되어 있다. 이 작품에서 키플링은 은연중 영국의 자비로운 영향력, 정당성과 합법성을 강조하며, 나아가 일종의 도덕적 승리주의를 강조한다. 궁극적으로 자신의 삶을 자발적으로 다시 소유하는 킴은 식민지 인도에서 영국계 지배계급의 재유용의 과정과 다르지 않다는 것이다.(252-62면)

고 획일적인 근대적 지향을 상대하는 특수한 내성이었다고도 할 수 있겠다.

3. 최남선의 경우

동화적 상상력과 관련해서 주목되는 장르는 당연히 아동문학 분야일 것이다. 앞서 언급한 바와 같이 근대적 의미의 아동문학은 방정환의 『어린이』로부터 비롯되었다는 것이 일반적인 견해이다. 이에 비해 최남선의 '소년'은 오늘날 신세대라는 의미에 가깝고, 따라서 『소년』은 '아이 · 어른'의 문제가 아니라 '신 · 구' 대립의 양상을 반영하는 잡지이며, 더욱이 계몽잡지의 성격으로 출발한 것이라는 지적이 있다.[10] 하지만 최남선의 아동문학에 대한 관심은 이후 『붉은 저고리』, 『아이들 보이』, 『청춘』 등에 걸쳐 지속되고 있다. 또한 잡지의 대상 연령이 점차 낮아지고 있다는 사실을 통해 최남선의 아동문학에 대한 관심이 일시적인 것이 아니었으며, 아동에 대한 인식도 '아동=신세대' 식의 도식적 이해에 국한되지 않는다는 점을 알 수 있다.

초기 최남선 문학에 나타난 아동이 계몽의 도구로서 발견된 아동이라는 사실을 부정하기는 어렵다. 주지하는 바와 같이 최남선은 근대문학장을 대표하는 계몽주의자였고, '소년' 모티프는 계몽사상을 드러내는 상징이었던 것이다. 이러한 특성을 확인하기 위해 『소년』의 발간 취지를 다시 본다.

---

10) 원종찬, 「한국 현대아동문학사의 쟁점」, 『아동문학과 비평정신』, 창작과비평사, 2001, 144면.

> 나는 이 雜誌의 刊行하난 趣旨에 對하야 길게 말삼하디 아니 호리라. 그러나 한마듸 簡單하게 할것은
>
> 「우리大韓으로 하야곰 少年의 나라로 하라 그리하랴 하면 能히 이責任을 堪當하도록 그를 敎導하여라」.
>
> 이雜誌가 비록 뎍으나 우리同人은 이 目的을 貫徹하기 爲하야 온갓方法으로써 힘쓰리라.
>
> 少年으로 하야곰 이를 닑게하라 아울너 少年을 訓導하난 父兄으로 하야곰도 이를 닑게하여라.[11]

이 취지문은 창간호 이래 『소년』의 권두에 반복해서 제시되고 있다. 그런 만큼 『소년』을 대표하는 상징적 문구라고 할 수 있겠는데, 여기서는 우리나라를 소년의 나라로 비유하며 그 주체인 소년을 '교도'할 것을 강조하고 있다. 방법을 가리지 않고 그러한 목적을 관철하기 위하여 힘쓰겠노라는 의지 역시 전형적인 계몽의식의 문체가 아닐 수 없다. 계몽의 대상으로서 소년의 부각은 당대 출판문화 운동의 본격적 전개와 동시에 나타난 근대 기획의 일환이었다. 나아가 미적 자율성의 내면화는 출판문화 운동을 통한 문학장의 성립과 분리될 수 없다. 아동문학의 성격이 계몽성과 불가분의 관계에 있다는 사실은 이러한 근대문학의 성립 배경과도 연관된다. 문학이 문학이라는 관념만으로 존재할 수 없었듯이 동화적 상상력은 계몽적 성격을 벗어나기 어렵다. 근대화를 추구하기 위한 신문, 잡지 등 문학장의 성립과 문학의 태동이 맺는 외적 연관 속에서, 근대의식 설파를 위한 효과적인 수단으로서 동화적 상상력은 문학장의 주요 요소로 등장하게 되는 것이다. 그 결과 문학의식 내에

---

11) 『소년』 제1년 제1권, 1908. 11.

동화적 상상력이 자리하게 되고 이는 필연적으로 계몽적 성격을 지니게 된다. 그렇기 때문에 어린이를 대상으로 한 문학에 계몽성이 드러나는 것 자체가 문제일 수는 없다. 아동문학은 이후 본격적으로 발전되는 시기에도 근본적으로 계몽적 성격을 벗어나지 못했던 것이 사실이다. 예컨대 마해송, 이원수, 이주홍 등으로 대표되는 초기 아동문학 작가들의 작품세계가 민족 · 역사 · 독립 등의 거대담론에 치중한 반면, 삶의 세부를 형상화하거나 어린이들이 겪는 일상적인 삶에 대한 경험의 형상화는 공통적으로 부족한 편이라는 지적에서도 아동문학 성립의 본질적 계기로서 계몽성의 문제가 드러나고 있다.[12] 미성숙한 아동을 전제로 하는 장르인 만큼, 아동을 견인하는 문화적 기제로서 동화를 비롯한 아동문학이 존재하는 것은 오늘의 사정과도 크게 다르지 않다. 다만 궁극적 지향이 성인 혹은 계몽이라는 관념을 위한 것10이냐 아동 자체를 향하는 것이냐의 차이가 존재하게 된다고 할 수 있을 것이다.

최남선의 동화적 상상력이 지니는 문제점 역시 계몽성 자체에 있다기보다는 작위적인 아동 설정, 나아가 문학성을 얻지 못하는 의도의 과잉 등을 지적해야 하리라고 본다. 「해에게서 소년에게」는 그런 한계를 벗어나지 못한다.

六

텨……ㄹ썩, 텨……ㄹ썩, 텩, 쏴…아.

뎌世上 뎌사람 모다미우나, 그中에서 똑한아 사랑하난 일이잇스니

膽크고 純精한 少年輩들이,

12) 김상욱, 「희망의 문학, 계몽의 담론」, 『창작과비평』 2002년 여름호, 314면.

才弄텨림, 貴엽게 나의품에 와서안김이로다.
오나라 少年輩 입맛텨듀마.
텨……ㄹ썩, 텨……ㄹ썩, 텩, 튜르릉, 콱.

―「海에게서 少年에게」(『少年』 제1년 제1권) 부분

인용 부분은 「해에게서 소년에게」에서 '소년'이 등장하는 유일한 연이다. 여기서 소년을 표상하는 부분은 "담크고 순정한" 정도인데 이는 작품의 체험 내용이라기보다는 기성세대의 규제로부터 소년을 해방시켜야 한다는 개화사조의 여파에 지나지 않는다고 볼 수 있다.13) 소년은 계몽담론의 도구일 뿐이요 따라서 진정한 소년의 의미와는 거리가 멀다는 것이다. 반면에 이 작품이 아동 내지는 소년들을 위해서 바쳐진 현대적 의미의 동시 혹은 소년시로서 이해되기도 한다. 여기서의 꿈과 의지는 소년을 위한 시의 미학으로 발전된 것이며, 실제적 형식과 주제의 내면을 차지하고 있는 소년에의 동경은 동심에서 염원되는 시인 자신의 소년성의 발화라는 것이다.14) 「해에게서 소년에게」가 근대시의 효시냐 아니냐 하는 해묵은 논쟁을 재론할 필요는 없다. 이 작품이 지닌 근대시로서의 한계는 주지하는 바와 같다. 구체적 체험을 형상화하지 못하는 화자의 관념적 언술은 문학을 빗겨가는 생경한 구호와도 같다. 이 작품이 지닌 문학적 효과라 한다면 소년의 소재화, 의성어의 사용 등 파격적 형식이 가져온 낯설게 하기의 체험을 들 수 있겠다. 그러나 그나마도 창발적 상상력의 소산이 아닌 외래적 모티프를 빈 형식

13) 김용직, 「<海에게서 少年에게>의 이해」, 김열규 편, 『최남선과 이광수의 문학』, 새문사, 1981, I -34면.
14) 이상현, 『아동문학강의』, 일지사, 1987, 167-69면.

이라 함에 문학적 문제는 더욱 복잡해지는 것이다. 「해에게서 소년에게」와 같은 신체시의 창작 조건은 시나 예술의 차원에 속하는 것이 아니라 신지식 수입의 차원, 곧 '논설의 율문화(律文化)'라 할 수 있다.[15] 이처럼 최남선의 초기 문학세계가 모방된 형식을 통해 관념을 전면에 내세우는 것, 그리하여 결국 계몽주의로 귀착되는 것은 동화적 상상력의 성격과도 관련된다. 동화 자체가 디테일보다는 스토리 중심이라는 구조를 지니는 것이며 「해에게서 소년에게」를 비롯한 최남선의 시편들은 그러한 의도의 과잉이 시적 형상으로 나타난 전형적 예에 해당한다.[16]

이처럼 최남선의 소년이 진정한 소년을 위한 발상이 아니라는 점은 분명하다 하겠다. 그러나 그것은 동화적 상상력과 문학이 관계하는 특수한 방식이라는 점에서 근대문학장 속의 독특한 지위를 차지하는 것이기도 하다. 문학의 성립에는 근대의 패러다임이 보편화되는 과정이 장의 형성과 관련하여 존재하게 되고, 근대적 사유의 핵심에는 이성중심주의가 있다. 이성이 이념화되는 제도의 근대화 과정에서 계몽주의가 성립되고, 그것은 곧 도구적 이성의 이념태이기도 할 것이다. 이는 비단 우리만의 사정이 아니었으나 식민지화라는 정치 부재의 과정을 경험하면서 계몽의 형식성은 더욱 강조될 수밖에 없었을 것이며 그것은 곧 우리 근대의 특수한 형식이 된다.[17] 그처럼 계몽을 표제로 이념과 사회를 근대화하는

---

15) 김윤식 · 김 현, 『한국문학사』, 민음사, 1973, 110면.

16) 이러한 특성에 대해 서영채는 최남선 문학의 목표가 어떻게 말하느냐 하는 문제보다는 무엇을 말하는지가 중요했던 것이라 보고 있다.(서영채, 「최남선 시가의 근대성에 관한 연구」, 『민족문학사연구』 제13호, 민족문학사학회, 1998, 269면)

과정 속에 최남선의 문학이 존재하는 것이다. 그 과정에서 동화적 상상력은 아동만을 대상으로 하는 아동문학의 차원을 벗어나 문학 일반의 원리로도 작동하고 있다. 순수한 아동의 성정을 계발하는 아동문학의 관점에서 볼 때 최남선의 소년은 한계를 지니는 것이지만, 그럼에도 불구하고 「해에게서 소년에게」를 비롯한 『소년』의 활동이 우리 근대문학의 기원적 역할을 한다는 점은 주목할 만한 특징이 아닐 수 없다.

또한 최남선의 소년은 근대문학장 형성의 주된 동력이었던 출판과 함께 하는 것이었음을 기억해야 한다. 이 점이 동화적 상상력의 아동문학 귀속화와는 다른 차원이라 할 수 있다. 파국적 근대 경험으로 인한 비현실적 동화 세계로의 칩침은 일종의 낭만적 후퇴라고도 볼 수 있겠는데 최남선의 경우는 적극적으로 현실에 개입하고 이를 재편하려는 기획 의지 속에 동화적 상상력이 드러나고 있는 것이다. 그 수단으로서의 출판 행위는 어린이문학의 외적 환경에서 놓칠 수 없는 중요한 축이며, 그런 면에서 출판의 발전이 어린이문학의 발전을 위한 필요조건이라 할 수 있다.[18] 나아가 상업주의로부터 자유로운 새로운 공공영역의 창출이 필요한 과제라 하겠는데, 최남선의 소년은 출발부터 출판을 통한 근대이념의 정착을 전면에 내세운 것이었다. 출판문화의 공공영역화라 함은 상

---

17) 정치 부재라는 환경은 계몽의 특수성을 낳는 배경일 수 있다. 도구적 이성의 보편화 과정이 곧 근대사회의 특성이라는 인식은 아도르노 이래 보편적 상식이 되었지만, 예컨대 도구적 이성의 한 축에 유교적 효용의 효과가 여전히 지속되면서 계몽의 또 다른 실체를 이루어 있었다는 사실이 우리 근대에 특수한 성격을 부여하고 있다.

18) 김상욱, 앞의 글, 311면.

업주의로부터의 자유로움을 전제할 터인데, 최남선의 출판문화운동은 당대 신문과 출판사가 추구했던 대중성이나 상업성과는 변별되는 것이었다.[19] 출판문화 운동의 일환으로 소년을 비롯한 동화적 상상력이 작동하게 되지만, 출판은 동화가 지닌 생래적 계몽성의 실현 도구였다. 이는 널리 읽히는 계몽을 실현하고자 했던 최남선의 동화적 꿈이 문학을 형성하게 되는 하나의 과정이라 할 수 있다.

요컨대 최남선의 계몽은 동화적 상상력과 함께 있는 것이었으며 나아가 근대문학의 성립 역시 이와 관련된다. '소년'이라는 표제를 넘어 여타의 산문에 나타난 동화에 대한 관심, 아동교육의 필요성에 대한 역설, 아동이라는 대상을 넘어 근대적 인식의 기초로서 동화적 성정의 강조 등은 이에 대한 예증의 차원이 될 수 있겠다. 그 중 최남선이 안데르센을 기억하는 산문을 본다.

> 世界는一進行物이다 그生命과價値는항상來頭에 잇슬밧게업다 그럼으로社會의尊崇은맛당히 그때그때最後의繼嗣者일兒童에게로集注되어야하는것이다 더내켜서말하면社會의健全性 將就力은그兒童中心의程度에正比例가된다고도 할것이다 社會의最大事가兒童敎育이라함도이原則에말미암는것 國家社會將來의運命은 그의兒童에徵驗하라함도 이原則에말미암는 것이다[20]

---

19) 단적인 예로 한기형은 최남선이 신소설에 서구문명의 요소가 없다는 판단으로 『소년』과 『청춘』에 신소설을 전혀 싣지 않았다고 지적한다.(한기형, 앞의 글, 228면)

20) 「童話와文化－『안더센』을懷함」, 『동아일보』, 1925. 8. 12. 인용은 『육당 최남선 전집』 10, 역락, 2003, 150면.

『소년』 이후 일정 시간이 흐른 뒤에 발표된 위 산문에서 최남선은 보다 본격적인 동화의 효용을 역설하고 있다. 인용 부분은 진화론적 문화관을 전형적으로 드러내는 대목이다. 세계는 끊임없이 발전하는 진행물이요 그 생명과 가치가 미래에 있는 만큼 아동의 의미는 지대하다. 사회의 건전성과 경쟁력이 아동중심의 정도에 정비례할 정도로 미래의 주역이 될 아동을 어떻게 규정하는가에 따라 사회와 국가의 장래가 좌우된다. 아동에 대한 이러한 인식은 동화의 위상으로 직결된다. 이어서 그는 "童話는 實로 智識增長 情操涵養 意志鼓勵의 모든 效能을 가지는 同時에 又一面에 잇서서는 三者의 統合的 訓練에 對하야 唯一最高한 司命이 되는 것이니 童話의 教育的效果 社會的使命 文化的價値가 또한 常料以上으로 重且大"[21]하다는 식으로 격상된 동화의 위상을 강조한다. 이는 계몽주의적 동화관을 전형적으로 드러내는 대목이라 할 수 있다. 앞서 지적한 바와 같이 아동문학적 관점에서 볼 때 이러한 장르 인식은 분명 한계를 노정하고 있다. 그럼에도 불구하고 당대의 정치 부재의 현실을 극복하는 계기이자 근대문학 형성의 과제로 연결된다는 점에서 최남선의 동화에 대한 강조는 여러 이질적 평가에도 불구하고 문학사적 의미를 지니고 있는 것이었다.

끝으로 일본 근대문학과의 관련된 특성을 잠시 언급하기로 한다. 위의 글이 발표될 무렵 일본에서도 동화에 대한 본격적 연구가 자리잡게 된다. 여기서 우리 동화는 내선일체의 관점 아래 일본 '지역' 문학의 일환으로 기록되고 있다.[22] 이러한 상황에서 최남선

---

21) 위의 글, 151면. 띄어쓰기는 인용자.

22) 오타케 키요미(大竹聖美)의 정리에 따르면, 한국의 전래동화가 동화집으로 편

은 건강한 의식 개혁으로써 국가와 사회의 정체성을 지향할 것을 여전히 설파한다. 이처럼 삶에 대한 낭만적 비전을 잃지 않는 것 역시 동화적 상상력을 증거하는 측면이라 할 수 있겠다. 그러나 최남선의 동화적 상상력이 그 지향 방향을 구체적 현실로 향하게 될 때 동화의 낭만적 성격에 극단적 전도가 일어난다. 최남선이 인식한 아동관이 근본적으로 진화론적 관점의 그것이라는 점에서 그 전도의 가능성은 내재되어 있었던 것인지도 모른다. 예컨대 최남선은 아동을 미개인과 등치시키는 인식 구도를 아래와 같이 보여주고 있다.

> 또兒童은童話듯기를조아하고 또成人에게드른說話에 自己의隘陋한經驗을더하야이약이하는데 未開人도그모양으로小話이약이하기를조하하야 動物또는植物, 自然에關한小話로부터 내켜서는系統的神話傳說을生하며이小話가뒤에가서大人의說話가아니라 小兒를對象으로하는古談이될때에 童話가생긴다.[23]

찬된 것은 『조선민족자료 제2편 · 조선동화집』(조선총독부 편, 大阪屋號書店, 1924)이 최초라고 한다. 일본에서는 『模範家庭文庫』(전25권, 富山房, 1915)라는 동화총서가 1915년부터 발행되기 시작했는데, 그 일환으로 1926년에는 『朝鮮童話集』이 간행된다. 이 책의 「머리말」에는 "西洋보다 우선 알아야 하는 우리의 同胞"라는 식으로 조선을 표현하고 있다. 세계 각국의 동화를 국가별, 분야별로 집대성한 일본 최초의 세계동화전집인 『世界童話體系』(전23권, 世界童話體系刊行會, 1924)의 16권 '일본편'에서도 '조선'과 '아이누'가 포함되어 있다.(이상 오타케 키요미, 「1920년대 일본의 아동총서와 『조선동화집』」, 건국대 동화와번역연구소 편, 앞의 책, 5-15면 참조) 이상은 조선을 일본의 일부로 생각하는 관점이 편집 체제에 반영된 결과라 하겠다.

23) 「兒童과 未開人」, 『괴기』 제1호, 1929. 5. 인용은 『육당 최남선 전집』 10, 211면.

아동과 미개인 양자는 공통적으로 소화 이야기를 좋아하는데, 그 이유는 미개발의 정신 상태 때문이라는 것이다. 이러한 미개발의 상태는 정치 부재의 조선과 다를 바 없었고, 이를 계몽을 통해 극복할 수 있다는 논리는 당대 선진 문명의 전형이었던 제국주의를 받아들이는 것으로 이어지게 된다. 파편화된 근대의 경험은 도구적 이성의 극단으로 재편되어야만 하는 전도된 지향을 낳게 되는 것이다. 최남선의 이러한 편력은 일본의 근대작가 오가와 미메이(小川未明)의 경우와 흥미로운 대비를 이루고 있다. 근대 소설 창작으로 시작된 미메이의 문학세계는 왕성한 사회 참여가 이른바 '다이쇼(大正) 데모크라시'의 종말과 함께 출구가 막혀버리게 될 때 내면적 주술의 세계로서 자기화된 동화 세계로 침잠하게 된다.[24] 이와 달리 최남선은 계몽의 정신으로부터 소년을 발견한다. 그의 소년은 내면의 소년이 아니라는 점에서, 또한 그러한 소년의 세계가 성인문학의 세계로 나아간다는 점에서 미메이와 다르다고 하겠다. 미메이에 비해 최남선의 동화적 상상력은 개인의 발견이나 소년을 빈 내면 표출과는 다른 방식으로 출발한 것이었으나, 역시 사회성의 상실과 함께 도구화된 계몽의 극단으로 변모하게 된다. 친일문학으로의 경도는 동화적 상상력의 낭만적이고 환상적인 꿈으

---

24) '다이쇼 데모크라시'란 다이쇼(1912-26) 시대 사회주의를 비롯한 민주주의의 성행을 비유하는 말로서, 이재복에 따르면 「빨간 양초와 인어」(1921)로 대표되는 오가와 미메이의 '공상적 정의'의 세계는 다이쇼 시대의 종말에 즈음하여, 생명과 제도의 본질에 대한 탐구정신의 결여가 낳은 자기중심적 몽상의 세계에 가깝다.(이재복, 「공상동화와 판타지 · 2」, 『이야기밥』 30호, 어린이문학연구실(www.alinimunhak.org), 2001. 11, 10면) 가라타니 역시 미메이와 같은 '동심 문학'의 출현을 풍경의 발견과 같은 전도에 의해 가능한 것이라고 보고 있다.(가라타니 고진, 앞의 책, 153면)

로부터 건강성을 잃고 미개를 벗어나는 극단의 논리와 결합될 때 나타나는 전도된 현상이라 할 수 있다. 이는 최남선을 비롯한 우리 근대문학의 한계적 상황이라고도 할 수 있을 것이다. 그렇게 미메이와 최남선은 일제 말기에 군국주의를 적극 지원하는 대표적 문인에 해당된다는 공통점을 지니게 된다. 그들의 문학세계에 동화적 상상력이 매개되는 차원은 달랐지만 달라지는 현실의 접점을 찾지 못할 때 동일한 한계에 부딪히고 있다. 요컨대 오가와 미메이가 근대에 대한 불신의 경험을 통해 현실을 부정하고 자기화된 내면으로 침잠했다면 최남선은 부재의 내면을 채우기 위해 외면의 현실을 답습하게 된다. 이들 과정에서 동화적 상상력은 미메이의 경우 내면을 향하는 도구로 결과되며 최남선에게는 외면을 지향하는 계기로서의 역할을 하고 있는 셈이다.

이 글은 지금까지 기존의 아동문학 연구 성과를 참조하면서 동화적 상상력과 근대문학과의 관계를 최남선을 중심으로 살펴보았다. 동화적 상상력은 단지 아동문학의 문제만이 아닌 한국적 근대라고 하는 특수한 현실에서 발동된 근대문학 일반의 내적 동인이자 기제라고도 할 수 있다. 오늘날 역시 동화적 상상력은 현대문화의 한 동인으로서 우리 주변에 존재하고 있다. 이것이 아동의 내면과 성숙을 위한 계기로서 뿐만 아니라 문화 일반을 발전시키는 동력으로 작용할 때 보다 다양한 의미와 성과를 지닐 수 있을 것이다.

근대문학 형성기에 있어서도 동화적 상상력은 계몽을 위한 수단으로 한정되는 것이 아닌 문학의 다양성을 성립시키는 일계기로서 문학장 속에 존재하고 있었다. 출판문화의 성립과 동시에 아동을 전면에 내세운 계몽의 지향은 근대적 아동문학은 물론 근대문학을 성립시키는 주요한 변인 중의 하나였던 것이다. 최남선의 '소년'은 이 시기 문학장을 대표하는 사례에 해당된다. 계몽의 끝은 친일이라는 극단으로 수렴되기도 하지만, 그 과정에서 동화적 상상력이 매개했던 다양한 실천은 부정할 수 없는 문학사적 성과라고 할 수 있다. 출판문화 운동의 본격화에 따른 문학장의 성립, 동화적 상상력을 통한 근대 담론의 설파 등이 대표적 예가 될 것이다. 동화적 상상력과 문학의 관련 양상 검토는 개별 작가 연구로부터 나아가 다양한 작가와 장르로 확산되어야 보다 설득력을 지닐 수 있을 것이다. 이러한 접근은 한국 근대문학을 전체적으로 조망할 수 있는 또 하나의 관점인 동시에, 근대문학장의 다양한 성격과 문학사적 층위들을 재고하는 새로운 시각이 될 수 있으리라 본다.

03

근대, 백석, 아쿠타가와

1. 백석 문학의 다층성

시인으로 잘 알려진 백석(白石, 1912~1995)[1]의 문학세계를 이해하는 데 그의 소설이 주요한 참조점을 제공하는 까닭은 그가 소설가로 문단에 데뷔하였다는 사실 때문만이 아닐 것이다. 데뷔작 「그 母와 아들」(1930)이나 「마을의 有話」(1935), 「닭을 채인 이야기」(1935) 등 세 편의 백석 소설[2]은 풍자나 우화의 성격이 강하며 동화적 상

---

1) 백석은 1963년 경 북한 협동농장에서 사망한 것으로 알려졌었으나, 백석의 행적을 추적해 온 송준에 의해 1995년 1월까지 생존한 것으로 밝혀졌다. 그에 따르면 백석은 1959년 '붉은 편지 사건'(당성이 약한 작가들을 지방 생산현장으로 이주시킨 사건) 이후 압록강 인근 삼수군 관평리로 옮겨와 농사와 창작지도를 하며 살았다.(『동아일보』, 2001.5.1, 5.3 참조)

2) 「그 母와 아들」은 1930년 1월 조선일보사가 주관하는 '신년현상문예'에 당선된 작품으로 신문연재일은 1930년 1월 26일에서 2월 4일까지이다. 백석이 당선된 해는 제2회 신춘문예에 해당되며, 이때 김용송(「과민증」)과 정순정(「어머니와 나」) 등의 공동당선자가 있었다.(정효구 편저, 『백석』, 문학세계사, 1996,

상력을 근간 모티프로 하고 있다. 또한 백석 시의 주요한 형식적 특질 중 하나인 묘미 있는 토속어 구사와 열거의 수사 등을 고스란히 간직하고 있다는 점에서 주목된다. 이렇게, 백석 소설은 그의 문학세계 모두에 잠시 비쳤던 소품의 의미를 넘어서 본격 서정장르의 주제와 형식을 전조하는 상징적 기능을 하고 있다고 본다. 『사슴』(선광인쇄주식회사, 1936)을 비롯한 30년대 본격적인 시작 활동과 분단 이후의 동화시와 동화평론을 일견하더라도 위와 같은 판단이 근거없지 않음을 쉽게 이해할 수 있다.

그럼에도 불구하고 백석의 소설이 크게 주목받지 못한 이유는 무엇인가. 작품이 워낙 적은 까닭도 있겠고, 무엇보다 소설적 완성도 면에서 그것이 본격 논의의 대상이 되기에는 부족했기 때문이 아닐까 한다. 양적인 면에서나 구성, 주제 등 내용적 측면에서 백석의 소설은 30년대 소설이 보여준 다양한 성과에 비해 상대적으로 모자란 것이 사실이다. 이에 이 글에서는 백석의 소설을 개별적 작품으로 놓고 형식미학적으로 판단하는 방법을 지양하고자 한다. 즉 백석 문학의 전체 틀 속에서 소설의 위상을 규명하는 것이 그에 대한 올바른 의미 부여 방식이라 보고, 소설에 두드러진 동화적 상상력이 백석 문학 전모와 관련되는 양상을 살펴보게 될 것이다. 그러한 관련 양상의 검토는 백석 문학을 전체적으로 조망할 수 있는 또 하나의 관점인 동시에, 백석의 문학적 실천이 담당했던 근대문학장 내에서의 역할, 문학사적 위상을 재고하는 방법론이 될 수 있을 것이다.

171면) 「마을의 有話」는 1935년 7월 6일에서 20일, 「닭을 채인 이야기」는 1935년 8월 11일에서 25일 사이 연재되었다.

백석의 소설이 지닌 상상력의 구조가 당대 문학장의 다양한 성격들과 어떤 접점을 이루고 있는가도 관심의 대상이 되어야 한다. 이는 백석 문학의 근대성을 해명하는 한 길이요, 집적된 논의로 실증되고 있는 백석 문학의 모더니티, 곧 전통 정서와 근대 형식의 내면화라는 특성을 새롭게 확인하는 차원에 다름 아니다. 여전한 쟁점인 한국 근대문학의 실체는 궁극적으로 개별 작가나 작품론을 통해 구체화될 수밖에 없으며, 백석은 문학에 있어서 한국적 근대의 성격을 매우 특수하게 보여주는 한 사람이었던 것이다.

백석과 아쿠타가와 류노스케(芥川龍之介, 1892~1927)의 만남은 이 지점에서 마련되는데, 아쿠타가와는 우리 근대문학 형성의 타자적 역할을 담당했던 일본 근대문학에, 백석의 경우 내응하는 인물 중 한 사람이다. 아쿠타가와의 소설, 특히 몇 편의 동화작품은 몇 가지 차원에서 백석 소설과의 친연성을 지니게 된다. 무엇보다 동화적 상상력을 기반하고 있으며 강한 서정성을 지향하였다는 점이 그것일 것이다. 이 외면적 거리의 가까움은 다시, 백석에게는 서사적 모티프가 문학세계의 발단에 있고 아쿠타가와는 본격 소설작품을 쓰기 시작한 이후에 있으며, 백석이 전통적 정서와 공동체의식이라는 주제의식을 형상화한 반면 아쿠타가와에게는 지극한 자기애라는 인간의 존재조건에 그 원형적 질이 있다는 내면적 거리의 이질성으로 멀어지는 계기를 내포하기도 하는 것이었다.

2. 동화적 상상력의 정체성

백석 소설에 대한 관심은 그의 소설이 보여준 특성을 시문학과의 연관성 속에서 시사점을 파악하는 단편적 언급에 그쳐온 것이 사실이다.[3] 한편 그의 소설을 대상으로 본격적인 내용과 형식 논의가 시도된 바 있는데, 요컨대 타자지향의 내용성과 전래동화적 서술기법의 형식성을 보여주고 있다는 지적이 그것이다.[4] 이처럼 백석의 소설이 지닌 동화적 특성에 대한 지적이 새로운 것은 아니다. 그렇다면 백석의 문학세계에 나타나는 동화적 상상력에 대해서 형식적 특질을 넘어 어떤 위상으로 의미 부여할 수 있을까.

---

3) 백석 소설에 대해 선구적 관심을 보여준 이들로서 신범순은 「마을의 유화」와 「닭을 채인 이야기」를 통해 일상성의 무의미함을 감성으로 포용하는 개인적 신화성의 측면을 언급하고, 이것이 시세계에서는 민속적 신화성으로 이행되고 있음을 지적하고 있다.(신범순, 「백석의 공동체적 신화와 유랑의 의미」, 윤여탁·오성호 편, 『한국현대리얼리즘시인론』, 태학사, 1990, 175-185면) 정효구는 시문학을 중심으로 한 백석의 문학세계를 정리하기에 앞서 그의 공식적인 문단활동이 소설분야에서 시작되었으며 기타 산문과 외국작품 번역에 관심과 재능을 보여주었다는 점에서, 이러한 사실의 인식이 백석의 전모를 이해하는 바탕이 되어야 함을 강조하였다.(정효구, 「백석의 삶과 문학」, 앞의 책, 172-173면) 또한 졸고에서는 정체되어 있는 비극적 삶의 공간성이 향토성을 매개로 형상화되고 있으며 이 점에서 이후의 시세계와 연관된다는 점을 지적한 바 있다.(남기택, 「백석 문학 연구」, 충남대 석사학위논문, 1997, 28-42면) 백석의 소설과 산문에 대한 서지사항으로는 김학동 편저, 『백석전집』(새문사, 1990)의 「백석연구」 중 작품활동 부분과, 분단 이후의 작품활동까지 포함하여서는 김재용 엮음, 『백석전집』(실천문학사, 1997)의 작품연보를 참조할 것.

4) 한명환, 「백석 소설 연구」, 『국어국문학』 128호, 국어국문학회, 2001. 5. 이 글은 백석 소설에 대한 심층적 연구를 처음 시도하고 있다는 점에서 주목할 만하다. 그러나 내용상 특성으로 지적한 타자지향성이 의도와는 달리 애매하게 분석되고 있다는 점을 경계해야 하리라고 본다. 백석 소설의 해학과 풍자가 "가난하고 소외받은 계층의 삶으로부터의 갈등과 고민을 조화와 화해의 타자지향적 미학으로 극복하고자"(304면) 한 시도였다는 주장은 오해의 소지를 내포하고 있기 때문이다. 예컨대 타자지향적 극복의 의지, 이는 근대적이요 이성중심적인 의식의 실천이 될 것인데, 그러한 목적의식을 내포하지 않은 상상적 풍경의 서사로 백석 소설이 읽힐 가능성 역시 적지 않은 듯하다.

백석의 등단작인 「그 母와 아들」은 바람난 과부와 그를 이용해 아들을 낳으려는 유부남과의 불륜을 해학적으로 그린 작품이다. 이 작품은 비교적 사실주의적인 관점에서 당대의 현실을 소재로 취하여 묘사하고 있다. 전통적 규범이 흔들리고 억압적 근대의 강압이 혼재했던 시기, "남자를 그리워하는" 과부의 부도덕성과 이를 이용하여 아들을 낳으려는 돈많은 유부남의 비정을 단순한 치정의 문제로 매도할 수만은 없을 것이다. 남편을 잃은 젊은 과부가 생계의 부담에 힘겨워하며 밤마다 눈물을 흘리는 현실과, 이를 이용한 "손해볼 것 없는" 남성들의 유혹이 실재함은 시대를 불문한 삶의 단면인 것이다.

이 작품을 두고 등장인물의 성격 부각이 부족하거나 서사적 긴장감이 결여됨으로써 주제와 전망이 뚜렷하게 제시되지 못했다는 지적이 가능하다.[5] 이는 앞서 말한 바와 같이 서사적 완성도 면에서 나타나는 백석 소설의 한계라 할 수 있다. 흥미로운 사실은 토속적 소재주의와 전근대적 가치의 현재화로 대별되는 백석 시세계의 보편적 특징과는 달리 그의 문학적 출발이 현실적 관심에서 비롯되고 있다는 점이다. 그러나 그것이 현실주의적 경향과는 다른 차원임을 위의 구성적 엉성함을 보더라도 쉽게 알 수 있다.

그렇다면 이를 우리는 어떻게 이해해야 하는가. 「그 母와 아들」은 치밀한 구성과 구체적 배경을 무시함으로써 배면의 동화적 분위기가 전경화된다. 여기서 백석의 현실적 관심은 동화가 갖는 우화적 구조를 취하게 된다. 현실의 치정을 직설적으로 꼬집지 않고, "과부나 고새나 오즉 곱비－그 어린것을 새에 둔－늙흔 팔자를 서

---

5) 위의 글, 299면.

로 호올로 한숨으로 되엿슬 것이"[6]라는 전통 체념의 정서로 에두르는 것은 이 작품의 우화적 성격을 보여 준다. 이를 통해 우리는 백석이 동화적 상상력에 바탕한 문학적 동인을 지니고 있었으며, 현실을 보되 직설적인 거울을 통해서가 아니라 우화적인 만화경을 거쳐서이고자 했음을 알 수 있다.

이후 백석은 4년간의 동경 유학을 마치고, 1935년 「마을의 有話」와 「닭을 채인 이야기」를 발표하게 된다.[7] 우선, 백석이 선택한 방법은 소설에 있어 동화적 상상력의 구조를 강화시키는 것이었다. 「마을의 有話」는 양아들 내외로부터 버림받은 노부부의 비극적 삶을 동화적 배경 속에서 형상화한 작품이다. 이 작품에서는 누더기와 쥐, 죽음, 바람벽, 작은 문, 섬돌, 상처 등이 의인화되어 초라한 노부부의 의식과 대화를 나눈다. 아무도 돌봐주는 이 없는 버려진 늙은 노부부라는 비극적 인물 유형의 삶을 묘사하는 방식은 「그 母와 아들」에 이은 현실적 관심, 우화적 구조라고 볼 수 있다. 그리하여 이 작품 역시 표면적으로 분명한 주제화나 사건에 대한 의미부여를 의도적으로 회피하고 있다.

새세상, 그것은 덕항녕감과 저척로파의 양아들 양며누리가 두

---

6) 백석, 「그 母와 아들」, 정효구 편저, 앞의 책, 141면. 앞으로의 백석 작품에 대한 인용은 별도의 표기가 없는 한 이 책에서 이루어진 것이며 제목과 면수만 표기하기로 함.

7) 이때는 백석의 첫 시작품인 「定州城」(『조선일보』, 1935. 8. 31)이 발표된 해이기도 하다. 유학 이후 자신을 후원해 준 조선일보사에 근무하게 된 백석은 소설 창작을 접고 본격적인 시작활동을 시작하게 된다. 서사장르로써 문학적 출발을 삼은 그가 본격 서정장르로 향하게 된 까닭이나 이후 작품세계의 주제적 변모 등은 여전한 관심사가 아닐 수 없다.

늙은이를 벌이고 밤중에 도망을 해벌인 것이엇다. 새세상, 그것은 해골 가튼 녕감이 비애와 절망의 집팽이를 압세우고 식컴언 죽엄의 그림자를 뒤에 끌고 밥을 어드러가게 한 것이엇다. 새세상, 그것은 해골 가튼 로파가 비애와 절망의 집팽이를 머리마테 세우고 식컴언 그림자를 깔고 눕게 한 것이엇다.[8)]

위에서 볼 수 있듯이 영감과 노파가 바라는 새 세상은 희망이 아니라 노부부의 비극적 삶을 야기한 환경인 것이며, "그러케도 되고 십흔 누데기와 쥐가, 되지 안코는 못백일 누데기와 쥐가 좀처럼 되지 안"[9)]는 현실을 슬픈 일이라 한탄하는 반어적 상황이었다. 이처럼 이 작품은 비극적 현실의 원인과 대안을 모색하기보다는 동화적 배경 속에서 애상미를 자아내는 에두름으로 구조화되어 있다.

이 부분에 두드러진 세계와의 단절감, 소외감은 역설적으로 충족된 세계를 지향하는 의미로 해석될 수 있다. 『사슴』의 시세계에 나타난 토속적 세계의 충족된 공간으로 관심을 쏟게 했던 내적 동인이 이러한 단절 속에서 자기 동일성을 확인하는 작업에 다름아니라는 지적이 그것이다.[10)] 그러나 이 작품의 표면적인 비극적 뉘앙스를 세계와의 단절로 읽고, 그로부터 합일로의 지향 과정으로 시적 변모가 나타났다는 것은 다소 도식적이라는 생각이 든다. 이 작품은 비극적 소재와는 달리 "그 어두운 삶의 처절한 모습들을 시적 동화의 빛으로 감쌈으로써 현실의 비극에 대한 위안의 힘을"[11)] 지니고 있기 때문이다. 또한 단절의 서사라는 차원은 백석

---

8) 「마을의 有話」, 152-153면.

9) 「마을의 有話」, 143면.

10) 이숭원, 「풍속의 시화와 눌변의 미학」, 정효구 편저, 앞의 책, 271-272면.

소설을 "가난하고 소외받은 계층의 삶으로부터의 갈등과 고민을 조화와 화해의 타자지향적 미학으로 극복하고자"[12] 한 것으로 읽는 독법과도 어긋난다. 백석이 보여준 문학적 자아가 주체와 타자를 대립적으로 인식한 근대적 자아의 상이었는가라는 점에서 후자의 해석 역시 의문점을 내포하기도 하지만, 백석 소설에서 자타의 구별이 불분명하며 이성적 판단을 유보하고 있다는 점, 그것이 화해와 우화라는 동화적 상상력의 정체를 이루고 있다는 점은 분명한 듯하다.[13]

「마을의 有話」의 애상적 분위기와는 달리 「닭을 채인 이야기」는 희화성이 강한 작품이다. 자신('시생이')의 닭을 죽인 노인('디평령감')에게 복수로 그네의 닭을 죽여버린다는 이야기를 표면에 그리고 있는 이 작품은, 길가에 버려진 먹이를 얻을 수도 있으므로 "가난한 사람들은 굶줄인 즘생들은 그리 길을 재빨리 걸을 필요는 업다"[14]는 해학적 교훈을 주기도 하면서, 그 이면에 닭들의 농담과

---

11) 신범순, 앞의 글, 175면.

12) 한명환, 앞의 글, 304면.

13) 따라서 시세계에서 현재적 자아가 능동적 주체로서 기능하지 못하는 특성은 소설적 특징의 연장선상에 놓이게 된다. "현재적 자아의 배제는 과거 공간을 재구성하기 위해 시적 주체가 행하는 단절"(곽봉재, 「백석 문학 연구」, 경희대 박사학위논문, 1999, 22-23면)이라는 지적은 위와 같은 현상을 '자기동일성 확립'이라는 근대적 가치에 의미를 부여하면서 해석하려는 시각이라 할 수 있다. 따라서 "일제 강점의 현실과 문화가 외부에서 유입된 타자로 인식될 때, 자신이 소속된 문화 공동체로의 귀환은 타자의 배제 속에서 자기 동일성의 세계에 대한 탐구라는 의의를"(24면) 갖게 되는 것이다. 그러나 여전한 의문은 자기동일성의 확립이 타자 없이, 혹은 배제 속에서 가능한 것인가 하는 점이다. 타자를 배제하는 시각이 자타의 경계를 분명히 하는 근대적 인식의 산물일 때, 결여의 의미로서의 배제가 가능한 것인가를 묻지않을 수 없다.

14) 「닭을 채인 이야기」, 165면.

개 이야기, 각종 산짐승들의 생각과 행위가 의인화되어 그려지고 있다. 현실적 연관은 토속적 소재 차원으로 약화되고 동화적 상상력이 보다 근간을 이루는 작품이라고 할 수 있다.

> 어둔밤이 몰라보는 이 히그브레한 덩어리를 한울의 별들이 수상하니 날여다 보앗다. 먼 길들을 가는 한밤 바람들이 가슴에 선듯한 불길한 예감을 느끼면서 얼른얼른 이 히그므레한 덩어리우를 눈감고 지나갓다. 나무들은 알은 길이 업시 한잠이 들엇것다. 오직 늙은 자작나무 하나가 잠이 깨어서 눈을 그느슥히 뜨고 이 수상한 밤의 일을 살피고 잇섯다. (중략) 하턱이 빨으고 입이 뾰족하면 복이 업다고 늘 제관상을 흉만 보는 개울 골짹이의 구세먹은 밤나무에 살고잇는 부헝이를 날이 밝기 진에 차저가서 그놈이 무색하게 냉소를 하리라하고 생각하니 여우는 기뻐서 깡충깡총 산을 올라갓다.[15)]

이 장면은 시생이가 죽여 버린 닭을 여우가 발견하고 기뻐하는 장면을 묘사하는 부분으로서 웃음을 자아내고 있다. 그 광경을 바라보는 주변 산천초목들의 심정이며 여우의 행위에 대한 해학적 묘사가 재미있게 그려지고 있는 것이다. 이는 "계몽도 웃음으로 싸고, 교양도 웃음으로 쌀 때 비로소 효과를 보게 된다"[16)]는 백석의

---

15) 「닭을 채인 이야기」, 163-164면.

16) 백석, 「큰 문제 작은 고찰」, 『조선문학』, 1957. 6. 인용은 김재용 엮음, 앞의 책, 438면. 그 외에도 "동화는 문학으로서의 동화인바, 즉 시정(詩情)과 철학적 일반화를 동반한 동화이다. 시정으로 충일되지 못한 동화는 감동을 주지 못하며, 철학의 일반화가 결여된 동화는 심각한 인상을 남기지 못한다"(「동화문학의 발전을 위하여」, 『조선문학』, 1957. 5, 위의 책, 381-382면)는 주장이나, "주위 사물과 현상들에 대한 정치적 해석과 사회 의의적 해설로써만 아니라 그것들의 생성 발전의 참된 면모를 정확히 과학적으로 인식시킴으로써

이후 언급과 어울리는 내용이다. 그가 분단 이후 주력했던 동화시와 동화평론 부문은 이전 백석 문학의 성격과 무관할 수 없다. 실로 분단 이전 백석의 소설과 시들은 그가 강조하는 동화의 지점을 사후적으로 구성하고 있다. 이렇듯, 기표로 전달될 수밖에 없는 불완전한 주체의 의도를 신화화하면서, 백석의 동화적 상상력은 백석 문학 전체를 관통하는 중에 정박한다.[17)]

그러면서도 두 인물의 싸움 덕에 어부지리를 얻게 되는 '거지 바발할망구'가 등장하는 등 전형적인 서민상과 공간적 배경으로 토속적 농가가 제시되고 있다. 이는 동화적 상상력을 근간으로 하면서도 우화적 속성 혹은 현실적 긴장을 잃지 않는 백석 소설의 특징이 지속되는 맥락이라고 할 수 있다.

이처럼 백석 소설에 있어서 동화적 상상력은 그 생성의 동력으로 기능하고 있다. 그에게 있어 부조리한 현실과 토속적 소재라는 문학소는 화해와 자조로써 주제화되고, 그 서사적 긴장의 무게는 동화적 상상력을 통해서 가벼워진다. 이러한 포용과 가벼움의 정신이야말로 동화가 지니는 장르적 속성의 하나가 아닌가 하며, 나아가 이는 백석에게 있어 전체 문학세계의 기반이 되는 감성인 것

그들의 세계관 형성을 돕는 것을 목적으로 해야 할 것이며 하나에서 열까지 도덕 교훈만을 위주할 것이 아니라 유년층의 건강한 심미감과 취미를 배양하며, 성정의 도야를 꾀함으로써 그것이 생활에서 진실하고 아름다웁게 되는 것을 목적하여야 할 것이"(「아동문학의 협소화를 반대하는 위치에서」, 『문학신문』, 1957. 6. 20, 위의 책, 441면)라는 주장 등에 나타난 바는 시간적 제도적 장르적 거리에도 불구하고 백석 소설의 실험과 관계되고 있다.

17) 문장의 의미는 기표가 고정되는 자리(고정점)의 통시적 기능에 의해 소급적 방향으로 정해진다는 라깡(J. Lancan)의 설명에 대해서는 이진경, 「자크 라캉: 무의식의 이중구조와 주체화」(이진경 · 신현준 외, 『철학의 탈주』, 새길, 1995) 23-32면 참조.

이다.[18)]

18) 백석의 문학세계에서 위와 같은 동화적 상상력이 투영된 작품들을 쉽게 볼 수 있다. 예컨대 다음 작품들을 보자.

① 새세상이 녕감로파에게 온 뒤로 이 산골의 물과 바위와 물속의 가제와 산새와 닭개즘생과 숩풀과 나무와 낫한울의 해와 밤한울의 별들은 가난하고 외롭고 늙어 병신이 된 이 두 불상한 생령을 무서워하고 경계하는 듯 하엿다. 그것은 얼마 아니하야 이 두 생령이 무덤업는 귀신이 될 것을 알은 탓인지도 몰랐다.(「마을의 有話」, 153면)

② 내가 이러케 맥고 모사를 쓰고 삐루를 마시고 濟州색시를 생각해도 미역 내음새에 내마음이 가는 곳이 잇읍네. 조개껍질이 나이금을 먹는 물살에 날날이 키가 자라는 처녀 하나가 나를 무척 생각하는 일과 그대가까이 송진 내음새나는 집에 안해를 일코 슬피사는 사람 하나가 잇는 것과 그리고 그 英語를 잘하는 聰明한 四年生 琴이가 그대네 洪原郡 洪原面 東桑里에서 난 것도 생각하는 것입네.(「東海」, 『동아일보』, 1938. 6. 7. 인용은 김학동 편저, 앞의 책, 새문사, 1990, 134면)

③ 새끼오리도 헌신짝도 소똥도 갓신창도 개니빠디도 너울쪽도 집검불도 가락닢도 머리카락도 헝겁조각도 막대꼬치도 기와장도 닭의짗도 개털억도 타는 모닥불(「모닥불」 부분, 『사슴』, 앞의 책, 1936, 14면)

④ 외로운 생각만이 드는 때 쯤 해서는,/ 더러 나즈손에 쌀랑쌀랑 싸락눈이 와서 문창을 치기도 하는 때도 있는데,/ 나는 이런 저녁에는 화로를 더욱 다가 끼며, 무릎을 꿇어 보며,/ 어니 먼 산 뒷옆에 바우 섶에 따로 외로이 서서,/ 어두어 오는데 하이야니 눈을 맞을, 그 마을 잎새에는,/ 쌀랑쌀랑 소리도 나며 눈을 맞을,/ 그 드물다는 굳고 정한 갈매나무라는 나무를 생각하는 것이었다.(「南新義州 柳洞 朴時逢方」 부분, 123면)

①은 소설 「마을의 유화」의 끝부분이다. 여기서 볼 수 있듯이 토속적 소재를 열거하는 수사적 방법은 백석 소설의 동화적 분위기를 조성하면서 독특한 표현방법이 되고 있는데, 이러한 문체가 수필(②)에서도 종종 사용되고 있다. 이같은 그만의 이야기하기 방식은 서정장르에서도 초기 작품인 ③이나 해방 후에 발표된 ④를 불문하고 백석 시의 주된 형식미학이었던 것이다.

3. 근대, 백석, 아쿠타가와

그렇다면 백석의 동화적 상상력은 근대문학의 발전과정에서 어떤 지정학적 위상을 점하는 것인가. 그의 소설작품이 보여준 동화적 속성은 소설뿐만 아니라 전체 문학세계의 중요한 인식소이며, 따라서 특수한 재기(才氣)에 그칠 수 없다. 이는 근대문학장 속에서의 역학관계를 조명함으로써 백석만의 고유한 의미로 설명될 수 있다.

1930년대 근대문학의 장 내에서 백석의 상징적 지위는 주변적인 것이었다고 할 수 있다. 작가와 평론가의 자기규정이 오늘날처럼 독립적인 것인 아니었던 당대에 그는 목적의식적인 문학론을 거의 피력하지 않았다. 한국문학의 능동적 생산자 역할을 담당했던 동인 활동도 그에게는 예외적인 구조였다. 이러한 상황은 그의 문학적 입론과 방법의 특수함에 신비성을 더하는 하나의 계기였던 것이요, 문학장의 역학은 이런 백석 문학을 주변적인 것으로 만들었다. 최재서로 하여금 "相當한 力量을가지고 꾸준이詩作을發表하건만 한번도 그作品을 正面으로問題삼아주는 사람이없는 그러한詩人"[19]으로 의식하게 만든 이유도 위와 같은 백석의 주변성을 잘 보여주는 대목이라 하겠다.

백석은 유학 이후 동화적 상상력이 두드러지는 두 편의 단편소

19) 최재서, 「二月文壇評」, 『인문평론』, 1940. 3, 62면. 이어 그는 "그것은 結局 그詩를 어떤 가테고리－에 넣고 評하여좋을는지 모르기 때문이다. 「목구」(『문장』)만하여도 무엇이 들어있기는 하는것같은데 그것이 確實히 무엇인지, 또 그것이 詩才로서 價値있는것인지 全然無價値한것인지 얼른 判斷하기가 어렵다"(62-63면) 하여 백석 시의 유니크한 특징을 지적하고 이에 대한 정당한 평가가 필요하다는 점을 지적하고 있다.

설을 발표하게 된다. 유학생활은 그의 문학세계를 변모시키는 데 많은 영향을 미쳤으리라는 짐작을 할 수 있다. 그것은 단지 선진 일본에서 영문학을 학습한 유학기간이었다는 이유 외에도 근대문학의 구체적 형상과 일본의 선취를 경험하게 되는 시간이 그 기간이었기 때문이다. 일본 근대문학에 대한 경험이 우리 근대문학을 형성, 동인시킨 결정적 계기였음은 문학사를 통해 쉽게 확인된다. 백석이 활동한 1930년대는 한국 근대문학이 어느 정도 내성을 지닌 채 다양한 변모와 발전을 꾀하는 시기였다. 모더니즘의 다양한 성과와 리얼리즘 이론의 심화는 당시 우리 근대문학이 성취한 주요 성과들이라 할 수 있겠는데, 이 역시 일본 근대문학의 상이 타자로서 작용하고 있었음을 부정할 수 없다.

백석의 경우, 그 형상은 사뭇 다르다. 그는 유학 이후 두 편의 소설과, 이어지는 시창작을 통해서 전통적 감성의 바탕 하에 현대적 수사와 기교를 접목한 독특한 문학세계를 보여주었다. 이는 물론 백석 문학의 고유성이자 근대를 자기화하는 방식이었을 것이다. 우리는 이에 대한 타자로서의 근대 혹은 일본 근대문학과의 관계를 참조함으로써 한국 근대문학의 내용과 성과 속에서 백석 문학세계의 진정성을 구체화시킬 수 있을 것이다.

그런 백석은 아쿠타가와 류노스케의 이야기를 자주 했었다고 한다.[20] 일본의 대표적 근대작가 중 한 사람인 아쿠타가와는 주력

---

20) 백석과 동거한 적이 있었던 김자야는 백석에 대해서 다음과 같이 회고했다. "그러나 그처럼 말수가 적던 당신도 일단 문학에 관한 화제로 옮겨지면 갑자기 눈빛을 반짝이며 많은 이야기를 했다. 당신은 요절한 일본 작가 아쿠다가와 류노스케의 이야기를 자주 들려주었고, 또 다른 일본 문인들의 이야기도 재미있게 했던 것 같다."(김자야, 『내 사랑 백석』, 문학동네, 1995, 111면)

한 장르가 단편소설이라는 점에서 시인 백석과 거리감이 있을 수 있으나, 백석의 문학적 출발점이 동화적 상상력이 강한 서사물이었고 아쿠타가와 역시 본격동화 혹은 어른을 위한 동화작품을 창작한 적이 있다는 점에서 친연성이 발견된다.[21] 분명한 장르의식의 차이를 따질 수도 있겠으나, 아쿠타가와의 동화창작의 계기가 자발적인 것이 아니었고, 고유한 아동관에 입각한 장르 의식의 소산도 아니라는 점에서[22] 백석 소설의 동화적 상상력에 조응하고

---

21) 아쿠타가와는 「거미줄」(1918)을 비롯하여 수 편의 동화작품을 발표한 바 있다. 그의 동화작품을 정확히 한정하기란 쉽지 않은 듯한데, 그 이유는 의도적으로 동화작품을 창작한 경우도 있고, 대개 단편인 그의 작품 중에서 동화적 성격이 강한 작품들이 있어 임의적 분류가 가능하기 때문이 아닌가 한다. 몇몇 연구에 따르면 고영자는 「거미줄」 「두자춘」 「트럭」 「세 개의 보물」 등을 아쿠타가와의 대표 동화물로 소개하였고(『일본의 지성 아쿠타가와류노스케』, 전남대 출판부, 2000), 조양욱은 "일반 문예지에 발표되었더라도 '어른을 위한 동화'의 범주에 들 만한 작품을 포함"(『거미줄』, 현대문학북스, 2001, 180면)하여 14편을 번역, 소개하고 있다. 아쿠타가와의 동화에 대한 연구에 따르면(이하 홍주연, 「芥川龍之介의 아동문학에 관한 고찰」(한양대 석사학위논문, 2000)과 조구호, 「芥川龍之介의 에고이즘 고찰」(충남대 교육대학원 석사학위논문, 2001) 참조), 아쿠타가와는 1918년(大正7)부터 1923년(大正12)까지 5년간 9편의 동화를 남겼으며, 이 중 동화극(「세 개의 보물」)과 미완성 작품(「세 개의 반지」)을 제외하고 남은 7편이 엄밀한 의미에서 아쿠타가와의 동화작품이라고 한다. 아쿠타가와가 자살한 이듬해 발간된 동화집 『세 개의 보석(三つの寶)』(改造社, 1928)에는 「개와 피리」 「신선」 「세 개의 반지」를 제외한 6편이 수록되어 있다. 이들 동화목록은 다음과 같다.

「거미줄(蜘蛛の糸)」(『赤い鳥』, 1918. 7), 「개와 피리(犬と笛)」(『赤い鳥』, 1919. 1~2), 「마술(魔術)」(『赤い鳥』, 1919. 7), 「두자춘(杜子春)」(『赤い鳥』, 1920. 7), 「아그니 신(アグニの神)」(『赤い鳥』(1921. 1~2), 「신선(仙人)」(『サンデー毎日』, 1922. 4), 「세 개의 보석(三つの寶)」(『良婦の友』, 1923. 1), 「흰둥이(白)」(『女性改造』, 1923. 8), 「세 개의 반지(三つの指環)」(미완, 집필 1923)

22) 아쿠타가와는 다이쇼(大正) 시대 아동문학을 이끈 『아카이도리(赤い鳥)』(창간 1918. 7)를 주재했던 스즈키 미에키치(鈴木三重吉)의 요청으로 동화를 창작하게 된다. 아쿠타가와는 "이번에 또 스즈키 씨의 부추김으로 한 편의 동화를

있다. 더구나 백석은 아쿠타가와에게 강한 관심을 보였고, 유학 이후의 소설에서 동화적 상상력이 구체화된다는 점에서 아쿠타가와와의 상관은 무근한 것이 아니다.

이처럼 동화적 상상력은 백석이나 아쿠타가와 모두에게 그들 문학세계를 이해하는 데 중요한 관련고리를 형성하는 동질성을 지닌다. 아쿠타가와의 경우, 동화작품은 방대한 그의 소설세계와 중복되면서도 변별된다. 전자의 특성이라면 "아쿠타가와의 동화에는 그의 소설세계의 중심 테마인 에고이즘의 문제와 기이한 이야기를 좋아하는 취미가 그대로 반영되어"23) 나타난다는 주제적 측면을 들 수 있을 것이요, 후자의 특성은 "일반 작품에 나타나는 특유한 냉철한 야유와 힌번 비틀어 비꼬는 시선"24)이 빈번하지 않다는 구

썼습니다. 동화는 자신이 없으므로 부족한 부분은 마음놓고 고쳐달라고 스즈키 씨에게 부탁해 두었습니다."(『芥川龍之介 全集』 第10卷 書簡1, 조구호, 앞의 글, 3-4면에서 재인용)라고 술회하였다. 또한 세키구치 야스요시(關口安義)는 아쿠타가와의 "동화의 창작은 독자대상의 차이로서만 의식했을 뿐이지 고유의 아동관을 가지고 있었던 것은 아니었다."(關口安義, 「童話」, 위의 글, 4면에서 재인용)고 지적한 바 있다.

23) 關口安義, 앞의 글, 같은 면. 또한 "아쿠타가와의 동화에 대해서는 다른 작품과 구별이 본질적으로 없는 것 아닌가? 바꿔 말하면, 나이 어린 독자가 읽고, 청소년, 성인의 독자가 읽음에 따라 그들 동화작품도 다른 작품과 마찬가지로 깊이를 더해가고 큰 의미를 부여하게 되는 것이다. 즉 뛰어난 문학작품이 항상 지니고 있는, 독자의 정신적 성장에 따라 작품도 새롭게 생성되어가는 성격이 아쿠타가와의 동화에도 다른 작품과 마찬가지로 존재하고 있기 때문이다. (중략) 동화를 쓴 아쿠타가와가 아동을 독자대상으로 의식하지 않았을 리는 없지만, 동화라는 장르에만 충실하게 쓴 것은 아닐 것이다. 동화작품도 일반 소설작품과 마찬가지로 작자 본래의 능력을 충분히 발휘하고 있다."(平岡敏夫, 『芥川龍之介』, 홍주연, 앞의 글, 9면에서 재인용)는 지적도 아쿠타가와 동화의 정체성을 잘 보여주는 대목이라고 하겠다.

24) 思田逸夫, 「芥川龍之介の少年文學」, 홍주연, 앞의 글, 2면에서 재인용.

성기법상의 차이일 것이다. 이처럼 아쿠타가와에게 있어서 동화는 분명한 장르 구분 하에 기획된 것이면서도 동화적 각색에 한정되지 않고 아쿠타가와적 문학관을 상징하고 있다.

아쿠타가와의 문학적 주제라면 무엇보다 에고이즘적 인간인식에 바탕한 철저한 예술지상주의를 들 수 있다.[25] 인간에 대한 회의에서 출발한 아쿠타가와 문학의 근저에는 인간의 에고이즘이 바탕하고 있는 것이다. 시적 정서에 가까운 형식을 의도적으로 추구하는 기법적 특질을 보여주고 있는 것도, 그 스스로 소설의 가치를 결정하는 것은 이야기의 장단이나 기발함에 있지 않고 시에 가장 가까운 것이라 했듯이, 예술지상주의적인 그의 문학관을 잘 반영하는 측면이라 할 수 있다.[26]

시적 정서를 강조하는 아쿠타가와의 생각은 그가 자살하던 해

---

25) 물론 아쿠타가와의 문학세계를 이것으로만 한정지을 수는 없다. 맑스주의를 의식한 반군국주의, 반국가주의, 자유주의적 의견이 그의 저작에 일관되어 있었고, 서양 지향형의 '다이쇼 교양주의'도 그에게 전형적이었다. 또한 자살을 앞두고는 '광기 또는 죽음'으로 나아가는 자기 내면의 과정이 그려지고 있다.(가토 슈이치(加藤周一), 김태준 · 노영희 역, 『일본문학사서설 · 2』, 시사일본어사, 1996, 467-471면)

26) 고영자, 앞의 책, 13-14면. 여기서 그의 예술지상주의가 함의하는 특수성을 간과해서는 안된다. "서양에서 생활한 경험없이 서양 문학을 안 최초의 작가"(가토 슈이치, 앞의 책, 470면)였던 아쿠타가와는 나쓰메 소세키(夏目漱石)를 중심으로 한 일군의 인간관계 속에서 관념적인 논리성을 통념으로 자기화한다. 논리나 실증보다는 체면론과 인격적 압력이 지배적이었던 사회 구조 속에서 논리의 왜곡을 위선으로 지적할 줄 알았던 아쿠타가와는, 광범위한 사회 전체의 논리성을 주장하는 맑스주의자들이 대두하면서 오히려 내면적 논리성과 미의식의 조화감이 위태로워짐을 느끼게 된다.(이토 세이(伊藤整), 고재석 옮김, 『근대 일본인의 발상형식』, 소화, 1996, 16-21면) 아쿠타가와의 예술지상주의는 이러한 그의 내면을 매개하는 자의적이고 일문학적인 개념으로 이해되어야 할 것이다.

에 다니자키 준이치로(谷崎潤一郎, 1886~1965)와 벌였던 소위 '소설의 줄거리 논쟁'에 잘 나타나 있다. 아쿠타가와는 이야기다운 이야기가 없는 소설을 소설의 바람직한 형태로 보았고, 다니자키는 줄거리가 있는 그리고 '구조적 미관'이 있는 소설을 주장했다. 아쿠타가와의 입장은 이야기의 예술적 가치를 부정하고 모든 문예의 원리로서 '시적 정신'을 강조하는 것이었다.27) 이에 대한 흥미로운 해석인 가라타니 고진(柄谷行人)에 따르면 이들은 전혀 대립하고 있지 않다. 아쿠타가와의 사소설적인 공간과 그 속의 '나'는 다니자키의 '모노가타리(物語, 중고시대 소설양식이자 이야기)'적인 이야기와 함께 메이지 시대 확립된 근대적 균질공간에 의해 배제된 것들이라는 점에서 그렇다.28)

아쿠타가와의 동화는 위와 같은 특성을 배경으로 하고 있다. 그의 동화 중 대표작이라 할 수 있는 「거미줄」은 연못가를 거닐던 석가모니가 연못 아래 지옥의 죄인 '간다다'를 구원해주기 위해 거미줄을 드리웠으나, 혼자만 구원받으려 한 간다다의 욕심 때문에 결국 다시 지옥으로 떨어지고 만다는 이야기이다. 여기서 간다다

---

27) 호쇼 마사오 외, 고재석 옮김, 『일본 현대문학사・상』(문학과지성사, 1998) 27, 62면, 그리고 고영자, 앞의 책, 479-491면 참조.

28) 이에 대해 좀더 살펴보면, 아쿠타가와가 말하는 '이야기'는 앞뒤가 보이는 것을 가능하도록 만드는 작도상의 배치에 다름아니다. 원근법적 배치 속에 형성된 근대 서구의 '나'는 부자연스럽고 인공적인 것이요 따라서 사소설을 옹호하는 아쿠타가와의 '나'는 코기토의 균질 공간에 대응하는 것이 아니라 이질적 공간에 대응하고 있다. 다니자키가 말하는 이야기 역시 모노가타리적인 것으로서 메이지 20년대(1887-1896) 확립된 원근법적 균질공간에 의해 배제된 공간이다. 이들은 근대문학에 의해 배제되면서도 동시에 그것을 보완하고 활성화시키는 양의성에 의해 활성화될 수 있었다.(가라타니 고진(柄谷行人), 박유하 옮김, 『일본근대문학의 기원』, 민음사, 1997, 203-220면)

의 이기심은 인간의 생래적인 에고이즘을 잘 보여준다. 절대적 존재인 석가모니 역시 인간의 한계적 존재를 이해하고 구원하려는 적극적 의지의 소유자라기보다는 방관자적 태도가 강하게 드러난다.

> 석가모니는 극락의 연못가에 서서 그 광경을 처음부터 끝까지 지켜보셨습니다. 급기야 사내가 피의 웅덩이 바닥에 돌멩이처럼 잠겨버리자, 슬픈 표정을 지으시면서 다시금 어슬렁어슬렁 거닐기 시작하셨습니다.
>
> (중략)
>
> 하지만 극락 연못의 연꽃은 조금도 그런 일에는 괘념치 않습니다. 구슬처럼 하얀 그 꽃은 석가모니의 발 언저리에서 한들한들 꽃대를 흔들고 있습니다.
>
> 그럴 때마다 한가운데 있는 금빛 꽃술에서는 무어라고 표현할 수 없는 좋은 향기가 끊임없이 주변으로 흘러나옵니다.[29]

이 장면은 「거미줄」의 결말 부분이다. "슬픈 표정을 지으시면서 다시금 어슬렁어슬렁" 제갈길을 가는 석가모니에 대한 묘사는 소통될 수 없는 신과 인간의 절대적 거리를 설정하면서 또 다른 자기애의 한 양상을 암시하고 있으며, 나아가 "조금도 그런 일에는 괘념치 않"는 연못의 연꽃이나 그로부터 흘러나오는 "무어라고 표현할 수 없는 좋은 향기"가 마지막 장면의 배경으로 제시되면서 아름다움보다는 냉소적 절경이라는 아이러니컬한 분위기를 자아내고 있다.

---

29) 아쿠타가와 류노스케, 「거미줄」, 조양욱 옮김, 앞의 책, 14면.

이처럼 아쿠타가와의 동화 속에는 인간의 혹은 신의 자기애적 성격이 부각되는 경우가 많다. 예컨대 '나'의 득도술이 욕심으로 인해 불가능한 것임을 절대자의 입장에서 나무라고 있는 '미슬라' 이야기(「마술」), 욕심과 인정을 버리지 못해 선인이 되지 못하는 '두자춘'과 그를 주관하는 '철관자' 이야기(「두자춘」), 자신의 욕심 때문에 결국 자신이 섬기는 '아그니 신'에게 죽임을 당하고 마는 노파 이야기(「아그니 신」) 등에서도 유사한 구성이 나타난다. 이러한 주제는 지극한 예술미학적 문학관과 절제의 형식미를 견지하는 아쿠타가와의 문학세계에 잘 어울리는 부분이라 하겠다. 백석의 소설이 보여주는 간결한 형식과 구체적 배경의 생략 등은 아쿠타가와를 닮아 있다고 볼 수 있다.

그럼에도 불구하고 이들 사이의 분명한 차이점을 간과할 수 없다. 백석 소설의 동화적 상상력은 자기와 타자의 간격을 절대적으로 설정한다거나 등장인물들의 비극이 자기애라는 존재론적 운명에 의해 결정되는 아쿠타가와식 방식과는 근본적으로 다르기 때문이다. 이러한 차이를 함의하게 되는 데에는 앞서 말한 바와 같은 이질적 배경이 작용하고 있다. 아쿠타가와에 의해 완성된 것으로 평가되기도 하는 다이쇼 문학은 물론 메이지 문학의 성과를 이어받고 있다. 메이지 문학을 대표하는 나쓰메 소세키(夏目漱石)의 경우, 그의 근대문학적 실천은 늘 서구 근대문학을 타자로 하여 긴장된 상태를 유지하고 있었다. 근대를 동인한 서양 근대의 충격이라는 조력(助力)은 모방문화라는 숙명을 가져왔고, 이를 극복하고 자기본위의 독자적 근대를 창출하려는 노력이 소세키 일생의 과제였던 것이다.30) 소세키에게 초기작품을 격찬받은 바 있고 또한 그의 영향을 많이 받은 아쿠타가와였지만 작품세계는 사뭇 다르다. 무엇보다도 문학에 대한 이해는 그들 문학을 낳은 배경의 다름으로 인해 갈라지는데, 곧 아쿠타가와에게는 문학적 타자의 역할이 서양도 중국도 아닌 것일 수 있었다. 그것을 가능케한 것은 메이지 문학의 성과라 할 수 있다. 아쿠타가와는 러일전쟁의 승리와 함께 타자, 즉 서양에 대한 긴장과 아시아에 대한 연대의식이 빠져있던 다이쇼 시대의 자기만족적 폐쇄공간의 정점에 위치했고, 이처럼 '역사'도 '타자'도 본질적으로 빠져있었기에, 동서양 고전에 능통했던 아쿠타가와는 그를 활용한 그만의 인공적인 단편을 쓸 수 있었던 것이다.[31)]

이것이 아쿠타가와와 백석이 갈라지는 지점이다. 아쿠타가와가 에고이즘적 인간 존재를 한계적으로 그려내는 것이나 지극한 사소설적 경향으로의 경사를 보여주는 것, 불안과 회의 끝에 자살로 삶을 마감한 것 등은 그가 선취한 문학적 형상의 실체를 보여주고 있다. 그는 소세키와는 또 다른 의미에서 일본 근대문학의 한 면을 완성했고, 그 형상 안에는 지극한 자기애와 유미주의가 있었다. 그의 동화적 상상력은 환상적 배경 속에서 에고이즘적 인간 이해를 보여주고 있으며, 그러한 주제가 근대적 의미의 이야기와는 다른 화소와 결합되는 양상을 드러낸다. 그와 달리 백석은 식민지시대의 정점이라는 특수한 현실을 경험하면서 문단에서의 주변적 상황을 선택했다. 그에게는 문학을 관념적으로 자기화할 동력과 명분이 없었던 것이다. 이에 백석이 선택한 '이야기'는 공동체적이요

---

30) 히야마 히사오(檜山久雄), 정선태 역, 『동양적 근대의 창출』, 소명출판, 2000, 13-45면.

31) 가라타니 고진, 앞의 책, 221면.

대타적인 것일 수 있었고, 현실의 삶과 인간관계를 매개할 수 있었다. 이렇게 백석의 동화적 상상력은 전통적이면서도 현실의 긴장을 놓지 않으며 시화(詩化)되어 나간다.

백석의 근대 혹은 모더니티는 이런 점에서 그만의 몸을 얻게 되는 것이 아닐까. 그의 생래적 서정은 자신을 둘러싼 근대를 경험하면서 서사화되었다. 그 과정에서 자신의 내면으로만 침잠할 수 없었던 내외적 조건이 그의 소설을 동화적 상상력에 바탕한 것으로 만들었으며, 그 안에는 민족공동체적 질서나 자타의 대립이 불분명한 가치가 개입된다. 이는 같은 우화의 형식을 취하면서도 주관적 내면의 세계로 침잠되는 아쿠타가와식 근대와도 다른 것이며, 폭력적 근대를 맞서는 주체적 사유 방식도 아니었다. 그 우연적이고 특수한 문학적 실천은 시세계의 토속적이고 친공동체적인 서정을 견인하면서 변함없는 백석 문학의 무의식으로 자리잡아 갔다. 이렇게 우리 근대문학은 지배적 형상을 변주하는 다양성의 한 영역을 지닐 수 있었다. 또한 백석의 동화적 상상력이 보여준 이 변방의 성과는 외재적이고 획일적인 지향을 상대하는 근대문학의 내성이었다.

백석의 소설은 전체 문학세계와 연관되는 주제적, 형식적 특질을 포함하고 있다. 동화적 상상력에 근거하고 있는 서사구조, 우화적 내용을 주제화함에 있어 토속적인 소재를 취하거나 방언을 활용하는 수사기교 등이 그것이다. 따라서 백석 소설은 단순한 삽화를 넘어 백석의 전반적 문학세계의 의미를 한정하는 중심된 장르로 활용되어야 할 것이다.

나아가 백석 소설이 관계맺는 타자로서의 근대와 일본문학에 대한 성찰은 백석 문학을 문학사적으로 규명하는 데 주요한 참조점이 된다. 이는 한 개인의 문학세계를 조망함에 있어서는 물론 한국 근대문학의 실체와 성과를 해명해나가는 데 지속적으로 논의되어야 할 과제일 것이다. 이 글에서는 일본 근대작가 중 아쿠타가와 류노스케의 경우를 참고하였다. 아쿠타가와는 나쓰메 소세키와 함께 일본 근대문학의 완성을 주도한 주요 작가라는 사실만으로도 우리 근대문학과 직간접적으로 소통하게 된다. 또한 아쿠타가와의 동화적 성격의 작품은 우화적 주제를 담아내며 전반적 문학세계의 특질을 보여준다는 점에서, 그리고 근대 일본을 경험한 백석의 개인적인 관심사에 아쿠타가와와 통하는 자리가 있었다는 점에서 백석 소설과의 친연성을 추론하는 근거가 된다.

그 닮음은 그만큼의 다름을 내재한 것이었는데, 백석 소설은 자기애적인 인간의 존재론적 한계를 주목하기보다는 그것마저도 감싸안는 대타적이고 공동체적인 것이었다는 점에서 그러하다. 이는 이후의 시세계나 분단 이후의 활동에까지 지속되는 백석 문학의 분명한 경계를 이루게 된다는 점에서 아쿠타가와의 경우와는 변별되는 자질이다. 다이쇼 문학을 마무리하며 자살한 아쿠타가와와 분단 이후에도 문학적 실천을 지속시켜 간 백석. 그들의 닮음을 이야기해야 하는 것은, 또한 근대를 이해함에 있어 타자로서의 일본을 보다 실증적으로 밝힐 수밖에 없는 것은, 바로 위와 같은 차이가 한국 근대문학의 정체성을 이루는 까닭일 것이다.

04

조벽암 시의 포즈와 근대

1. 동향과 입장

벽암(碧巖) 조중흡(趙重洽, 1908－1985)은 1949년 6월 월북하기 이전까지 150여 편의 시를 남겨 놓았다. 이 시기 발간된 시집으로는 『향수(鄕愁)』(이문당서점, 1938)와 『지열(地熱)』(아문각, 1948)이 있다. 분단 이후에도 『벽암시선』(조선작가동맹출판사, 1957) 간행 등 지속적 문학활동을 보여주는데, 이처럼 적지 않은 작품과 활동에도 불구하고 그에 대한 학계의 본격적 접근은 아직까지 이루어지지 않고 있다. 그 이유는 그의 작품이 기존 문학사의 관점, 즉 모더니즘 계열이나 카프시, 혹은 전통 서정시 등의 어디에도 귀속되기 어려운 성향을 보이기 때문이 아닐까 한다. 또한 대개 작품이 직설적인 감정 토로의 경향을 지녀 이론적 차원에서 접근할 여지가 적다는 점도 한 원인일 것이다. 물론 해금(1988) 이전까지의 문학 외적 제한이 조벽암 시에 대한 본격 고찰을 더디게 한 주요 이유임은 당연하다. 그럼에도 불구하고 통일문학사의 관점이나 새로운 시대적 전망에 따른 입장과 근거 확보를 위해서라도 조벽암을 위시한 월북·재북 작가의 문학세계에 대한 실증적 접근과 문학사적 위상 구명이 필요한 시점이라 하겠다.

기존의 관점에 따르면 월북 이전 조벽암의 시세계는 동반작가적 성향과 열정과 고뇌의 표출, 형식 실험 등이 특징으로 지적되고 있다. 조벽암의 현실에 대한 관심은 당대 김기진의 동반 작가로의 분류[1])로부터 최근 연구에 이르기까지 공통적으로 지적되어 왔다. 특히 김외곤은 실업자 지식인에 대한 관심으로부터 비롯된 프롤레타리아 문학적 성격이 강한 윤리성과 함께 조벽암 문학에 지속되고 있다고 강조한다.[2]) 그러나 시 장르를 대상으로 한 연구에 있어서는 현실 비판보다는 혼돈과 불안의 정신적 내면 세계 표출을 주목하고 있다. 특히 채수영은 조벽암 시의 불안한 정신세계를 1930년대라는 시대의 대내외적 불안과 연관지어 해석했으며,[3]) 김석영은 월북 이후의 작품들까지 포함하여 조벽암 시세계의 전반적 현

---

1) 김기진, 「조선문단의 현재와 수준」, 『신동아』, 1934. 4.

2) 김외곤, 「조벽암 문학 연구」, 『호서문화논총』 13집, 서원대 호서문화연구소, 1999. 이 글은 또한 독일 비합리주의 철학, 특히 니체에의 경사를 문학적 경향의 단서로 제시하고 있는데 단상에 그치는 점이 아쉽다.(218면) 이에 대한 본격 고찰도 앞으로 남은 과제일 것이다. 조벽암 문학의 현실 비판적 성격은 김외곤을 비롯하여 소설을 대상으로 한 연구에서 두드러진다. 기타 강진호, 「조벽암 소설의 특징과 의의」, 『한국학보』 19권2호, 일지사(한국학보), 1993; 양문규, 「조벽암 소설 연구－일제하 농촌문제와 지식인 계급의 운명」, 「기전어문학」 10-11집, 수원대 국어국문학회, 1996; 김종건, 「조벽암 소설의 공간설정과 작가의식」, 『우리말글』 26집, 우리말글학회, 2002. 12 등 참조.

3) 채수영, 「불안의 정신지리－조벽암론」, 『해금시인의 정신지리』, 느티나무, 1991. 무엇보다도 "가을정서의 깨끗한 바탕우에 시대의 서글픔을 애수 혹은 향수로 달래려 한"(283면) 것이 조벽암 시의 본질이라고 한다.

황을 개관해 주었다.[4] 모더니즘적 경향을 포함하여 형식 실험을 강조한 글로는 문학사적 단평을 제외하고 김용직, 김인자 등의 언급이 주목된다.[5]

조벽암 문학이 이러한 경향을 지니게 된 배경으로 조포석의 친조카요 경성제대를 졸업한 지식인이었다는 이력을 들곤 한다. 잠깐이긴 하지만 '구인회'와의 관계 역시 하나의 근거로 제시되는 바이다. 그럼에도 불구하고 이를 일반화하여 특징짓기가 어려운 것이 실제 시세계를 접해보면 경향파나 사조적 모더니즘의 특징을 보여주는 작품들이 많지 않다는 사실 때문이다. 기존 연구에 있어서도 아쉬운 사항은 특정 장르에 국한되거나 문학 세계 전반을 관류하는 지표에 대한 실명이 부족하다는 점이다. 특히 시세계 조망에 있어서는 해방 전후나 분단 이후의 문학사적 연속성을 밝혀 줄 관점과 범주가 아쉽다. 대상 범위를 넓혀 조벽암 시의 내용과 형식을 보다 꼼꼼하게 따져봐야 할 필요성이 이로부터 제기된다.

이와 같은 문제의식 아래, 이 장에서는 기존 논의를 참고하면서 분단 이전 조벽암 시의 내용적·형식적 특질을 다양한 관점에서 접근하고, 조벽암 시가 1930-40년대 시사에서 차지하는 위상에 대한 하나의 입장을 제시하고자 한다.

---

4) 김석영, 「월북 시인 조벽암의 시세계」, 『민족문화논총』 29집, 영남대 민족문화연구소, 2004.

5) 김용직, 「관념적 계급성향과 순수－조벽암론」, 『한국현대시사』 2, 한국문연, 1996; 김인자, 「조벽암 시 연구」, 인하대 교육학석사학위논문, 1995.

2. 도시와 전통—근대의 두 얼굴

조벽암 시에는 도시의 풍경이 중심 화소(話素)의 하나로 등장한다. 청년 시절 경성제대 법학부를 다녔고 화신 상회(백화점)에 근무했던 그에게 도시 풍물은 자연스런 소재였을 것이다. 특이한 것은 그 풍경에는 항상 우울의 정조가 배면에 작용하고 있다는 점이다. 다양한 도시 풍경을 우울하게 바라보는 것은 식민지 지식인이 대개 지닐 법한 태도라 하겠다. 다음 작품은 조벽암 시 속의 도시 이미지와 우울의 어조를 잘 드러내고 있다.

> 몬지에 취해 저무는 해는
> 육교 저편에 아련—하고
> 돌담 밑을 걷는 우울한 응시는
> 망상의 희생을 두려워하네
>
> 바다같은 하늘의 몇점 쪼각 구름 사이를
> 간사스리 꼬매는 백조는 흰 솔매를 지치고
> 진종일 시달린 저주와 피로에는
> 호—마의 일컫는 「사영」(死影)보다도 무서운 절망이 씹히네
>
> 간지럽게 핼금거리는 가로수의 푸름은
> 삼년 묵은 파나마 챙보다도 더럽고
> 어쩐지 빈 마음으로 돌아가는 길은
> 제도의 사생아를 또다시 울리고야 마네
>
> —「팔월의 황혼가(黃昏歌)」(『향수』) 부분[6)]

---

6) 작품 인용은 이동순 · 김석영 편, 『조벽암 시전집』, 소명출판, 2004(이하 『시

보는 바대로 이 작품은 여름날 어스름의 도시 풍경을 묘사하고 있다. 화자가 지닌 "우울한 응시"의 원인은 "진종일 시달린 저주와 피로", "제도의 사생아" 등의 표현에서 드러난다. 이것이 파행적 근대와 그 속에 누적되는 일상의 피로 혹은 정체성 상실을 가리키고 있음은 쉽게 파악할 수 있다. 이러한 부정적 감정은 진지하게 현실을 사고하는 지식인에게 있어 식민지 근대의 아픈 현실에 대한 당연한 반응이었을 것이다. 이와 유사한 차원에서 사회생활의 길을 박탈당한 지식인의 비참한 현실을 형상화하는 방식은 조벽암 문학의 특징이기도 하다.[7] 이에 주목한 한 연구는 실업자 지식인에 대한 동정 내지 연민이 조벽암 문학에 대한 문학사적 평가의 주된 내용이 되어야 함을 강조하기도 한다.[8] 이러한 주장은 주로 소설을 근거로 하여 이루어진 것이므로 조벽암 문학의 특징으로 일반화하기 어렵다. 그럼에도 불구하고 처한 현실에 대한 부정적 인식이 시편들을 꿰뚫는 주된 정조라는 점에서 지식인의 회한은 조벽암 문학의 중심 내용을 이룬다고 할 수 있다.

인용구에 이어 화자는 자신이 놓인 시공간을 "이 대답도 없는 도시"(4연)라며 직정적으로 표현한다. "이상과 현실의 분수령엔 희생과 오직 사기", "정밀(靜謐)한 꿈도 찾을 길 없이 가슴 저린 분

전집』으로 표기)에서 하되, 괄호 안에 원래 수록된 시집명을, 시집에 수록되지 않은 작품의 경우 발표년을 병기하였다. 『시전집』은 조벽암 시 연구에 있어서 한 획을 긋는 중요한 의의를 지닌다. 또한 최근 연구 성과로서 이동순, 「혼동과 동경으로부터의 길 찾기－조벽암 시세계의 변모와 현실인식」(『잃어버린 문학사의 복원과 현장』, 소명출판, 2005)을 들 수 있는데, 참고로 이 글의 내용은 『시전집』의 해설, 그리고 김석영, 앞의 글과 대동소이하다.

7) 백철, 『조선신문학사조사 · 현대편』, 백양당, 1949, 202면.

8) 김외곤, 앞의 글, 228-229면 참조.

노"(종연) 등에서는 비관적 현실 인식, 절망과 분노가 그대로 표출된다. 다음 작품에서도 도시의 피로와 자본주의적 현실에 대한 개탄의 목소리를 찾아볼 수 있다.

> 그 곳은 부지푸르의 식민지—
> 코피 젓는 사시 끝으로
> 생활의 둔중한 둠벙을 어지러 볼건가?
> 글쎄?!
> 그렇게 홀홀히……
>
> 백동전 한 닢을 인조 대리석 탁자 우에 던지니
> 쇳소리의 천성이 애처럽구나
> 푸로테스탄트의 존재는 참기름 같아
> 침묵의 밀도 속에 도아를 민다
>
> 날은 너윗너윗 엉그름이 스미고
> 이제는 어느 곳에서 향수를 찾어볼고?
>
> 자장가의 보금자리는 오로지 오막살이로……
> 시외촌 실골목까지 풍겨 들리는
> 씨나리오넷트는
> 저 혼자만의 황혼도심(黃昏都心)의 애탄자(哀嘆者)같이
> 하늘가에 하늘가에 흐르누나
>
> —「석연(夕宴)」(『향수』) 부분

이 작품은 반복되는 도시의 우울 속에서도 단지 감정적 불안에 그치지 않고 역사적, 계급적 인식의 단편을 보여준다는 점이 주목

된다. 이러한 면모는 "부지푸르(쁘띠 부르주아 - 인용자)의 식민지"나 "백동전 한 닢", "쇳소리의 천성" 등의 상징을 통해 드러난다. 도시의 우울한 이미지가 전체적인 정조를 이루는 가운데, 화자는 '부지푸르' 즉 소시민의 애환을 대변하여 탄식하고 있다. 어디선가 들려오는 악기 소리는 그 누구를 위한 음악도 되지 못하고 "저 혼자만의 황혼도심의 애탄자"로 흐를 뿐이다. 이는 동전이 대리석에 부딪쳐 내는 탁한 소리와 동질의 불협화음일 것이다. 요컨대 기형적 자본의 제도가 만들어낸 불협화음 속에서 비탄에 잠기는 "제도의 사생아"(「팔월의 황혼가」) 즉 소시민의 애환이 이 작품의 중심 내용을 이루고 있다.

이처럼 조벽암 시의 우울한 포즈는 삭막한 도시를 원인으로 주조되고 있으며, 도시의 피로는 지식인 화자가 식민지 근대라는 파행적 제도를 감각함으로부터 비롯된다. 대체로 주정적인 목소리가 지배적인 듯하지만 그 와중에서도 피로를 양산하는 제도적 모순을 인식하는 감각이 요소에 발견된다는 사실은 조벽암 시를 낭만적 영탄의 시로만 한정할 수 없게 만든다.

한편 "어느 곳에서 향수를 찾어볼고"에서와 같이 향수마저 느낄 수 없는 도시의 현실이 저물어가는 시간적 배경과 맞물려 우울의 색채를 더하고 있다. 이로써 추론해 보자면 그리움의 대상인 고향은 도시와 상반되는 이미지 혹은 지향 방향을 지니고 있는 셈이다. 고향의 의미가 전경화되면서 주목을 요하는 작품으로 다음을 보자.

> 갈매기 덧없이 우짖는 포구
> 산 설고 물 다른 이역의 황혼

홀로 말없이 떠도는 넋은
한많은 고토(故土)의 숨결이라네
가고 가고 끝없이 가
멀어지면 질수록 그리운 고국
참고 참고 한없이 참아
오래 되면 될수록 사무치는 정

소쩍 소쩍 소쩍새는 밤새껏 울고
얼룩배기 늙은 황소 게－느리게 우는 곳
그곳은 우리의 고토
주름살 잡힌 어머니가 홀로 기다리시는 곳

－「고토(故土)」(『지열』) 전문

"얼룩배기 늙은 황소"라는 표현에서 누구든 정지용의 「향수」(1927)를 떠올릴 것이다. 실로 조벽암은 문학수업 시절 정지용을 숙독한 적이 있고, 초기작 「수향」(1931)에서도 정지용 시의 영향을 엿볼 수 있다.("웅기종기한 내 고향이야/ 차마야 잊을소냐/ 차마야 잊을소냐 차마야") 이러한 특징으로부터 조벽암 시의 도시와 고향 이미지의 근원을 추론할 수도 있겠다.[9] 「고토」에서 화자는 이역을 떠돌며 고국

9) 정지용과의 관계는 모더니즘에 대한 판단에도 간접적 영향을 미친다.(김용직, 앞의 글, 178면 참조) 채수영은 「향수」(정지용)와 「고토」가 황소가 "우는 곳"이라는 점에서 일치하나, 정지용의 작품이 "금빛", "해설피" 등의 효과에서 조벽암의 언어미감을 압도한다고 평가한 바 있다. 그러나 조벽암의 「고토」와, 정지용과 같은 제목인 「향수」 등이 자아내는 고독한 풍경과 노스탤지어의 시적 아름다움 역시 지적하고 있다.(채수영, 「동일성 이미지와 시적 교감－설정식 「잡초」와 김수영 「풀」, 박세영 「산제비」와 김철수 「산제비」, 정지용 「향수」와 조벽암 「고토」, 김소월 「진달래꽃」과 김철수 「진달래」」, 『비평문학』 5호, 한국비평문학회, 1991. 10, 412-413면)

을 그리워하고 있다. 여기서 '고토'는 "주름살 잡힌 어머니가 홀로 기다리시는 곳", 곧 고향이다. 고향에 대한 애절함은 멀어진 거리에 비례하여 그 정도를 더하고 있다. 그럼에도 격정을 다스리려는 절제의 노력이 엿보이는 작품이다. 2연, 3연 첫 행에서 언어의 반복을 통해 운율을 꾸미려 한 점도 애틋한 정서의 표현과 어울리는 특징이다. 이보다 앞서 발표된 「향수」(『향수』)에서도 "해만 저물면 바닷물처럼 짭조름이 저린 여수(旅愁)"와 그로 인한 그리움을 "따스한 보금자리 그리워 포드득 날러들고 싶어라"로 표현하여 언어의 긴장과 함께 적절한 비유를 제시하고 있다. 하지만 고향 혹은 전통의 소재가 이처럼 긍정적 이미지로만 드러나는 것은 아니다.

> 내 어집잖은 고독에/ 부던 피리 씹어가며 홀로 우노니// 산모롱 다랑배미 물꼬마다 넘치는 물소리만이/ 말씨없이 엎드린 고요한 이 땅 우에/ 철겨운 봄을 저주하옵네
>
> ―「맥묘(麥苗)」(1934) 부분

> 내 안개속에 감겨 휘파람 불어/ 서글픈 곡조에 전통의 눈물이 스미고/ 오랜 어릴 적의 녹슬은 추억을 더듬어// (중략) // 옛마을은 겨우살이도 갖추지 못하고/ 초라히 나를 애궂게 불러만 주었구려
>
> ―「옛마을」(1936) 부분

인용된 작품들에는 고향에 대한 부정적 이미지가 제시되고 있다. 「맥묘」에서 고향의 전원 풍경은 "내 어집잖은 고독"이 표출되는 "말씨없이 엎드린 고요한" 장소로 묘사되고 있다. 도시의 우울에 버금가는 고향의 비애라고 할 수 있겠다. 「옛마을」 역시 고향은

"전통의 눈물"과 "녹슬은 추억"을 간직한 시공간이다. "겨우살이도 갖추지 못"한 현실의 고향은 초라하기 그지없는 빈혈의 땅인 것이다. 또한 고향은 제도적인 수탈의 장이기도 한다. 예컨대 "조상들이 빨리던 논두렁에 앉아/ 아직도 피땀을 바쳐야 하는 촌 영감"의 "두리번거리는 땅"(「촌길」, 『지혈』)이 고향인 것이다. 이로써 조벽암 시에서 고향 혹은 전통은 동경만이 아닌 구태와 모순의 대상이기도 하다는 점을 알 수 있다.

결국 조벽암 시의 고향 혹은 전통은 양가적 의미로 드러난다. 전통마저 부정되는 것은 현실의 모순 때문일 것이다. 현재의 모순을 원인하고 있는 과거 질서는 여전한 수탈의 장이요 극복의 대상일 수밖에 없다. 그러나 앞에서 본 바와 같이 원형적 이미지로서 이상향의 의미 역시 조벽암 시의 고향과 전통은 함의하고 있다. 고향의 의미가 이중화되는 사이에 현실의 모순이 매개된다. 화자의 시선에 현재적 고난이 개입될 경우 고향은 전근대적 폐해의 공간인 것이며, 떠나온 그리움의 시선으로 바라볼 때 존재의 근원적 회귀장소로 묘사된다고 할 수 있겠다.

3. 과잉 정서와 어조－포즈의 근대

이상 살펴본 바와 같이 조벽암의 시편들 중에는 현실과 도시의 풍경이 소재가 되는 작품들이 일정한 군을 이루고 있다. 비극적 현실을 매개로 도시와 고향의 의미 양상이 변주되고 있다는 사실 자체가 특이한 현상은 아닐 수도 있다. 그런데 조벽암 시에서는 그것이 특유의 어조와 또다시 연관된다. 우울한 어조와 격앙된 감정은 조벽암 시가 취한 포즈일 것이요, 대상－도시와 현실－을 시화하는 그만의 특장이라 하겠다. 이로부터 조벽암의 근대 인식을 추론해 볼 수 있을 것이다. 그의 현실 인식은 비극적인데, 그것은 이른바 시대의 우울로서 식민지 근대를 살아가는 지식인의 회한에 다름 아니다. 결국 도시 체험과 그로부터 비롯되는 애상의 시세계라 할 수 있겠는데, 이러한 특징에 주목하여 조벽암 시를 모더니즘과 연관시켜 논의하는 경우도 있다. 그러나 사조적 의미에서 모더니즘과 조벽암 시는 차이가 있는 듯하다. 구인회를 중심으로 하는 모더니즘 문학의 주조는 형식 실험과 도시적 삶의 체현이라 할 수 있다.[10] 반면 조벽암 시의 도시적 요소는 구체적 도시 체험과 그 체현이라기보다는 감정을 앞세운 관념적 형상화인 경우가 많다. 비탄과 동정 등은 그런 감정을 집약하는 정조이다.

강한 감정의 값은 때로는 적극적 결의의 다짐으로 표출되기도 한다. 이는 경향파 작가로서 조벽암을 설명하는 근거가 된다. 그런데 『향수』 단계에서 계급과 투쟁의식이 전경화되는 것은 아니다. 이를테면,

> 벌거벗은 산모롱이
> 떼 못 입힌 무덤에는
> 굶주림과 헐벗음의
> 도안(圖案)같은 세상사가 어지러워
> 봄빛조차 쓸쓸하고
> 어머이마자 묻고 떠난 총각
> 어데메서 젖어 있노

---

10) 이 같은 1930년대 모더니즘의 개념에 대해서는 서준섭, 『한국 모더니즘 문학 연구』, 일지사, 1988, 6-7면 참조.

(중략)

그여히 오고만 봄이어든
싹트는 가지만 휘여잡고 흐늑일 것이 아니라
갓난 아이 모양으로 두 활개를 훨씬 펴
서슴지 말고
인자로운 어머니의 사품에 뛰여안겨
힘껏 자라지 않으려니
굳세게 싸우지 않으려니

—「봄」(『향수』) 부분

에서와 같이, 투쟁의 결의를 권면하는 과정에서도 그것은 생동하는 봄의 이미지와 연동된 감정으로 드러난다. 물론 이러한 양상이 일제 말기의 표현적 곤란을 염두에 둔 것일 수도 있다. 그러나 현실의 비탄과 이상에의 동경을 주조로 하는 조벽암 시의 발생원리를 염두에 둔다면 현실 비판에 있어서도 파편화된 선언보다는 정서의 고양과 서정적 표현을 의도적으로 취했을 가능성이 높다. 계절 모티프를 활용하여 이상과 동경을 표현하는 방식도 비판적 목소리에 풍부한 서정을 입히는 방법인 동시에 조벽암 시의 구조적 특질로서 취해진 포즈의 하나라 하겠다.[11] 위에서도 봄은 계절의

---

11) 이러한 특징으로부터 나아가 임화는 조벽암 자신이 시대의 봄을 상징하는 자연이었다고 평한 바 있다.(임화, 「조벽암의 시집 『향수』를 읽고」, 『동아일보』, 1938. 3. 24) 채수영 역시 "조벽암의 해방전 시엔 자연정서의 바탕위에서 가을의식이 봄으로 지향하고 있어 가을정서의 깨끗한 바탕우에 시대의 서글픔을 애수 혹은 향수로 달래려 한다"(채수영, 「불안의 정신지리」, 앞의 글, 283면)고 말한다. 또한 "벽암의 시에 자연은 목적에의 자연이 아니라 수단의 자연"(270면)임을 지적한다. 이는 자연 자체의 묘사가 아니라 인간화된 자연,

순환에 따른 한 절기일 뿐만 아니라 새로움과 의지를 알리는 계기로 화자의 의지와 결합되고 있다.

해방 이후의 작품들에서는 혁명과 관계된 정서를 보다 직설적으로 표출하기도 한다. 예컨대 "헐벗고 굶주린 이 황폐한 조국"(「거리」), "헐벗은 조국의 헐떡이는 소리"(「낯설은 청년」) 등 비참한 조국에 대한 인식이나, "혁명가의 늠름한 모습"과 "뚜렷한 정의의 깃발"(「새아침」) 등 혁명을 향한 벅찬 감회를 볼 수 있다. 또한 "꽃이 피는 봄이 오네/ 붉은 피로 물들인/ 해방 찾던 날이 오네"(「삼월이 오네」, 이상 『지열』)와 같이 계절에 대한 형상화에 있어서 구체적 역사를 거론하는 방식으로 변모하는 모습도 나타난다. 하지만 해방 이후 시편들 속에서도 과잉된 감성의 포즈는 여전한 시작 태도로 반복된다고 할 수 있다.

달라진 정세 위에서 동경과 고향의 이미지는 새로운 시대를 돌파해 나갈 삶의 자세로 적극 제시되기도 한다.

눈물의 골짜기로 골짜기로 사람은 가다
동경의 천사를 찾아 사람은 가다

잉경은 울어 사람의 마음에 어울려
깃발을 날리며 자꾸 앞으로 가다

다만 빈 주먹엔 정열과 설음
오직 주검으로 외치는 피섞인 함성

칼보다 날카롭고 폭탄보다 무서워라

화자의 의지와 결합된 자연이 주된 목적이라는 말이다. 의지의 외장으로서 자연이라는 매개가 주요하다는 본고의 입장 역시 이와 연속된다.

단결과 동경은 우리들의 무기와 고향

—「비분(悲憤)의 행렬」(『지열』) 부분

“눈물”과 “설음”은 비관적 이미지가 아니라 지녀야 할 “우리들의 무기”가 된다. 설움이 쌓여 희망이 되는 역설적 슬픔의 논리가 여기에 있다. 절망에 빠질수록 동경의 마음도 깊어진다는 시적 맥락으로부터 우리는 조벽암 시가 취한 포즈인 애상의 어조에 대해 좀더 적극적으로 의미 부여할 수 있는 근거를 구하게 된다. 여기 드러난 방법론으로서의 설움과 동경을 사후적으로 소급해 보자. 이런 전제가 가능한 것은 조벽암 시는 초기 작품부터 해방 이후까지 애상의 정조와 과잉된 정서를 시적 포즈로 취한다는 일관된 흐름이 있기 때문이다. 앞서 살펴본 것처럼 비애는 비극적 현실 인식으로부터 비롯된다. 그것은 때때로 영탄, 고독, 향수, 동경 등으로 변주되지만 그 감정의 값에 있어서는 과잉의 정도가 일정량 유지되는 상태라 할 수 있겠다. 정서의 깊이가 깊을수록 이를 극복하는 “비분의 행렬” 역시 길어지는 것이다. 그리하여 슬픔이 슬픔으로 끝나지 않으며, 계절과 자연이 인간의 의지와 일체되고, 현실이 아플수록 동경의 깊이는 더해지게 된다. 이러한 방법론적 입장에서 조벽암 시는 매 편 과잉된 포즈들을 취하고 있다. 이를 우리는 동경을 통해 비극적 근대를 넘어서려는 태도로서의 포즈 혹은 조벽암 시의 윤리적 태도라고 부를 수도 있겠다.

벽암 시를 식민지 지식인의 영탄으로 한정하기 어려운 이유는, 앞선 장에서도 언급한 제도적 모순의 시화와 더불어, 문학적 실천이나 세계관을 간과할 수 없기 때문이다. 이런 식으로 생각해볼 수도 있겠다. 살펴 온 바와 같이 조벽암의 시는 쉽게 읽힌다. 특별히 어려운 상징이 거의 없고 읽는 그대로 의미가 이해되는 편한 운문의 성격을 지닌다. 그렇다면 벽암은 시를 쉽게 썼을까. 그의 말에 따르면 그런 것 같지는 않다.[12] 이는 물론 삶의 이력이나 문단 활동을 통해 간접적으로 증명되고 있다. 조포석의 영향, 구인회와의 관계, 분단 이후 북한 문학장에서의 입지 등이 그 근거라 하겠다. 또한 평론을 보건대 조벽암의 문학적 입장 속에는 외장만으로 취한 포즈의 위험성이 충분히 숙지되고 있다.

> 요약해 말하면 우리는 시의 내용과 형식에 있어서 구별해서 아니 될 것이로되 그러나 그를 분석하야 고찰하자면 우리는 형식에 그치지 마라는 것이다. 즉 형식의 노예가 되어서는 아니 된다는 것이다. 우리는 어데까지든 시는 우리의 눈물이요 탄식이요 홍소(哄笑)요 환호이어야 하는 것이다. 즉 그러한 내용의 노예로써 내용 그대로 적어놓는 데에 참다운 시일 것이다.[13]

이 글에서 조벽암은 형식주의의 위험성을 경계하고 있다. 조벽암의 형식주의에 대한 이해가 단편적이긴 하지만 "제일 자유시의 발생 급(及) 발전을 율격사(律格詞)의 필연적 과정에서 구속을 벗어나라는 새로운 삶에서 사상에서 나아옴이라는 것"[14]이라는 지적은 시적 형식에 대한 이해의 깊이를 드러내는 대목이다. 이로써 짐작

---

12) 조벽암은 치열한 사색과 퇴고의 과정을 거쳐 하나의 표현을 얻는다는 요지의 창작방법론을 편 바 있다.(조벽암, 「나는 시를 이렇게 썼다」, 『청년문학』, 1965. 9. 『시전집』, 523-536면 참조)

13) 조벽암, 「김안서 씨의 정형시론에 대하야」, 『조선일보』, 1933. 1. 12-15. 인용은 『시전집』, 506면.

14) 위의 글, 507면.

컨대 조벽암은 내용주의자요 공리적인 문학관의 소유자였음을 알 수 있다. 비슷한 시기에 씌어진 다른 글에서도 문학의 효용과 대중성, 작가적 진정성을 강조하고 있다. "결국에 있어서 작가 그 사람의 인격과 절조와 견문이 겸비(兼備)하는 곳에 참다운 문학이 나올 것"[15]이라는 지적이 그것이다. 또한 이 글에서는 시골에서 있었던 어느 문학 청년과의 일화를 통해 공리적 문학관을 강조하고 있어 흥미롭다. 진정성이 부족한 작품과 평문이 일반 독자에게 얼마나 악영향을 미칠 것인가라는 점을 자신의 일화를 들어 확인하고 있는 것이다.

"생선문단의 부패성"과 "기름문단의 고독성"이라는 재미있는 비유도 그 희화적 표현 이면에 있는 조벽암 시의 염결성을 연상케 한다.[16] 조벽암은 시류에 영합하거나 유행에 민감한 문단의 섹트주의를 경계하고 있다. 이런 의식은 구인회의 탈퇴 동기[17]에서 드러난 것처럼 본인 스스로의 문학적 삶을 통해 증명되는 바이다. 독단적 문학세계의 반대중적 정서 역시 비판의 대상이었다. 고립적 기교주의에 대한 의도적 거부는 몇몇 평문의 반기교주의적 입장과 실제 창작의 경향으로부터 거듭 확인된다. 이러한 정신은 분단 이후 사상비판을 거쳐 발표된 시론에서도 동일하게 발견된다. 여전히 그는 다양한 형식적 실험을 추구했으되 '욕교반졸(浴巧反拙)', 즉

15) 조벽암, 「엄흥섭 군에게 드림－남풍에 실려 보내는 수상」, 『신동아』, 1935. 8. 인용은 『시전집』, 495면.

16) 조벽암, 「문단의 부패성과 고독성－문학의 방로(傍路)에서 바라본 문단」, 『동아일보』, 1938. 5. 25-27. 『시전집』, 513-516면.

17) 입장 차이로 인한 탈퇴를 밝히는 조벽암 스스로의 언급은 조벽암, 「엄흥섭 군에게 드림」, 앞의 글, 495-496면 참조. 이를 계기로 변모되는 문학적 성향에 대해서는 김용직, 앞의 글, 177-186면 참조.

"너무 지나치게 기교를 부리려다가도 도리여 졸렬해진다"는 식의 본말전도를 경계하고 있다.[18] 여기 나타난 정신의 요체는 사회주의적 이데올로기이겠지만 근본적으로 윤리와 염결의 정신을 문학의 근본 정신으로 삼고 있음은 이전의 문학관과 동일한 태도라 하겠다.

기타 조벽암의 우울의 포즈가 지닌 진정성을 증거하는 근거로서 일제 말기 특별한 친일 경력이 없다거나 절필의 태도를 취한 점을 들 수 있다. 이상을 통해 벽암이 취한 격앙의 포즈는 그가 처한 현실적 이중고를 극복해나가는 과정에서 발생하는 하나의 결과일 수 있다는 해석이 가능하다. 그 이중고 속에는 내용과 현실의 긴장, 시대적 고난과 문학적 이상의 충돌 등이 포함될 수 있을 것이다. 이 부정할 수 없는 긴장이 조벽암 시의 발생적 맥락에서 실재한다는 사실, 또한 그 결과 기존의 문학적 입장들과는 또 다른 양상을 보여주고 있다는 사실 등은 그의 시가 1930-40년대 시단의 특징적 현상이었다는 사실과 연관된다.

4. 관계의 우울—벽암 시의 모더니티

윤리적 태도와 더불어 조벽암의 시적 외장이 근거하고 있는 시정신 혹은 문학관과 그 문학사적 위치는 무엇인가. 조벽암 시의 시사적 위치를 구명하기 앞서 그와 같이 독특한 문학사적 맥락에 놓이는 당대의 시인으로 백석을 참조해 보기로 한다. 독특한 방언 구사와 토속적 정서로 1930년대 시사의 특이한 경지를 개척한 백석

18) 조벽암, 「나는 시를 이렇게 썼다」, 앞의 글, 533면.

은 정제된 표현으로 객관적 풍경을 제시하고 현실의 비애감을 암시하는 경향을 또한 드러낸 바 있다. 조벽암의 다음 작품은 이에 비견되는 내용과 형식을 보여준다.

고스란히 간직하여 두었던 나의 추억은
눈을 감으니 불현듯 실오리같이 풀려 도누나

생선내며 미역내가 섞여 풍기는 먼－정서는
맞바람에 설레이는 돛대숲 포구

밀물 빠진 갯벌은 엎지러진 조청처럼 번즐－하고
갈매기 쭉지 밑에 덧없이 어지러지는 황혼
섬 색신 동백기름 바꾸러 나들이 오고
젊은 사공은 뱃노래가 솔방울같이 서글펐다

－「남해의 기억」(『향수』) 전문

이 작품에서는 남해 어느 지역의 쓸쓸한 풍경이 제시되고 있다. 객관적 풍경이 서정적으로 묘사되고 있으며, "섬 색시"와 "젊은 사공"의 '사연'을 암시함으로써 서정적 풍경의 여백에 구체적 현실의 이야기가 삽입되고 있다. 서정적 풍경과 비애의 현실이 진술의 언어로 제시되는 방식은 백석 시와의 공통점이라 할 만하다. 이러한 형식적 특질에는 기행의 삶을 통해 다양한 지역과 인물군상을 체험했다는 공통된 사실이 전제되고 있다. 백석의 기행 취미와 만주 체험, 조벽암의 남도 체험 등이 그것이다.

또한 조벽암은 적극적 현실 묘사의 양상을 보여주기도 한다. 그 중 중요한 성취로서 단형서사시 형태의 시형식을 볼 수 있다.

아베는 두더지 닮아/ 어느 때는 금점판/ 어느 때는 절간/ 어느 때는 일터로/ 어느 때는 감옥/ 두루 두루/ 돌아다닌다는 소문

집안은 나날이 파뿌리 같이 문드러져/ 일가붙이 하나 돌보지 않고

어메는 적수공권/ 어느 때는 바느질 품/ 어느 때는 바비아치/ 어느 때는 방물장사/ 두루 두루/ 천덕궁이

(중략)

이렇도록/ 무럭무럭 커가는 딸 아들/ 탐탁하기 그지없어/ 아베는 영 영/ 잊어버리고도 살 것만 같았던 때/ 하늘이 무너지고/ 땅이 꺼지는 듯/ 아들은 징병으로/ 딸은 징용으로/ 뻰질 뻰질 놀고만 있는/ 면장집 딸과/ 술도갓집 아들은/ 고스란히 그대로 두고

(중략)

여름이라 한가위/ 팔월에도 보름날

어메는 영문도 모르고/ 좋다 말아 울었소/ 덩달아 손들어 만세를 불렀소

(중략)

이제껏 싫어했던 사람이 친절한 척하고/ 이제껏 무시하던 구장이 다 찾아 오고/ 이제껏 푸대접하던 일가가 알은 척하고

그러나 새삼스리 칭송하고/ 어연듯이 위해주는 것도 물리치고/ 맑은 창공을/ 우두머니 쳐다보는/ 어메의 눈동자는 별같이 반득였소

아베가 돌아올 제까지/ 아들이 돌아올 제까지/ 때국 묻은 행

주치마 바람으로 기다렸다가는/ 눈에는 함껏 더운 눈물을 짓고/ 입에는 함껏 웃음을 띄고/ 천연듯이 맞이려 했소

오늘이라 섣달 그믐께/ 정화수 떠놓고/ 촛불 켜놓고/ 합장 재배/ 아베와 아들을 축원하는 가는 목소리

—「가사(家史)」(『지열』) 부분

이 작품은 제목 그대로 한 가족의 일대기를 다루는 장시이다. 가족의 삶이라는 서사를 시에 도입하였으며 산문투의 진술로 시종일관 이야기해 나간다는 점이 특징적이다. 인용부에 소개된 “아베”와 “어메”의 슬픈 운명은 식민지 기층민중의 고단했던 삶에 전형적으로 해당된다. 그리하여 이 작품은 단형서사시 양식 차용을 통한 세계관적 변모, 일제치하에 대한 정리와 반성의 의미를 드러내는 작품이라 평가되기도 한다.[19] 수동적 존재였던 여성의 역할이 인고의 세월을 거쳐 의지의 인물로 시적 서술의 중심에 놓인다는 점도 특이한 요소의 하나이다. 결국 한 여인을 중심으로 가족구성원의 일대기를 통해 격동의 현대사를 표현하려는 의지를 담고 있다 하겠는데, 서사성이 강한 이 작품에서도 비장한 정서가 지배적임을 볼 수 있다. 해방 이후의 감격도 들뜬 기쁨만이 아닌 “아베와 아들을 축원하는” 식의 동경의 자세로 이어진다.

이처럼 조벽암 시는 다양한 양상으로 문학적 근대를 증거하고 있다. 낭만적 영탄의 포즈 속에는 비극적 현실 인식이 자리한다. 우울의 포즈는 다양한 형식 실험과 현실적 삶의 양태를 변주하고 있다. 그렇다면 우리는 조벽암 시 우울의 포즈를 내용과 형식 간

19) 김석영, 앞의 글, 85-91면.

긴장으로서의 우울, 더 큰 긴장을 향한 과정으로서의 우울이요 포즈였다고 말할 수 있겠다. 지양 전후를 잇는 관계로서의 우울이며, 그 정신의 고투가 지닌 색채로서의 우울인 것이다. 다양한 형식으로 시적 비장미를 보여주었던 과정은 앞서 본 형식론에 내포된 변증법적 문학관, 예컨대 장원유인(藏原惟人)을 빌어 강조하는 "모든 예술 형식은 결국에 있어 기(其)시대의 생산 형식에 규정되여 있다. 그리고 생산 형식의 발달 그 자신은 발서 변증법적이기 때문에 그 반영인 예술형식은 기(其) 이전의 예술형식의 변증법적 발전으로써만 얻을 수 있다"[20]는 신념에 값하는 시적 실천이기도 하다. 해방 이전 조벽암의 시편들이 지니는 작품성과 형식미학적 성과에 대해서는 관심에 따라 다양한 해석이 가능하겠지만, 서사시 양식의 시도와 이야기시 도입의 긍정적 예시를 보여주고 있다는 사실 자체로도 근대시사의 중요한 성과 중 하나라 할 수 있겠다. 더불어 방법론적 우울, 지양으로서의 포즈 등은 벽암 시의 모더니티를 설명할 만한 특징적 경향이라 하겠다.

조벽암의 시는 근대적 삶을 주된 소재로 삼고 있으며 한편에 그와 대비되는 전통에 대한 인식과 소재가 등장하고 있다. 대개의 식민지 지식인들과 마찬가지로 조벽암에게 근대는 불안한 것이었고 그 자체로 이중적인 현실이었다. 이에 시적 표현의 정조는 대개 비극적이고 영탄에 차 있다. 어찌할 수 없는 현실을 노래해야 하는 시적 자아는 불안과 동경의 이중적 목소리로 시대의 우울을 노래하고 있다. 이것은 나아가 조벽암 시의 독특한 문학적 입장과 맞물

20) 조벽암, 「김안서 씨의 정형시론에 대하야」, 앞의 글, 507면.

리는데, 문학의 변증법적 발전을 믿고 있던 조벽암에게 우울의 정조는 현실을 시적으로 대응해가는 나름의 방법론이었던 셈이다.

이러한 사실에 주목하여 월북 이후의 문학에 대한 논의틀이 마련될 수 있다. 분단 이후에도 문학적 연속선상에서 조벽암 시의 지양 과정이 지속되는 것이다. 그와 유사한 경향을 일부 보였던 백석의 경우 분단 이후 동화 평론과 동화시 창작의 면모를 드러내는바, 조벽암 역시 자신의 문학적 세계관을 보다 확장하고 실천하는 문학사적 연속성을 보여주고 있다. 이는 권력 투쟁과 체제 순응이라는 정치적 계기를 반영하는 결과일 것이다. 그럼에도 불구하고 문학 내적 동질성과 연속성 역시 포함하고 있다는 점에서 주목을 요한다. 이상 살 펴 온 분단 이전 시세계의 특징과 경향은 조벽암 시가 이룬 근대시사의 분명한 성취일 것이다.

05

오장환, 『성벽』과 『병든 서울』 사이

1. 오장환 시의 현재성

오장환(1918-1951) 시세계는 초기이자 해방 이전의 시집인 『성벽(城壁)』(1937), 『헌사(獻詞)』(1939), 그리고 해방 이후 발표한 『병든 서울』(1946), 『나 사는 곳』(1947), 『붉은 기』(1950) 사이에 큰 격차를 보인다.[1)] 초기 시세계가 근대 서정시의 미학을 추구하여 그 나름의 모더니티를 형성하고 있다면, 『나 사는 곳』을 제외한 후기의 경우에는 계급주의의 전형적 양상을 보이는 것이다. 이러한 변모를 해석하는 데에는 크게 두 가지 입장이 가능하다. 즉 문학외적인 시대상에 따라 한 시인의 문학적 세계관이 본의 아니게 변화되는 것이

1) 이 중 『나 사는 곳』은 오장환 스스로 쓴 후기의 기록에 따라 해방 이전의 시집(오장환 제3시집)으로 흔히 분류된다. 김재용 편, 『오장환 전집』, 실천문학사, 2002(이하 『전집』으로 표기) 참조. 한편 개작의 과정 역시 시작의 일부로 보아 엄밀히 해방 이후의 작품으로 보는 견해도 있다. 유종호, 「떠돌이에서 인민 시인으로」, 『다시 읽는 한국시인』, 문학동네, 2002 153-156쪽 참조.

라는 입장과 근본적인 미학의 선을 따라 내적 원리로 해석하는 입장이 있다. 두 가지 모두 식민과 분단이라는 역사적 현실이 주요한 변인으로 작용할 것이다. 어떤 경우이든 오장환 시는, 작품 경향으로부터 생애에 이르기까지, 문학이 현실의 반영이라는 근본 테제를 함의하면서 문제적 텍스트로 남아 있다.

이에 대해서 문학사적으로 합의된 입장은 아직 도출되고 있지 않은 듯하다. 『오장환 평전』[2]에서도 개탄한 바 있듯이 월북 시인에 대한 해금조치가 너무 늦었고, 남에서든 북에서든[3] 문학사적 접근을 가로막는 한반도 분단 상황이 여전히 진행중이다. 그러한 내외적 요인에 따라 결과적으로 시와 관련된 2차 텍스트와 요절한 시인의 역사전기적 사실을 밝힐 만한 요소가 극히 드물다는 점은 본격적인 오장환 연구의 과정을 더디게 하는 요인이 되고 있다.

이 장에서는 오장환 시세계의 흐름과 양상이 일관된 시의식의 발전 과정이라는 데 초점을 두고 초기 시세계를 논구하고자 한다. 이는 개인을 둘러싼 주변 환경이 워낙 특수하여 내면의 문학관을 조정하는 강제적 요인이 된다 하더라도,[4] 그에 따른 결과 역시 스스로의 선택이라는 보편적 상식에 의한 입장이기도 하다. 또한 오

---

2) 김학동, 『오장환 평전』, 새문사, 2004.

3) 해금 이후 선행 연구들의 선구적 노력에도 불구하고 그와 관련하여 불확실한 문학사적 배경들이 아직 많이 남아 있다. 북에서도, 남로당계에서의 활동 경력과 워낙 일찍 병사했던 사실은 오장환에 대한 제도적 추념을 멀어지게 한 요인인 듯하다.

4) 이와 관련해서는 식민과 분단이라는 한국사회의 특수성 외에도 오장환의 출신 배경, 즉 서자로서의 입지를 거론하지 않을 수 없다. 하지만 그로 인한 차별을 보여주는 전기적 사실, 그에 대한 스스로의 언급, 관련된 문학적 주제 등을 찾기 어렵다는 점에서 직접적으로 논구하기가 곤란하다. 이에 대해서는 도종환, 「오장환 시 연구」, 충남대 박사학위논문, 2006 참조.

장환 시의 경우 그 문학세계의 출발과 배경에는, 무엇보다도 시적 전개의 맥락에는 일관된 내재적 선이 존재하고 있다고 볼 수 있기 때문이다. 이 글은 초기시를 대상으로 그 잠재성의 선을 밝히려는 하나의 시도이다.

2. 『시인부락』 시편들의 아이러니

오장환의 시가 그 출발로부터 남다른 시적 근대성을 성취하고 있었다는 점에 대해서는 기왕의 논의들이 충분히 증거하고 있다.[5)]이 글에서는 『시인부락』 수록 시편들을 중심으로 오장환 초기시의 성격을 구명하려 한다. 오장환의 첫 시집 『성벽』에는 22편의 작품이 실리는데 이 중 『시인부락』에 발표된 작품은 9편에 이른다. 따라서 『성벽』과 『시인부락』 수록시편들과의 관계는 오장환 초기 시세계를 이해하는 하나의 수단일 수 있으리라 본다.

그 밖에도 오장환의 문학적 출발이 『시인부락』 동인활동으로 명명되는 바처럼 그 시편들은 오장환 초기시의 성격을 파악하는데 주요한 텍스트가 될 것이다. 이때의 작품들, 즉 「성벽(城壁)」, 「온천지(溫泉地)」, 「우기(雨期)」, 「모촌(暮村)」, 「경(鯨)」, 「어육(魚肉)」, 「정문(旌門)」(이상 『시인부락』, 1936. 11), 「해항도(海港圖)」, 「어포(漁浦)」, 「매음부(賣淫婦)」, 「야가(夜街)」(이상 『시인부락』, 1936. 12) 등 11편은 대개 서술적 문장들이 단연 구조를 이루고 있다. 이를 통해 강렬한 이미지를

5) 이에 대해서는 김재용, 「식민지 자본주의와 근대 문명의 내파」, 『전집』; 강경희, 「오장환 시의 근대적 미의식 연구」, 『어문연구』 33권 2호, 한국어문교육연구회, 2005 여름; 이경아, 「오장환 시의 근대성 연구」, 『국어국문학』 149호, 국어국문학회, 2008. 9 등을 참고할 수 있다.

제시하는 시형식이 단연 두드러진다.

세세전대만년성(世世專代萬年盛)하리라는 성벽은 편협한 야심처럼 검고 빽빽하거니 그러나 보수는 진보를 허락치 않아 뜨거운 물 끼얹고 고춧가루 뿌리던 성벽은 오래인 휴식에 인제는 이끼와 등넝쿨이 서로 엉키어 면도 않은 터거리처럼 지저분하도다.

—「성벽」 전문[6]

여기서 '성벽'은 전통적인 '보수'의 생리, 그리고 퇴색한 현재의 모습을 비유하고 있다. 이를 중심으로 공연한 의장을 생략하고 한 편의 선시처럼 역사와 시대의 흐름을 함축하여 담아내고자 하는 의도가 엿보인다. 화제지향적 화자와 3인칭 전지적 시점을 통해 전통에 대한 거부의식을 표출하는 방식[7]은 초기시들의 공통된 특징이라 하겠다. 그런데 잘 알려진 바와 같이 「성벽」을 포함하여 『시인부락』 시편 중 일부는 『성벽』 초판본에 수록되지 않았다.

* 이 시집의 초판은 1937년 8월, 풍림사(風林社) 홍구(洪九) 형의 이름으로 간행되었으나 기실(旣實)은 백 부 한정의 자비(自費) 출판이었다.
* 이번 판에 추가한 「성벽(城壁)」, 「온천지(溫泉地)」, 「경(鯨)」, 「어육(魚肉)」, 「어포(魚浦)」, 「역(易)」 이상의 여섯 편은 동시대의 작품이기에 함께 넣기로 한다.[8]

---

6) 이하 작품 인용은 김재용 편, 앞의 책에 따르기로 한다. 원 발표지면이 필요한 경우에는 괄호로 부기한다.

7) 백수인, 「오장환 시의 문체 연구」, 임영천 편, 『한국 현대문학과 시대정신, 국학자료원, 2000, 353쪽.

위에 거론된 작품 중 「역」(『조선일보』, 1936. 10. 10)을 제외한 것들이 『시인부락』에 발표되었는데 이들 다섯 작품은 더더욱 공통적인 경향을 보인다. 즉 동일하게 산문투 문장의 단연 구조를 보이는 것이다. 비슷한 시기에 발표되었다가 『성벽』 재판본에 수록된 「역」 역시 유사한 양상을 보인다. 이봉구는 『성벽』 재판본의 후기에서 "『성벽』이 나오기 벌써 전에 그는 '콕토' 부럽지 않은 삼행시를 많이 썼으며 편석촌(片石村)을 통하여 『조선일보』 지상에 발표된 삼행시 「카메라 룸」은 현대시에 있어 새로운 감각의 신경지(新境地)를 보여주었"[9]다고 쓴다. 이를 통해 습작기로부터 이어지는 초기 시편들 속에서 단연 형식의 암시적 이미지 구사 방식이 초기시의 주조임을 알 수 있다. 그런데 그것이 오장환 스스로에 의해 1차적으로 '제거'되었다.

> 신사들은 식탁에 죽은 어육을 올려놓고 입천장을 핥으며 낚시질에 대한 이야기를 시작하였다. 천기예보엔 일기도 검어진다는 (승합마차가 몹시 흔들리는) 기절(氣節)을, 신사들은 바다로 간다고 떠들어댔다. 불순한 천후(天候)일수록 잘은 걸려드는 법이라고 행랑아범더러 어류들의 진기한 미끼, 파리나 지렁이를 잡아오라고 호령한다. 점잖은 신사들은 어떠한 유희에서나 예절 가운데에 행하여졌다.
>
> —「어육」 전문

> 어포의 등대는 귀류(鬼類)의 불처럼 음습하였다. 어두운 밤이면 안개는 비처럼 내렸다. 불빛은 오히려 무서웁게 검은 등대를

---

8) 오장환, 「『성벽』 범례」(1946. 7), 『성벽』 재판본. 인용은 『전집』, 619쪽.
9) 이봉구, 「『성벽』 시절의 장환」, 인용은 『전집』, 624쪽.

> 튀겨놓는다. 구름에 지워지는 하현달도 한참 자욱한 안개에는 등대처럼 보였다. 돛폭이 충충한 박쥐의 나래처럼 펼쳐 있는 때, 돛폭이 어스름한 해적의 배처럼 어른거릴 때, 뜸 안에서는 고기를 많이 잡은 이나 적게 잡은 이나 함부로 투전을 뽑았다.
>
> —「어포」 전문

> 점잖은 장님은 검은 연경을 쓰고 대나무 지팡이를 때때거렸다.
>
> 고꾸라양복을 입은 소년 장님은 밤늦게 처량한 통소 소리를 호로롱호로롱 골목 뒷전으로 울려주어서 단수 짚어보기를 단골로 하는 뚱뚱한 과부가 뒷문간으로 조용히 불러들였다.
>
> —「역」 전문

이 작품들은 왜 초판본에 수록되지 않은 것일까? 초판본에서 제외되었다가 재판본에 다시 수록된 사실을 통해 추론해볼 수 있는 것은 이러한 형식들이 오장환 시의 실험적이고 작위적인 포즈를 드러내는 소품일 수 있다는 사실이다. 앞의 오장환이 쓴 범례에 나타나듯이 초판본이 100부 한정의 자비출판본이라는 점은 오장환 초기시의 의도와 성격을 구명하는 하나의 단서일 수 있으리라 본다. 이는 그대로 오장환 시의 문학적, 정치적 무의식의 수위를 드러내는 표상이기도 하겠다. 즉 위의 작품들을 제외한 『성벽』 초판본은 「월향구천곡(月香九天曲)」으로부터 「해수(海獸)」에 이르는 16편이다. 그렇다는 것은 "습작기를 겨우 벗어난 갓 스물 젊은이의 조급한 자기 현시벽"[10]이 『성벽』의 정체일 수 있음을 시사한다. 실제로 16편 중에는 시적 긴장을 유발하는 조직된 언어구성체보다는

10) 유종호, 「사회적 외방인(外邦人)의 낭만적 허영」, 앞의 책, 120쪽.

작위적이고 자기현시적인 경향을 보이는 것이 사실이다. 따라서 『성벽』으로 상징되는 초기 시세계는 『성벽』 외부의 시편들을 통해 완성되는 아이러니한 구조를 내재하고 있는 셈이다.

이때 『성벽』 외부에서 동시에 진행된, 『시인부락』의 단형 시편들과 극단적으로 대비되기도 하는, 장시의 실험이 또한 주목된다. 이 역시 내용적, 형식적으로 근대 서정시학의 한 경지를 보여주고 있다.

> 열녀를 모셨다는 정문은 슬픈 울 창살로는 음산한 바람이 스미어들고 붉고 푸르게 칠한 황토 내음새 진하게 난다. 소저(小姐)는 고운 얼굴 방안에만 숨어 앉아서 색시의 한시절 삼강오륜 주송지훈(朱宋之訓)을 본받아왔다. 오 물레 잣는 할멈의 진기한 이야기 중놈의 과객의 화적의 초립동이의 꿈보다 선명한 그림을 보여줌이여. 시꺼먼 사나이 힘세인 팔뚝 무서운 힘으로 으스러지게 안아준다는 이야기 소저에게는 몸시도 떨리는 식욕이었다. 소저의 신랑은 여섯 해 아래 소저는 시집을 가도 자위하였다. 쑤군, 쑤군 지껄이는 시집의 소문 소저는 겁이 나 병든 시에미의 똥맛을 핥아보았다. 오 효부라는 소문의 펼쳐짐이여! 양반은 죄금이라도 상놈을 속여야 하고 자랑으로 누르려 한다. 소저는 열아홉. 신랑은 열네살 소저는 참지 못하여 목매이던 날 양반의 집은 삼엄하게 교통을 끊고 젊은 새댁이 독사에 물리려는 낭군을 구하려다 대신으로 죽었다는 슬픈 전설을 쏟아내었다. 이래서 생겨난 효부열녀의 정문 그들의 종친은 가문이나 번화하게 만들어보자고 정문의 광영을 붉게 채색하였다.
>
> —「정문(旌門)」 부분

「정문」은 『시인부락』 발표작이요 『성벽』에 수록되지 않은 작품으로서 한 편의 '이야기시' 양식을 보여준다. 「성벽」과 같이 전통에 대한 부정적 의식을 드러내지만 또 다른 형식을 지닌 것이다. 이 작품은 보다 구체적인 정황을 통해 시적 화소에 개연성을 삽입한다. 비슷한 시기에 씌어진 「수부(首府)」(『낭만』, 1936. 11)과 「전쟁(戰爭)」(미발표)은 이와 유사한 형식을 지닌다. 이들은 보다 본격적으로 근대적 폐해를 시화한 경우라 하겠다. 각각 '수부' 즉 근대적 도시문명의 부정적 편린들과, '전쟁' 즉 근대적 폭력의 전형적인 형태를 소재로 하여 대형 서사를 기획하려 한 의도를 엿볼 수 있다. 『헌사』에 수록된 「황무지(荒蕪地)」(『자오선』, 1937. 11)의 경우 김기림의 『기상도』와 유사한 단행본으로 기획되었던 만큼[11] 장시에 대한 목적의식적 제작 의도를 충분히 짐작할 수 있다. 이 중 「수부」의 일부를 본다.

1

수부의 화장터는 번성하였다.
산마루턱에 드높은 굴뚝을 세우고
자그르르 기름이 튀는 소리
시체가 타오르는 타오르는 끄름은 맑은 하늘을 어지러놓는다.
시민들은 기계가 무감각을 가장 즐기어한다.
금빛 금빛 금빛 금빛 교착(交錯)되는 영구차.
호화로운 울음소리에 영구차는 몰리어오고 쫓겨간다.
번잡을 존숭(尊崇)하는 수부의 생명
화장장이 앉은 황천고개와 같은 언덕 밑으로 시가도(市街圖)
는 나래를 펼쳤다.

---

11) 김학동, 앞의 책, 45-46쪽 참조.

2

덜크덩덜크덩 화물열차가 철교를 건널 제
그는 포식하였다
사처(四處)에서 운집하는 화물들
수레 안에는 꿀꿀거리는 도야지 도야지도 있고
가축류-식료품.-원료. 원료품. 재목, 아름드리 소화되지 않은 재목들-
석탄-중석-아연-동, 철류
보따리 멱대기 가마니 콩 쌀 팥 목화 누에고치 등
거대한 수부의 거대한 위장(胃腸)-
관공용(官公用)의
민사용(民私用)의
화물, 화물들
적행낭(赤行囊)-우편물-
묻어 들어오는 기밀비, 운동비, 주선비, 기업비, 세입비
수부에는 변장한 연공품(年貢品)들이 낙역(絡繹)하였다.

-「수부」 부분

인용 부분은 11개로 분절된 「수부」 중 1, 2절이다. 이 작품은 "수부는 비만하였다. 신사와 같이"라는 구절을 부제로 달고 있다. 오장환 시에서 '신사'는 새로움을 상징하는 표상으로 종종 등장한다. 이와 더불어 「수부」는 '근대'의 본질에 대한 일련의 이미지들을 재현하고 있다. 「전쟁」은 더욱 상징적인 맥락으로 구성됨으로써 오장환의 산문시와 그것이 지닌 전위적 성격을 보여주는 작품에 해당된다. 하지만 식민지 근대의 문명에 대한 본격적 비판은 검열 문제는 물론 출판에도 걸림돌일 수밖에 없었을 것이다.[12] 이러

한 정황은 오장환 초기시의 전개과정에 나타난 또 다른 아이러니, 즉 첫 시집의 표제가 『성벽』이 아니고 「전쟁」을 포함하는 『종가(宗家)』였으며[13] 왜 그것이 무산되었는가 하는 사정을 설명해주고 있다.

이들을 종합해 볼 때 오장환 시의 초기 실험은 분명 '형식적' 지향을 보인다. 그런데 그는 의식적으로 '형식적' 외장을 배격한다. 오장환은 정지용, 김기림, 이상 등에 대해 "그 의도만으론 신문학이라고까지 말할 수 없다"면서 "조선에 새로운 문학이 수입된 지 30년 가차운 동안 어느 것이 진정한 신문학이었느냐고 한다면 그것은 『백조』 시대의 신경향파에서 '카프'에 이르기까지 그들의 그룹이 가장 새로운 문학에 접근한 것이었다"[14]라고 말한다. 그가 선택한 문학적 입장은 일종의 내용주의였던 셈이다. 그 실체는 '참다운 인간'으로서의 문학이다. 같은 글에서 오장환은 "그는 시인이다"와 "그는 인간이다" 하는 둘찌간에서는 어느 것이 되겠느냐고 묻는다면 서슴지 않고 나는 "인간이 되겠다"라고 맹세를 할 것이고 또 참다운 인간이 되려 노력을 할 게다"[15]라고 단언한다.

그럼에도 불구하고 오장환 스스로의 시적 출발은 내용의 도약보다는 형식적 파격을 도모하고 있다. 시편들을 보면 그가 주장하는 '인간론'의 내용성을 입증하기 곤란한 허무주의와 페이소스의 소품들을 주조를 이루는 것이다. 이야말로 『성벽』의 출간 중 자선

---

12) 김재용, 앞의 글, 633-634쪽 참조.

13) 『시인부락』(1936. 11)의 광고에 그렇게 예고된 바 있다.

14) 오장환, 「문단의 파괴와 참다운 신문학」, 『조선일보』, 1937. 1. 28. 인용은 『전집』, 209쪽.

15) 위의 글, 207쪽.

(自選)의 과정 속에 오간 아이러니의 양상이다. 『시인부락』과의 관계 역시 이러한 아이러니의 선 위에 놓임을 지적할 필요가 있다. 인간을 강조하는 일견 염결한 시정신 속에 스스로 근대의 포즈를 시적으로 실험하며 1930년대 문단을 활약했던 오장환은 그 삶과 시의 행적 속에 근대가 지닌 아이러니로서의 속성을 담아내고 있다. 근대적 삶은 역설과 모순의 삶을 구조적 운명으로 지닌다. 그리하여 가장 현대적이고 심오한 진지성은 아이러니에 의해 표출된다는 명제를 부여받기도 한다. 전근대적 의미와 구별되는 개념으로서 모더니스트라는 말을 처음 사용한 루소의 도시적 허상, 근본적 생활 모순을 격한 이미지로 제시하였던 마르크스의 비전, 거대한 가치의 부재 속에서 자신을 발견하시반 이는 또한 풍부한 가능성 속이기도 하다는 니체의 현대 역사관 등은 근대가 지닌 아이러니적 속성을 각각 반영하고 있다.[16)]

오장환의 인간주의와 시의식은 이른바 '생명파'로 분류되는 『시인부락』 동인으로서의 면모를 여실히 입증한다. 하지만 그것은 서정주 식과는 또 다른 결의 내장을 증거하기도 한다. 오장환 시의 생명의식은 형이상학적인 것이 아닌 전통과 근대, 윤리적 가치를 포함하는 보다 실천적인 행위로 보인다. 스스로의 아이러니를 지닌 채 이를 지양해가는 진행형의 인간의식이었던 것이다. 전위로서의 면모에 주목해야 하는 이유는 이러한 남다른 결로부터 비롯된다.

16) 마샬 버먼, 윤호병 · 이만식 역, 『현대성의 경험』, 현대미학사, 1998, 10-22쪽 참조.

3. 시적 전위 혹은 향토성, 지역성

오장환의 시적 선택은 일종의 전위적 성격을 지닌다.[17] 등단작인 「목욕간」을 위시하여 미발표 장시 「전쟁」, 기타 「카메라 룸」 등과 같은 작품은 오장환 초기시의 전위적 성격을 드러내는 경우에 해당된다. 「목욕간」은 형식적 측면보다도 지극히 일상적인 담화로써 시를 구성한 자체가 파격적이며, 「전쟁」과 「카메라 눈」은 초현실적 기법이 전경화된다.

> **사 진**
> 어렸을 때에 붙들어두었던 나의 거울을 본다. 이놈은 진보가 없다.
>
> **불 효**
> 이 어린 병아리는 인공부화의 엄마를 가졌다. 그놈은 정직한 불효다.
>
> —「카메라 룸」 부분

이 작품은 이상 시의 분열된 자아상을 연상케 한다. 극단적인 이미지의 배치는 아방가르드적 면모를 거론하게 되는 대표적 기제이다. 이를 두고 후대로 이어지는 김수영 식 요설의 미학을 연상할 수도 것이다. 인용부에 이어 '백합과 벌 BAND "Lily", '복수', '낙

---

17) 이때의 전위, 즉 아방가르드는 이른바 '예술적 아방가르드'의 정신을 가리킨다. 예술적 아방가르드가 예술의 독립적이고 혁명적인 잠재력을 주장한다면, '정치적 아방가르드'는 예술이 정치적 혁명가들의 요구와 필요에 따라야 한다는 생각을 정당화한다. 양자는 삶의 근본적 변화라는 동일한 전제에서 출발하며, 모두 유토피아적 무정부주의라는 목표를 지닌다. M. 칼리니스쿠, 이영욱 외역, 『모더니티의 다섯 얼굴』, 시각과언어, 1993, 125쪽.

파(落葩)', '낙엽', '서낭' 등에 이르는 소표제들은 그 자체로 이 작품에 편제된 소재들의 파편적 거리를 드러내고 있다.

오장환의 시적 전위가 남다른 점은 그의 작품에 반복적으로 '고향'의 의식이 등장하고 있다는 점이다. 이는 단지 소재로서의 고향이 아닌 전통적인 한국적 정서를 환기한다. 즉 오장환 시는 한국적인 정서와 '인간'에 준거한 시의식 혹은 시적 무의식을 지닌다고 하겠다. 이는 곧 한국적인 근대와 한국적인 전위를 표상하고 있다는 사실과 같다. 처녀시집의 표제로 공식적으로 기획되었던 「종가(宗家)」는 그런 정서를 파악하는 단서가 된다.

> 돌담으로 든든히 가려놓은 집 안엔 검은 기와집 종가가 살고 있었다. 충충한 울 속에서 거미알 터지듯 흩어져 나가는 이 집의 지손(支孫)들. 모두 다 싸우고 찢고 헤어져 나가도 오래인 동안 이 집의 광영을 지키어주는 신주(神主)들 들은 대머리에 곰팡이가 나도록 알리어지지 않아도 종가에서는 무기처럼 아끼며 제삿날이면 갑자기 높아 제상 위에 날름히 올라앉는다. 큰집에는 큰아들의 식구만 살고 있어도 제삿날이면 제사를 지내러 오는 사람들 오조할머니와 아들 며느리 손자 손주며느리 칠촌도 팔촌도 한데 얼리어 닝닝거린다. 시집갔다 쫓겨온 작은딸 과부가 되어온 큰고모 손꾸락을 빨며 구경하는 이종언니 이종오빠. 한참 쩡쩡 울리던 옛날에는 오조할머니 집에서 동원 뒷밥을 먹어왔다고 오조할머니 시아버니도 남편도 동네 백성들을 곧잘 잡아들였다 모말굴림도 시키고 주릿대를 앵기었다고. 지금도 종가 뒤란에는 중복사나무 밑에서 대구리가 빤들빤들한 달걀귀신이 융융거린다는 마을의 풍설. 종가에 사는 사람들은 아무 일을 안 해도 지내왔었고 대대손손이 아무런 재주도 물리어받지는 못하여 종갓집 영감님은 근시안경을 쓰고 눈을 찝찝거리며 먹을 궁

리를 한다고 작인들에게 고리대금을 하여 살아나간다.

—「종가」 전문

이처럼 산문시의 형식과 가족공동체의 표제는 정작 첫 시집에서는 객관적인 대상과 물성의 기표로 대체된다. 이 '종가'라는 표제가 '성벽'으로 변모되는 과정은 오장환 시의 아이러니컬한 세계를 전조하는 듯하다. 한편 「종가」는 당대의 모더니스트 백석을 떠올리게 한다. 토속적인 소재나 진술의 방식 등이 아주 흡사하다. 따라서 백석과의 대비는 오장환 시의 근대성을 이해하는 하나의 시사점을 제공해 주리라 본다. 백석에 관한 오장환의 혹평은 잘 알려진 바와 같다.

> 그는 조금도 잡티가 없는 듯이 단순한 소년의 마음을 하여가지고 승냥이가 새끼를 치는 전에는 쇠메 든 도적이 났다는 가즈랑고개와 돌나물김치에 백설기 먹는 이야기, 쇠똥도, 갓신창도, 개니빠디도 타는 모닥불, 산골짜기에서 소를 잡아먹는 노나리꾼, 날기멍석을 져간다는 닭 보는 할미를 차 굴린다는 땅 안에 고래등 같은 집 안에 조마구 나라 새까만 조마구 군병, 이러한 우리들이 어렸을 때에 들었던 이야기와 그 시절의 생활을 그리고 기억에 남는 여행지를 계절의 바뀜과 풍물의 변천되는 부분을 날치있게 붙잡아다 자기의 시에 붙여놓는다. 그는 아무리 선의로 해석하려고 해도 앞에 지은 그의 작품만으로는 스타일만을 찾는 모더니스트라고밖에 볼 수가 없다.[18)]

---

18) 오장환, 「백석론」, 『풍림』, 1937. 4. 인용은 『전집』, 214쪽.

백석에 대한 이 같은 평가는 당시 오장환이 지니고 있었던 시의식에 비추어 충분히 짐작이 갈 만한 결과다. 오장환은 앞서 인용한 바와 같이 '참다운 인간'으로서의 시를 강조한다. 이는 "스타일만을 찾는 모더니스트"에 대한 강박적 부정을 이해할 수 있는 단면이다. 그런데 이러한 평가가 과연 객관적인 것이었는가는 신중히 따져봐야 할 문제일 것이다. 백석 시를 단지 "계절의 바뀜과 풍물의 변천되는 부분"만을 그린 것이라고 보기는 어렵기 때문이다. 백석의 풍물시에서도 삶의 고단함과 근대의 병폐가 내재되어 있는 것이 사실이다. 사후적이긴 하지만 백석 역시 북에 남아 사회주의적 시작으로의 제도적 선회를 그리고 있다는 점은 당대 오장환의 평가가 옳은 것만이 아니었음을 반증한다.

무엇보다도 오장환과 백석 시는 고향을 환기하는 주조를 지닌다는 점에서 친연성을 보인다. 오장환의 외면적 포즈와 달리 시적 내면은 끊임없이 '어머니'와 '고향'을 부른다. 이는 한국적인 정서로써 완성되는 시의식과 근대에 대한 인식 지평을 추론케 한다. 오장환의 주요 산문 중에 김소월에 대한 진지한 관심[19]이 포함된다는 사실도 이를 뒷받침하는 자료라 하겠다. 또한 예세닌에 대한 경사 역시 시적 혁명의식과 전통적 공동체에 대한 관심을 설득력있게 전조하고 있다. 오장환이 "그렇다. 두 번 다시 누가 돌아가느냐/아름다운 고향의 산과 들이여!"라는 예세닌의 시를 인용하면서 "나는 이 노래를 얼마나 사랑하여 불렀는가. 그것도 술 취한 나머지에"[20]라고 추억했던 것은 단순한 감상이 아닐 것이다. 그리하여

---

19) 오장환, 「소월시의 특성」, 『조선춘추』, 1947. 12.

20) 오장환, 「예세닌에 관하여」, 『예세닌 시집』, 동향사, 1946. 인용은 『전집』, 448-449쪽.

오장환 시에서 고향에 대한 의식은 『성벽』으로부터 반복적으로 등장하고 있다.

> 바보와 같이 거무러지는 하늘을 보며 나는 나의 키보다 얕은 가로수에 기대어 섰다. 병든 나에게도 고향은 있다. 근육이 풀릴 때 향수는 실마리처럼 풀려나온다. 나는 젊음의 자랑과 희망을, 나의 무거운 절망의 그림자와 함께, 뭇사람의 웃음과 발길에 채이고 밟히며 스미어오는 황혼에 맡겨버린다.
>
> ―「황혼(黃昏)」 부분

이 작품은 고향에 대한 그리움과 함께 짙은 페이소스를 드러낸다. 「성씨보(姓氏譜)」의 "성씨보와 같은 관습이 필요치 않다"에서 보는 바와 같이 전통은 오래된 관습일 뿐이고 파기되어야 할 대상이었다. 그러나 고향은 현재의 삶과 대비되면서 영원한 그리움의 대상으로 배치된다.

> 저 멀리서 또 이 가차이서도
> 나의 오장에서도 개울물이 흐르는 소리
> 스틱스의 지류(支流)인가 야기(夜氣)에 번적거리며
> 이 밤도 또한 이 밤도 슬픈 노래는 이슬비와 눈물에 적시었노니
>
> 청춘이여! 지거라
> 자랑이여! 가거라
> 쓸쓸한 너의 고향에……
>
> ―「헌사(獻詞) Artemis」(『청색지』, 1938. 11) 부분

부두에 남겨둔 애상은 어떤 것인가

진정 나도 진정으로 젊은이를 사랑했노라.
왔다는 다시 갈 오－영원한 귀향

－「영원한 귀향」 부분

위 작품은 『헌사』에 수록된 두 편이다. 비애의 감정은 『성벽』으로부터 『헌사』에 이르기까지 오장환 초기시의 주된 정조 중 하나이다. ‘고향’은 그를 드러내는 주요 모티프가 된다. 고향 상실과 전통에 대한 부정 등이 이러한 정서적 맥락의 배경으로 존재한다. 이는 또한 본격적인 근대화의 과정에서 나타나는 보편적 정서일 수 있다. 고향의식이란 근대화와 더불어 배태되는 인간 본연의 고독에 등치될 수 있다는 것이다. 한편 물신화로부터 비롯되는 고향 상실의 감정(unhomely, unheimlich)은 식민지적 · 탈식민지적 조건이기도 하다. 이러한 감정은 고향과 세계를 재배치해서, 초영토적이고 문화혼혈적인 것을 창시하는 이질적인 감각인 것이다.[21] 식민성이 가속화되는 상황에서 인지되는 고향 상실과 보편적 감정으로서 근대인의 소외는 차이를 지닐 수밖에 없다. 오장환 시의 아이러니, 혹은 고향에 대한 양가감정은 이로부터 비롯된 것이기도 하다. 이러한 고향의식은 “가도, 가도 붉은 산이다./ 가도 가도 고향뿐이다./ 이따금 솔나무숲이 있으나/ 그것은/ 내 나이같이 어리고나./ 가도 가도 붉은산이다./ 가도 가도 고향뿐이다”(「붉은 산」)와 같이 『나사는 곳』까지 지속되고 있다.

이를 지역성이라고 부를 수 있을까. 고향에 대한 향수와 절실한

21) 호미 바바, 나병철 역, 『문화의 위치』, 소명출판, 2002, 41-42쪽.

그리움이 배태되는 맥락에는 지역적 삶이라고 하는 체험이 전제된다. 그것에 대한 구체적 경험 없이 이상적으로 상상된 고향은 한낱 수사에 지나지 않을 것이다. 주지하는 바와 같이 오장환의 고향은 충북 회인이다. 이곳에 아미산과 '성벽'이 있다. 그는 여기서 회인보통학교를 3년까지 다니고, 1927년 '종가'가 있는 안성으로 이주한다.[22] 그의 작품에 등장하는 고향이 회인이나 안성 등의 구체적 장소성을 드러내고 있는지는 의문이다. 그럼에도 불구하고, '어머니'의 시적 맥락과 가치가 직접적인 체험과 기술만으로 실증되는 것은 아닌 것처럼, 고향의 가치와 정서를 담보하는 것은 내재된 경험이요 지역성이라는 관점 역시 가능하리라 본다.

> 항구야,
> 환각의 도시, 불결한 하수구에 병든 거리여!
> 얼마간의 돈푼을 넣을 수 있는 죄그만 지갑,
> 유독식물과 같은 매음녀는
> 나의 소매에 달리어 있다.
>
> —「해수(海獸)」 부분

> 병든 서울, 아름다운, 그리고 미칠 것 같은 나의 서울아
> 네 품에 아무리 춤추는 바보와 술 취한 망종이 다시 끓어도
> 나는 또 보았다.
> 우리들 인민의 이름으로 씩씩한 새 나라를 세우려 힘쓰는 이들을……
> 그리고 나는 외친다.

---

22) 김학동, 앞의 책, 19-23쪽 참조.

우리 모두 인민의 이름으로
우리네 인민의 공통된 행복을 위하여
우리들은 얼마나 이것을 바라는 것이냐.
아, 인민의 힘으로 되는 새 나라

—「병든 서울」 부분

오장환 시세계를 상징하는 '병든 서울'에 관한 두 편의 작품이다. 「해수」는 첫 시집 『성벽』의 것이고 「병든 서울」(『상아탑』, 1945. 12)은 해방 이후에 씌어져 『병든 서울』의 표제가 된다. 이들은 시차는 식민과 해방이라는 절대적 차이를 사이에 둔다. 오장환 시를 관류했던 고향의식과 관련하여 이들을 본다. 전자에서 "한각의 도시, 불결한 하수구에 병든 거리"는 도시 혹은 근대의 외장 속에 가려진 폐해를 고발한다. 이때 오장환 시는 전통에 대한 부정의식을 작품 곳곳에 드러내고 있었다. 시적 체험의 관점으로 볼 때 이 도시의 위악들은 피상적이고 형식적이기만 하다. 한편 「병든 서울」에서 질병의 상태에서도 "아름다운, 미칠 것 같은" 도시는 삶의 구체적 경험과 진정성을 담고 있는 장소성을 획득함으로써 배태되는 감정값임을 지적할 수 있다. 이때 도시의 위선과 절망은 고향(전통)에 대한 부정과 등가를 이룬다. 즉 삶의 진정성을 담고 있을 때 허무는 단지 허무만이 아닌 현실의 진정성과 미래의 비전을 동시에 함의하게 되는 것이다. 오장환 시의 고향의식 혹은 지역성은 이런 맥락으로 추론될 수 있다. 이는 또한 시적으로 그리려 했던 전위적 지향의 질이기도 할 것이다.

4. 『시인부락』 이후의 길

남다른 교분을 보여주며 1930년대 문단의 한 획을 그었던 서정주와 오장환. 이들은 왜 친일과 절필, 민족과 계급이라는 극단의 길을 걷게 된 것일까. 그에 관해 이 글은 개인의 선택이었다는 보편적 상식 외에 대답할 만한 확실한 논거를 지니지 못한다. 다만 오장환의 경우 참다운 인간과 장소 회복의 정신이 시의식의 운산 과정에 발견되고 있다는 점을 기록할 뿐이다.

서정주와 오장환은 친밀한 관계는 『시인부락』과 『자오선』 등의 동인활동은 물론, 오장환이 운영한 남방서방에서 서정주의 첫시집 『화사집』이 발행되는 등의 전기적 사실을 통해서 입증된다. 이들의 관계는 작품 내부에서도 발견된다. 문학적 교감은 서정주의 작품에 대한 화답으로 쓴 오장환의 「귀촉도(歸蜀途)」(『춘추』, 1941. 4) 등으로 보아 1940년대 초반까지 지속된 것으로 보인다. 해방 이후에도 이들 작품은 『삼일기념시집(三一紀念詩集)』[23]에 나란히 실린다.

이들의 관계에서 문학적 동질성으로 주목되는 요소는 전통적인 정서의 언어적 세련이다. 한국적인 정서를 시적 언어로 조탁하는 데 시인으로서의 이견이 존재할 수 없는 것이며, 이들은 실제로 절망적인 현실에 시어로써 응답하고자 했다. 그럼에도 불구하고 일제말 이들의 갈라선 운명은 결국 개인의 선택에 의한 것일 터이다.[24] 오장환의 선회는 '인간을 위한 문학'의 당연한 수순이었다.

---

23) 문학가동맹 시부(詩部) 편, 『삼일기념시집』, 1946. 3. 유종호 앞의 글, 112-113쪽.

24) 이에 대해 서정주의 현실 밀착이 "역사 바깥에 세웠던 이상향에 대한 믿음이 붕괴했기 때문"이라는 견해는 오장환의 경우와 대비할 수 있는 하나의 시사점을 제공한다. 홍기돈, 「오장환 시의 정치성 연구」, 『어문연구』 64집, 어문연

더더욱 해방 이후의 분단 상황은 고향이 지닌 장소성을 영원히 상실케 하는 계기이자 사회주의적 공간으로의 발본적 재구성을 가능케 하였다. 북은 이상이 현실이 된 장소성의 장이었던 것이다. 『성벽』으로 상징되는 오장환의 초기 시편들은 젊은 문청의 치기에 지나지 않는 것인지도 모르지만 그에 담긴 내면의 선은 분명 남다른 것이었다. 문학적 전위를 통해 인간을 실현하고자 했던 그이고 보면, 절필과 좌경은 해방 전후의 한국사회에서 피할 수 없는 선택이었을 것이다.

구학회, 2010. 6, 391쪽.

PART 2

경계와 지평

06

시적 재현과 영상언어

1. 현대시의 아포리아

에이젠슈테인의 몽타주(montage) 이론은 영화 <전함 포템킨>(1925)을 통해 극명히 표현되었다. 잘 알려진 오뎃사 계단의 군중학살 장면은 이질적인 이미지의 연쇄적 병치를 통해 일종의 낯설게하기 효과를 자아내고 있다. 이를 통해 관객은 능동적인 해석 주체로서 영화적 서사의 진행에 참여하게 된다. 이러한 과정은 매체의 차이라는 엄연한 사실에도 불구하고 문학적 언어의 재현과정과 유비될 수 있겠다. 주지하는 바와 같이 소설과 영화는 서사성을 함의함으로써 장르적 친연성을 지닌다. 시에 국한하더라도 이미지의 구체태와 그 연쇄로써 의미를 완성한다는 점, 분행과 분연이라는 형식적 조건을 갖추어야 하는 점 등은 숏(shot)와 신(scene)을 분절하고 절합함으로써 내러티브를 확보하는 영화의 속성과 유사하다. 몽타주의 구현 과정과 마찬가지로 시어의 의미 영역은 인접한 표현이나 문맥과의 관계를 통해 형성되기도 한다. 이처럼 시와 영화의 의미 단위는 기호의 지시적 맥락만이 아닌 매체의 구상태(具象態)를 통해 완성된다는 점에서 유비될 수 있다.

현대시의 경향은 언어 본연의 구성적 차원을 넘어서고자 한다. 서정의 본질을 발본적으로 재고하는가 하면 파격의 의장으로써 의미 너머의 의미를 추구하기도 하는 것이다. 화행적 효과를 통해 즉물성을 강조하는 것도 이미지의 현전이라는 영상언어가 지닌 성격과 유사하다. 이러한 경향은 현대시의 아포리아(aporia)를 낳기도 한다. 물론 이것은 한국시가 지닌 전위적 전통과 무관하지 않다. 최근 시단의 실험적 경향은 전혀 새로운 것이 아닌, 역사적 범주로서의 서정이라는 대전제를 새삼 증명하는 현상이기도 하다.

이 장은 현대시의 속성이 영상언어의 매체적 자의식과 연동된다는 점에 주목, 이에 관한 기존 입장과 더불어 몇 가지 사례를 소개하고자 한다.[1)] 그 과정은 현대시의 난제를 이해하고 해석하는 하나의 입장이자 문학적 소통을 위한 시론일 수 있겠다. 영상시대의 본격화와 함께 이와 관련된 매체는 모든 예술적 인식의 근간 요소로 작동하고 있다. 현대시의 아포리아 역시 이와 무관하지 않으리라 본다.

---

1) 따라서 본고는 시와 영화의 비교 분석이나 양자의 형식미학을 대비하는 양상과는 다른 지향을 지닌다. 시와 영화의 미학적 상사성에 관한 선행 연구로는 송희복, 「시와 영화의 상호관련성 연구」(『동악어문논집』 34집, 동악어문학회, 1999. 2)와 김용희, 「시와 영화의 문법과 현대적 미학성」(『대중서사연구』 15호, 대중서사학회, 2006. 6) 등이 주목할 만하다. 양자간 매체 언어의 상동성에 관한 실증적 고찰로는 안숭범, 「시와 영화의 수사론적 비교 연구－시집 『지하인간』과 영화 <강원도의 힘>을 중심으로」(『문학과 영상』 8권 1호, 2008. 12) 참조.

2. 이미지와 영상

시와 영상예술의 관계를 본격적으로 논의하는 사례는 소설의 경우와 달리 일반적이지 않다. 영화와 소설에 내재된 서사성이라는 공통분모가 시와 영화 사이에는 존재하지 않기 때문이다. 그럼에도 불구하고 시와 영상예술에 대한 선도적 연구들은 이에 관한 이론적 지평을 다양하게 밝히고 있다.

영화적 기법에 주목하는 시적 양상은 이미 근대문학장 초기부터 주요한 흐름을 형성한다. 영화는 1900년대 수입된 이래 문인들의 필수적인 문화 체험이 되었고, 특히 1920－30년대 모더니즘 시에 적극적으로 활용되었던 것이다.[2] 김기림을 위시하여 '영화시'의 창작이 제안된 것도 1930년대의 일이다.[3] 이 당시 시적으로 원용된 영상언어적 기법은 객관적인 이미지의 제시로 요약될 수 있다. 실로 시의 언어와 영화의 시각적 언어는 긴밀한 상동성을 지닌다. 영화의 어휘 역시 이미지의 전시라고 하는 본질적 속성을 지닌 것이다.[4]

---

2) 문혜원, 「한국 근대시의 시적 전환과 영화 체험의 상관성」, 『한국언어문학』 65집, 한국언어문학회, 2008. 6 참조. 이 글은 특히 이장희, 정지용, 김광균, 이상의 경우에 주목하고 있다.

3) 박완식, 「금후 영화운동의 원칙적 중심과제」, 『신계단』, 1933. 5.(문혜원, 앞의 글, 289쪽에서 재인용)

4) 로버트 리처드슨, 이형식 역, 『영화와 문학』, 동문선, 2000, 99쪽. 그에 따르면 언어의 구성요소를 어휘·문법·구문이라 할 때, 영화의 어휘는 단순한 사진 이미지, 문법과 구문은 숏을 배열하는 편집·커팅, 혹은 몽타주 과정으로 볼 수 있다.(96쪽) 또한 그는 영화의 영사 과정이 고정되고 규칙적인 과정이라는 점을 들어 소네트의 고정된 음절·행, 운율에 대비하기도 한다.(105-106쪽) 더불어 다음과 같은 언급은 시와 영화의 근본적 연관을 상기하는 데 주요한 이론적 입장을 제공한다. "의미는 맥락·병치·아이러니·이미지·뉘앙스·암

꽃가루와 같이 부드러운 고양이의 털에
고운 봄의 향기가 어리우도다.

금방울과 같이 호동그란 고양이의 눈에
미친 봄의 불길이 흐르도다.

고요히 다물은 고양이의 입술에
포근한 봄졸음이 떠돌아라.

날카롭게 쭉 뻗은 고양이의 수염에
푸른 봄의 생기가 뛰놀아라.

―이장희, 「봄은 고양이로다」[5] 전문

이미지즘 시로 잘 알려진 이 작품은 추상적인 대상('봄')과 그에 대한 해석을 가시화하는 과정에서 카메라적인 수법을 사용하고 있다. 카메라 눈 기법은 대상에 대한 주체의 심리적 거리감을 확보케 함으로써 대상을 자아와 동일시하는 기존 서정시의 창작 방식과 구별된다.[6] 1920-30년대에 본격화된 이미지즘 계열의 시들에서는 이런 경향을 쉽게 찾아볼 수 있다. 이는 "시는 의미가 아니라 존재가 되어야 한다"[7]는 매클리시의 명제를 실현하는 양상으로서 시와

시에서 나온다. 영화와 현대시는 관객과 독자에게 사물의 의미를 설명하는 것이 중요한 것이 아니라, 스스로 의미를 찾고 느끼고 깨닫도록 해주는 것이 중요한 것이라는 데 인식을 같이한다. 그래서 영화와 시가 나아가는 영역은 고정된 가치관의 영역, 산문적 논리나 담론적 지성의 영역이 아니다."(142쪽)

5) 작품 인용은 작고 시인의 것으로서 잘 알려진 텍스트의 경우 제목만, 생존 시인의 경우 수록 시집까지를 병기하기로 한다.

6) 문혜원, 앞의 글, 291-293쪽.

영화에서 공통적으로 발견되는 지향이기도 하다. 예술작품은 그 자체로 자족적이 되어야 한다는 신념이 그 속에 존재한다.[8] 리처드슨은 예술작품의 자족성에 관한 관념은 신비평 운동에 의해 강화되었다고 본다. 그에 따르자면 시나 영화는 자체의 콘텍스트를 제공하고자 하며, 그 자체가 하나의 참조 체제인 것이다. 모두에서 몽타주의 대명사로 언급한 에이젠슈테인의 <전함 포템킨> 역시 정교한 디자인 혹은 패턴에 대한 감각이 구성 원리로 작동하였음을 확인할 수 있다.[9]

이장희와 동시대 이미지즘 계열의 작품들이 회화성을 지닌다는 점은 공공연한 명제가 되었다. 대상과의 거리를 유지하고 즉물성을 강조하는 것이 회화의 특징인 것도 사실이나. 한편 엄격한 의미에서 회화성은 영상언어의 차원과는 다른 성질을 지닌다는 점 역시 부가되어야 한다. 회화에서는 정지된 순간들의 지속과 더불어 시간을 흐름을 드러내기가 어렵지만 시에서는 언어적 표현과 이미지의 병치를 통해 시간의 흐름과 구체적인 지속이 드러난다.[10] 시

---

7) Archibald MacLeish, *Collected Poems, 1917-1952*, 로버트 리처드슨, 앞의 책, 147쪽에서 재인용.

8) 오진곤, 「영화와 문학의 상관관계에 관한 연구－몽타주 기법을 중심으로 본」, 『현대영화연구』 7권, 한양대 현대영화연구소, 2009, 179쪽.

9) 로버트 리처드슨, 앞의 책, 146-147쪽.

10) 함종호, 「시와 영화의 상관성」, 『영화비평현실』 2호, 2004. 12, 243-244쪽. 이 글은 시를 이해하는 데 회화보다 영화가 더 효과적일 수 있는 이유로 ① 회화가 전체적 영상을 그리는 데 비해 시와 영화는 단편적 영상을 병치시킴으로써 구조화된다는 점, ② 시에서 나타나는 지속과 운동의 모습은 회화보다 영화에 더 유사한 형식이라는 점, ③ 시는 영화처럼 대상을 바라보는 시각이 자유롭다는 점, ④ 시각 이미지와 청각 이미지를 조화롭게 배치하는 시의 형식은 회화보다 영화에 더 가깝다는 점 등을 들고 있다.(259-260쪽)

가 지닌 이러한 '운동-이미지'[11]는 물론 영화에서 더욱 효과적으로 나타난다. 따라서 시각적 이미지의 배열에 따른 시적 정황은 회화성보다는 영상언어적 측면에서 접근할 때 보다 효과적으로 설명될 수 있다.

> 명절날나는 엄매아배따라 우리집개는 나를따라 진할머니 진할아버지가있는 큰집으로가면
>
> 얼굴에별자국이솜솜난 말수와같이눈도껌벅걸이는 하로에베한필을짠다는 벌하나건너집엔 복숭아나무가많은 新里고무 고무의딸李女 작은李女
>
> 열여섯에 四十이넘은홀아비의 후처가된 포족족하니 성이잘나는 살빛이매감탕같은 입술과 젓꼭지는더깜안 예수쟁이마을가까이사는 土山고무 고무의딸承女 아들承동이
>
> 六十里라고해서 파랗게뵈이는山을넘어있다는 해변에서 과부가된 코끝이빩안 언제나힌옷이정하든 말끝에설게 눈물을짤때가많은 큰곬고무 고무의딸洪女 아들洪동이작은洪동이 배나무접을잘하는 주정을하면 토방돌을뽑는 오리치를잘놓는 먼섬에 반디젓담으려가기를좋아하는삼춘 삼춘엄매 사춘누이 사춘동생들

---

11) 들뢰즈는 운동에 관한 베르그송의 논제를 설명하면서 운동－이미지에 대해 다음과 같이 정리한다. "운동은 어떤 의미에서 두 측면을 가지고 있다. 한편으로 그것은 대상이나 부분들 사이에서 일어나는 것이고, 다른 한편으로는 지속 또는 전체를 표현하는 것이다. 그것은 지속으로 하여금 속성을 변화시키면서 대상들 속에서 분할하도록 하며, 대상들로 하여금 스스로 심화하면서 또한 그 윤곽들을 상실하면서 지속 안에서 결합되게 한다. 그러므로 우리는 운동이 닫힌 체계 안의 대상들을 열린 지속에 연관시키며, 지속을 그것이 강제로 열리도록 하는 체계 안의 대상들과 연관시킨다고 말할 수 있을 것이다." 질 들뢰즈, 유진상 역, 『시네마 I : 운동－이미지』, 시각과 언어, 2002, 26-27쪽.

이그득히들 할머니할아버지가있는 안간에들뭉여서 방안에서는 새옷의내음새가나고

또 인절미 송구떡 콩가루차떡의내음새도나고 끼때의두부와 콩나물과 뽂운잔디와고사리와 도야지비게는모두 선득선득하니 찬것들이다

저녁술을놓은아이들은 외양간섶 밭마당에달린 배나무동산에서 쥐잡이를하고 숨굴막질을하고 꼬리잡이를하고 가마타고시집가는노름 말타고장가가는 노름을하고 이렇개 밤이어둡도록 북적하니 논다.

밤이깊어가는집안엔 엄매는엄매들끼리 아르간에서들웃고 이야기하고 아이들은아이들끼리 웋간한방을잡고 조아질하고 쌈방이굴리고 바리깨돌림하고 호박떼기하고 제비손이구손이하고 이렇게화디의사기방등에 심지를 몇번이나독구고 홍게닭이몇번이나울어서 조름이오면 아릇목싸움 자리싸움을하며 히드득거리다 잠이든다 그래서는 문창에 텅납새의그림자가치는아츰 시누이동세들이 욱적하니 흥성거리는 부엌으론 샛문틈으로 장지문틈으로 무이징게국을끄리는 맛있는내음새가 올라오도록 잔다

—백석, 「여우난곬族」 전문

백석의 경우는 특별한 양상을 보인다. 백석 시의 모더니티를 증거하는 대표작 중 하나인 「여우난곬족」에는 시골 친척들의 인물 형상에 관한 묘사가 두드러진다. 이러한 묘사가 내재된 시적 진술의 구조는 영상미학적 관점에서도 충분히 해석될 수 있다. 질박한 평안도 방언을 그대로 구사하며 연쇄적으로 이미지들을 펼쳐놓는 일종의 파노라마 수법은 백석 시의 특장이기도 하다. 단형 서정의 언어구성물인 시가 파노라마적 효과를 지닐 수 있는 것은 특유한

사실성을 구현하는 이미지의 제작에 있다. 백석 시는 이러한 측면에서 영상언어적 인식소를 함의하는 1930년대의 대표적 텍스트라 하겠다.

이 같은 설명은 모더니티를 분석하는 기존의 과정과 결과적으로 큰 차이를 보이지 않는지도 모른다. 그럼에도 불구하고 영화적 문법의 시적 전유는 한국 근대시의 발생 과정을 새롭게 재구하고, 그 의미의 중층성을 증거하는 하나의 방법론적 입장이 될 수 있다. 또한 문학과 영화가 한국 근대예술을 정립하고 발전시키는 불가분의 계기라는 중요한 사실을 이론적으로 확립하는 의미를 지니기도 한다. 한국문학의 예술적 총량을 밝히는 차원에서도 시의 영화적 요소 혹은 영화의 시적 요소는 주요한 연구 대상이 되어야 하리라 본다.

근대문학의 본격적 전개와 더불어 영상언어의 시적 전유는 더욱 복잡한 양상으로 나타난다. 카메라의 매체적 자의식이 발전함에 따라 다양한 영상언어 방식이 개발되었고, 그 결과 시의 표현에 있어서도 직간접적인 영향을 미치게 된다.

> VOGUE야
> VOGUE야 넌 잡지가 아냐
> 섹스도 아냐 唯物論도 아냐 羨望조차도
> 아냐－羨望이란 어지간히 따라갈 가망성이 있는
> 상대자에 대한 시기심이 아니냐, 그러니까 너는
> 羨望도 아냐
>
> 마룻바닥에 깐 비니루 장판에 구공탄을 떨어뜨려
> 탄 자국, 내 구두에 묻은 흙, 변두리의 진흙,

그런 가슴의 죽음의 표식만을 지켜온,
밑바닥만을 보아온, 빈곤에 마비된 눈에
하늘을 가리켜주는 잡지
VOGUE야

신성을 지키는 시인의 자리 위에 또하나
넓은 자리가 있었던 것을 자식한테
가르쳐주지 않은 죄－그 죄에 그렇게
오랜 시간을 시달리면서도 그것을 몰랐다
VOGUE야 너의 세계에 스크린을 친 죄,
아이들의 눈을 막은 죄－그 죄의 앙갚음
VOGUE야

그리고 아들아 나는 아직도 너에게 할 말이
왜 없겠는가 그러나 안한다
안하기로 했다 안해도 된다고
생각했다 안해야 한다고 생각했다
너에게도 엄마에게도 모든
아버지보다 돈많은 사람들에게도
아버지 자신에게도

－김수영, 「VOGUE야」 전문

위 김수영의 시는 1960년대식 영상매체의 전유방식을 보여주고 있다. 이 작품은 세계적인 패션잡지라는 소재에 비루한 우리 문화의 현실을 대비한다. 『보그』에는 화려한 이미지들이 가득하다. 화자의 현실과는 너무도 동떨어진 이미지들의 세계는 "잡지, 섹스, 유물론, 선망" 등이 아닌 "하늘을 가리켜주는 잡지"가 된다. 이때

궁정과 부정의 경계 사이에는 '눈(目)'이 존재한다. 위 작품의 기본 구도는 "또하나/ 넓은 자리"를 보지 못하는 '눈'으로 인하여 '말(言語)'의 존재가 사라진다는 설정("할 말이/ 왜 없겠는가 그러나 안한다")이다. 이는 곧 가시적 영상의 체현 여부에 따라 언어의 존재가 좌우되는 형국과 같다. 이 작품은 이미지를 대표하는 패션잡지를 내세워 가시적 이미지의 매체가 예술은 물론 '신성'을 구현하게 되는 시대적 전회를 그려내고 있다.

이처럼 내파(內波)된 방식으로 영상언어를 다루는 시의 양상은 여전히 거대담론으로서 시적 언어의 우월성을 견지하고 있다. 1900년대로부터 해방 이전에 나타나는 근대시의 영화적 실험이 좌파 문인들에 의해 적극적으로 시도된다는 점, 이후 1980년대에 이르는 현대시의 토대에 모더니즘과 리얼리즘으로 상징되는 미학적 패러다임이 작용한다는 점, 그 철학적 배경으로 구조주의(혹은 탈구조주의)라는 20세기의 사상이 자리한다는 점 등은 거대담론 시대의 시적 존재론에 대한 지표들일 것이다.

> 아주 오랜 세월이 흐른 뒤에
> 힘없는 책갈피는 이 종이를 떨어뜨리리
> 그때 내 마음은 너무나 많은 공장을 세웠으니
> 어리석게도 그토록 기록할 것이 많았구나
> 구름 밑을 천천히 쏘다니는 개처럼
> 지칠 줄 모르고 공중에서 머뭇거렸구나
> 나 가진 것 탄식밖에 없어
> 저녁 거리마다 물끄러미 청춘을 세워두고
> 살아온 날들을 신기하게 세어보았으니
> 그 누구도 나를 두려워하지 않았으니

내 희망의 내용은 질투뿐이었구나
그리하여 나는 우선 여기에 짧은 글을 남겨둔다
나의 생은 미친 듯이 사랑을 찾아 헤매었으나
단 한 번도 스스로를 사랑하지 않았노라.

―기형도, 「질투는 나의 힘」(『입 속의 검은 잎』) 전문

이 작품은 1980년대까지를 지배했던 이데올로기의 실체와 허구를 지적하고, 이를 주체의 내면에서 재구하려는 의도를 지닌다. 나아가 시적 상징을 영화적 서사(박찬욱, <질투는 나의 힘>, 2003)로 구체화한 텍스트에 해당된다. 물론 시에 나타난 영감과 주제가 영화화되는 전례가 없는 것은 아니다. 그러나 기존의 경우가 단지 소재나 화소(話素) 차원에서 진행되는 장르 전이의 양상이 대부분이라면 영화 <질투는 나의 힘>의 경우 영화적 발상이나 기법, 주제 구현의 과정에서 두루 시적 영향을 보인다는 점이 특징적이라 하겠다.

요컨대 영상은 넓은 의미에서 이야기의 한 종류일 수 있다. 말과 글에 대해 지속성과 입체성을 보완한 형태가 곧 영상인 것이다. 그것은 기록하는 방법으로 존재하기에 지속성을 지니며, 보고 들을 수 있으므로 입체성을 획득한다.[12] 대상에의 투사와 동화를 통해 동일성의 세계를 지향하는 서정시에서 영상이 지닌 지속성과 입체성은 근본적으로 불가능할지도 모른다. 그러나 이미지즘 이래 시의 회화적 양식은 언어가 지닌 입체성에의 한계를 스스로 극복해 왔다. 한편 앞서 언급한 것처럼 모더니즘 시의 회화적 양식이라

12) 김광욱, 「스토리텔링의 개념」, 『겨레어문학』 41집, 겨레어문학회, 2008. 12, 252쪽.

는 명제 자체를 영상언어의 시적 전유에 대한 근거로 단정해서는 곤란하다. 회화가 지닌 성질과 영화의 그것은 분명 다르며, 이 지점에서 시와 영상언어의 관련 양상은 보다 독립적으로 정치하게 논의되어야 한다. 1980년대까지의 시적 흐름에 나타난 영상언어적 전유 양태는 서정시의 장르적 한계를 극복하고 다양한 감각적 실체를 가시화하기 위한 노력의 일환으로 보인다.

3. 수사학적 불연속과 몽타주, 디지털 코드

이 글의 관점은 현대시가 지닌 아포리아의 문제와 관계가 깊다. 최근 시단의 한 경향은 해독이 불가능하거나 소통이 어려운 극단적 서정의 추구 양상을 보인다. 서정의 방식을 발본적으로 재구하려는 경향은 근대시 100년의 과정에서 나타난 자기 갱신의 한 결과이다. 여러 요인이 존재하겠으나 그 중 신진 작가들의 문학적 패러다임 변화는 주요한 원인의 하나이다. 이른바 '호모 비디오쿠스'의 탄생을 계기하는 디지털 영상문화는 시적 사유의 방식을 근본적으로 재구성하고 있다. 그에 따라 영상예술의 미학적 원리는 현대시의 인식론적 근거로서 새롭게 자리하게 된다.

우선 1980년대 이후 시에서 영상언어를 전유하는 형태로서 대표적인 사례는 디지털 영상매체를 이용하는 경우라 하겠다. 사진을 소재로 하거나 CD롬을 활용한 시의 형태는 전형적인 예에 해당된다.[13] 그 밖에 본고에서 주목하고자 하는 점은 현대시의 다양

13) 카메라와 편집이라는 매체적 자의식이 성숙한 1980년대 이후, 영상화된 시작품의 대표적 예로서 장정일과 하재봉을 거론해야 할 것이다. 이에 대해서는

한 형식 실험에 나타나는 영상언어적 구성과 상상력의 차원이다. 거대담론 시대 이후 시의 문법은 영상매체를 기술적으로 이용하거나 소재로 사용하는 경우와는 근본적으로 다른 면모를 보여준다. 대표적인 차이는 작가들의 이데올로기적 지평이 영상매체적인 것으로 형성된다는 점이다. 이는 개인의 세계관과 미적 인식이 정립된 이후 영상매체를 도구적으로 이용하는 방식과는 다른, 영상매체라는 이데올로기가 호명한 문학적 주체의 상상력에 비견될 수 있다.

방법론적으로는 시의 수사학과 영화의 몽타주 기법이 지닌 친연성이 극단적으로 결합되는 형태라 하겠다. "이질적인 것의 병치(대립과 통합)"[14]로 징의되는 몽타주는 관섬에 따라 은유와의 비교,[15] 조화와 갈등의 시적 양상,[16] 은유(비교 몽타주)와 환유·제유(충돌 몽타주)와의 대비[17] 등으로 논의되고 있다. 영화에서의 몽타주가 문학과 시각 예술이 오래 전부터 사용해 오던 사물 배열의 방법이라는 것은 잘 알려져 있다.[18] 1980년대 이후의 시적 세계관에서 나타나는 불연속적 양상은 어느 하나의 수사론 범주로 귀속되기 어려운 복잡한 양상을 보인다.

손진은, 「시와 영상예술의 상호 관련성 연구」, 『어문학』 100집, 한국어문학회, 2008. 6, 369-373쪽 참조.

14) 유리 띠냐노프 외, 오종우 역, 『영화의 형식과 기호』, 열린책들, 1995, 185쪽.

15) 김용희, 앞의 글.

16) 정문선, 「모더니즘 시와 영화기법－박인환 시의 시간의식과 화자의 시선 이동을 중심으로」, 『시학과 언어학』 1권, 시학과언어학회, 2001.

17) 안숭범, 앞의 글.

18) 로버트 리처드슨, 앞의 책, 64쪽.

1. 마징가 Z

기운 센 천하장사가 우리 옆집에 살았다 밤만 되면 갈지자로 걸으며 고래고래 소리를 질렀다 고철을 수집하는 사람이었지만 고철보다는 진로를 더 많이 모았다 아내가 밤마다 우리 집에 도망을 왔는데, 새벽이 되면 계란 프라이를 만들어 돌아가곤 했다 그는 무쇠로 만든 사람, 지칠 줄 모르고 그릇과 프라이팬과 화장품을 창문으로 던졌다 계란 한 판이 금세 없어졌다

2. 그레이트 마징가

어느날 천하장사가 흠씬 얻어맞았다 아내와 가재를 번갈아 두들겨 패는 소란을 참다못해 옆집 남자가 나섰던 것이다 오방떡을 만들어 파는 사내였는데, 오방떡 만드는 무쇠 틀로 천하장사의 얼굴에 타원형 무늬를 여럿 새겨넣었다고 한다 오방떡 기계로 계란빵도 만든다 그가 옆집의 계란 사용법을 유감스러워했음이 틀림이 없다

－권혁웅, 「마징가 계보학」(『마징가 계보학』) 부분

그 중에는 과거를 추체험하며 현재적 의미로 소급해내는 이른바 플래시백의 경향이 있다. '마징가 Z'로 상징되는 1970년대 애니메이션은 위에서 보는 바와 같이 과거의 삶을 재구성하는 주요한 인식소로 기능하고 있다. 일상적인 풍경과 세태를 묘사하는 이러한 영상언어적 표현들은 마치 네오리얼리즘적 양상을 보는 듯하다. 이는 이른바 분산적 상황, 의도적으로 약한 관계들, 방랑형식, 상투성들에 대한 의식화, 음모의 고발 등을 말한다.[19] 그것은 곧 편안한 서사적 흐름이 관객의 의식에 안착하지 못하도록 상황과 행

19) 질 들뢰즈, 앞의 책, 377쪽.

동, 자극과 반응의 일관상을 흐리는 영상을 가리킨다.[20]

그럼에도 불구하고 위와 같은 양상 역시 거대담론의 관점에서 영상매체를 전유하는 과정이라 하겠다. 파편화된 과거의 삶을 추체험하고 이를 구체적인 장면으로 분절, 재구성하는 것은 여전히 중심에 선 문학적 담론이다. "기운 센 천하장사"로 비유되는 불한당들의 삶을 언명하는 화자의 시점과 랑그가 분명하기 때문이다.

#1 새벽의 모란여관

삭제. 나는 지우는 자이다.

#2 욕실

이빨을 닦을 때마다 나를 흡수하는 거울. 그 순간 나는 유일하게 이빨에 사로잡힌 자. 나는 어제의 흔적을 지우기 위해 집요하다. 거울 속에서 명령을 수행하는 저 단순한 표정과 함께.

#3 중화반점에서 당신과 식사를

알리바이를 위해 당신을 만난 것은 아니지만, 당신을 만나자 나는 소리 없이 사라진다. 여전히 내 앞의 당신은 나를 의심하지 않고. 그것은 일종의 습관이다. 나의 행방은 일간스포츠와 내셔널 지오그래픽과 YTN의 머나먼 소문 속으로. 때로는 담배 연기와 함께.

(중략)

#7 황혼을 건너오는 것

20) 안숭범, 앞의 글, 677쪽.

그러므로 이상한 同感의 순간이 있다. 지금 누군가가, 내가 바라보고 있는 황혼을 바라보고 있다는 것. 나는 당황한다. 나는 황혼을 통해 내게 건너온 당신과 무관한 자. 황혼이란 항상 사소한 우연일 뿐.

#8 삼성 파브

결국 나는 길가의 돌. 나는 천천히 발견될 것이다. 우연히 발에 차여 당신의 눈앞에 그 사소한 전모를 드러낸다는 것. 쇼윈도에 진열된 삼성 파브. 내셔널 지오그래픽의 화면이 물소의 뿔을 클로즈업하는 순간, 뿔의 배경으로 보이면서 보이지 않게 이동하는 초원의 태양.

#9 자정의 모란여관

침묵. 다시 돌아온다는 것.
침묵.

— 이장욱, 「용의자」(『정오의 희망곡』) 부분

이 작품은 본격적으로 시나리오라는 구성을 빌어 일상의 풍경을 환상적으로 그려낸다. 그 과정에서 여러 영상매체가 화자의 사유를 잇는 계기들로 등장하고 있다. 이러한 정황은 자아의 내면을 시적 몽유의 형식으로 펼쳐는 것과 같다. 장 콕토가 실험한 바 있듯이 <시인의 피>(1930)는 자기 자신을 은유하는 주인공을 통해 시적 몽유의 세계를 영상으로 구현한다. 여기서 난해하고 충격적인 숏들은 무성영화의 이미지가 담아낼 수 있는 시적 상상의 세계를 포착한다.[21] 이장욱 시의 모호한 신('#')들은 이에 비견되는 언어적 영상들이라 하겠다.

판타지적 상상력이 현대 문화에 차지하는 위상은 매우 높다. 판타지는 영화나 게임 등 문화산업에서 거부할 수 없는 블루오션으로 주목되고 있다. 판타지의 부각은 그 자체로 거대담론의 해체를 증거하는 현상일 것이다. 환상이라는 화소는 그 자체로 비현실적 몽환의 구성물인 동시에 이데올로기의 억압으로부터 비롯되는 정치적 사유로서의 의미를 지닌다. 지젝에 따르면 상징적 현실은 하나의 허구로서 비일관성과 균열로 점철되어 있으며, 판타지는 그러한 사실을 은폐하는 기능을 한다.[22] 판타지는 따라서 현실 혹은 상징적 질서의 구조적 원리를 드러내는 동시에 가로막는 이중적 계기일 수 있다. 현대시에서 보이는 판타지적 이미지는 위와 같은 이데올로기의 중층적 존재를 반영하는 시적 영상이라 하겠다.

불지 마 꺼질 것 같아
건드리지 마 다칠 것 같아
상처 옆에 눈이 내린다 창문을 두드린다
한밤중에 일어나 눈동자를 열고 모니터를 꺼낸다
붉고 싱싱한 잘 익은 놈으로
너에게 줄게 아무것도 먹지 마
이것만 있으면 모니터 속 아이리스
보라색 꽃잎 가장자리 휘어진 엷게 눈웃음치는
이슬보다 영롱한 0과 1
샤갈의 마을에 내리는 눈은 녹지도 않고
나의 모니터 속에 쌓인다

---

21) 위의 글, 687쪽.

22) 슬라보예 지젝, 주은우 역, 『당신의 징후를 즐겨라!: 할리우드의 정신 분석』, 한나래, 1997 중 역자 서문(11-12쪽) 참조.

눈보다 차가운 아이리스 눈이 없는 꽃
천만 개쯤 되는 눈들을 달고
늘 살아야 되는 꽃
수미산 꼭대기에 피어나고 싶어
불지 마 거봐 날아가잖아

—유형진, 「모니터킨트—eyeless.jpg」(『피터래빗 저격사건』) 전문

영상언어의 전유 방식 중에서도 이전의 경우와 근본적으로 달라지는 계기 중 하나는 디지털 코드의 보편화일 것이다. 「모니터킨트」는 비트의 세계로 이루어진 디지털 영상매체의 운명을 그리는 작품이다. 이러한 양상이 본격화되면서 이른바 서정의 구투를 재구하려는 경향이 일반화되고 있다. 이는 20세기 후반 대두된 인식 지평의 전회와 긴밀히 관련된다. 최근의 문학적 상상력은 바로 디지털 영상언어의 상상력이 그 근간을 이루고 있다는 점에서 기존의 실험적 지향과는 다른 의미망을 형성한다.

위에서는 문자 대신 디지털 코드, 즉 "0과 1"이 "이슬보다 영롱한" 대상으로 부각된다. 이에 상응하는 존재는 곧 '모니터킨트'이자 '눈 없는 존재'("눈이 없는 꽃", "eyeless")가 된다. 앞서 살펴본 김수영의 시에서 '눈'의 기능은 '언어'를 사라지게 하는 변인이었지만 여기서는 문자 자체가 존재하지 않는다. 즉 디지털 코드라는 신세계가 '눈'의 부재를 결정하는 상수가 된다. 양자의 차이는 곧 주체의 차이이기도 하다. 라깡의 유명한 비유를 들자면 문자, 곧 편지는 현실의 질서요 이데올로기를 상징한다. 편지는 언제나 결국 목적지에 도착된다. 그러나 위 작품에는 편지, 즉 문자 자체가 부재한다. 이는 디지털 시대의 분열된 주체, 이를테면 "자기 자신을 실

정적으로 주어진 이질적인 실체로 경험하는 한에서 실체"일 수 있는 주체의 시적 영상이라 하겠다.[23)]

한 사제가 악기 하나를 동굴로 들고 왔다
그는 악기를 연주한 후
동굴의 흐르는 물에 악기를 씻었다

악기 속에서 무언가 떨고 있는 소리가 들렸다

사제는 악기를 동굴의 바닥에 내려놓은 후
동굴을 빠져나왔다 이윽고
동굴의 벽에서 기어 내려온
뱀 한 마리 악기 속으로 스르르 기어 들어갔다
악기 속엔 사람이 하나
웅크리고 누워 있었다
뱀의 목을 뜯어 먹고 미덕을 지니고 있었다
뱀의 몸을 다 뜯어 먹고
그는 천천히 발음했다

나는 음표는 몰라도 쉼표는 다른 피아니스트들보다 더 잘 연주한다

그는 푸른 음문이 새겨진 자신의 피부를 곡예하고 있다

－김경주, 「어그야 혹은 파롤－작곡가 신나라에게」(『기담』) 부분

---

23) "편지는 항상 그 목적지에 도착한다"는 J. 라깡의 명제에 대한 지젝의 해석은 슬라보예 지젝, 「왜 편지는 항상 그 목적지에 도착하는가?」, 위의 책, 27-70쪽 참조. 인용은 슬라보예 지젝, 이수련 역, 『이데올로기라는 숭고한 대상』, 인간사랑, 2002 중 라클라우의 「서문」, 15쪽.

현대시에 등장하는 파격의 이미지는 새로운 언어와 상상력을 환기한다. 위 작품은 자신의 시형식 자체로 가시적인 파격성을 추구한다. 이는 언어의 의미망을 넘어 존재로서의 시를 추구하는 또 다른 양상이라 할 수 있겠다. 위 작품에는 악보가 먼저 실린다. 부제목이 환기하는 대로 작곡가 신나라의 것으로 보이는 악보 아래 "항해 중인 어두운 배 밑으로 몰래 출렁출렁 따라온 탈처럼/ 그가 이 악보를 주며 말했다./ "착상시킬 것. 그리고 아무것도 떠나지 마라.""는 경구가 붙는다. 이 작품은 이러한 가시적 장치들을 동반하고 있는바 이에 대한 참조가 없고서는 해독될 수 없는 시각적 상징기호라 하겠다.

신나라의 악보는 그가 독일에서 작곡한 음악극(musictheatre)「어그야」의 대본이다. 음악극은 음악, 노래, 대화, 춤 등이 결합된 극양식이다.[24) 하지만 위 작품에서 그 실체를 파악하기는 어렵다. 악보의 이미지만이 부각될 뿐이다. 음악극「어그야」는 "혹은 파롤"로 대체되면서 '착상' 자체의 발상을 전경화시키는 계기로 존재한다. 본문 중에는 아르투르 슈나벨의 표현("나는 음표는 몰라도 쉼표는 다른 피아니스트들보다 더 잘 연주한다")을 인용하여 음악적 파격을 전유하고 있다. 여기서도 강조되는 것은 기존과는 다른 방식의 예술적 영감이다. 이들 발화(파롤)를 대체할 어떤 랑그도 존재하지 않는 발화 자체의 영상이 곧「어그야 혹은 파롤」인 것이다. 이처럼 현대시의 일부 경향은 다양한 예술적 발성법을 한 편의 시 속에 조각하는 식으로 종합적 매체언어를 시도하고 있으며, 그 자체로 시뮬라크르

---

24) "musical theatre(musictheatre) is a form of theatre combining music, songs, spoken dialogue and dance." http://en.wikipedia.org/wiki/Musical_theatre.

의 장이고자 한다. 이는 디지털 영상언어가 지닌 특장이기도 하다.

거대담론 시대의 '영화시'적 양상은 소위 '기계주의' 인식론과 미학에 의거하고 있었다. 예컨대 영화시를 모색한 김기림의 초기 미학과 문학관을 지배한 것은 서구 미래파류의 동력학적 속도감이나 기계주의 세계관이다. 페르낭 레제, 장 콕토 등에 대한 관심도 결국은 전위예술의 실험적이고 도전적인 세계관이나 방법론에 기초한 것이었다.[25] 하지만 1980년대 이후 시적 세계관에 영향을 미치는 영상매체의 성격은 디지털적인 것으로 특화된다. 디지털은 매체가 아닌 매질이요,[26] 지속성과 입체성을 지닌 영상에 더해 양방향성을 보완한 이야기 형태라 할 수 있다.[27] 이는 기계주의적 세계관에 상응하는 모더니티의 입론을 넘어 새로운 시적 존재론의 모색을 증명하는 현상이라 하겠다.

4. 보론

시와 영상언어의 관련 양상에서 서사시가 갖는 의미를 간과할

---

25) 조영복, 「김기림 시론의 기계주의적 관점과 '영화시'(Cinepoetry) ― 페르낭 레제 및 아방가르드 예술관과 관련하여」, 『한국현대문학연구』 26집, 한국현대문학회, 2008. 12, 240쪽.

26) 정과리는 디지털이 원소단위라기보다는 일종의 알고리즘(화학반응식)이라는 점, 그에 따라 변화의 경계가 철폐된다는 점 등을 주목한다. "디지털은 이미지를 창출하되, 그것을 보관의 형식으로가 아니라 기획의 형식으로 한다. 즉 디지털은 미래를 '재현적으로' 선취한다. (중략) 디지털적 알고리즘은 시공간의 저항을 받지 않는다. 즉 모든 것은 원리적으로 실시간으로 전지구적으로 이루어진다." 정과리, 「영상언어와 문학」, 『한민족어문학』 56집, 한민족어문학회, 2009. 12, 19-20쪽.

27) 김광욱, 앞의 글, 253쪽.

수 없겠다. 서사시는 영화적 스펙터클과 핍진성을 구가하는 동시에 서사성을 내재함으로써 영상언어와의 외연적 친연성을 더한다. 현대시의 본성이 단형 서정이라는 점을 들 때 드물지만 지속되는 서사시의 실험은 남다른 의미를 지닌다. 오늘날 서사시와 영화는 서사성을 드러내는 방식에 있어서 그 발생적 경우와는 근본적으로 다른 양상을 보이고 있다.[28] 양자의 비교는 시와 영상언어의 관계와 전망을 고구하는 데 새로운 입론을 제공하리라 본다.

이상의 논의를 요약하자면 다음과 같다. 오늘날 디지털 영상언어는 예술적 인식의 토대이자 근본 매체의 기능을 담당하고 있다. 전통 예술인 문학을 비롯하여 디지털 매체가 사용되지 않는 예술적 범주는 존재하지 않는다고 해도 과언이 아닐 정도로 절대적인 영향력을 행사하고 있는 것이다.

영화적 기법을 활용한 시작품은 이미 1920-30년대에 보편화되었다. 시어와 영상언어는 이미지의 현시라고 하는 본질적 속성을 지닌다. 그 이래 동일성의 장르적 한계를 극복하기 위한 수단으로, 거대담론의 이데올로기에 대항하는 모색의 일환으로 영상언어는 시적 표현에 전유되어 왔다.

1980년대 이후 시 속에 반영된 영상언어는 단순한 매체적 전유의 차원을 넘어선다. 디지털 영상언어의 보편화와 함께 영상매체

28) 오늘날의 서사시는 신화나 역사의 재현은 물론 시대를 기록하는 르포르타주(reportage)로서의 의미를 지니기도 한다. 제재를 설명하거나 판단하기보다는 그것을 제시하고 노출하는 이른바 다큐멘터리 스타일의 중요성이 꾸준히 증대된다는 사실은 영화와 현대시의 공통된 경향이기도 하다. 서사시와 영상언어의 관계에 대한 시대적 의미와 이론적 근거는 이러한 맥락으로부터 비롯될 수 있겠다. 로버트 리처드슨, 앞의 책, 143-144쪽 참조.

는 새로운 감각의 조건으로 우리 시대에 존재한다. 최근 시단의 다양한 경향은 디지털 코드 혹은 상상력에 바탕한 미의식을 드러내고 있다. 이는 단지 기법의 차원이 아닌 시적 세계관의 근본 구조가 재구성되고 있음을 반증하는 사례라 하겠다.

이러한 현실은 기존의 시문법이 천착해야 할 새로운 지평이기도 하다. 문제는 영상언어적 상상력과 표현이 지니는 문학적 의미에 있다. 일부 극단적 실험시들이 지향하는 파편화된 현실 인식과 존재론적 고립은 시학의 궁극적 목표라 하기 어렵다. 현대시의 영상언어 전유는 새로운 시대를 조명하고 견인하는 문화적 실천의 한 차원이어야 할 것이다.

07

문화산업시대의 문학

1. 멋진 신세계

문화산업(cultural industry)이라는 용어가 아도르노와 호르크하이머의 비판이론적 관점에서 비롯된 부정적 개념이었음은 익히 알려진 사실이다. 그러한 입장에는 문화의 산업화가 파생하는 물신화나 자본의 논리를 경계하려는 의도가 내재되어 있다. 그럼에도 불구하고 오늘날에 있어 문화산업은 국가경쟁력에 비견되는 기간산업으로 성장하였음을 부정할 수 없다. 정보화사회에 이어 문화에 대한 집중 현상은 역설적으로 무한경쟁이라는 속악한 자본의 꿈을 고급스럽게 포장해주고 있는 듯도 하다. 내적으로는 지극한 자본논리요 상징권력 다툼에 불과한 것이 문화라는 이름으로 통용되는 경우가 비근한 것이다. 이제 누구도 임노동의 물리적 투쟁을 고운 눈으로 보지 않는다. 바야흐로 성숙한 문화의 시대가 본격화되고 있다.

오늘날 통용되고 있는 '문화산업'이라는 용어에 대해 국내법에서는 "문화예술의 창작물 또는 문화예술용품을 산업의 수단에 의하여 제작·공연·전시·판매를 하는 업"(문화예술진흥기본법 제2조 2항)이나, "문화상품의 기획·개발·제작·생산·유통·소비 등과 이에 관련된 서비스를 행하는 산업"(문화산업진흥기본법 제2조 1항) 등으로 규정하고 있다. 구체적으로는 공연, 게임, 디지털콘텐츠, 방송, 애니메이션, 영화, 음반, 캐릭터, 출판 등의 산업형태가 포함되고 있다. 그렇다 할 때 문화산업의 문학부문, 소위 문학산업과 관련해서는 출판산업의 양상이 우선 주목된다. 주지하는 바와 같이 활자문화로 대표되던 문학의 존재 방식이 CD－ROM, 인터넷 출판 등 첨단 디지털 매체의 활용과 온라인 문화컨텐츠 산업으로 변모된 지 오래다. 나아가 다양한 방식으로 오프라인 문화컨텐츠를 형성하여 이들을 활용한 유비쿼터스(ubiquitous) 산업으로까지 출판산업은 변신을 꾀하고 있다.

문학의 산업화 양상은 출판산업 뿐만 아니라 창작의 메커니즘이나 문학제도 역시 바꿔놓고 있다. 많은 작가들이 작품집을 내기 전후에 출판지원금 수혜를 위한 기안 과정을 의례적으로 거치고 있으며, 우수도서나 우수잡지 선정 여부가 문학관계자들의 주요 관심사가 되었다. 지차체마다 문학관 건립이 붐처럼 추진되는 모습도 문학산업시대를 알리는 특징적 현상이라 하겠다. 무엇보다도 유비쿼터스적인 문학의 새 모습이 흥미롭다. 언제 어디서라도 마음만 먹으면 나타나는 매체, 시청각적 이미지를 실제 감각으로 재현하는 작품, 준비된 자에게 수혜되는 원고료 및 출판비 등이 문화산업시대를 맞은 문학의 배경들이다. 모든 아방가르드는 시대를 반복해왔지만, 적어도 문학에 있어, 이 경이로운 신세계의 풍경이 역사 속에 존재했는지는 의문이다.

2. 시의 문화컨텐츠 - 되기

시대적 이데올로기의 변화는 전통 예술인 문학, 특히 이 글의 관심 장르인 시가 존재하는 방식에도 변모를 가져왔다. 오늘날 시는 오래된 문자언어로서의 예술이라는 자리를 내놓은 지 오래다. 사실 '시'가 소설, 수필, 희곡 등과 함께 '문학'의 하위 장르로 통용되는 것 자체가 근대적인 현상인바 최근 시의 변모는 '전통예술'의 변화가 아닌 100여 년에 불과한 '근대시'의 변화라 함이 정확한 표현일 것이다. 예술의 기원 이래 계속해서 시는 변화해왔던 것이다. 수천 년 동안 자기 지양의 과정을 지속해왔다는 사실은 오늘날 시의 위상 변화가 남다른 게 아님을 새삼 일깨워준다. 그럼에도 불구하고 최근의 변화에서 주목해야 하는 것은 시라는 본체(substance)의 양태(mode)가 '언어'의 범위를 넘어서고 있다는 점일 것이다. 말과 글의 예술이었던 시는 오래된 틀을 벗어나 다양한 첨단매체와 결합하는 등 발본적 혁신을 통해 문화산업시대를 대응해나가고 있다. 이에 대한 대표적 사례 몇 가지를 들어보기로 한다.

우선적으로 떠올릴 수 있는 사례는 매체의 발달에 따른 출판형태의 변화에 있다. 예컨대 CD－ROM, e－Book, 인터넷 출판, 웹진, 멀티포엠 등의 형식이 그것이다. 시를 기타 장르와 결합시키고 디지털 매체를 활용하려는 노력은 이미 오래 전부터 시도되어 왔다.

> 신의 지상명령이었어.
> 어머니의 자궁 속에서 꿈을 꾸었네.

화려한 결합은 분열의 시작이었지.
찢어지고 갈라지는 불민
불민의 생장
어머니는 더 이상 날 가둘 수 없었네.
알고 있었지. 탯줄이 끊기면
더욱 빠른 분열을 위해 어머니를 버려야 한다는 것을.
내 몸이 다 자라기 전에 내 꿈에서 잉태한
몽상의 자식들이 내 꿈의 탯줄을 끊었네.
난 자궁을 빠져나와 거리를 헤매었지.
필로폰 본드 환각으로 볼라보게 변했어.
컴퓨터 포르노에 내 자식이 잡혔어.
플러그와 콘센트로 나의 목을 조르고
분열로 둔감해진 나는 죽어가네.
전지전능 분열의 신 분열하라 말하네.
어지러운 내 죽음도 분열을 시작해.
내 주검을 찢어 물고 내 자식도 분열해.
뼈 위에 뒹구는 나의 두 눈동자.
어둠이 찢어지네. 어둠이 찢어져.

눈부신 태양 아래 나는 살아 있어.
눈부신 태양 아래 나는 살아 있어.

—위승희, 「정신측정」(위승희 김정란, 『사이렌 사이키』) 전문

이 작품은 김만중에 의해 작곡되고 위승희 스스로가 노래하여 CD타이틀(신나라뮤직, 1999)로 제작, 배포된 바 있다. 간단히 말하자면 시가 노래화된 형식인데, 기존의 노랫말과 다른 점이라면 창작 단계부터 소위 '엔터테인먼트'의 양식으로 기획되었다는 것이다. 즉 이 작품은 월간 『현대시』의 기획 아래 제작되었고 일부 지역에

서 실제 공연되었다. 당시 기획의 변을 들어보면 다음과 같다.

> 시의 앞날을 진지하게 모색해 온 월간 <현대시>는 새로운 세기를 맞이하여 음반, 영상, 방송, 인터넷, 출판, 홍보 등을 동시에 할 수 있는 종합 프로덕션인 <현대시 엔터테인먼트>를 설립합니다. 시는 그동안 일반대중들과 격리되어 상업성을 잃고 시인들 자구의 노력으로 연명해왔다 해도 과언이 아닙니다. 그러나, 오늘의 첨단 멀티미디어 기술은 시와 노래의 장벽을 허물고, 시의 영역을 예술 전반으로 확대할 수 있는 환경을 제공해 주고 있습니다.
>
> 오늘에 대비하여 <현대시>는 수년 전부터 꾸준히 이 분야에 투자해 왔으며, 시인들 자체의 종합 프로덕션을 설립해야 한다는 필요성을 역설해 왔습니다. 이제 나름대로의 노하우와 인력과 자료를 확보하고, 그 첫 성과물을 세상에 내놓습니다. 그것이 바로 이번 발표하는 음반 <사이렌 사이키 Siren Psyche>입니다. <현대시>는 이 두 장의 음반을 통하여 진지하게 시의 앞날을 제시하고 고급문화가 어떻게 일반대중에게 다가가야 하는지를 모색하고자 합니다.
>
> ―「<사이렌 사이키> 보고서, 현대시 엔터테인먼트를 출범시키면서」에서

이러한 기획이 얼마나 큰 반향을 일으켰는지는 의문이지만 시와 문화산업을 접목시킨 선구적 사례 중 하나로 기록될 수는 있을 듯하다.

장경기의 '멀티포엠'은 보다 본격적인 멀티미디어로서의 시작(詩作)에 해당된다. 그는 하이퍼텍스트를 활용하여 영상과 음악이 어우러진 CD-ROM 시집을 제작하는데, 스스로 멀티포엠이라고 이

름하고 이를 "멀티미디어 시대에, 자연발생적인 탄생을 예상해 볼 수 있는 시의 형태, 곧 영상, 음, 문자 등 모든 가능한 표현 매체들이 한데 어우러져 빚어내는 시, 곧 멀티미디어 환경 속에서, 시가 있어온 이래 지속되어온 시의 본질을 존중하고 계승하는 멀티적인 표현 형태를 멀티포엠이라 일컫기로 한다"(「멀티포엠이란 무엇인가」)고 정의하고 있다. CD타이틀을 실행시키면 영상과 음악이 진행되고, 시가 낭송된다. 말 그대로 다층적 감각의 시가 실현되는 양상을 보여주는 데는 성공한 셈이다.

문화사업의 소재로 시가 활용되는 경우도 빈번하다. 각종 문학관과 문화컨텐츠 사업이 여기 해당된다. 특정 지역의 대표적 문인을 기려 문화산업으로 발전시키는 과정에서 시는 중요한 기능을 담당할 수 있다. 대표적인 예로 전북 고창의 미당문학관을 들 수 있겠다. 2000년대 이후 활성화되고 있는 문학관 건립 사업에는 정책적 배려가 배경에 작용하고 있다. 문학과 관련된 문화정책으로서 새로운 문학 환경에 대응하는 문학사업을 추진하고, 문학관 등의 건립을 지원할 것이 명시되어 있는 것이다.(『2004 문화정책백서』)

또 다른 형식으로 강원도 강릉의 경우 고전설화와 향가 「헌화가」의 역사적 의미를 현재화하여 인근 해안도로를 '헌화로(獻花路)'라 지정하였다. 강릉시 옥계면 금진리에서 강동면 심곡리에 이르는 이 길은 인접한 바다는 물론 해변 기암절벽을 감상할 수 있다. 빼어난 경치와 더불어 고대가요의 의미를 되새겨볼 수 있는 문화적 매체로서 적절한 명명이 아닐 수 없으며, 따라서 문화컨텐츠로 시가 활용되고 있는 단순하면서도 의미 있는 사례라 하겠다.

3. 문학산업의 두 얼굴

현단계 문화산업에는 첨단 멀티미디어와 신자유주의 시스템이 필연적으로 매개된다. 이러한 흐름은 거부할 수 없는 대세가 되었다. 그리하여 다양한 표현의 방법이 확보되고 선진적인 문학장의 메커니즘이 구조화되고 있는 것은 긍정적인 변화라 하겠다. 체계화된 시스템으로 인해 문화산업의 구조가 과거와 같은 비합리적 패턴으로부터 벗어나고 있는 것이 사실이다. 한 예로 문화관광부와 한국문화콘텐츠진흥원에서 주관하는 '2007년 지역문화산업연구센터 지원사업'의 사업목적을 보면 다음과 같다.

- 지역문화산업연구센터(CRC, Culture Research Center) 지원을 통하여 국제적인 경쟁력을 갖춘 핵심 인력을 양성하고 문화산업의 연구개발 역량을 강화하고자 함
- 지역의 문화산업 발전 및 연관 산업과의 연계발전을 통하여 지역경제의 발전을 우선적으로 이루고자 함
- 산·학·연·정 협력 체제 구축으로 지역문화에 특화된 전략상품을 개발하고 문화상품 시장을 형성함으로써, 각 지역의 비전 제시 및 성공사례 창출을 가능하도록 함

이처럼 체계적인 준비와 관리하에 진행되는 문화 관련 대규모 국가사업이 빈번하다. 기타 각종 연구지원에서 문화산업의 테마가 선정되는가 하면 지방자치단체마다 지역문화컨텐츠를 개발하여 거점 사업으로 진행하고 있는 양상도 볼 수 있다. 이러한 흐름은 문학의 위상을 재고하고 문화컨테츠의 중심으로 기능할 수 있게 하는 배경이 되고 있다는 점에서 긍정적으로 평가할 수 있겠다.

최근 문화산업의 현황을 볼 때 문학산업의 주요 지표인 출판산업은 문화산업 부분에서 가장 큰 시장을 형성하고 있다고 한다. 우리나라는 신간 발행종수나 발행부수, 출판시장 규모 등 출판 관련 지표에서 세계 10위권 이내의 출판 강국이며, 특히 1998년 정부의 출판 활성화 조치에 따라 외형적으로 크게 성장하였다는 것이다. (김덕수, 「문화산업으로서의 문학산업」) 이를 통해 문학산업이 발달할 수 있는 물리적인 조건이 형성되어 있음을 알 수 있다.

시 장르 역시 하나의 문화컨텐츠로 제작되어 여타의 부가가치를 창출할 수 있는 시스템이 마련되었다는 점이 주목된다. 아직 미비하긴 하지만 온라인의 발달로 인한 시적 담론의 소통 양상이 전과 달리 활성화되었고, 그를 통해 다양한 개성이 표출되고 있다. 개인적인 차원을 넘어 산업적인 측면에서도 시는 다양한 소스를 제공하고 있다. 중국 소주의 명물인 장계(張繼)의 시 「풍교야박(楓橋夜泊)」은 시 한 편이 지역문화사업의 역할을 담당하는 대표적인 사례로 잘 알려져 있다. 「풍교야박」은 지리적 특성과 역사, 그리고 명문(名文)이 만나 특정 지역의 문화적 상징으로 자리매김한 예이다. 우리의 문화전통에 이와 같은 문화지리적 현상이 존재하지 않을 리 없다. 지금 우리의 문학사업에서도 이 같은 전통을 현재화하기 위한 지속적 관심과 다각도의 노력이 필요하다 하겠다. 시와 문화사업의 긍정적인 관계는 이러한 현황과 가능성 속에서 일단 확보될 수 있다.

그럼에도 불구하고 현단계 문학산업의 양상이 낙관적인 것만은 아니다. 대표적으로 예시한 출판사업의 경우 위의 현황이 빛 좋은 개살구라는 것을 누구든 알고 있다. 출판산업의 외형적 성장에도 불구하고 내용면에서는 많은 문제점을 지니고 있는 것이 사실이다.

대개의 출판사는 학습관련 참고서로 명맥을 유지하거나 한해 동안 신간 한 권 출판하지 못하는 유명무실한 구조인 것이다. 상대적으로 대형 출판사의 출판시장 독식은 독점자본의 기형적 구조로 이루어진 한국 경제의 시스템을 꼭 닮아 있다.

최근 활황을 보이고 있는 문학관 사업 역시 부작용이 없지 않다. 당장의 이익만을 따라 우후죽순 격으로 설립된 문학관이 과연 어떤 의미가 있는지 의문이다. 한국시를 대표하는 서정주를 기려 지은 미당문학관을 보자. 여길 가본 사람은 짜임새 있는 전시규모가 인상적일지 몰라도 그것을 관리하는 소프트웨어가 확보되지 않았다는 것을 느낄 수 있을 것이다. 비전문가에게 시설을 맡겨 놓음으로써 애써 마련된 하드웨어가 제내로 작동하지 못하는 모순적 현상을 볼 수 있는 것이다. 문제는 그것만이 아니다. 대개의 문학관들은 재정적 곤란에 허덕이고 있다. 문학관 관련 법령이 아직 존재치 않아 민간이나 지자체의 예산만 가지고 운영되는 현실 속에서 문학관이 제대로 운영되기가 어렵다. 그나마 체계화된 시스템 아래 입장료 수입만도 상당수에 달하는 봉평의 효석문학관도 그 내용을 들여다보면 부족한 컨텐츠에 많은 아쉬움을 느끼게 된다.

이러한 문학산업의 문제점은 지역문화산업의 현재와 긴밀히 맞물린다. 문화산업은 지역문화사업이 되어야 한다. 이는 한국적인 것이 세계적인 것이다 라는 명제에 내포될 수 있는 폭력적 국가주의를 반복하고자 함이 아니다. 문화라는 것이 본성상 삶을 풍요롭게 하는 것이 목적인바 지역의 삶이 현존하는 한 문화는 모든 지역의 건강성을 담보한 진정한 지역문화이어야 할 것이다. 한국사회에서 중앙집중적 근대화가 낳은 폐단이 너무도 심각하기에 문화지역주의는 더욱 절실하다.

그리하여 문화컨텐츠로서의 시는 첨단 매체를 적극적으로 활용하는 디지털 컨텐츠로서의 도약을 도모함은 물론 진정한 지역문화의 일환으로서 지역문단 활성화를 동시에 추구하는 방향으로 진행되어야 할 것이다. 이는 단지 기술적인 문제도 아니고 개별 장르에 국한되는 것도 아닌 총체적 시도요 변모이어야 하기 때문에 더욱 요원한 문제일 수도 있다. 그나마 최근 문학담론에서 지역문학에 대한 다양한 논의들이 제기되고 있는 것은 고무적인 현상이다. 지역문학론이 한국문학담론의 주요한 소재로 떠오른 현상은 여러 가지로 시사하는 바가 크다. 주지하는 바와 같이 현단계 지역담론은 지방자치로 상징되는 정치사회적 변화와 다양성을 추구하는 탈근대적 패러다임을 배면에 지니고 있다. 또한 뿌리 깊은 중앙중심주의를 재고하는 문학장의 자기반성으로서, 다각적 통찰을 통한 새로운 학문적 모색의 과정으로도 주요한 의의를 지닌다. 무엇보다도 문화산업 시대를 맞아 한국문학의 질적 재고와 세계적 경쟁력을 갖추기 위한 방법론적 모색으로서의 지역문학에 대한 새로운 전유가 시도되고 있다. 이로 인해 기존의 시각과는 근본적으로 다른 새로운 위상이 지역문학에 부여되고 있는 것이다.

또한 강조되어야 하는 것이 원칙적 입장일 것이다. 시와 첨단 매체, 상업성 간의 거리가 먼 듯하지만, 사실 이미 오래 전에 시는 하나의 상품이 되었다. 자본주의 시대에 시가 존재하는 방식이 그것이다. 그러나 오늘날 문학판에서 창작에 따른 노동력의 정당한 댓가를 지불하지 못하는 잡지들이 얼마나 많은가. 문화산업으로서의 시문학의 자리는 다른 데 있는 것이 아니라, 이미 우리가 받아들인 자본주의라는 제도로서의 문학을 실현하는 것으로부터 출발해야 한다. 기형적 자본의 구조를 제 궤도에 올려놓을 수 있을 때 진정한 문학산업, 문화산업이라는 것은 자연스럽게 형성되리라고 본다.

4. 그리고 시의 자리

그 밖에도 문학의 산업화에 따른 여러 문제점이 도출되고 있다. 오래 전에 프랑크프루트학파가 지적한 산업화에 따른 병폐가 현실이 되고 있는 것이다. 각종 문학상이나 문학관 사업에서 지역이기주의의 관점이 작용하는가 하면, 사업화가 추진되는 과정에서 지연은 물론 학연, 혈연 등의 연고주의가 작용하고 있다는 것도 공공연한 사실이다. 학계와 문화계 주요 인사들의 허위 학력이 사회적 문제가 되는 웃지 못할 현상은 우리 사회에 고질적인 병폐를 단적으로 드러내고 있다.

사실 시에게 문명은, 컴퓨터라는 신문명을 대하는 인문학의 초기 반응이 그러했듯이, 지극히 배타적인 대상이었다. 이 거북한 심정을 많은 시인들이 노래한 바 있다. "나의 두 눈은 환한 불을 켜고 있는 TV/ 나의 심장은 거대하게 돌아가고 있는 공장의 발전실/ 모든 것은 개인용 컴퓨터의 스위치를 올려야만 움직이기 시작한다/ 전기를 공급하는 것은 그러나 그대의 의지/ 나는, 내 몸 속으로 힘을 공급해주는 누군가에 의해 사육된다"(하재봉, 「비디오 · 퍼스널 컴퓨터」)와 같이 문명에 불안을 느낀 많은 작품을 볼 수 있다. 하지만 그런 불평이 단지 소재주의에 그친 사례 역시 빈번하다. 시인들은 문명을 거부하면서도 문명에 적극 결합함으로써 한 시대를 풍미하고도 있다. 아이러니 자체가 근대사회의 특징임을 상기하게 되는 대목이다.

그러한 시류와 상업주의를 거부한 건강한 시적 컨텐츠의 사례를 우리는 또한 지니고 있다. 민중문화의 전면에서 시대와 역사의 책임을 기꺼이 껴안았던 시화(詩畵)의 사례 역시 이에 해당할 것이다. "너를 사랑한다고 말할 수 있다면/ 굳게 껴안은 두 팔을 놓지 않으리"(곽재구, 「희망을 위하여」)라는 희망의 노래를 기억했으면 한다. 전통과 현대, 시대적 감수성을 끌어안는 문화컨텐츠로서의 시가 필요하다. 지금의 문화산업 논의는 지나치게 매체적 자의식에 집중되어 있는 듯하다.

그리하여 문화컨텐츠로의 변모를 시도하는 시의 자리는 화려한 외양에도 불구하고 왠지 불편하기만 하다. 그에 따른 부작용들이 앞서 거론한 몇 가지 예시로만 국한되는 것도 아니다. 그러나 "문명에 대항하는 비결은/ 당신 자신이 文明이 되는 것"(김수영, 「미스터리에게」)임을 어찌 하겠는가. 신세계의 전면을 버틸 서정과 형식이 운명적 고민이라는 것을 이 시대의 문학이 되려는 자들은 항상 기억해야 할 것이다.

08

문학과 판타지

—「구운몽」의 경우

1. 현대사회와 판타지

현대 문화에 있어서 판타지의 위상은 매우 높다. 『해리포터』의 세계적 성공은 그 단적인 예라 하겠다. 한국영화 역대 최고의 흥행 기록(2006. 11 현재)을 세운 「괴물」 역시 판타지적 상상력의 시대적 위상을 보여준 대표적 사례라 할 수 있겠다. 이러한 흥행 사례가 문학성 혹은 예술성의 성과와 곧바로 등치되는 것은 물론 아니다. 오히려 그 배면에 문학장이나 예술장의 후기자본주의적 속성이 작용한다는 혐의 역시 짙다. 하지만 이들 텍스트의 근저에 자리한 판타지적 상상력은 그것이 견인해 나갈 차후 문학예술의 미래를 전조하고 있다. 판타지는 새로운 상상력의 주요한 화소(話素)임을 부정할 수 없다.

판타지의 부각은 그 자체로 거대 담론의 해체와 재현의 다양성을 증거하는 '포스트모던적' 현상 중 하나일 것이다. 그러나 문학적 판타지가 근대적 혹은 당대적 상상력으로 한정되지는 않는다. 신기하고 비현실적인 상상력을 통칭하는 판타지[1]는 이미 오래 전부터 문학작품 생산에 관계해 왔다. 우리의 신화, 민담, 전설 등 설화의 장 속에서도 신비한 시공간의 설정, 주인공의 신비한 출생 배경과 초인간적 능력 등 판타지적 요소를 발견할 수 있다.[2] 이는 장자의 호접몽(胡蝶夢)이 상징하는 동양철학의 구조적 성격과도 연관된다. 가시적 실제를 넘어 초월 세계를 전제하는 구도의 메커니즘은 동양적 세계관의 특성이다. 이러한 전통적 세계관은 문학의 성립과 발전 과정에도 직간접적인 영향을 미치게 된다. 어떤 면에서 문학을 포함하는 모든 예술이 인간의 실존적 한계를 극복하기 위한 하나의 판타지라고도 할 수 있겠다.

---

1) 판타지(fantasy 또는 phantasy)의 사전적 정의는 다음과 같다. "낯선 효과의 배경(다른 세계나 시간과 같은)이나 인물(초자연적이거나 비현실적인 존재와 같은)에 의존하는 상상적 허구물(imaginative fiction). 예컨대 윌리엄 세익스피어의『한여름밤의 꿈』, 조나단 스위프트의『걸리버 여행기』, J.R.R. 톨킨의『반지의 제왕』 3부작, T.H. 화이트의『과거와 미래의 왕(The Once and Future King)』 등이 있다. 과학 소설(science fiction)은 판타지의 형식으로 보일 수도 있으나, 이들 용어(terms)는 바뀔 수 없는데, 과학 소설은 통상 미래에 일어나고 과학 또는 기술(technology)의 면모에 기초하는 반면 판타지는 상상의 세계에 일어나고 신화적 존재의 마법이 두드러지기 때문이다."(*Merriam-Webster's encyclopedia of literature*, Massachusetts : Merriam-Webster Inc., 1995, 403면) 또한 잘 아는 바와 같이 오늘날 판타지는 그 자체로 하나의 장르 개념을 이루고 있다. 한국 판타지를 대상으로 본격 해설서를 낸 조순곤에 따르면 우리의 판타지는 정통 판타지(톨킨식의 설정에 따른 판타지, 일본식 판타지, 한국식 판타지)와 퓨전 판타지(차원이동, 환생물, 액자형 소설 형식), 그 외 판타지(기타 창조신 판타지, 엔젤릭 판타지, 동양적 판타지) 등으로 분류될 수 있다.(조순곤,『케인의 판타지 사전』, 랜덤하우스중앙 · 북박스, 2004, 119-125면 참조) 본고에서 사용하는 판타지 및 판타지적 상상력이란 좁은 의미의 장르 개념이 아닌 '상상적 허구물'과 그 상상력을 가리키는 광의의 개념이다.

2) 이유선,『판타지 문학의 이해』, 역락, 2005, 82-91면 참조.

문제적인 특징은 판타지의 이중성이다. 문학성과 상업성의 긴장 역시 판타지의 이중적 성격을 구성하는 일요소이다. 또한 판타지는 비현실적 몽환의 구성물인 동시에 이데올로기의 억압으로부터 비롯되는 '정치적 상상력'으로서의 의미를 지니기도 한다. 지젝(S. Zizek)은 판타지를 통해 상징적 현실이 구성되고 주체가 그 속에 속박되는 메커니즘에 주목한다. 상징적 현실은 하나의 허구로서 비일관성과 균열로 점철되어 있으며, 판타지는 그러한 사실을 은폐하는 기능을 한다.[3] 판타지는 따라서 현실 혹은 상징적 질서의 구조적 원리를 드러내는 동시에 그것을 은폐하는 중층적 계기일 수 있다.

이 글은 김만중의 「구운몽」과 그 현대적 판본인 최인훈의 「구운몽」을 중심으로 문학적 판타지에 대해 살펴보고자 한다. 이들 텍스트에 대해서는 이미 많은 논의가 축적되어 있다.[4] 그럼에도

---

3) 이상 슬라보예 지젝, 주은우 역, 『당신의 징후를 즐겨라!: 할리우드의 정신 분석』, 한나래, 1997 중 역자 서문(11-12면) 참조.

4) 이에 대한 기존 연구로서 필자가 주목한 글은 다음과 같다. 우선 서포의 문학세계와 「구운몽」에 대해서는 사재동 편저, 『서포 김만중의 문학과 사상 그 문화사적 위상』(중앙인문사, 2005), 김병국, 『서포 김만중의 생애와 문학』(서울대출판부, 2001), 설성경, 『구운몽 연구』(국학자료원, 1999), 김병국 외역, 『서포연보』(서울대학교출판부, 1992)를 참고하였다. 최인훈의 「구운몽」에 대해서는 본고의 방향 설정에 있어 참조가 된 정신분석적 접근으로서 다음 글들이 있다. 참조 내용은 본문 기술과정에서 밝히기로 한다.
김기주, 「상징계 진입의 고통, 혹은 표류하는 기호들－최인훈 『구운몽』 새롭게 읽기」, 『한국문학이론과 비평』 7집, 한국문학이론과 비평학회, 2000. 3.
김미영, 「최인훈의 『구운몽』론: 인물과 환상성을 중심으로」, 『한국언어문화』 20집, 한국언어문화학회, 2001.
문홍술, 「최인훈 『구운몽』에 나타난 욕망의 특질과 그 의의」, 『국어교육』 113집, 한국어교육학회, 2004. 2.
박정수, 「夢, 幻, 그리고 되돌아온 욕망의 서사 『구운몽』」, 『한국문학이론과 비

불구하고 또 다른 접근을 시도하려는 이유는 텍스트 이면의 욕망 구조와 판타지적 상상력에 대해서는 보다 상론이 필요하기 때문이다. 지젝의 판타지이론은 이들 텍스트에 드러난 판타지적 특성 및 효과를 이해하는 데 참조점을 제공한다. 본고는 이에 주목, 텍스트에 대한 실증적 구명보다는 징후적 읽기[5]로써 접근하고자 한다. 이는 텍스트의 의미를 더욱 풍부하게 하는 방향인 동시에 전범의 현재화를 위한 하나의 방식이기도 할 것이다.

2. 김만중의 「구운몽」과 현실의 재구(再構)

현실의 가역반응

몽자류 소설의 효시로 알려져 있는 김만중의 「구운몽」은 국문학사에 있어서 판타지 소설의 대표적 사례라 할 수 있다. 물론 「최치원전」, 『금오신화』와 같은 전기(傳奇)소설 역시 유사한 관점에서 검토가 가능하다. 그 중 「구운몽」은 새로운 형식으로 후대에 영향

평』 13집, 한국문학이론과 비평학회, 2001. 12.
이연숙, 「최인훈의 <구운몽>의 정신분석학적인 고찰」, 『현대소설연구』 23집, 한국현대소설학회, 2004.
허영주, 「최인훈 소설의 정신분석학적 연구」, 계명대 박사학위논문, 1995.

5) 알뛰쎄(L. Althusser)는 텍스트의 사실적 단어에 초점을 맞추는 표면적 독해와 텍스트의 실재적 의미를 알려주거나 지배하고 있는 문제틀을 종합하는 징후적 독해(symptomic reading)를 구분한다.(루이 알뛰쎄, 김진엽 역, 『자본론을 읽는다』, 두레, 1991) 여기에는 "가시성의 장과 비가시성의 장 사이에 필연적으로 존재하는 비가시적인 연관, 즉 가시적인 장의 구조가 낳는 필연적 효과로서 비가시성의 감춰진 장의 필연성을 정의하는 그런 연관"(22면)의 문제가 관련된다.

을 미치고, 국문판본지니는 등 다양한 문학적 요소를 겸비하여 소위 전범의 의미를 지닌다. 본고에서 주목하고자 하는 판타지적 상상력이 이데올로기적인 것[6]과 관련된다는 사실에 유념할 때, 이 작품은 당대의 현실적 긴장을 발생 맥락에서 지니고 있음은 물론 문학장 속에서 그 모티프가 반복되면서 정치성과 현재성을 이어가는 텍스트이다. 주지하는 바와 같이 「구운몽」에는 '성진'('양소유')의 서사가 '현실→꿈→현실'의 몽환 구조 속에서 펼쳐지고 있다. 그 주제나 구조, 문학사적 의미에 대해서 많은 연구가 진행되어 왔는데, 몽환의 구조가 지닌 판타지적 효과 역시 다양한 측면에서 접근이 가능하다. 「구운몽」의 판타지적 욕망은 표면에 드러난 문맥보다는 그것의 의미를 알려주거나 지배적 문제틀을 확인하는 징후적 독해를 통해 보다 효과적으로 설명될 수 있다. 그에 따라 「구운몽」의 정치적 상상력을 설명하는 몇 가지 특징을 정리해보자면 다음과 같다.

우선 「구운몽」의 창작 배경이라 할 수 있는 김만중의 성품과 선천 유배(1687-88) 사실을 들 수 있다.[7] 김만중이 '선생(船生)'이라는 아호를 지니게 된 연원에는 일생의 트라우마로 작용하는 유복자로

---

6) 알튀쎄에 의하면 인간의 모든 활동은 '실천적 이데올로기'와 결부되어 있으므로 인간은 이데올로기 일반으로부터 벗어날 수 없다. "실천적 이데올로기는 행동－행실－태도－몸짓 내에서 개념－표상－심상이 조립된 복합적 구성물이다. 이 같은 것의 총체는 실천적 규범처럼 기능하며 그것은 역사적이고, 개인적이고, 사회적인 존재들의 현실적 목적과 현실적 문제에 대하여 인간의 구체적인 입장을 취하도록 하고 태도를 결정하도록 한다."(루이 알튀쎄, 김용선 역, 『철학과 과학자들의 자생적 철학』, 인간사랑, 1992, 39면)

7) 이재(李縡, 1680-1746)의 「삼관기(三官記)」를 통한 「구운몽」의 창작 연도와 배경에 대해서는 김병국, 『서포 김만중의 생애와 문학』, 서울대출판부, 2001, 146면 참조.

서의 출생 배경이 자리하고 있다. 이 사건은 모친 정경부인 윤씨의 엄한 가르침과 더불어 그의 사상적 배경을 형성하게 된다. 결국 어머니에 대한 효심과 부재하는 아버지의 자리를 채우려는 의도가 서포 문학의 근간에 동시에 작용하고 있다고 보아 무방하다. 이 같은 사실은 서포 문학이 아버지로 상징되는 남성중심적이고 이분법적 세계관으로부터 자유로울 수 있는 하나의 근거가 될 수 있다. 「구운몽」에 나타나는 여성 화자의 어조, 다양한 여성 인물 및 적극적 인물 유형 등은 여성적 세계관을 설명하는 대표적인 사례이다. 이러한 특징은 억압된 주체의 복원을 지향하는 내면적 욕망이라고도 할 수 있다. 이와 관련하여 당대 규방소설과 판소리계 소설에 나타난 주체적 여성상이 중세적 도덕률이라는 한계 속에서도 여성의 자아각성과 국문의 사용으로써 가능했다는 사실 역시 참조해야 할 것이다.[8] 그리하여 형성된 「구운몽」의 판타지는 현실을 재구하는 형식, 즉 외현되지 않은 잠재성을 현실화하는 하나의 방법이 된다. 어떤 형태로든 현실 혹은 상징계(le symbolique)의 견고한 질서가 파열되는 순간－「구운몽」의 경우 아버지의 부재, 모성 충족의 욕망, 당쟁의 현실과 그로 인한 개인적 파탄 등－이 존재하게 되고, 이러한 발견으로부터 '구멍난 현실'을 메워나가는 과정이 판타지가 발생되는 하나의 메커니즘인 것이다. 그런 면에서 「구운몽」의 판타지는 매우 정치적인 상상력이라 할 수 있겠다.

「구운몽」의 몽환 구조에 판타지의 정치성을 가미하는 또 다른 근거로서 그것이 이룬 사상적 경지, 즉 유교와 불교, 도교의 만남

8) 임형택, 「한국문학의 여성성과 그 인식 방향」, 『한국문학의 논리와 체계』, 창비, 2002, 93면, 98면 참조.

이라는 차원을 들 수 있다. 최고 권력을 지닌 귀족 가문의 적자로서 김만중과 유교적 세계관은 매우 가깝다. 그럼에도 불구하고 모든 진리는 구극의 경지에서 만나게 된다는 사실을 김만중은 스스로 깨달았을 뿐만 아니라 문학적 상상력을 통해 재현하고 있다. 이러한 문학사상적 성취와, 앞서 언급한 모성 충족이라는 특별한 동인, 나아가 현실참여적 성격－「사씨남정기」에서 두드러지는 현실에 대한 풍유, 정치적 사건에 대한 반작용으로서의 창작 배경－등이 어울려 「구운몽」의 정치적 상상력을 뒷받침하고 있다. 이러한 요소들은 「구운몽」이 감동과 교훈이라는 이중적 효과 또는 다채로운 문학적 가치를 실현하는 근거가 되기도 한다. 소위 유배문학이라는 정치적 동기는 지역성의 관점에서 보나 상론할 만한 특성이 될 수 있겠다.

지역성과 여성언어

「구운몽」의 지역성이라는 논의틀을 설정하기 위해서 '지역성'이라는 개념이 우선적으로 환기하는 차원, 즉 김만중과 그의 고향인 충청 지역의 친연성을 언급할 수 있다. 17세기 후반이라는 예학(禮學)과 붕당(朋黨)의 시대를 살아갔으며, 당대 권력의 핵심에서 최고의 지식인이었던 김만중과 충청 지역은 일견 관련성이 적다. 그의 형벌적 운명 역시 권력의 핵심이라는 선험적 조건이 없었다면 맞이하기 어려운 결과였을 것이다. 그리하여 서인 벌열층의 적자이자 우암 송시열의 제자였던 서포의 이미지가 보편적인 반면 지역과의 친연성은 주변적인 듯하다. 그러나 김만중의 조부 허주 김반과 부친 김익겸의 묘가 옛 회덕 정민리, 지금의 유성구 전민동에 자리하고 있고 그 직계 후손이 대전에 거주하고 있는 등 김만중에게 유성은 고향이라 할 수 있다. 또한 김만중 문학비 등 서포 가문의 사적지가 남아있는 지역이 곧 유성인 것이다. 그의 문학관이나 작품세계를 이해하는 데 출신 지역과 선영은 아무런 연관이 없을지 모른다. 실제 삶에 있어서도 김만중은 유배를 가던 때를 제외하고는 대개 서울에서 살았던 것으로 추정된다. 그럼에도 불구하고 서포 가문의 뿌리를 기억하는 것은 당대의 이데올로기와 문화적 특성을 고려해 볼 때 그가 지닌 충절과 예절의 원천을 이해하는 배경이 될 수도 있을 것이다.

또 다른 각도에서 「구운몽」의 지역성을 추론하자면, 권력의 핵심에 있었던 김만중은 치열한 당쟁과 면대직언의 강건한 성격으로 인해 일생 동안 세 번의 유배(강원도 금성, 평북 선천, 경남 남해)를 경험한다. 실로 서포의 삶은 수난의 일생으로 잘 알려져 있으며, 그의 문학은 비극적 현실에 대한 대응의 차원에서 주조되고 있다. 권력과 탄압, 서울(중앙)과 배소(配所, 지역)의 길항관계가 문학을 형성하는 중요한 동력이었으니 김만중의 문학은 중앙에 의해 지역이 타자화되는 문맥 속에서 탄생한 것이라는 비유가 가능하다. '지역의 타자화'에는 중앙권력으로부터의 정치적 탄압, 지역적 체험의 직간접적 반영, 규방을 대상으로 하는 비주류 언문행위 실천 등이 관계될 수 있다. 그렇다면 소외의 구조, 지역의 패러다임은 서포 문학을 이해하는 하나의 인식소가 된다. 서포 문학에서 타자화된 지역이라는 발생 요소를 인정한다면, 이러한 지역적 구도에 함의된 시사점을 도출해낼 수도 있다. '지역성'의 의미는 물론 중앙/지역의 이항 대립이 지닌 문제점과 극복 가능성을 타진하는 계기가 될 수 있는 것이다.[9]

이와 함께 간과할 수 없는 정치적 상상력의 차원으로 언어의 문제를 들 수 있다. 김만중은 전통적 유교사상이 지배적일 당시 국문소설의 대중성을 긍정적으로 인식하고 한글의 효용을 적극 주장한 바 있다. 이는 한자 중심의 중화적 세계관을 탈피하려는 실천적 의미를 지니는 동시에 서포 문학의 진정성을 담보하는 국면이라고도 하겠다. 당대의 이데올로기 아래 국문은 여성언어의 특징을 지닌다고 할 수 있다. 임형택은 전근대적인 여성문학의 한 형태로 17세기 이래의 국문소설을 들고 있다. 국문의 여성성과 여성문화의 태반에서 장편 형태의 국문소설이 발생했으며, 이는 한문학 대 국문학이라는 우리 문학사의 이원구도에서 국문학의 위상 제고, 민족문학과 대중문화 기반 마련 등의 의의를 지니고 있다는 것이다.[10] 이러한 인식을 증거하듯 「구운몽」은 한글과 한문 텍스트가 모두 현전하는 등 표기문자의 이원화 전략을 보여주고 있다. 무엇이 원전의 표기냐에 대해서는 아직까지 논란이 계속되고 있지만, 그 여부와 관계없이 독서층 대중화를 위한 전략적 실천 의도를 엿볼 수

---

9) 이러한 측면은 김만중 문학이 지닌 현재적 의미의 하나라고도 할 수 있다. 오늘날까지도 문학의 이분적 구도가 여전히 유지되고 있음은 주지의 사실이다. 서울(중앙) 중심적인 문학장의 구조, 주변화된 채 제대로 된 소통의 기회를 얻지 못하는 지역문학의 실태가 그 단적인 예라 하겠다. 따라서 오늘날 지역문학의 가능성을 논하는 것은 주체적 지역문학을 시도하는 정체성 확립의 차원과 더불어 근본적으로 중앙/지역 이분법의 재생산을 극복하려는 정치적 욕망과 연관될 수 있다.

10) 임형택, 앞의 글, 91-98면. 이에 따르면 '한문의 남성성에 국문의 여성성'이라 하여 언어적인 특성에서부터 여성성의 의미를 강조한다. 그 전형적 형태로서 규방소설(閨房小說)은 나름의 시대적 배경과 교육(교양)적 성격을 지니고 있다. 그 결과 분명한 한계에도 불구하고 여성의 '주체적 형상'을 볼 수 있는데, 이는 '근대적 가치'로 재단될 수 없는 우리 국문소설의 여성성이요 실재적 가치가 아닐 수 없다고 한다.

있는 것은 사실이다.

나아가 이를 통해 '언어의 근대성'을 도출해낼 수도 있겠다. 언어의 근대성이란 언어에 대한 주체적 자각, 즉 문학의 근대적 조건을 가리킨다. 「구운몽」은 한글판본을 지님으로써 17-18세기 언어의 근대성을 선취하고 있다. 국문을 사용했다는 것 자체로만 언어의 근대성을 주장하기는 물론 어렵다. 이와 함께 앞서 논의했던 현실의 권력구조에 대한 반작용, 사상적 성취, 대항문학으로서의 지역성 등 「구운몽」의 문학적 성취들이 어울려 국문 사용의 의미를 남다르게 하는 것만은 분명할 것이다. 여기서 문학의 근대성이라는 맹아적 조건이 가치평가의 개념은 아님을 분명히 하고자 한다. 문학적 근대성이라는 오래된 문제는 그 자체로 유의미한 논점이지만 본고의 목적이 이를 반복하자는 것은 아니다. 다만 미적 근대성의 실현은 문학사의 시기 구분이나 고전문학과 근대문학의 경계 문제와는 별개로 다양한 문학적 효과의 체현이라는 점에서 중요한 의미를 지닌다. 언어는 이를 판단하는 일요소가 된다.

그럼에도 불구하고 「구운몽」은 고전소설의 일반적 의미망 속에 또한 놓여있기도 하다. 이른바 권선징악적 구조를 지니는 전형적 작품인 것이다. 이것이 당대로서는 파격적인 내용과 형식의 「구운몽」이 지니는 판타지의 이중성이라 하겠다.

> 인위적인 일체의 법은(一切有爲法)
> 꿈과 환상 같고, 거품과 그림자 같으며(如夢幻泡影)
> 이슬과 같고 또한 번개와 같으니(如露亦如電)
> 응당 이와 같이 볼지어다.(應作如是觀)

> 이렇게 이르니 성진과 여덟 비구니가 동시에 깨달아 불생불멸

하는 도를 얻으니 대사가 성진의 계행(戒行)이 높고 순수하고 원숙한 것을 보고 대중을 모아놓고 말하되,

"내 원래 전도를 위해 중국에 들어왔는데 이제 맑은 법을 전할 곳이 있으니 나는 돌아가노라."

하고 염주와 바리와 정병(淨甁)과 석장과 금강경 한 권을 성진에게 주고 서천(西天)으로 가니라. 이후에 성진이 연화도장 대중을 거느려 크게 교화를 베푸니 신선과 용신과 사람과 귀신이 모두 존경하여 받들기를 육관대사와 같이 하더라. 여덟 비구니가 성진을 스승으로 섬겨 보살의 큰 도를 얻어 아홉 사람이 함께 극락세계로 가니라.[11]

인용문은 「구운몽」의 결말 부분이다. "인위적인 일체의 법은/ 꿈과 환상 같고, 거품과 그림자 같으며" 라는 육관대사의 설법은 결국 모든 현실적 욕망의 무위를 주장하는 것과 같다. 이는 당대의 지배 이데올로기적 전략에 복무하는 면모라 하겠다. 그러나 「구운몽」의 욕망이 배태되고 변주되는 과정은 현실 혹은 상징계의 균열과 억압을 가시화하는 것이 사실이다. 기저에 작용하는 불교적 세계관은 제도권 문화를 거부하는 행위로 해석되기도 한다.[12] 이러한 이중적 의미망이 '실재'에 다가가는 판타지의 효과라고 할 수 있다.

현실의 모순 즉 상징계의 균열을 봉합하는 역할은 당대 권력층의 핵심 인사로서 김만중과 그의 작품이 귀속될 자리일 수 있다. 그럼에도 그 서사적 욕망의 과정에서 드러난 이데올로기적 허위, 언어 전략, 여성 주체의 부각 등은 봉합될 수 없는 실재이자 「구운

11) 김만중, 송성욱 역, 『구운몽』, 민음사, 2003, 233면.
12) 김미영, 앞의 글, 115면.

몽」의 중층적 의미망일 것이다. 지젝은 이데올로기의 현실을 인정하는 것으로부터 그 비판의 가능성을 타진한다. 그러나 현실은 순진하게 파악되지 않는다. 비현실적인 환상이 가장 현실적이라는 판타지의 역설은 이러한 이중적 구조로부터 비롯된다. 따라서 「구운몽」의 판타지적 욕망이 지니는 중층적 특징은 인간 존재와 현실을 반성하는 하나의 계기이며 정치적이고 현재적인 의미를 지니게 된다.

3. 최인훈의 「구운몽」과 욕망의 변주

다층적 환상구조

「구운몽」은 과거의 꿈이 아닌 또 다른 현실이요 새로운 창작 동인이기도 하다. 그리하여 「구운몽」의 '꿈'은 현대적 어법으로 재탄생한다. 특정한 시점으로부터 몽환의 시공을 빌어 자아를 탐색해 가는 판타지 구성은 현대소설의 일반적 문법 중 하나이다. 뿐만 아니라 '구운몽' 모티프는 물신화된 현대사회를 풍자하기 위해 패러디되고 있다. 이와 관련된 대표적 사례로서 최상규의 『새벽기행』(1989)을 들 수 있다. 이 작품은 우연한 일탈로부터 비롯되어 각성의 귀환에 이르는 자아탐색 여정이 환상의 시간대에서 이루어지고 있다. 한승원의 『꿈』(1998)은 「구운몽」의 보다 적극적인 패러디에 해당된다. 이 작품의 서사는 꿈과 현실이 별개가 아니라 궁극적으로 하나라는 의미로 귀결되고 있다. 본고에서 주목하고자 하는 최인훈의 「구운몽」(1962)은 '독고민'이라는 인물의 환상을 통해 '구운몽'의 꿈을 변주하고 있다. 성진이 세속에의 욕망으로써 펼치는 일

장춘몽의 드라마가 독고민에게 있어서는 사랑의 결핍과 사회적 억압 등으로 인해 보다 복잡한 착란으로 전개된다. 최인훈의 「구운몽」은 이른바 환상소설의 기법이 보편화되기 이전에, 즉 비사실적 묘사가 하나의 재현 방식으로 인정받기 이전에 발표된 문제작으로서 문학사적으로 중요한 의미를 지니고 있다.[13] 그것이 김만중 「구운몽」의 패러디라는 점은 시사하는 바가 크다. 두 작품은 각각 다른 시대망 속에서 판타지 형식의 문학적 성취는 물론 시대적 욕망을 훌륭히 재현하였던 것이다.

그런데 최인훈의 「구운몽」은 패러디의 근본정신이라 할 수 있는 원텍스트에 대한 풍자 의도를 전면화하지 않는다. '구운몽'이라는 표제는 김만중의 패러디라는 의도를 단적으로 드러내지만, 그럼에도 불구하고 최인훈 작품은 원전의 구성과는 상당히 다르다. 이는 이중적 구조를 통해 현대인의 분열적인 심리상황을 드러내는 의도로 해석되곤 한다. 현대 소시민이 겪는 분열의식을 드러내기 위한 구조는 단순한 것보다 복잡한 것이 적절하고 그러기 위해 이중적이거나 다중적 서사가 유효했다는 것이다.[14] 따라서 최인훈의 「구운몽」은 원전과의 관계양상이 중요한 국면이라고 볼 수 없다. 헛된 욕망을 환몽의 형식으로 묘사한다는 기법적 차용 이외에는 '현실의 미망'을 보다 적극적으로 구조화하려는 의도가 지배적이다. 그럼에도 불구하고 주인공이 만나는 여인들이 순차적으로 등장하는 형식이나 사상적 융합 혹은 화해의 경지를 추구하고 있는

---

13) 이러한 성격으로 인해 최인훈은 한국 현대소설사에 최초로 환상소설 양식을 사실주의에 대한 대타적 심미 형식으로 사용한 작가이며 「구운몽」은 그의 대표작이 된다. 박정수, 앞의 글, 90면.

14) 김미영, 앞의 글, 104면.

점 등은 공통된 요소라 하겠다. 또한 최인훈은 「구운몽」을 비롯하여 「금오신화」, 「놀부뎐」, 「온달」, 「옹고집뎐」, 「춘향뎐」 등 일련의 패러디 혹은 '고전의 변용' 전략을 통해 문학적 화제를 부른바 있다.[15] 이러한 고전 텍스트의 현재화 작업이 최인훈 문학세계의 한 축을 형성하고 있다는 점도 「구운몽」의 패러디 의도를 간접적으로 시사하는 맥락이라 하겠다.

최인훈의 「구운몽」에서 환몽의 과정은 난해한 서사방식을 통해 전개되고 있기 때문에 텍스트에 대한 징후적 독해로써만 서사적 개연성이 확보될 수 있다. 따라서 주인공 독고민의 착란에 대한 정신분석적 접근은 「구운몽」에 대한 적절한 접근 방식일 수 있다. 더불어 이 작품은 판타지의 정치적 성격을 보다 본격적으로 서사화하는 예라 하겠다.[16] 우선 거론할 수 있는 것은 환상적 구조에 관해서이다. 독고민의 서사는 꿈, 환상, 영화, 현실, 그리고 서정과 서사가 중첩되는 복잡한 양상을 보여주고 있다. 이 작품이 판타지의 정치적 욕망을 분석하는 효과적인 텍스트인 이유는 이와 같은 중층적 구성으로부터 비롯된다. 대개의 환상소설이 그렇듯이 독고민의 서사는 환몽을 통해 당대 사회의 억압을 고발하며 동시에 자아의 실존적 의미를 묻고 있다.

---

15) 이 같은 관점에서 「구운몽」을 주목한 사례로서 김성열, 「고전의 변용과 구원의 궤도－최인훈의 「구운몽」, 『석헌 정규복박사 환력기념논총』, 민족어문학회, 1987을 들 수 있다.

16) 이에 대한 온전한 고찰을 위해서는 60년대 문학장의 지형, 특히 리얼리즘적 서사전통으로부터 발본적 발상 전환을 가져오게 한 문학사적 맥락, 유사한 구성과 의도를 보여주는 여타 작품세계와의 비교 등이 함께 논의되어야만 할 것이다. 본고에서는 그 일환으로서 「구운몽」의 욕망 구조를 다시 확인하고 기타 판타지적 성격으로 분석될 수 있는 요소만을 언급하고자 한다.

특히 주목을 요하는 것은 이 작품이 탈장르적 실험으로써 판타지의 자유로운 형식성을 유감없이 드러낸다는 점이다. 최인훈의 「구운몽」은 새로운 형식실험을 보여주었으며 그로 인해 난해한 소설로 정평이 나 있다. 또한 주인공 독고민의 환상적 체험을 영화 속의 한 장면으로 처리함으로써 영화라는 장르를 소설의 매체로 활용하는 모습을 볼 수 있다. 이는 장르나 형식의 제한으로부터 자유로운 판타지적 속성을 드러내는 일면모라 하겠다.

> 오늘 여러분이 보신 영화는, 고고학 입문 시리즈 가운데 한편으로, 최근에 파낸 어느 도시의 전모입니다. 이 도시는 분명히 상고 시대 어느 왕조의 서울로 짐작됩니다. 이 한 편을 특히 고른 것은, 그것이 아주 최근의 발굴이라는 것뿐 아니라, 아까 말씀드린 한국 유적이 모두 그런 황폐성과 무질서성이, 아주 본보기로 나타나 있는 까닭입니다. 그런 점에서 이 영화는 한국 고고학의 과제, 전망 및 골치를 한눈에 보여주고 있는 백미편(白眉篇)이라 하겠습니다. (중략)
>
> 다음에 이 필름의 이름은 '조선원인고(朝鮮原人考)'라 되어 있는데, 조선이라는 이름에는 아무 뜻도 없고, 우리나라의 옛 국호 가운데서 제비를 뽑아 골라진 기호에 지나지 않습니다. (중략) 이것으로 성탄절 기념 초대 시사회(試寫會)를 마칩니다. (쿨룩쿨룩) 따르릉.
>
> 불이 켜졌다. 사람들은 우르르 일어서서 드나들 문으로 천천히 밀려나온다. 그들은 깊은 감동을 애써 감추려 하지 않는 탓으로 오히려 침울하게 보이는 낯으로 말없이 회관을 빠져나갔다.[17]

---

17) 최인훈, 『광장/구운몽』, 문학과지성사, 1976(1989), 276-278면. 앞으로는 책제목과 면수만 표기.

인용문은 독고민의 서사가 영화의 한 장면이었음을 보여 주는 대목이다. 물론 독고민의 환상 속 여행이 영화의 일부였다는 직접적 설명은 없으며 그것이 또한 「구운몽」 해석의 관건은 아니다. 중요한 것은 이러한 영화적 요소의 삽입이 지니는 의미일 터인데, 영화는 판타지의 효과를 가장 극명히 보여줄 수 있는 장르이다. 시각적 효과는 물론 다양한 기법과 매체를 통해서 환상성을 극대화할 수 있기 때문이다.

위에서 서술자가 '고고학'이라는 범주로 설명하는 영화의 의미는 당대 현실을 이해하는 방식이 된다. 인용문에서는 '조선'이라는 국호가 임의로 선택된 기호에 지나지 않음을 설명하고 있다. 이는 민족이나 국가 개념이 상상적 허구라는 점을 직설적으로 언급하는 사례이다. 시대나 역사는 거대한 이데올로기로 포장된 거창한 실체가 아니라 영화의 한 프레임처럼 단편적이고 조각난 형상을 편집한 것이라는 의미가 서술자의 표현 속에 함의되어 있다. 이러한 인식과 장면 묘사는 60년대 소설의 지평으로서는 상상하기 힘든 파격이 아닐 수 없다. 그렇다고 해서 「구운몽」의 서사적 의미가 국가나 민족을 거부하는 것으로 귀결되는 것은 아닐 것이다. 「구운몽」은 환상적 묘사를 통해 시대의 억압을 고발하고 민족과 국가의 완성을 추구하는 것이라고도 볼 수 있다. 여기서 주목하고자 하는 점은 「구운몽」이 지닌 파편적 혹은 중의적 형식이다. 이것이 「구운몽」이 지닌 판타지적 욕망의 특징이라 하겠다.

오늘날 성공적인 판타지 서사는 대개 영화로 수렴되고 있다. 이는 앞서 언급한 대로 영화의 장르적 특성 때문이기도 하고 영상미디어 시대의 필연적 결과이기도 하다. 영화적 상상력은 필름이 지니는 구조적 원리상 '불연속의 연속성'을 특징으로 지닌다. 파편화된 것들을 이어 새로운 동일성을 창출하는 것이 영화 미학의 원리인 셈이다. 이는 거대 담론의 시대를 거쳐 80년대 이후 보편화된 포스트모던 시대의 미학일 터인데, 「구운몽」의 판타지는 이미 60년대에 영화적 요소를 서사로 끌어들이며 파편화된 시대의 이데올로기를 전조하고 있다.

시적 상상력과 '편지'의 실현

「구운몽」의 판타지적 성격은 시적 상상력이 서사를 이끌어가는 주요 형식이라는 측면에서도 논의될 수 있다. 실제로 서사 진행 과정에는 시적 표현이 삽입되어 있다. 이는 각종 한시와 고문이 서사의 내용과 형식을 이끌고 있는 원텍스트의 전략을 의도적으로 모방한 것이라 볼 수 있다. 또한 시적 상상력을 통해 작품의 의미관계가 '사후적으로(retroactively)' 구성되고 있다. 이야기의 층위들이 연결되는 근거는 개연성 있는 사건의 연속에 있다기보다는 시적 상상에 의해 마련된다. 예컨대 앞선 인용문은 1인칭 화자가 영화의 의미를 존칭형 서술어미로 내레이션하는 부분이다. 이는 「구운몽」의 특수한 서술 방식으로서 이야기 층위의 단위를 물리적으로 구분하고 있다. 내레이션 직전의 서사는 김용길 박사의 병원에서 독고민의 시체가 처리되는 장면이다.

> ……봄빛이 한창이던 4월의 그날. 환히 눈에 불을 켠 젊은이들이, 캠퍼스에서 파도처럼 쏟아져나와, 병원 앞을 지나 시내로 향했다. 현관에서 구경하던 어머니 앞에 녀석은 불쑥 나타났다. 어머니를 한옆으로 끌고 가서 "우린 지금 가는 길이야. 가. 바빠. 어머니 우린 가. 알아주지 않아도 좋아. 아무도 몰라줘도 좋

아. 우리도 뭐가 뭔지 모르겠어. 그저 가는 거야. 가서 말야 하하하…….” 갑자기 껄껄 웃으면서 그녀의 어깨를 두 손으로 잡고 되게 흔들어놓고는, 쉴새없이 밀려가는 파도 속으로 달려갔다. 내 것아. 내 귀중하던 망난이. 다시는 이 가슴에 돌아오지 않을 내 것아. 벌써 한 해. 곧 4월이 온다. 그 사월을 어떻게 참을까. 그 4월이 무엇하러 또 오느냐.

그녀는 복도 난간에 엎드려 소리 없이 흐느낀다. 빳빳하게 풀먹인 하얀 모자 아래로, 겨울 아침의 맵짠 바람을 안은 머리카락이 구름처럼 날린다.[18]

여기에서 ‘간호부장’은 독고민의 환상적 구성물인 ‘숙’의 대체 인물로서 등장한다. 그녀는 독고민의 시체를 보면서 ‘지난 4월’에 죽은 아들에 대한 연민을 느낀다. 간호부장의 연민의 장면은 ‘정부군 방송’과 ‘혁명군 방송’ 등의 난삽한 보조 장치를 통해 궁극적으로 드러내고자 하는 시대적 의미에 대한 환유일 것이다. 나아가 시체가 환기하는 죽음의 의미이자 “조각을 이어붙여서 제 모습을 되살리는 것”[19]이라는 고고학적 관점을 상징하는 사건이다. 이는 판타지의 발단 동기로서 작품의 서두에 제시된 죽음의 체험[20]을 반복하는 화소이기도 하다. 죽음과 관계된 이러한 의미망은 조각난 몸의 경험[21]과 그 외에도 반복적으로 제시되는 파편화된 몸의 이

---

18) 『광장/구운몽』, 273면.

19) 『광장/구운몽』, 274면.

20) “관(棺) 속에 누워 있다. 미이라. 관 속은 태(胎)집보다 어둡다”, 『광장/구운몽』, 173면.

21) “오른팔 오른다리. 가운데 토막. 모조리 쪼개진다. 쪼개진 조각들이 또 갈라지고 삽시간에 강은 수없이 많은 몸의 조각들로 덮여버렸다”, 『광장/구운몽』, 196-197면.

미지들이 환유적으로 연결되는 인접성의 근거를 형성하고 있다. 이처럼 「구운몽」은 시적 상상력을 통해 서사적 의미망을 이끌어가고 있으며 이 역시 작품의 판타지적 특징을 효과적으로 드러내는 장치라 하겠다. 판타지 구성물이 시적 상상을 통해 의미를 완성한다는 것이다. 환언하자면 「구운몽」은 단선적인 서사 흐름이 아닌 행과 연을 넘나드는 것과 같은 독해 과정에서 의미를 완성해 간다. 또한 '죽음'과 '분열'이라는 근본비교(fundamental comparison)22)가 있어 서사의 전체 맥락에 작용하고 있다.

한편 독고민의 환상이 애인 '숙'의 편지로부터 비롯되어 그 편지의 내용을 실현하는 것으로 끝맺고 있는 구성은 판타지의 욕망이 궁극에 이르는 귀착지를 상징적으로 보여준다. 독고민의 방황은 숙의 편지가 실현되지 못하는 부재 혹은 결여로부터 비롯되어, 여러 겹의 외상적 현실을 거쳐, 편지의 실현－숙과의 만남과 사랑의 약속－을 통해 종결된다. 이러한 구성은 결국－항상 목적지에 도착하는 편지의 의미23)에 비견된다. 편지 혹은 시적 상상력은 욕망을 기표화하는 하나의 상징체계로서 상징계에 해당된다고 볼 수 있다. '편지'라는 상징기호 속에는 현실에 대한 인식이 반영된다. 현실은 끊임없이 실재계에 대한 의식을 자극하고 그 시화 혹은 편지를 요구한다. 하지만 그것은 상징적인 것으로써 부분적 언급이

---

22) 근본비교란 다른 비교들을 성립시키는 토대가 되는 비유를 가리킨다. 두 사물을 근본적으로 비교함으로써 이와 관련된 다른 비교들이 파생되는 것이다. 김준오, 『시론』(4판), 삼지원, 1982(1997), 192면.

23) "편지는 항상 그 목적지에 도착한다"는 라깡(J. Lacan)의 명제에 대한 지젝의 해석에 대해서는 슬라보예 지젝, 「왜 편지는 항상 그 목적지에 도착하는가?」, 앞의 책, 27-70면 참조.

가능할 뿐 전언어적인 단계로 회귀될 수 없는 영원한 불가능성이다. 도식화하자면 실재계는 창작욕망을 유발하는 억압된 현실, 또는 지배 이데올로기와 같은 '아버지의 이름'이 개입된 현실의 질서로써만 부분적 특성을 드러낸다.[24)]

> "그런 시대에도 사람들은 사랑했을까?"
>
> 남자는 그 물음에도 여전히 대답이 없이 우뚝 걸음을 멈춘다. 여자도 선다. 남자가 두 손으로 여자의 팔을 잡는다. 그녀의 눈동자를 들여다본다. 신기한 보물을 유심히 사랑스럽게 즐기듯.
>
> "깡통. 말이라고 해? 끔찍한 소릴? 부지런히 사랑했을거야. 미치도록. 그 밖에 뭘 할 수 있었겠어."
>
> (중략)
>
> 그들의 입맞춤은 아직 끝나지 않았다.[25)]

「구운몽」에서 숙은 개체의 소외('독고' 민)를 충족시키는 환상적 구성물이다. 이 인물은 독고민의 환상 속에서 여러 변신의 양태를 보여주게 된다. 숙의 변이 과정은 원작에서 팔선녀의 양태를 변주하고 있다. 이러한 환상적 욕구 충족 과정은 현실의 결여를 채우려는 욕망의 결과이기도 하면서, 동일성을 추구하는 주체가 겪는 혼란의 과정이기도 하다. 독고민의 숙을 향한 욕망의 과정은 "그녀의 용모가 우리의 판타지적인 여인의 형상과 일치하는 한에서 사랑에

---

24) 한편 상상계는 억압이 없는 현실로 비유될 수 있다. 현실에 대한 모순을 의식하지 못한 주체와 현실 간의 '행복한 이자관계'－「구운몽」에서는 독고민과 숙－의 장인 것이다. 「구운몽」의 서사구조를 라깡의 상상계, 상징계, 실재계와 관련하여 정신분석학적으로 논한 것으로 이연숙, 앞의 글이 있다.

25) 『광장/구운몽』, 279면.

빠진다"[26]는 판타지의 작용을 충실히 재현하고 있다. 긴 욕망의 변주를 따라 온 「구운몽」의 에필로그는 판타지의 메커니즘, 즉 부재를 봉합하는 방어기제로서의 성격을 드러낸다. "그들의 입맞춤은 아직 끝나지 않았다"는 종결부는 지난한 사유의 과정을 거쳐 결국 자아의 완성을 향하고 있다. 결말부에서 인용된 "님이여 그립다는/ 편지를 쓴다"라는 노래 역시 '영원한 편지'의 반복을 다짐하고 있다. 이러한 결말은 언젠가는 완성될 주체, 완전한 실재계의 실현을 전제함으로써 정치사회적 상상력을 '영원한 사랑'으로 희석하는 이데올로기적 효과일 수 있다. 편지는 곧 언어이고 언어는 현실의 질서요 이데올로기를 상징하기 때문이다. 이는 시대적 인식의 한계와도 관련되는 종결 형식일 것이며 판타지가 지니는 이중적 성격이기도 하다.

요컨대 최인훈의 「구운몽」이 판타지 형식으로 욕망하는 것은 당대의 억압적 현실에 대한 고발이라 할 수 있다. 이러한 현실 비판이 궁극적으로 추구하는 것은 현실의 억압을 넘어 자아의 각성과 이를 통한 온전한 주체의 회복, 현실의 부재를 대리 충족할 수 있는 상징계적 완성 등이라 할 것이다. 라깡의 표현을 빌면 작중인물의 상상계적 동일성에 대한 욕망과 그 욕망 실현을 위한 방법 탐구가 이 작품의 핵심적 구조인 것이다.[27]

그러나 주체의 형성은 '편지'가 환기하는 상징적 질서를 벗어날 수 없다. 억압된 현실은 여러 층의 이데올로기적 재구성을 통해 봉

26) 슬라보예 지젝, 앞의 책, 37면.

27) 한편 상징계에 대한 비판은 단편적이고 추상적인 특징을 보이는데, 그 속에는 상징계의 본질적 모순이 내포되어 있는 것이다. 문흥술, 앞의 글, 685면.

합된다. 그럼에도 불구하고 충족될 수 없는 결여의 현실은 판타지의 욕망을 통해 끊임없이 재현되고 있다. 그 과정은 불완전한 주체의 속성 또는 주체－실체의 상대성을 그대로 드러내고 있다. 이는 "'실체'는 현상의 세계에서, 현상적인 대상성 속에서 자기 자신을 반영하는 한에서 본질이며, '주체'는 그 자체가 분열되어 있는 한에서, 즉 자기 자신을 실정적으로 주어진 이질적인 실체로 경험하는 한에서 실체이다"[28]라는 지젝식 명제의 문학적 형상이기도 하다. 「구운몽」에 나타난 불완전한 주체의 반복적 욕망은 존재의 불안한 조건을 '사후적으로' 완성해 나가는 영원한 꿈이라고도 할 수 있다. 또한 패러디의 관점에서, 김만중의 「구운몽」이 선취한 욕망의 양상이 시간을 거슬러 현재화되는 맥락이기도 하다.

4. 판타지의 이중성

이상으로 김만중과 최인훈의 「구운몽」을 판타지적 관점에서 조망해 보았다. 이들 작품은 각각 시대의 이데올로기와 그 재구의 욕망을 드러낸 판타지물인 동시에 서로의 연관을 통해 욕망을 변주하고 있다. 이들 작품은 꿈의 모티프를 통한 환상의 서사를 반복하고 있으며, 나아가 문학사적으로 큰 반향을 일으킨바 있다. 이들 텍스트는 당대의 억압된 현실을 비판하면서도 다시 그 빈틈을 봉합하여 재구성하는 이데올로기의 계기였다는 점 또한 간과해서는 안 된다. 이러한 이중성이 곧 판타지의 속성이기도 하다.

---

28) 슬라보예 지젝, 이수련 역, 『이데올로기라는 숭고한 대상』, 인간사랑, 2002 중 라클라우의 「서문」, 15면.

김만중의 「구운몽」에서 권선징악적 결말은 당대 권력층의 핵심 인사로서 김만중과 그의 판타지적 구성물이 귀속될 자리일 수밖에 없는지 모른다. 그럼에도 그 서사적 욕망의 과정은 이데올로기의 허위, 민중적 언어 전략, 여성 주체의 부각 등 중층적 의미망을 형성하고 있다. 이러한 점에서 「구운몽」의 판타지적 욕망은 인간 존재의 조건과 현실에 관련된 정치적 의미를 지니게 된다. 최인훈의 「구운몽」에서 주체의 욕망은 '편지'가 환기하는 상징적 질서를 벗어날 수 없다. 억압된 현실은 여러 층의 이데올로기적 재구성을 통해 봉합된다. 그럼에도 불구하고 충족될 수 없는 결여의 현실은 판타지적 서사를 통해 끊임없이 재현되고 있다. 그 과정은 불완전한 주체의 속성을 드러내기도 한다. 불완전한 주체의 반복적 욕망은 존재의 불안한 조건을 사후적으로 완성해나가는 꿈의 양상이라고도 할 수 있겠다. 또한 김만중의 「구운몽」이 선취한 욕망의 서사가 패러디되는 맥락이기도 하다.

그 밖에도 「구운몽」이 함의하는 텍스트 외적 조건, 즉 고전과 현대의 이분법을 넘어 텍스트의 의미가 현재화되는 맥락을 주목해야 한다. 이는 이들 텍스트의 언어적 의미망을 넘어서는 시대적, 문학사적 의의라고 할 수 있겠다. 그럼에도 불구하고 산재한 문제들이 있다. 이 글은, 방법론적 입장 때문이기도 하지만, 김만중의 「구운몽」을 조망함에 있어서 정치한 텍스트 분석보다는 그를 둘러싼 징후적 추론의 차원에 머물렀으며, 편의상 그 현대적 판본의 예시를 최인훈의 「구운몽」으로 한정하고 말았다. 이는 그대로 앞으로의 과제일 수밖에 없다.

09

백일몽, 불안한 주체의 설 자리

—최상규의 『새벽기행』[1]론

1. 일탈의 시대

오늘날의 탈이데올로기, 장르간 경계 허물기와 상호 교류, 패러디 신드롬 등 제경향은 동시대 해체적 문화의 성격을 대변하는 징후들이다. 20세기를 풍미했던 모더니즘은, 그것이 이미 일탈의 꿈을 내재하고 있었던 대로, 포스트모더니즘의 시대로 유행을 넘겨주었다.[2] 이 같은 해체나 '포스트' 패러다임의 형식적 실험 이면에

---

1) 문학사상사, 1989. 본문에서 인용문 뒤의 숫자는 이 텍스트의 페이지 수를 가리킨다.

2) 이는 모더니즘을 협의의 사조적 의미로 이해할 때 유효한 판단일 것이다. 그렇게 보면 모더니즘은 20세기 초에 탈중심의 세계관을 바탕으로 대두되었던 바, 그것이 원숙할 무렵 모더니즘의 주변성과 실험 성향은 자기 자신을 극복 대상으로 삼게 된다. 물론 광의의 개념으로서 모더니즘을 이해하자면 포스트 모더니즘적 현상 자체가 모더니즘 미학의 한 성향일 수 있다. 여기서 강조하고자 하는 점은 '포스트'의 의미가 '탈(脫)'이든 '후기'이든 모더니즘적 현상 자체가 변화한다는 것이며, 그러한 일탈의 본질이 모더니즘의 주요 특성이라는 점이다.

는 현대 사회의 물적 토대에 대응하려는 새로운 인식방법과 세계관이 있다. 그 선두에 자아와 실존에 대한 화두가 자리한다. 실로 현대 사회는 흔들리는 주체의 시대이다.[3)] 이른바 '사이버 시대'를 열며 인간의 불가능성을 사전류의 정의로 가둬버릴 것만 같았던 물질문명이 역설적으로 주체의 존재 의의를 감금시켜버리는 셈이다. 이는 명백한 불일치이다. 이같은 불일치 혹은 흔들리는 주체의 운명을 설명하기 위한 라깡의 이론 모두(冒頭)에 말(言)의 운명이 있다. 그에 따라, 말이 대상과의 어긋남으로 인해 부단한 대상 살해의 과정으로 존재 · 유통되는 것이라면, 현대인은 물질문명이라는 기표에 담긴 이룰 수 없는 욕망을 좇아 하루하루 자살하는 주체들이다.

오늘날의 '변방성'은 신식민지나 독점 자본주의라고 하는 사회구성체의 성격으로만 규정되는 것 같지는 않다. 의견은 있지만 지식의 원천이 부재하는 상황 역시 주변적인 것이며,[4)] 이런 환경은 주체의 불안을 가중시킨다. 라깡의 말대로 지식은 담론의 핵심에서 미끄러지면서 잘못된 언어기호를 비난한다. 보다 효과적인 것

---

3) 흔들리는 주체의 시대는 곧 타자의 시대이다. 현대 사상은, 문학에서뿐만 아니라, 타자의 시대를 열어 놓았다. 타자라는 개념은 "자아와 다른 '이질성' 혹은 자아와 '거리'를 두는 자기반성적인 것으로, 총체성이나 주체의 동질성을 무너뜨리는 요소"이다. 주체가 불안할수록 주체에 내재해 있는 이물질인 타자의 입지는 강화된다. 억압되어온 타자를 복원시키는 것, 그것은 주체와의 동일시나 주체의 소멸이 아니다. 그건 단지 차이를 받아들이는 것이다.(권택영, 「현대문학과 타자 개념」, 『현대시사상』, 고려원, 1996 · 겨울, 98-106면 참조.)

4) 여기서 의견(doxa)은 담론에 의해 전달되는 모든 것, 즉 다음 세대에게 각인되는 모든 것을 가리키며, 지식(epistemè)은 학문적 담론의 기초가 되는 진리의 토대, 거장들의 사고를 뜻한다. (아니카 르메르, 이미선 옮김, 『자크 라캉』, 문예출판사, 1994, 177-182면 참조.)

은 지식의 용어라는 것이다. 우리는 비난을 면할 수 없는 담론이나 의견에 친숙하다. 한편 지식 자체가 진리는 아닌 바 진리란 실재계의 영역에 해당되어 누구도 도달할 수 없다. 이에 우리의 위안도 있다. 담론과 지식의 홍수 진 현대 사회에서 주체는 떨고 자위하며 표류중에 있다.

우리는 30년대 이상(李箱)의 작품으로부터 전후 소설을 거쳐, 최근 문단의 해체 소설들을 통해 불안한 주체에 대한 문학적 접근을 경험한 바 있다. 『새벽기행』을 읽고 난 후 내리게 되는 결론도 곧 위와 같은 불일치의 일치를 향한, 혹은 현재를 살아가는 개아(個我)의 존재 의의를 향한 절규의 한 아류라는 점이다. 인간은, 그 누구라도, 이따금 자신의 정체싱에 대해 회의하는 순간이 있다. 나는 누구인가? 나는 어디에서 와서 어디로 가며, 그것은 어떤 의의가 있는가? 이러한 류의 존재론적 물음을 『새벽기행』의 주인공인 '나'가 대변하고 있다. 우리가 각자 자신의 일상에 치어 주체성에 대한 회의를 지속하지 못하고 살아간다면, '나'는 어느 순간 주체의 자리('Q')에 끼어든 '그'로 인해 진지한 자아 성찰의 여정을 떠나게 되는 것이다. 이런 의미에서 볼 때 '그'는 'Q'의 자리를 찬탈한 것이 아니라 오히려 '나'와 'Q'의 온전한 합일을 노리는 심리기제일 수 있다.

2. 일탈의 여정

이렇게 해서 『새벽기행』의 여정은 시작된다. 그 기행은 '나'를 대신하는 '그'가 등장하는 '그 일이 일어났던 날 새벽'(15)에서 출발하여 '우화등선(羽化登仙)에 실패한 나의 귀환'(331)을 맞아들이는 같은 날 새벽에 끝이 난다. 이같은 구조는 일종의 원점회귀형 플롯으로서 여기서의 이야기는, 자아 성찰·존재론적 탐구를 다루는 대부분의 소설들이 그렇듯이, 환상의 플롯 시간을 통해 전개되고 있다. 물리적 시간 개념으로는 재구성될 수 없는 그 환상의 시간대에서, '나'에 의해 서술되는 탐색의 순간들은 때때로 과거—'나'의 역사—로 회상되기도 하고 순차적 시간 진행을 따르는 편의를 제공하기도 한다. 이처럼 환상의 시간과 물리적 시간의 결합은 작가가 의도적으로 배치한 혼돈의 양상일 것이다. 다시 말해 『새벽기행』의 혼돈의 플롯 시간 구조는 '나'의 정체성에 대한 회의의 수위를 환기시키는 소설적 장치로서 기능하고 있다. 이처럼, 혼돈 속에서 명시되는 시간 단위는 외형적으로 물리적 진행을 따르지만 불가역적인 흐름이 결코 아니다. 환상과 불가역성의 거리감만큼 각 시간대의 외형과 내면적 의미 사이의 거리는 먼 것이다.

혼미한 시간의 씨줄은 서사의 날줄과 교차되면서 한층 복잡한 의미망을 이루게 된다. 우선은 명시된 시간 단위 위의 중심 서사가 있다. 차례로 정리해 보면, '그 일이 일어났던 날 새벽'→'그'의 등장, 나흘 후(48)→'그'와의 대화(2장) 그리고 모래헤엄 치는 여자·뒤로 걷는 노인과의 만남(4, 5장), 다음날(171)→여자와의 연극 관람(6장), 이튿날(196)→노인과의 대화(7장), 이튿날(219)→여자와의 외출(8장) 그리고 기차여행(9장), 다음날(288)→여자·노인과의 헤어짐(10장), 그 일이 일어났던 날 새벽→'나'의 귀환(11장) 등이다. 또한 시간을 건너가며 곳곳에서 서술되는 '나'의 과거에 대한 플래시백, 돌출적인 무의식간의 대화 등이 성기나마 질긴 의미망의 일부를 이루고 있다.

여기서 서술자인 '나'는 주체('Q')로서의 '나'가 아니다. 'Q'로 인정받는 존재는 무슨 이유엔가 '나'가 아니라 '그'이다. 달리 말하면 지금 '나'의 상황은 자기 자신을 타자('그')로 바라보고 있는 것과 같다. 이같은 상황 설정은 루소 이래 구조주의 사유방식을 대변하는 한 명제인 '나는 타자이다(Je est un autre)'라는 발상과 유사하다.[5] 룻소의 사유체계에 따르자면 내 속에는 이미 그가 들어 있게 된다. '나'는 내 안의 타인으로서 '그'를 인식했을 뿐만 아니라 새롭게 개체화시키고 있다. 나의 타자화, 나와 동일시되는 또 다른 나의 존재. 자기 자신과 타자가 동일시되는 '나'와 '그'의 관계는 라깡식으로 볼 때 상상계적이다. 널리 알려진 대로 상상계는 인간이 하나의 주체로 사회화되기 이전의 상태를 가리킨다. 라깡은 상상계의 본질을 이중관계, 거울 속의 반복, 의식과 의식의 타자 사이에 존재하는 직접적인 대립관계로 규정한다.[6] 그러나 『새벽기행』의 '나'는 상상계에 머무르고 있는 비주체로서 어린아이가 물론 아니

---

5) 김형효, 『구조주의의 사유체계와 사상』, 인간사랑, 1989, 20면 참조. 1인칭 대명사 'je'에 대하여 3인칭 단수 동사 'est'를 사용한 것에 유의해야 한다. 구조주의 사유체계의 한 맥을 이루는 라깡 역시 "내가 존재하지 않는 곳에서 내가 생각하고, 내가 생각하지 않는 곳에 나는 존재한다"라는 유명한 명제를 남겼는데, 이는 말을 하는 것이 내가 아니라 '그것(Ça)'이라는 그의 인식이론을 비유적으로 표현하는 말이다.(같은 면.) 여기서 '그것(Ça)'은 이드(Id)의 다른 명칭이라고도 할 수 있는데, 프로이트에 의하면, 인간에게 있어서 무의식적인 충동의 전체를 가리킨다.(230면.) 환상의 시간대에서 이루어지는 『새벽기행』 속에는 이와 같이 생각하는 나와 존재하는 나의 분열 양상이 '그'와 '나'로 극명하게 나타나고 있다.

6) 아니카 르메르, 앞의 책, 104-106면 참조. 좀더 요약·설명하자면, 이 관계에서는 의식이 거울 속에서 자신을 발견했다고 믿게 되고, 이는 결국 의식 아닌 것 속에서 자신을 잃어버리게 되는 것이다. 따라서 제3의 용어가 있을 때 자아가 확실하게 존재할 수 있다. 주체를 인식하는 데 필연적 과정인 상징계는 상상계의 이중관계로부터 3중의 중개된 관계로 전환하는 것이다.

다. 타자－어머니－의 욕망의 대상과 자신을 동일시함으로써 '주체'가 아니라 결여이며 무(無)인 어린아이[7]와는 달리 '나'는 이미 주체성을 획득한, 거세당한, 사회 관계에서 자신의 위치를 충분히 인식하고 있는 주체－동시에 '그'의 등장으로 비주체이기도 한－이다.

그렇다면 주체의 의도적 몰주체화는 무엇을 의미하는가? 이는 '나'의 백일몽이다. 거세된 어떤 욕망의 대상을 찾아 떠나는 한낮의 꿈이요 강렬한 공상인 것이다. 그 속에서 '나'는 'Q'를 매개로 '그'와 치환된다.

'그-Q-나'의 삼각형은, "틀림없는 것은 「그≠나」이다. 이것은 그와 내가 다같이 주장하는 바이고 만인이 인정하는 것이다. 「나=Q」를 나는 굳게 믿고 또 그것이 사실이지만, 이것은 아무도 인정해 주지 않는"(63) 관계를 함의하고 있다. 'A-I-B'의 삼각형은 환유의 구조를 간단히 도식화하고 있다. 각기 다른 진술인 A, B는 I라는 공통요인을 '압축'으로 안고 있는 것이다.[8] 결국 '나'는 제도와 이념, 사회적 관계 속에서 살아가야 하는 'Q'의 자리에 '그'를 놓아두고, '나' 자신은 치환되어 자신의 부재를 동인한 욕망의 충족을 위해 길을 떠난다.

---

7) 위의 책, 136면.

8) 김형효, 앞의 책, 257면 참조.

그 여정의 처음에는 '나'의 일탈의 계기, 정신적 외상들이 충실하게 플래시백되어 있다. '나'의 무의식 속 상처의 몽타주들은, 주로 3장에서 회고되고 있는데, 어머니 그리고 아내와의 갈등, 죽음에 대한 성찰, 낯선 여인과의 동침의 기억 등이다. 이 기억들은 의식의 흐름을 따라 자동기술적으로 서술되고 있으며 모두 아버지의 죽음과 연관된다. 이들 일련의 이미지들이 곧 '나'의 정신적 외상의 실체라고 할 수 있겠다. 이같은 시간의 공간화—'나'의 상처의 역사에 대한 묘사—는 인과적·계기적 수순을 밟아가며 파노라마처럼 펼쳐진다.

'Q'의 지위에서의 일탈을 확인한 '나'는 아버지를 떠올린다. 고인이 된 아버지는 '나'의 존재를 인정해주던 분이었다. 그러나 그분이 살아계셨더라도 역시 허구의 'Q'를 인정할 수밖에 없을 것이다. 그렇다면 "나의 존재증명은 사자에게서나 구할 수 있는 것인가?"(66)라는 문제의식에 이르러 어머니와의 갈등이 오버랩된다. "하지만 어머니를 사랑하지 못했다는 나의 원죄는……그 이후의 일이 아닌가? 아버지가 살아계신대도 그 죄를 지었을 것인가?"(같은 면.)에서 볼 수 있듯이 '나'와 어머니의 갈등은 아버지의 죽음에서 비롯된다. 구체적으로는 아버지의 임종과 사후처리 과정에서 기인하는 전통 정서와 기독교 정서의 갈등[9]이라고 할 수 있다. 이

---

9) 이는 단지 문화의 차이뿐만이 아니라 '나'의 삶에 있는 욕망의 한 원천을 봉쇄당하는 것이기도 하니, "……그런데 나는 절을 하며 제사를 드리는 대신에 그 추도식 때마다 그들과 섞이어 쭈그리고 앉아, 내가 알지도 못하고 믿지도 못하는 그들의 의식에 따라 그들이 기분을 내는 것을 견디고 있어야만 했다. 기분. 불경한 표현일까? 그러나 나는 아버지의 휘일이 돌아올 적마다 「顯考學生府君神位」를 향해 절을 하지 못해 안타까와하는 것을, 그분을 향한 나의 기분을 풀지 못해 느끼는 감정이라고 스스로 생각하고 있었다. 그들이라고 무엇이 다르

갈등은 아내와의 갈등으로 이어진다. 아내와의 갈등 구조에는 위에 술집 여주인('3819')의 문제가 첨가된다(73). '3819'는 그 흔한 불륜이라는 하나의 삽화인가? 그렇다 치자. 그럼으로써 우리는 한 주체가 맺고 있는 관계가 그의 생의 형식을 결정한다는 사실을 인정하게 된다. 눈만 뜨면 접하게 되는 그 흔한 스캔들, 그 흔한 인간의 굴레. 이러한 갈등으로부터 벗어나고자 아버지의 산소를 찾던 때, '나'는 언젠가 제주도에서 본 조랑말을 떠올린다. 둔덕의 어느 돌무더기 위에서 바다를 향하고 서있던 검정색 조랑말은 '강렬한 절망적 충격'(76)으로서 '우리가 무(無)가 되어 귀속하게 될 영원이나 무한의 신호'(76-77)를 직감하게 했었다. 그리고 죽음에 대한 몽타주가 이어진다. 고향 선배인 의사와의 대화를 통해서 '인간이 완전히 소유할 수 있고 이해할 수 있고 개별화할 수 있는 가능성이 있는 것은 죽음뿐'(90)이라고 강변하는 것이다. 여기서 '나'는 죽음 본능이 곧 절대의 쾌락임을 절대적으로 믿고 있다. 프로이트가 지적한 대로, 죽음 본능은 오히려 쾌락 원칙을 넘어선다. 생명체의 궁극적 목적은 생물체보다 먼저 존재한 무생물체로의 거슬러 오름, 곧 죽음이다.[10)]

그날 밤, 기차에서 만난 여인과의 에피소드에서 '나'의 신념은 거듭 확인된다. 그녀와 '나'는 생자의 쾌락, 생명 본능 혹은 에로스, '죽음과는 정반대쪽인 생성에도 연결될 수 있는, 가장 생자다운 행동'(102)을 수행－그때 아이러니하게도 아버지의 임종의 순간

랴. 솔직히 말해 기분을 푸는 것이었다……그런데 나는 참으로 오랫동안 그래 보지를 못했던 것이다."(74-75)

10) 프로이트, 박찬부 옮김, 「쾌락 원칙을 넘어서」, 『프로이트 전집』14, 열린책들, 1997, 53면.

이 교차된다—한다. 육체적 쾌락의 절정 직후에 오는 무너짐은 "살아있는 행위로 도달한 극점, 포만의 경지에서의 휴지였다. 다음 행위를 위한 원점에의 복귀였다. 그것은 결코 일회적인 소멸이나 절멸이 아니라, 거기에서 그대로 연결되는 다음 생의 리듬을 시작하기 위한 순환의 일부로서의 복원과정이었"(같은 면.)던 것이다. 바로 여기서 죽음은 반복 강박적으로 환기된다. 불현듯 떠오른 아버지의 임종 장면이 그것이다. 죽음이야말로 절대적 쾌락이요 육체적 절정 중의 결정이다. 한순간의 육체적 절정과 무너짐을 동력삼아 개체의 생이 지속되어가는 것이라면, 죽음이라는 무너짐은 일생의 끝에 오는 것이다. 이때 일생은 한 생명체의 절정이 되고, 죽음이라는 무너짐은 따라서 무너짐과는 정반대인 '영원한 리듬에로의 복귀'라는 의미를 지니게 된다.

> ……절멸은 아니다. 원래 속해 있던 대(大)리듬에로 복귀하는 것이다. 그 누구의 고의나 의지에 연유하지 않고 발생했던 생명현상은 끝나고 영원한 리듬에로 복귀하는 것이다. 그러고 보면 죽음이란 것은 한 생명체를 인간으로서 이 세상에 묶어 매놓고 있던 하나의 줄을 끊어 해방시켜주는 것이라고는 할지언정, 영원한 파괴는 아닌 것이다. 기왕에 누구의 손에 의하여 창조되었다고는 절대로 말할 수는 없는, 따라서 절대로 쏟아져내리거나 무너져내리는 일이 없는, 전일적이며 영원히 불멸하는 물질의 제국을 향한 회귀가 아닐까?(104)

그러나 '나'는 생자(生者)이다. 아직 살아 있다. 삶이 쾌락만의 연속으로 이루어질 수 없듯 쾌락 원칙과 반대되어 '악마적인' 힘으로 작용하는 반복 강박[11]을 맞이한다. 그리하여 영원 회귀의 순간에 이르기까지 끊임없는 일탈의 순간들이 있게 된다.

지금까지 우리는 자아 탐색의 계기가 되는 '나'의 정신적 외상, 일탈의 계기들을 길게 읽어 왔다. 그 속에는 삶과 죽음의 문제가 있고 보다 구체적인 '나'의 역사가 있다. 인간은 누구라도 죽음의 운명을 벗어나지 못한다. 죽음이 결국 영원한 리듬에의 복귀라 하더라도 그것은 사자(死者)의 몫이다. 그 영광을 누리게 되기까지 인간은 생자의 고통 가득한 역사를 반복 강박적으로 살아가야 한다. 또한 인간은 혈연 관계, 사회 관계 등 관계 속에서 벗어나지 못하는 존재이다. 그 속에서는 사자의 영광도 타인의 역사에 질곡을 남긴다. 아버지의 죽음이 '나'의 내면에 여전히 잠재해 있는 어머니와의 싸움의 근원이 되었듯이.

'나'의 자아 탐색의 여정에는 분명히 위와 같은 심리적 동인이 추인(追認)되어 있다. 이 여정은 '내 집으로부터 내 육신의 유리(遊離)를'(107) 감행해 보는 것이라는 일탈을 전제로 한다. 존재론적 한계로부터의 일탈, 상처투성이인 구체적 역사로부터의 일탈, 무의식적 충동의 초자아로부터의 일탈……. 따라서 이 유리는 상징계로부터 자아의 유리였으며, 현실계의 틈을 향한 일탈이었다. 이때 '나'는 언젠가 어금니를 뽑던 때와 같은 이빨의 통증을 느낀다(109). 이빨의 통증은 '나'의 무의식 속에 '부재의 고통'으로 각인되어 있다. 부재의 고통은 이빨의 통증으로 치환되었다. 다시 말해 존재에서 부재로, 유(有)에서 무(無)로 전화되는 과정의 아픔에 대한 환유가 곧 이빨의 통증인 것이다. 여기서 부재는 단지 사라짐 또는 공허함

---

11) 위의 책, 49면. '반복 강박'이란 불쾌의 경험을 지속하고자 하는 본능을 말한다. 곧 죽음 본능의 표현이라고 할 수 있다.

만을 의미하지는 않는다. 이를 "뽑아버리면 이빨의 부재는 새로 생겨나는 것이다. 하나의 무(無)가 탄생되는 것이"(116)라는 점에서 부재는 그 자체로 또하나의 생성이다. 이처럼 언제나 새로운 생성인 부재, 혹은 부재함으로써 새로이 만들어지는 생성, 그 과정에 수반되는 지독한 고통을 겪으며 '나'는 일탈 중에 있다.

3. '사이'의 존재론

이제 치환된 '나'의 여정 위에 모래헤엄 치는 여자와의 만남이 기록된다. 물이 아닌 모래 위에서 헤엄을 치는 행위는 아무런 진전을 가져오지 않는 무위(無爲)의 반복이다. 일말의 전진도 없는 이같은 반복운동은 현대인의 반복적 일상을 상징한다고 볼 수 있다. 그리고 외형상 동일한 시·공간('그 일이 일어났던 날 새벽')으로 되돌아올 수밖에 없는 여정의 끝을 암시하는 복선이기도 하다. 우리는 그 여인이 무언의 노래로써 지향하고 있는 '서쪽나라'(122)에 해당되는 삶의 목표를 저마다 내면에 상정해 놓고 그곳을 향해 끊임없는 일상을 되풀이한다. 그 목표를 성취하는 사람은 극소수에 불과하다. 그 소수의 사람들 역시 도달한 정점의 또 다른 정점을 상정하여 다시 모래헤엄을 치기 마련인 것이다.

또 하나 중요한 점은 '서쪽나라'가 품고 있는 그밖의 기의에서 비롯된다. 모래헤엄을 치는 여인의 그 먼 나라는 위에서 생각되는 것과 같은 세속적 세계가 아니다. 그곳은 자아의 존재 의의를 확립시켜 주는 시·공간일 수 있다. 텍스트의 여러 부분에서 서술되고 있듯이, '나'가 그녀와의 만남과 함께 있음을 통해서 다시 없는 평온함을 느끼기 때문이다. 일탈된 '나'가 그녀를 통해 느끼는 만족감과 위안이 '서쪽나라'의 희망적인 심상과 어울리면서, 결국 그 나라는 존재론적 탐구라는 여정의 종착역을 상징하게 된다. 따라서 제자리의 몸짓으로 치부되는 모래헤엄도 사실은 개아의 존재의의를 향하여 가는 지난한 여정임을 우리는 이해할 수 있는 것이다. 그러기에 '나'는 그녀를 '그녀의 몸이 정지해 있는 것으로밖에는 받아들여지지 않는 세계로부터'(같은 면.) 뽑힌, 또는 스스로 뽑아버린 존재라고 직감하고 있다. 그녀의 모래헤엄을 아무런 이동 없는 행위로 받아들이는 세계는 곧 상징계이다. 상징계는 언어의 계(界)이며, 언어의 계는 이성과 논리의 계이다. 그녀는 거기에서 벗어나 있다. 거듭되는 바, 뽑힌 그녀가 있는 계는 '나'의 가야 할 계이기도 하다. 그녀의 '뽑힘'이 나에게 유가치한 데에는 그밖에도 이유가 있다. 뽑힘 자체의 이미지가 '나'에게는 특별한 의미가 있는 것이다. 뽑힘은 지금 '나'의 처지인 일탈이나 한때 '나'의 존재이유였던 '점 사이'를 연상시킨다.

……부모가 사는 곳(물론 아버지가 살아계실 때였다)과, 아내와 내가 살고 있는 곳과, 직장이 있는 꼭지점으로 하는 삼각형. 그런데 그 꼭지점마다에 나로서는 해결할 수 없는 중대한 문제거리가 항상 입을 벌리고 있었다.……그러므로 나는 항상 불안과 오뇌에 차 있었고, 그것도 차츰 병적인 고통과 공포로 변해가고 있었다. 그러다가 문득 깨달은 바가 있었다. 그 세 개의 점 사이를 오고 가는 차 안에서의 시간만은 어떤 위험이나 위협으로부터도 자유로울 수 있는 독립된 시간이라는 것. 그것만이 나의 일상의 생활 중에서 유일하게 보장된 나의 안전한 시간이라는 것. 그래 나는 그 죽음의 기계를 타고 수없이 왕래하면서도, 그 시간 동안에는 모든 괴로움을 잊고 나의 토막난 삶을 누릴 수 있었고(실제로 한 일은 모자라는 강의준비와 터무니없는 공

상뿐이었지만), 그 덕분에 나는 미치지 않고 살아남을 수 있었다.(132-133, 괄호는 원저자)

좀더 나아가 이를 환유의 삼각형에 대입시켜 보면, I의 자리는 부모가 사는 곳이 된다. 그곳은 나의 연원지로서, A의 자리인 아내와 내가 살고 있는 곳과 B의 자리인 직장이 있는 곳에 대한 공통 요인이다. 한 가정의 가장과 어느 사회인이 결합되는 것은 일차적으로 그가 그 사회의 구성원으로 태어났다는 전사(前史)를 조건으로 하는 것이다. 이 구조에서 '보장된 나의 안전한 시간'은 '점 사이'이다. 사이의 가치는 일탈, 뽑힘과 연관되고, 백일몽에 대한 각별한 관심의 뿌리를 이루며, 이윽고 모래헤엄을 통해 반복적 일상 속에서 개아의 존재 의의를 발견코자 하는 데로 나아가게 해주고 있다.

이처럼 여인의 모래헤엄 치는 행위는 배타적 의미로 각각 읽혀진다. 모순과도 같은 이 양상은 그러나 이성적 상징적 논리 하에서만 그렇다. 실제로 현실은 논리로 표현할 수 없는 것들로 가득 차 있다. 모순 자체가 실제인 것이다. '나'는 상징과 논리의 세계로부터 뽑힌 그녀를 만남으로써 일탈된 자아의 지향 공간을 서서히 구체화해 나간다. 환언하자면 자유로운 자아의 존재 양식이 여인과의 만남에서 가시화된다는 것이다. 이는 '나'에 대한 여인의 의미와 관계 깊다.

나는 지금 너와 내가 사랑할 수 있는 이유를 구명하는 중이지. 결국 그거다. 나는 이제서야 그걸 깨달은 거다. 네겐 나의 과거나 역사가 없다는 거다. 다시 말해서 네겐 나를 판단할 기준이, 과거의 원점이 없다는 거다. 내 편에서도 마찬가지. 더구나 우리는 미래를 약정하지 않는다. 따라서 우리에게는 지속의 의무가 생겨나지 않는다. 변화 이전의 지금뿐이다. 모든 현재는 정지해 있다. 진행이 생기면 벌써 그것은 현재가 아니기 때문이다. 그것은 결코 흐름이 아니기 때문이다. 그런 의미에서 현재는 영원과 통한다. 다시 말해서 그것은 시간을 초월한다.……내가 왜 처음에 널 모래바닥에서 끌어냈는지 알아? 네가 무색무취였기 때문이야. 그래서 나는 너에게서 잃어버린 나의 어머니와 아내를 발견했기 때문이야. 나와 하나였던 시절, 색깔도 없었고 냄새도 없었던 나의 두 여인을 말이야.(274-275)

우리는 이 서술을 통해 모래헤엄 치는 여인이 '나'에게 왜 그토록 소중한 존재인가를 알 수 있다. 그녀와 '나' 사이에는 불가역적인 시간성이 없다. 즉 '나'의 의식이 기억해야 할 과거나 역사가 없으며, 그래서 현재의 삶을 규정하고 불확실한 미래로 속절없이 나아가야 할 '지속의 의무'로부터 자유롭게 된다. 과거와 미래로부터 해방이 왜 궁극적 사랑의 이유가 되는가? 그 자유로움은 곧 과거와 미래의 공간으로부터 해방됨을 의미하기 때문이다. 과거와 미래의 공간은 과거와 미래라는 시간과의 통일체임이 당연하다. 이 시공간들은 '나'의 관계들의 장(場)이다. '나'가 맺어 왔고 맺게 될 사회적 관계로부터 벗어날 수 있는 계기가 바로 그녀인 것이다. '나'의 백일몽은 그녀로써 시간과 공간의 구속에서 '나'를 벗어나게 하고, 재차 '나'의 상상계로의 복귀를 허여한다. 복귀가 아니라 이제는 그 행복한 이자관계의 장(場)이 비로소 '나'의 존재공간이 되는 것이다. 그러기에 그녀는 '색깔도 없었고 냄새도 없었던', 아버지와 아내와 자식관계가 규정하는 상징적 지배를 받지 않는 어머니인 동시에 아내가 된다. 어머니인 동시에 아내라는 존재와의 이자관계는 상징질서를 함의하는 용어로서의 관계와는 차원다른 의미를 지닌다. 이는 개체의 원시적인 존재 양식, 그만큼 순수하고 자유롭고 생래적인 차원을 가리키는 것이다.

이와 같이, 아무런 구속이 없는 '나'를 존재하게끔 해주는 그녀이기에 진정한 사랑의 대상이 될 수 있다. 그녀 역시 '나'를 만남으로써 '뽑힘'을 스스로 체현한다. 이를 우리는 '나'와 그녀의 무언의 대화 속에서 확인할 수 있다.[12] 그들이 나누는 사랑은 영원한 현재라는 지향 공간 속에서 이루어진다. '모든 현재는 정지해 있'기에 그녀와 함께 있는 '나'는 영원한 현재를 경험할 수 있다. 이는 실로 물질적 대상과의 관계를 맺지 않는 절대 공간이요 물질적 운동과도 역시 무관한 절대 시간이라 할 수 있다. 여기서 우리는 '나'의 지향 공간인 영원한 현재가 접힌 성냥갑의 이면, 즉 감추어져 있으나 언제나 함께 있는 실재계의 열린 틈임을 생각해 볼 수 있다. 실재계는 상징계적 질서를 통해서는 나타낼 수 없으며 그 질서 속에서 사후적으로(retroactively) 의미가 만들어지는 공간이다.[13] 또한 실재계는 언제나 미지(未知)이며 모든 진리는 부분적일 수밖에 없다.[14] 실재계를 꾸미는 사후적·미지적 질은 그것을 언어로는 표현할 길 없음을 가리킨다. 그러나 '나'의 영원한 현재는 즉자(卽自) 자체로서 사후적일 혹은 미지적일 이유가 없는 것이다. '나'가 처한 상상계적 질—자기 자신의 타자화, 상징적 질서로부터의 그

---

12) 이들은 바닷가에서 다음과 같은 교통을 나눈다. "……모래헤엄을 친다면, 여기야말로 칠 만한 곳이야. 여기서 이 모래를 가지고 헤엄을 친다면 「푸른 하늘 은하수」도 능히 건널 수 있을 거야. 안 그래? / 모래헤엄을 안 쳐요. / 왜? / 벌써 다 건넜는 걸요. 뜻을 이뤘는 걸요. / 어떻게? / 당신을 만났으니까요. / 아아. / 나는 나도 모르게 한 팔로 그녀를 끌어안았다.……"(286-287)

13) 민승기, 「라캉의 타자」, 『현대시사상』, 앞의 잡지, 155면 참조.

14) 김형효, 앞의 책, 232면 참조.

리고 역사성으로부터의 탈피 등－은 영원한 현재성이라는 질과 어울리면서 결핍－욕망과 성취 사이에 가로놓인 건널 수 없는 강, 그 시간 차(差)－없는 실재계의 영역을 개방하였다.

일탈된 '나'는 자아의 지향 공간 즉 영원한 현재를 실로 발견한 듯하다. 그곳은 상상계의 몰주체화를 거쳐 문득 실재계의 비좁은 틈을 열고 들어가는 곳이다. 그렇다면 '나'의 자아 성찰은 모래헤엄 치는 여자와의 결합으로써 일단락되는가? 이제 부재의 고통은 진정되고 새로운 생성의 구조 속에 안착되는가? 이성과 상징 하의 독자들은 여전히 의문스럽다. '모래헤엄'의 이질적 의미들 중 한켠이 다시 고개를 치켜든다. 무위하게 반복되는 실존의 허무는 '나'가 발견한 그녀에게서 뿐만 아니라 '나' 자신에게도, 독자에게도, 저자에게도 있다. 그 허무의 상징인 여자에게서 구원의 양식을 발견했다는 것은, 일탈의 구체적 계기일 법도 한－'Q'의 대행자인 '그'의 등장 이유인－무위의 일상 속에서 영원한 현재의 가능성을 발견한 것이다. 일찍이 장자는 우주간 천지만물의 본체인 도(道)에 대해 무위하며 무형하다고 주장하였거늘, 그렇다면 '나'는 인간의 일상성－무위－속에서 도의 진리를 깨달은 것인가? 그러나, 절대 신뢰의 사랑을 확인함으로써 그녀에 대한 소유를 확신하고 마침내 우화등선의 절정에 다다르기 직전에 '나'는 회귀될 수밖에 없었다. 언어와 상징세계에서 영원히 추방당해야만 하는 실재계의 필연적 운명처럼. 회귀를 조정하는 인물은 뒤로 걷는 노인이다. '나'의 여정에서 그 노인은 '나'와 그녀 사이, 영원한 일탈과 복귀 사이에 있다.

4. 상징계로의 회귀

'나'의 기행에서 결정적인 안내자의 역할을 하는 인물이 바로 뒤로 걷는 노인이다. 자신 역시 '과거로부터 이탈된 사람'(200)인 그 노인은 자아 탐색의 여정에 관한 선지자요 메피스토펠레스적 인물로서 역할하고 있다. 노인은 일탈과 복귀에 대한 의미를 이미 스스로 정리하고 있는 상태에서 '나'와의 대화를 주도해 나간다. 노인의 정체는 무엇인가? 우선 뒤로 걷는 행위로 상징되는 고정관념의 파괴는 '나'의 무의식 속에 내재하고 있었던 진정한 자아 실현을 향한 욕망의 일부분일 것이다. 그렇다면 노인의 존재는 '나'의 무의식적 욕망의 산물로도 볼 수 있다. 이점은 '나'와 노인의 정체에 관한 긴 대화 도중 노인의 말에 암시되어 있다.

> 「……우리에게는 결정이 필요해. 그럼 어떻게 했으면 좋겠나? 도리없어. 우리 자신이 결정을 해야 해. 임의로 제정하거나 규정하는 게 아니라, 주어진 자료를 종합 검토하여 문제를 한정하고 결론을 내려야 해. 우리는 이중으로 던져진 사람들일세. 우리는 절대로 존재하는 것만으로는 만족할 수가 없고 그것으로 책무가 다해지지도 않아. 끊임없이 자신을 의식하고 그 정체를 확증하려 애쓰는 것이 우리의 존재의 필요조건이자 한정조건일세.……그것이 우리의 특별한 존재양식이지.」(207-208)

노인이 강조하는 것은 일탈된 존재 자체를 인정하고 그에 대해 끊임없이 자각하는 것, 일탈된 존재로서의 정체성을 확증하려 애써야 한다는 것이다. 현존재의 인정, 회의와 반성, 이는 일탈된 자아뿐만 아니라 일탈 이전의 모든 주체들의 '필요조건이자 한정조건'이기도 하다. 그 이유는 모든 주체에게, 그것이 상징질서로 편입됨에 따라, 욕망을 낳는 결핍이 있기 때문이다. 언제든지 나로부터 튕겨나가 나를 타자로 바라보는 그－내 안의 타자－가 내 안에 있기 때문이다.

그는 '나'를 변신하도록 견인한다. 변신이란 우화(羽化)이며 'Q'로부터의 영원한 일탈이다. 'Q'의 자리를 '그'에게 맡기고 우화를 위한 고난을 거쳐 신선이 될 수도 있지 않겠느냐는 노인의 제안에 '나'는 그 즉시 반발한다. 이 반발은 무의식의 부정(不定)－긍정이 내재된－속성을 드러낸다. 그러나 곧 '현재의 나와 협력하고 있는 과거의 나를 전혀 의식하지'(303) 못하고 스스로 변태(變態)가 되기를 희망하게 된다. 모래헤엄 치는 여인에 대한 강렬한 소유욕이 그것을 증명한다.

> 「……그 사람은 제게 있어서 제 아내며 어머니며 딸입니다. 그 각각이 아니라 전부의 합입니다. 또 제3차의 것이 아니라 최초에서 최후까지의 것입니다.……」(309)

여기서 우리는 '나'의 표리부동이 지닌 속뜻에 주의해야 한다. '나'는 끊임없이 'Q'로의 복귀를 희망하는 것 같으면서도, 다른 한편 우화를 꿈꾸는 자아이다. 'Q'의 지위를 대체한 '그'로 인해 복귀를 꿈꾸며 떠나게 되는 존재론적 자아 탐구의 여정은 따라서 새로운 개아를 확립하려는 기행이라는 의미를 아울러 지니게 되는 것이다. 복귀와 일탈 사이에서 '나'를 조정하거나 안내하는 뒤로 걷는 노인은 이 지점에서 '나'의 초자아의 형상임을 알 수 있다. 초자아는 이미 모든 것을 알며 통제하는 듯하다. 적어도 '나'의 우화를 향한 노력이 결국 헛된 노력으로 끝날 것이라는 사실을 미리 알고 있는 것만은 확실하다. 초자아는 자신의 기표들로써 영원히 일탈하려는 '나'의 미망을 꾸짖는다.

>「……자네는 그 알량한 윤리관과 도덕관, 그리고 자네의 자존심 때문에, 당하지 않아도 될 곤욕을 당하고 있는 거야. 그 때문이야. 비단 이 일(모래헤엄 치는 여인이 노인의 여자였다는 정체를 알게 된 일)에서만이 아니라, 자네가 이처럼 떠돌고 있는 것도 그 때문이야. 누가 눈 하나 깜짝 하던가?……만약에 그러리라고 생각한다면 그건 자네의 미망이야. 그러한 미망에서 벗어나지 못하는 한 자네는 절대로 우화(羽化)할 수가 없어.」(313, 괄호는 인용자)

윤리, 도덕, 자존심 등은 인간에게 있어 터부와도 같이 사회적 질서 유지를 강제한다. 윤리의 규범 아래 유지되는 사회조직을 떠나서 살아갈 수 없는 한 인간은 영원한 시·공간, 절대 자유를 경험할 수 없다. 또한 사회생활이 주는 상징적 규율에 의해 '원초적 상상적 세계'는 영원히 무의식의 세계로 추방[15]될 수밖에 없다. 노인의 충고는 이와 같은 인간의 존재적 한계와 무의식의 구조에 대한 재확인에 다름 아니다. 이런 점에서 노인은 다시 '나'의 큰타자요 아버지의 형상이 된다. 자신의 죽음으로써 '나'의 일탈 욕망을 배태시켰던 아버지는 이제는 노인의 형상을 빌어－'내 아버지를 닮은 늙은 얼굴'(314)－복귀를 종용한다. 자신의 목숨까지도 맡기는 '절대적 신봉'(300)을 보여주었던 그녀를 소유하는 것도 근친상간의 금기라는 규제 아래 영원히 사라져 간다. 우리는 "인간의 욕망은

---

15) 위의 책, 235면.

타자의 욕망(désir de l'Autre)이다.…… 즉, 인간은 타자로서 욕망한다"[16]는 것을 다시 확인할 수 있다.

큰타자로서 아버지의 역할은 아버지로서 '나'가 자신의 아들을 서술하는 과정에서도 나타난다. 아버지는 한편에서 아들을 과거 속에 존재시킨다. 언젠가 잃어버렸던 아들을－장성한 아들이 곁에 있는데도－영원히 잃었다는 규정이 그것이다(134-135). 또 다른 한편에서 아버지는 아들과의 '섞는'(223) 자리를 주관하여 각인시키기를, 아버지의 존재로 인하여 인간은 상징질서와 필연적으로 연관된다. 요컨대 "너는 태어나기 이전부터 나의 아들이었다. 그러므로 너는 인간의 형태를 갖추기 시작한 이래 순수해본 적이 없는"(226) 것이다. 모든 아들은 모든 아버지로부터 존재를 규정받으며 관계로서의 삶을 이어받는다. 그로부터 자율적 존재 규정의 욕망이 비롯되고 그 충족은 뒤집을 수 없는 아버지와의 시간적 거리만큼 달아난다.

이제 『새벽기행』에서 '나'의 여정은 끝에 다다랐다. 종점은 결국 언어의 계인 상징계로의 회귀임이 은연중 전조되더니("그런데 나는 그때까지 그녀의 이름도 모르고 있었다. 그런 생각에 나의 눈이 번쩍 떠졌다. 이런 세상에!", 324), 급기야 노인도 여인도 떠나가고, '나'는 '말할 수 없이 피곤하고 초췌한 모습'(331)으로 '나'에게로 귀환하고 만다. 귀환의 직전에도 일탈의 순간에서처럼 이빨의 통증을 경험한다. 이빨의 통증은 부재의 아픔이요 상실에 대한 환유였다. 이미 뽑혀져나간 이빨의 고통은 '그 이빨의 부재의 아픔'(320)이었으니, 일탈된 자아는 부재의 부재를 거쳐 '나'에게로 되돌아온다. 지양의 지양으

---

16) Jacques Lacan, *Ecrits*, 아니카 르메르, 앞의 책, 249면에서 재인용.

로써 변증법적 합위(合位)가 형성되듯이.

물론 새로운 형성의 자리는 지양 이전의 그것과는 질적 변화가 있다. 혼란은 여전히 계속되나 그 혼란은 마치 천지 창조를 겪은 이후의 새로운 대홍수와 같다. 이는 또 다른 의미의 변신이자 우화이다. 애초에 '나'의 자아 탐색의 여정이 이중의 의미를 지니고 있었듯이, 초췌한 외양의 복귀는 성숙한 내면의 채워짐을 의미한다. 그 채워짐의 구체적 의미는 무엇인가? 현실은 아무것도 변한 것이 없고 '나'는 언젠가 찾아올 일탈의 계기만을 기다릴 수밖에 없지 않은가? 그러나 이런 회의는 숲을 보지 못하는 근시안에서 비롯되는 것이다. 어차피 자아의 일탈은 복귀를 전제로 한다. 노인의 지적처럼 '끊임없이 자신을 의식하고 그 정체를 확증하려 애쓰는 것이 우리의 존재의 필요조건이자 한정조건'인 까닭에 회의적이나마 회의를 지속해야만 한다. 그 과정에서 나타나는 무의식의 변화는 미래－다가올 현실－의 변화를 촉진시킨다. 『새벽기행』에서의 '나'의 여정의 마지막 장면에는 이러한 변화가 자신감으로 표현되어 있다.

> 그때 그가 다가왔다. 흠뻑 비에 젖은, 말할 수 없이 피곤하고 초췌한 모습이었다. 우화등선(羽化登仙)에 실패한 나의 귀환이었다. 나는 너그럽게 말했다.
>
> 「들어와. 들어와.」
>
> 구두끈을 다 매고 일어섰다. 그리고 다시 가방을 집어들고 걷기 시작했다. 그가 들어오자 몸이 좀 무거워진 듯한 느낌이었다. 그러나 땅은 단단했다. 아무리 발을 굴러도 절대로 무너지지 않을 것이었다. 하지만 나는 그때, 땅을 무너뜨리자면 무너뜨릴 수도 있다는 자신감을 가지고 걷고 있었다.(331, 강조는 인용자)

여기서의 '자신감'은 '나'의 내면의 성숙한 자아가 지니는 자신감이며 동시에 『새벽기행』을 경험한 독자들의 자신감이다. 무수한 무의식의 향연, 그 형이상학적 기행의 끝에 이토록 선명한 자아 성찰의 결실을 전하는 메시지가 담겨 있는 것이다. 이제 시간은 다시 불가역적 직선으로 흐를 것이다. 그러나 보다 중요한 것은 은폐된 자아 탐색의 시간이다. 그 시간은 이제 유형화되지 않음으로써 직선의 그 어느 지점에서도 시작될 수 있으며, 어느 공간까지도 점유할 수 있다. 달리 말하자면 직선 자체가 자아 탐색의 무수한 점선으로 구성된 것이라고도 할 수 있는 것이다.

5. 미래의 추억

『새벽기행』은 이처럼 보이지 않는 점선의 일부를 서사화하고 있다. 그러나 그 기록물은 당혹스러울 정도로 무질서하다. '생각은 꿈처럼 직선으로 나가는 게 아니'며 '몽상처럼 방사선상으로 퍼졌다가 중심점으로 되돌아오는 것도 아니'(75)기 때문이다. '환상은 욕망을 환각적으로 만족시키는 한 형식'[17]이니, 환상을 빈 '나'의 여정은 흔들리는 주체의 자리를 이곳저곳에서 모색해보고 있다. 고독한 주체에 대한 성찰은 최상규의 작품세계를 관류하는 마스터플롯이다. 그의 소설에는 인간이란 피상적으로는 사람들과의 관계로 둘러싸여 있지만 무한한 시간 속에 홀로 떠 있는 고독한 존재라는 상황 설정이 빈번히 나타난다.[18] 『새벽기행』도 그같은 자아

17) 아니카 르메르, 위의 책, 242면.

18) 정현기, 「시간 속에 홀로 떠 있음, 방황, 그리고 구원을 찾는 세 틀의 이야기

의 존재를 확인하는 작업인 것이다. 이 모티프들은 때로는 분절되어 작품 사이를 넘나들기도 한다.[19)]

이 글에서 우리는 『새벽기행』에서 '나'의 일탈과 복귀의 도정, 그리고 그 의미를 살펴 보았다. 여전히 우리는 과거에서 미래를 향하여 불가역적으로 진행하는 시간의 화살표 위에 서 있다. 그 절대적 운동의 과정에는 이따금 단절과 비약을 경험하는 상대적 시·공간이 존재하기 마련이다. 우리가 끝내 우화등선에 실패하여 초췌한 모습으로 복귀할 수밖에 없다고 하더라도, 그 기행은 현대를 사는 필요조건으로서 우리의 불안한 주체를 충동한다. 나라는 인식 주체는 언어의 세계를 뚫고 솟아오르는 억압된 무의식을 영원한 타자로 동반하고 있다. 『새벽기행』은 이러한 타자의 존재, 나아가 자아 성찰의 욕망을 충실히 재현해 준다. 그런 점에서 '나'의 탐색은 원형적이라고도 할 수 있겠다.

최상규의 『새벽기행』은 어떤 면에서는 확실히 정신병적이다. 그의 병적 징후는 상상계, 상징계, 실재계의 불가피한 간섭과 상호규정을 잘 보여주기도 한다. 그렇지만 우리는 백일몽 속에서 이루어지는 '나'의 성찰이 띤 유난스런 권태로움을 꾸짖을 수도 있다. 정신병자가 아닌한 삶의 지배적 시간은 꿈 아닌 현실－단지 그렇게 믿을 따름일지라도－이다. 더구나 그는 개체의 무의식을 규정하는 일요소인 집단적·계급적 증상을 어느 한군데 앓고있지도 않는 듯하다.

혹은 소설」, 최상규, 『겨울潛行』, 정음사, 1984, 391면 참조.

19) 단적인 예로 최상규는 『새벽기행』의 6장에 소개된 삽화인 연극 <미래의 추억>(183-195)에서 자신의 단편소설 「대합실」(『한국문학전집』21, 삼성출판사, 1985)을 거의 그대로 재현하고 있다.

그럼에도 불구하고 『새벽기행』의 독자들은 이제 실패할 복귀를 두려워하지 않는다. 두려움은 추억—'미래의 추억'일 망정—이 되었기 때문이다. 오히려, '나'와 그녀의 태고의 시간 속으로의 침잠, 그 소창의 경험이 종용됨을 느낀다. 그 외관은 백일몽을 취하지만, 내실은 불안한 주체의 쉴 곳이다. 그곳을 향한 충동이야말로 지극한 관념의 내용과 형식으로 이루어진 『새벽기행』이 지니는 현실적 성과라고 볼 수 있다.

10

문학과 권력

1. 포스트 담론과 문학

시가 곧 정치였던 시대가 있다. 1980년대는 문학을 포함하는 모든 담론의 정치성을 명징하게 증거하는 시대였을 것이다. 최근, 문학의 정치성에 대한 새로운 인식이 문학 담론의 한 흐름을 형성하게 된다. 이것이 문학과 정치의 1980년대적 결합을 뜻하지는 않을 것이다. 소위 거대담론의 해체와 더불어 정치가 문학적으로 코드화되는 방식 역시 '탈구조화'되고 있음을 느끼는 것이 남다른 감각은 아니다.

그리하여 다시 시의 정치란 무엇인가를 묻는다. 그와 동시에 시에 있어서 정치의 의미, 그 관계 구명의 당위성, 정치의 시라는 문제 설정의 정당성 등 산견되는 문제들을 본다. 푸코 식으로 표현하자면 모든 문학은 생래적인 저항 담론의 성격을 지니고 있다. 이는 문학 담론이 여타 담론들과 구분되는 주요한 차원이다. 지식의 반복 재생산이 아닌 지배 담론의 법칙을 무시하고 파괴하며, 궁극적으로 언어의 해방을 지향하는 차원에서 문학은 늘 대항적 문학인 것이다. 그렇듯 1990년대 시는 나름의 방식으로 당대의 지배 담론을 배반할 것이지만, 1990년대 이후의 문학적 배반은 정치성을 매개로 전대와 구분된다.

요컨대 1990년대의 시적 흐름은 문학의 가시적 정치성을 철저히 외면하고 있다. 계급, 민족, 자본, 리얼리티 등 외면을 향하는 시의 향방은 이른바 문학의 문학주의화에 의한 내면으로의 침잠으로 전이된 것이다. 외부로 향하던 문학의 정치성은 파편화된 내면의 세계로 방향을 선회하게 되었다. 이러한 시점에서 시가 지닌 정치성의 회복을 모색하는 것은 곧 문학이 지닌 담론적 본성을 회복하는 것이며 문학이 존재하는 본래의 방식을 되짚는 시도와도 연관된다. 우리가 이 자리를 빌어 시의 존재방식과 정치성의 문제, 정치의 의미와 그 지향의 방향을 다시 생각해보는 이유는, 그것이 새로운 문학의 지형도를 이해하는 방법인 동시에 오늘날 시의 존재방식에 대한 하나의, 근본적인, 질문이 될 수 있기 때문이다.

2. 권력과 반정치

정치성의 퇴색은 최근 문학적 배반의 방식을 단적으로 보여주는 수사라 했다. 생태주의에의 관심과 몸 담론의 활황 등은 거대 담론의 해체와 함께 미분화된 대상으로 향해지는 시대적 경향의 결과물일 것이다. 가시적 리얼리티는 재현의 위기와 더불어 공공연한 지양의 대상이 된다.

이제 내 시에 쓰인
봄이니 겨울이니 하는 말로
시대 상황을 연상치 마라
내 이미 세월을 잊은 지 오래
세상은 망해가는데
나는 사랑을 시작했네
저 산에도 봄이 오려는지
아아, 수런대는 소리

—정희성, 「봄소식」(『시를 찾아서』, 2001) 전문

정희성의 시는 1980년대적 시인의 시적 변모에 대한 극명한 자기고백을 남고 있다. 1970년대 참여시의 신경지를 개척했다는 그가 스스로 '저문 강에 삽을 씻고'의 민중적 이미지를 포기하는 선언을 하고 있는 것이다. 비로소 시작되는 사랑의 실천이 지나간 세월과 새로운 현실에 계기되어 있다는 점이 의미심장하다. 이러한 모종의 양심선언은 시를 낳는 현실의 변화에 기인한다. 작금의 세상이 지난 시대와는 다른 분명한 차이를 지니게 되었으니, 가진 자들마저 저항을 하는, 그러나 오히려 한결 고요해진 정중동의 현실인 것이다. 이러한 반성적 시선이 기회적 세태 추수와 다르다면, 어떤 차이가 존재하는가. 많은 사람들이 인정하는 시의 진정성을 논외로 하더라도, 달라짐을 느끼는 시선 속에는 "저항은 어떤 이들에겐 밥"이라거나 "또 어떤 사람들에게는 권력"(「세상이 달라졌다」)이라는 불가피한 현실 인식이 포함되어 있다. 저항마저도 권력이 되는 정치의 재편을 보는 눈. 시적 저항의 권력화 역시 권력이 작동하는 하나의 메커니즘일 수 있겠다.

정희성 식의 시적 변모는 시로써 세상의 아픔을 재현하고자 하

는 직설적 언술과의 거리감을 의미한다. 시가 전제하는 다름의 현실은 시적 정치의 변모로 다시 연결된다. 그와 함께 권력에 대한 이해도 1980년대적 방식과 차이를 갖게 된다. '일상화된 권력'은 명백한 대상을 지니지 않는바 저항마저도 새로운 권력이 되는 시대가 된 것이다. 그럼에도 불구하고 이 시대를 규정하는 자본의 작동을 부정할 수는 없다.

> 시인과 철학자 둘 중에서
> 누가 더 완성된 인간의 위치에 있는가 하는 것은
> 인문학의 오랜 논쟁인데
> 내 이제 대한민국의 화폐에서
> 그 해답을 명쾌히 얻었음이여
> 권력은 10000원, 학자는 1000원,
> 시인은 별 것 없나니
> 강의평가 60점, 주민번호 1408817은
> 연봉 4500만원짜리 인생,
> 모든 인간이 돈으로 계산되어야 한다는
> 자본주의의 평등을
> 비로소 깨달았구나.
>
> ―오세영, 「평등」(『시와생명』, 2002 봄) 부분

이러한 작품은 시대가 변함에도 불구하고 변하지 않는 평등의 조건을 회의적으로 바라본다. 자본주의적 평등은 80년대와 90년대를 포함하여 근대 이후를 관류하는 인간의 조건이라는 점에서 다를 것이 없다. 최근의 시적 반성은 이처럼 자본을 중심으로 설정된 인간의 경계를 벗어나고자 하는 90년대적 인식 전환을 반영하고

있다. 강의평가와 연봉 등으로 인간을 구획하는 현실은 새로운 경계를 그리며 작동하는 자본의 방식일 것이다. 그리하여 우리는 80년대의 경험과 90년대식 지양을 통해 시적 현실의 달라진 존재 방식을 묻는다. 이때 문학적 정치는 정치와 반정치의 이분법을 넘어 미분화된 정치의 범주로 확산될 수밖에 없다.

권력 역시 문학외적인 현상으로 한정되지 않는다. 이에 대한 한 예로 90년대 후반 문단의 화제가 되었던 문학권력 논쟁을 본다. 이 에피소드는 문학과 정치의 역학관계에 대한 또 다른 지형을 보여주었다. 몇 가지 쟁점들이 있었지만, 문학권력 논쟁의 표제가 된 사건은 4·19 세대 비평가에 대한 권성우의 문제제기로부터 촉발된다. 그 밖에도 황석영의 농인문학상(조선일보사 주관) 심사대상 거부, 이명원의 김윤식 비판, 이상문학상에 대한 의혹 제기와 고소사건, 남진우와 김정란의 설화 등등으로 불거진 이 논쟁은 권력이 어떻게 문학을 규정하는가에 대한 구체적 현상을 보여주는 충분한 계기들이었다. 한 소장잡지는 문학장의 중심에 있는 대표적 문학잡지들의 문학권력화를 지적하기도 한다. 그에 따르면 문학권력을 지향하는 데에는 『문학동네』『문학과사회』 등 대표적 잡지들은 물론 민족문학의 정론지를 표방하는 『창작과비평』도 예외가 아니었으며, 그렇게 형성된 문학권력은 문학의 현실에 대한 비판적 개입을 희석시킨다는 것이다(『비평과전망』, 2001년 상반기). 이 글이 실린 잡지가 '전망을 내장한 비판 저널리즘'을 모토로 내세운 소장 평론가들의 무크지임을 참고한다면 이러한 문제제기의 발생 배경을 충분히 이해할 수 있다. 부르디외 식으로 문학의 장은 본질적으로 권력의 장에 피지배적인 위치에 놓이게 된다. 문학장의 자율성의 정도는 내외적 위계화의 종속성 여부에 따라 달라지며, 권력을 보존하거나 변형하려고 하는 경쟁적 투쟁들의 장인 것이다. 물론 여기서의 권력과 투쟁이 물리적인 형태로 외화되지는 않는다. 우리는 인정과 명망, 나아가 중심의 영역 혹은 헤게모니를 지향하는 제반과정이 문학장 내에서 상징적인 투쟁으로써 이루어지는 것이요 그 결과물로서의 상징적 권력을 이해할 수 있다. 의식적이든 무의식적이든 권력으로 향하는 부단한 인정투쟁의 구조와 정치논리는 문학장의 근저를 이루고 있다.

따라서 문학권력의 실체에 대한 흑백론 혹은 각개전투식의 게릴라전(김정란, 진중권 식의)이나 초연한 정공법(김윤식, 정과리 식의) 사이의 우열논리는 문학권력에 대한 올바른 대응방식이라고 보기 어렵다. 그 어느 길이든 문학장 안의 담론들은 권력을 지향하는 메커니즘 내에 포함된다. 권력은 담론의 생산자요 그와 동시에 담론 역시 권력을 생산한다. 결국 문학권력 자체를 부정적 가치개념으로 볼 수 없을 듯한데, 이런 성격은 흔히 기득권 계열의 반비판 논리로 활용되기도 한다. 유념해야 할 것은 앙비론의 혼돈 혹은 자의적 판단으로의 경사이다. 문학권력의 실재를 인정하는 만큼 이를 긍정적인 방향으로 견인할 수 있는 생산적 비판의 역할이 강조되어야 한다. 문학권력 논쟁은 여타의 한계를 함의하기도 하지만 권력의 문제를 문학 외적인 것으로부터 문학 내적인 문제로의 인식을 본격화한 계기라는 의의를 지니고 있다.

이제, 문학의 정치는 어떻게 긍정적인 생성을 만드는가로 나아가야 한다. 대항담론이라는 문학의 디오니소스적 본성은 서정시에도 연결되는가? 문학의 아방가르드적 속성은 서정시 역시 문학 담론의 저항성을 충실히 재현하는가의 문제와 함께 논의되어야 한다. 80년대 현장시들의 실패에 따라 내면으로 급선회한 신서정은 서정시의 선험적 조건과도 연관되어 있다. 바흐친의 서정시에 대한 부정은 주관적 장르로서의 탈민중적 조건을 염두에 둔 것이다. 권력과 반권력의 미세한 경계는 90년대 이후 시의 존재방식 중 하나가 되고 있다. 권력의 중심이었던 인간의 역사와 경계 설정에 대한 집착을 반성하는 태도는 백무산 시의 변모 속에 전형적으로 드러난다.

> 내게도 지나온 세월 있어
> 지나오긴 했는지 몰라도
> 뒤돌아보이는 게 없는 건
> 아직도 쓸려가고 있는 것인가
> 내가 언제나 확인하고 확신하는 이 몸짓은
> 떠내려가면서 허우적거리는 발버둥인가
>
> 내게는 도무지 사는 일이 왜
> 건너는 일일까
>
> ― 백무산, 「강박」(『초심』, 2003) 부분

사는 일이 건너는 일일 수밖에 없느냐는 회한은 이곳에서 저곳을 지향하는, 경계를 설정하고 이를 극복하려는 강박적 삶을 되돌아보는 행위에서 비롯된다. 그 치열한 삶과 부릅뜬 눈으로 결국 휩쓸림 속의 자신을 확인하는 순간은 그와 함께 세월을 건너 온 동시대적 회한의 시간이다. 그의 시가 지닌 감동의 원천은 생생하게 건져진 당대의 아픔에 있다. 하지만 여전히 휩쓸림의 타성을 벗어버리지 못하는 원칙이 남아 있으니, '건넘'을 목적으로 한 지양의 행위는 항상적인 '강박'으로 또 다른 억압을 낳고 만다. 지난한 역사는 홍수로 불어난 강물 못지않은 힘겨운 건넘의 과정이었건만 “어째 또 맨 그 자리일” 수밖에 없는 회한 속이다. 이러한 심경은 “해가 또 가는데 나는 역사를 얼마나 믿고 있는 것일까 나의 이 낡은 믿음을 지고 어디까지 가야 하는 것일까”(「섣달 그믐」)와 같은 독백에서도 잘 드러난다. 인간의 역사에 대한 믿음은 일상의 실천 속에서 파편화되어 낡아지고 만다.

지극한 일상과 리얼리즘적 전형의 상실, 이러한 시적 미분화 혹은 해체가 90년대 시적 지향을 상징적으로 보여주고 있는데, 문제는 이 아슬한 경계의 차이에 있다. 정치와 반정치의 경계, 시적 현실과 사회적 현실의 경계, 내면을 향한 침잠과 내면을 뚫고 다시 만날 시적 생성의 경계. 우리는 이들 사이를 헤쳐 서정시의 발생적 한계를 넘어서는 긍정적 가능성의 지점을 발견해야 한다.

3. 꽃 - 식물의 상상력

90년대 제기된 문학의 위기론은 역설적으로 위기를 극복하기 위한 다양한 시도를 내포한다. 문학장의 주류로 부각된 이른바 몸시, 생태시, 여성시 등은 일상화된 권력을 해체하고자 하는 문학적 일탈의 시도일 수 있다. 달리 말해 상기한 주제들은 새로운 정치적 모색을 담고 있는 시적 화두인 것이다. 이들은 공통적으로 인간과 이성이 중심이 되었던 문학적 기득권을 문제적으로 드러낸다. 소통과 생성의 패러다임이 유행어가 된 만큼, 지극히 사적인 소재와 문체로 담론과 현실 사이를 소통해나가는 경향이 지배적이다. 이는 서정시의 ‘사적’ 한계와도 연관되지만, 그럼에도 불구하고 우리 문학이 이룬 하나의 경지를 증거하기도 할 것이다.

꽃-식물에 대한 집착은 달라진 현실의 경계와 생성을 만들어가는 모색의 과정 가운데 있다. 식물의 이미지야말로 문학의 기원으로부터 비롯되는 소재이지만, 미증유의 분란을 거치는 문학적 분화 속에서도 생생하게 되살아나 새로운 문학 지형의 선두에 서게 된다. 그러나 오늘의 꽃은 대상화된 꽃을 넘어서는 다른 형체로서이다. 발생적 맥락에서 꽃이었으나 말을 통해 다르게 살아남는 몇 편의 예들을 본다.

나는 웅얼거리는 시선을 통해
백지 뒤에 숨겨진 수련의 소리를 듣는다.
꽃봉오리처럼 불룩한 종이의 배에 귀를 대면
고동치는 수련의 숨결.

백지의 자궁으로 잉크가 흘러들고
수련을 잉태하고 있는 흰 백지에
분만을 준비하는 글자들의 구멍.

너의 시선이 닿는 순간 수련은 피어난다.
잔잔한 백지의 수면 위로,
네 의식의 고요한 수면 위로.

—채호기, 「백지의 수면 위로」(『수련』, 2002) 부분

채호기의 시는 '수련'을 표제에 내세워 인간을 넘어서는 꽃의 감각을 시도하고 있다. 하여 말이 되고 생성이 되는 꽃들을 본다. 치열한 암중모색의 긴장 만큼 언어들의 배치는 난해하고 파편적이다. 여기서 언어적 재현의 공간인 '백지'는 수련의 생명을 잉태하

는 공간이 된다. 구멍난 글자들을 조합하는 것은 따라서 언어가 아닌 '시선'이며 의식을 뚫고 오르는 사물의 감각들이다. 언어를 대체하는 "웅얼거리는 시선"을 통해 우리는 백지의 수면을 넘어서는 생성의 가능성을 어렴풋이 감각한다. 채호기의 꽃을 통한 여정을 모더니즘과 리얼리즘 사이, 혹은 그러한 개념적 틀을 넘어서는 되기의 시도들이라 읽자. 이는 곧 인간의 감각을 넘어서는 꽃－되기의 시도이며, 이를 통해 '주의'들의 경계 혹은 사이를 넘나들고자 하는 사유의 고통과 마주할 수도 있겠다. 그러나 그 사이는 아주 미세한 차이들의 공간인 만큼, 시적 도태와 유행을 따라 부유하는 숱한 낙화들 또한 함께 하고 있음을 부정하기 어렵다.

이러한 시도들 속에서 우리가 긍정적으로 읽는 정치의 의미는 감각의 다층성을 포착하는 생성의 가능성일 것이며 그리하여 잠재된 현실의 여러 층위를 체험케하는 잉여의 순간일 것이다. 이러한 의미의 잉여를 증거하는 것은 채호기 시를 넘어서는 또 다른 되기의 흔적들일 것인데, 인간의 정치에서 꽃의 정치로 전이하는 몇 가지 사례들은 그리하여 채호기 시의 가능성을 사후적으로 증거하는 '연대'의 꽃이 될 수 있다.

어떻게 꽃은 잎과 섞여
잎을 핏물 들게 하는가
마라, 생각해보라
비린내 나는 네 숨결 속에서
내숭 떠는 초록의 눈길을
어떻게 받아내야 할지
초록 잎새들이
배반하는 황톳길에서

생각해보라, 마라, 어떻게
네 붉은 댕기가 처음 나타났는지
그냥 침 한번 삼키듯이,
헛기침 한번 하듯이 네겐
쉬운 일이었던가 마라,
내게 어렵지 않은 시절은 없었다
배반 아닌 사랑은 없었다
솟구치는 것은 토하는 것이었다
마라, 나를 사랑하지 마라

—이성복, 「26 어떻게 꽃은 잎과 섞여」
(『아, 입이 없는 것들』, 2003) 전문

이성복의 시들은 내면의 사유가 꽃에 다다른 지점을 보여준다. "마라, 생각해보라"와 "생각해보라, 마라"의 역전된 반복은 "배반 아닌 사랑은 없었다"는 역설적 사랑의 순간을 환기하는 효과를 산출한다. 이때 '마라'는 고유명사이면서 금지의 명령어가 된다. 부정의 대상은 황홀한 초록의 감각을 재단하는 언어의 질서이며 곧 몸에 한정되는 인간의 감각이다. 지극히 난삽하지만, 『아, 입이 없는 것들』의 시편들에서 언어와 인간을 짓이겨 '입 없는' 감각과 꽃의 몸을 화하려는 의도를 읽는 것은 어려운 일이 아니다. 이성복 시가 지닌 부정의 힘은 기호화된 언어의 재편에 근거하며, 꽃과 잎이 어울려 핏물의 사랑을 매순간 증거하는 식물적 상상력이 지닌 물성에 힘입는다.

가슴에 맺힌 꽃 한 송이 피우려
설악의 산기운 힘차게 뻗어가는

등줄기를 타네
잠시 피고 나면 바람에 날아갈
꽃 한 송이를 위하여
길이면서 길이 아닌
길이 아니면서 길인
능선을 타네

—최두석, 「공룡능선」(『꽃에게 길을 묻는다』, 2003) 부분

이제 꽃은, 최두석의 시에서처럼, 그것으로 인해 길이 무화되는 동시에 길이 존재하는 이유가 된다. 이처럼 식물적 이미지는 90년대 이후의 현실을 시로써 모색해나가는 상상력의 두드러진 특징 중 하나이다. 리얼리즘이든 모더니즘이든, 세계를 전유하여 시인의 동일성을 확보하려는 노력은 서정시의 생래적 조건이었다. 이같은 시의 발생적 맥락에는 무소불위적 인문주의의 영향력이 배경으로 존재한다. 그러나 인간적 상상력을 뛰어넘는 꽃을 형상화하고, 그리하여 무정형의 몸이 되고 나무와 바람이 되고자 하는 데에는 이항대립적 근대를 넘어서려는 문학적 의지가 내포되어 있다. 식물적 사유를 통해 세상에 대한 인간의 전유를 부정하려는 노력은 시의 자기동일성이라는 장르적 본성을 넘어서려는 알몸의 의지일 수도 있겠다. 길이요 길 아닌 꽃의 의미를 "사람들 사이에" 되새기고자 하는 발본적 모색. 이처럼 꽃핌에 대한 융숭함과 인간으로부터 꽃에게로 중심을 전이하려는 태도는 리얼리즘적인 것과 모더니즘적인 것이 시대를 선회하여 가닿은 공통의 접점이라 할 만하다.

백무산 역시 식물적 상상력과 관련하여 90년대 이후의 정치적 선회를 보여주는 예에 속한다. 백무산에게 꽃은 나와의 관계, 즉

'꽃—나, 꽃—노동자' 속에서 존재할 수 있는 것이었다. 그렇게 볼 때 꽃의 소멸은 곧 주체의 소멸이기도 했다. 최근의 백무산 시에서 꽃은 현실과 삶을 근저에서 다시 보는 기제로서 등장한다. 이를테면 노동과 역사를 대체하는 꽃의 형상인 것이다. 하지만 그것은 인간의 역사를 위한 대체이기도 하다. 꽃이 인간의 역사와 멀어질 때, 그것은 아득한 자신만의 세계로 '단 한번만' 존재하는 절연의 대상이 되고 만다. 그러나 절대적 의미의 꽃은 절대적 강박을 벗어나는 순간 다시 모든 것이 된다.

> 길섶 마른 풀들은 손을 흔들고
> 들은 저 낮게 흐르는 가을강을 따라
> 한 생의 시간들을 흘려 보내며 여위어갑니다
> 그들이 외로워 보여 손을 내밀어보지만
> 내 존재의 경계는 자꾸 허물어져
> 시간의 상처만 손바닥에 바스락거립니다
>
> —백무산, 「12월」(『초심』, 2003) 부분

여기서는 주체의 경계를 허무는 풀과 들이 전경화된다. 시간 역시 파편화되어 손바닥에 뒹구는 이 미결정의 장에서 존재와 존재의 경계는 무화된다. 파편화된 시간이란 과거로부터 미래로 흐르는 직선적 시간관의 부정일 것이다. 『인간의 시간』(1996) 이래 회의되어 온 근대적 시간관은 여기서 다시 해체되어 완고한 존재의 경계를 허무는 데 관여한다. 인간을 위한 것이었던 시간의 재구성은 허물어진 "내 존재의 경계"와 함께 본연의 혼돈이요 카오스로 되돌아간다. 그것은 존재의 해체이면서 동시에 기관화되지 않은 무수한 분자들의 세계를 경험하는 감각적 평정의 상태라 할 만하다. 그리하여 꽃의 절대성은 다시 꽃 아닌 것을 껴안고 생성할 수 있는 잉여의 차원으로 확산될 수 있다. 꽃이 바람이 되고 무수한 생명이 되는 것이 그래서 가능하다.

> 내가 있던 그 자리에 바람이 들어와 앉고
> 구름이 들어와 앉고 새들 날아와 앉고
> 내가 있던 그 자리에 눈보라 휘날리고
> 나 아닌 것들이 다 다녀가고
> 시간은 마침내 그 자리조차 지우고
>
> 어느 봄날에 흔적 없던 가지 끝 허공에서
> 나 아닌 모든 것들이
> 내가 되어 피어나고
> 저 푸른 천 개의 팔을 펼쳐
> 너를 안고 한 호흡으로 타오르는
> 눈부신 한철을
> 저들은 알 수 있을까

―「느티나무」 부분

그런 꽃이요 나무이기에 위에서처럼 꽃―나무는 나와 모든 것을 소통시키는 존재로 거듭나게 된다. 이는 대상화된 정물의 꽃을 넘어서는 잉여로서의 꽃이 탄생하는 순간이기도 하다. "나 아닌 모든 것들이/ 내가 되어 피어나"는 만물의 나―되기이며, 만물과 나의 꽃―되기! '나'의 경계("내가 있던 그 자리")는 되당겨진 시간에 의해 지워지고 다시 피어나게 된다. '절대적인 것'으로서의 꽃으로부터 '다른 것이 되는 것'의 꽃은 들뢰즈의 설정, 즉 존재의 형이상학에서 생성의 철학으로의 입지론적 모색을 연상케 한다. 절대로서의 꽃은 이제 사건이 되어 경계 자체를 무화하는 존재로 넘어서고자 한다.

그러나 이 넘어섬의 계기는 꽃의 무게처럼, 자연의 청록색 이미지처럼 짐짓 가벼움의 포즈를 취하고 있다. 백무산을 포함한 동시대의 시적 모색이 간과해서는 안되는 이 '가벼운 거리'는 치열한 모색과 반성의 무게로 채워져야 할 것이다. 백무산 시에서는 언어에 대한 재고의 측면과 함께 그 무게의 부과가 시도된다. 예컨대 "내가 찾던 자유는 실상/ 철창문도 벗어나지 못한 거리"일 뿐이라는 인식, 나아가 "내가 오래 걸어온 길이라지만/ 무명의 폐쇄회로였을 뿐/ 너와 나를 반복해 비출 뿐인/ 거울상이었을 뿐"(「폐쇄회로」) 이라는 '거울상'의 부정이 그것이다. 이는 상징계의 전제를 부정하는 것이고 재현의 불가능성을 다시 상징하는 것이다. 언어를 통한 꽃의 상상은 언어로써 언어를 놓아야 하는 역설의 과정에 놓이게 된다. 통상의 선적인 것과 백무산의 시를 다른 결로 느끼게 하는 이러한 계기로 인해 우리는 '경계'를 넘어 '길'을 모색하는 과정으로 백무산의 꽃을 사유하는 것이 아닐까. 시의 정치는 이러한 모색의 과정 속에 생성의 길을 놓는 집단적 사유가 되어야 할 것이다. 이렇듯 내면의 길을 잇는 '운동'의 계기는 시의 정치를 묻는 담론적 행위 속에 포함되어 있다.

4. 문학의 운명

'길'은 곧 정치적 행위요 내면의 집중이 시의 외부를 향해 나아가는 모색의 지점을 가리킨다. 문학 담론은 이를 언어로써 모색해야 하는 바 시의 언어는 여타 담론체의 지정학을 벗어나는 정치적 선택을 동반해야 한다. 언어에 대한 반성적 인식은 담론의 권력화에 대항하는 서정시의 저항이라 할 수 있을 것이다. 언어와 자연을 통한 백무산 식의 서정은 이데올로기 혹은 권력의 자리에 자연의 호명을 놓는 역전된 의미 부여로부터 호명의 존재 자체를 부정하는 다양한 실험을 보여주고 있다.

이러한 반성은 소위 모더니즘적 자기반성에서도 다른 형태로 반복되는 측면이라 할 수 있다. 90년대 두드러진 실험적 문학 형태들이 자본의 논리나 소재주의와 관계맺고 있는 측면을 간과할 수 없으나, 자본 안과 밖의 미묘한 차이들이 혼재되어 있는 곳이 또한 다단한 문학장인 것이다. 대립의 지양으로써 새로운 길을 모색하고 있는 90년대 이후의 시적 경향은 이처럼 식물적 사유를 통해 인간의 전유를 부정하려는 공통적 요소를 지니고 있다. 동시에 재현의 가능성을 부정하는 시적 형상화의 차원은 소재주의와 형이상학적 침잠이라는 또 다른 늪 속에 있다. 이 미묘한 판단정지의 순간을 넘어서는 방식을, 이면우의 시는 다음과 같이 보여준다.

> 아아, 이제야 알겠구나
> 그 숲 속 작은 새들 오늘 새끼들 부화시킨 것
> 그래 제 몸을 던져 둥지를 지키고 있구나
> 따스한 물기 같은 전율이 등골을 타고 내렸다
> 그래 그래, 사는 거다
> 누구라도 온몸으로 살아야 하는 거다.
>
> 끝내는 조용해진 상수리나무, 아카시아 우거진

오솔길 두고 오늘 나는 가시에 찔리고 넝쿨에 긁히며
잡목숲 뚫고 이만큼 돌아 산을 내려왔다.

－이면우, 「그 숲 속 작은 새들」(『그 저녁은 두 번 오지 않는다』, 2002) 부분

이면우의 시는 김수영이 역설한 '온몸의 시학'을 연상케 한다. 이론의 온몸을 체현하는 시의 숲 속에서 시인은 온몸으로 부딪히는 생활의 자세를 통해 파편화된 자본의 삶을 뚫고 나가고자 한다. 우리는 그 과정에서 우거진 잡목숲 사이에 길없는 길을 내는 우회의 진리를 본다. 이러한 발견은 세태로서의 생태주의가 지닌 부박함을 넘어서는 무게일 것이다. 이를 가능케 하는 동력이 그의 시 근간에서 작동하는 건강한 노동과 구체적 삶의 자세임을 쉽게 확인할 수 있다. 그리하여, "바로 지금 너의 삶을 깊이 들이켜라 새 나무 구름 기쁨 두려움도 천천히 천천히 내뱉어라 숲의 끝에서 한 번 휘청할 때 나무가 아래로 내민 가지를 사내는 두 손으로 꽉 움켜쥐었다"(「그 숲을 지나왔다」, 평상 동인, 『그 숲을 지나왔네』, 2002)와 같이 식물－자연의 경이는 사내－인간의 의지와, 단속 없는 긴 산문체로 결합된다.

최근 문학의 개인주의화 경향은 역설적으로 정치의 회복이라는 화두와 혼재되어 있는지 모른다. 대항담론적 속성은 모든 시대를 관류하는 문학의 존재방식일 것이며, 그 자체로 다양한 목소리의 혼재라는 정치적 장의 본성과 연결될 수 있다. 80년대를 지나온 문학은 준열한 자기반성을 거치며 문학 자체의 대항적 위치를 발본적으로 모색하는 다양성의 차원을 열어놓게 되었다. 이 글은 식물적 상상력을 중심으로 그 치열한 시적 모색의 과정을 좇아 보았다.

묘연하기는 하지만, 그런 바람 자체가 정치적인 것이 아닐까. 여전한 고군분투의 자리에서 기꺼이 자기 몫을 확인하는 것, 이를 설명할 자리를 탐구하는 것, 이는 과거가 아닌 항상－현재의 시간 속에서 되물어져야 할 시와 이론의 운명일 것이다.

11
경계와 길의 시학
—백무산 시의 변모와 모색

1. 시대의 지평

백무산 시[1]는 80년대 민중시 혹은 노동시의 전형으로 문학사에 기록되고 있다. 그의 시가 담고 있는 삶의 언어, 생생한 노동의 현장성 등은 80년대 노동문학사에 주요한 성취로 기억된다. 그보다 중요한 것은 그의 시세계가 이른바 노동시의 상투성을 극복하는 서정적 민중시학의 경지를 분명히 포함하고 있다는 점일 것이다.

---

1) 이 글에서 대상으로 하는 백무산 시집은 다음과 같다. 이하 본문에서는 처음 소개될 때 시집 제목과 간행연도만 병기하기로 한다.
『만국의 노동자여』, 청사, 1988.
『동트는 미포만의 새벽을 딛고』, 노동문학사, 1990.
『인간의 시간』, 창작과비평사, 1996.
『길은 광야의 것이다』, 창작과비평사, 1999.
『초심(初心)』, 실천문학사, 2003.
『길 밖의 길』, 갈무리, 2004.

이는 초기 시세계는 물론 최근까지 지속되는 시적 변모의 과정 속에 일관되게 발견되고 있다. 이처럼 백무산 시는 노동문학의 관점에서는 물론 리얼리즘 시학의 양상 및 민족문학의 향방을 진단하는 데 주요한 매개로 기능할 수 있다. 또한 탈근대적 관점에서의 문화이론 혹은 철학사상에 대한 시화로도 그의 시가 원용되기도 한다. 이러한 경향은 백무산 시의 성취 혹은 문제적 지점을 반증하는 현상일 것이다.

실로 백무산 시는 80년대 이후 오늘에 이르는 문학의 변모와 모색을 선 굵은 궤적으로 그려내고 있다. 리얼리즘의 적자로 출발한 문학적 입지가 그렇고, 전통 사상과 식물적 상상력에 근거한 반성과 전망을 보여주는 최근 시도들은 80년대와 또 다른 상품성의 조건이 되고 있다. 흔히 회자되는 처사로서의 삶 역시 백무산 시에 진정성과 드라마틱을 더하는 하나의 기제로서 충분하다. 이와 같이 백무산 시는 문학의 시대적 대응과 소통 방식을 함의하는 주요한 텍스트이다. 기존의 주목할 만한 언급들[2)]에도 불구하고 그 추이를 반추해보는 것은 백무산 시의 다양한 가능성을 현재화함은 물론 '죽음에 이른' 문학의 길을 모색하는 과정이기도 할 것이다.

---

2) 이에 관해 다음 글들을 참조할 수 있다.
윤지관, 「80년대 노동시와 리얼리즘－박노해와 백무산을 중심으로」, 『민족현실과 문학비평』, 실천문학사, 1990.
고미숙, 「전복과 생성의 도정－백무산론」, 『창작과비평』, 1996 겨울.
정남영, 「바꾸는 일, 바뀌는 일, 그리고 백무산의 시」, 『당대비평』 제7호, 1999. 6.
박수연, 「역사 속의 단절, 단절 속의 역사－백무산과 박노해의 변모 양상」, 『문학들』, 실천문학사, 2004.
유성호, 「한 노동자 시인의 지속성과 변모－백무산론」, 『실천문학』, 2004 봄.

그런데 백무산 시라는 텍스트가 학술적 담론으로 본격 조명된 예는 드문 형편이다. 이와 관련하여 우선 80년대 민중문학사를 개관하는 과정에서 백무산 시의 위치를 구명하는 작업들이 있다. 「1980년대 시전개양상 연구」[3]와 「1980년대 노동시 연구」[4]가 그것이다. 이들 연구는 80년대 노동시의 양상을 학문적 담론으로 유형화했다는 의미가 있지만, 같은 이유로 백무산 시에 대한 개별적이고 심층적 연구 사례로 보기는 어렵다. 한편 국문학 이외의 학문 분야에서 백무산 시가 원용된 예로서 「기억과 현실과 희망」[5]과 「시로 빚은 존재론의 경지」[6]를 들 수 있다. 전자는 『인간의 시간』을 중심으로 시간과 역사, 기억과 희망의 형식에 대한 단상을 피력하는 소품이며, 노신과 벤야민의 경우가 각각 추상적으로 비교되고 있다. 후자는 백무산 시에 나타난 존재론적 철학의 의미를 묻고 있어 주목을 요한다. 그는 백무산이 "새로운 '시의 주체'로 초월하기 위해 보여준 반성의 치열함은 근대를 극복하는 '존재론의 경지'에 이른다"[7]고 평가하고 있다. 여기 분석된 시적 담론의 철학적 양상은 논리적 정당성을 떠나 백무산 시의 의미를 다양하게 수용하는 시의적 노력의 일환이라 할 만하다.

백무산 시에 대한 현장 비평의 다양한 사례에도 불구하고 학술적 접근이 인색한 까닭은 무엇보다도 그의 문학세계가 여전히 진

3) 우경수, 「1980년대 시전개양상 연구」, 중앙대 석사학위논문, 2002.

4) 박철석, 「1980년대 노동시 연구」, 원광대 교육대학원 석사학위논문, 2002.

5) 성근제, 「기억과 현실과 희망－노신, 벤야민, 백무산을 읽으며」, 『중국현대문학』 제13호, 한국중국현대문학회, 1997. 12.

6) 송석랑, 「시로 빚은 존재론의 경지－백무산의 경우」, 『동서철학연구』 제42호, 한국동서철학회, 2006. 12.

7) 위의 논문, 326쪽.

행중인 동시에 변모되고 있기 때문일 것이다. 하지만 그의 시는 80년대 노동시의 분수령을 이룬바 있으며, 또한 다양한 시적 담론을 파생하는 등 충분한 학술적 의미를 담고 있다. 이에 본 장에서는 지금까지 상재된 백무산 시집을 대상으로 하되, 주로 90년대 이후의 변모 양상에 주목하여 백무산 시세계의 특질과 그것이 지닌 문학(사)적 가능성과 한계를 고찰하고자 한다.

2. '경계'의 존재론

세 번째 시집인 『인간의 시간』(1996) 이래 백무산 시의 관심은 '경계'에 대한 사유로 집중된다. 인간과 자연의 경계, 삶과 죽음의 경계, 리얼리즘과 모더니즘의 경계 등등 어느 하나와 그 아닌 것이 관계하는 '사이'에 대한 천착은 백무산의 시적 반성에 주된 내용을 이룬다. 주지하는 바와 같이 완고한 경계를 해체하고 다양성을 도모하는 흐름은 90년대 이후 지속되고 있는 한국문학의 특징이다. 완전한 모든 것이 녹아 흐르는 시대, 정체에 대한 발본적 회의와 그로부터 비롯되는 통합과 '회통'[8]만이 문학의 위기를 극복하고 시대를 견인할 수 있는 신패러다임이 된 듯하다. 90년대 이후 백무산 시의 의미는 이러한 관점에서 보다 상론되어야 할 필요성이 있다.

백무산 시의 변모에 대한 한 표현으로서 "나아가지 못하나 머물

---

8) 최원식은 "통상적인 리얼리즘과 모더니즘" 대 "최량의 리얼리즘과 모더니즘"이라는 구도로써 양자의 차이와 무화를 설명한다. 「'리얼리즘'과 '모더니즘'의 회통」, 『문학의 귀환』, 창작과비평사, 2001, 42쪽.

지도 못하는 곳”(「경계」, 『인간의 시간』)을 들 수 있다. 이러한 경계는 ‘옛길’과 ‘새길’의 사이이기도 하다. 시인은 반성의 대상인 과거에 걸어왔던 길과 선불리 내딛지 못하는 새로운 길 사이의 “칼날 같은 경계”에 접점하고자 한다. 경계는 백무산 시의 변모를 드러내는 시적 장치였고, “신생(新生)을 준비하는 장소”[9]로서 손색 없는 효과를 거둔 바 있다.

『인간의 시간』에 나타난 백무산의 사유가 소중한 것은 누구보다도 치열했던 삶을 뿌리로 갖는 자의 반성을 볼 수 있었기 때문이다. 그것은 흔한 후일담을 넘어서는 진정성(authenticity)의 자기 모색이었다는 점에서 소중한 성과라 할 수 있다. 백무산 시에 정치적 의미의 진정성이 포함되어 있다는 점에 대해서는 별다른 이견이 없을 줄 안다. 현실은 진리가 생성되는 세계이며 일상은 그것을 은폐하면서도 일정한 방식으로 드러내는 현상이다. 이러한 일상을 깨뜨리는 동시에 현실의 진리에 닿을 때 시는 정치적 권력일 수 있다.[10]

그럼에도 불구하고 백무산 시의 경계는 여전한 이분법을 예견하는 지형도 속이었기에 아슬한 ‘칼날의 경계’로서 스스로 규정되는 것이기도 하다. 90년대를 거쳐온 많은 리얼리즘 미학들이 결국 자기 정당성을 사수할 수밖에 없는 것, 80년대의 경험들이 후일담으로 소재화되는 것은 위와 같은 경계의 한계를 재현하는 변종들일 것이다. 백무산 시의 경계가 여전히 이항대립적인 나눔의 계기

9) 임우기, 「혁명의 그늘 속에서 자라는 생명 나무」, 백무산, 『인간의 시간』, 앞의 책, 135쪽.

10) 이상 코지크(K. Kosik)의 현실과 일상의 의미, 그리고 시의 정치적 권력에 관한 견해는 송석랑, 앞의 논문, 326쪽 참조.

로서 설정되고 있다는 것은 이를테면 "인간의 역사는 시간을 둘러싼 투쟁"이요 "자연의 시간과 인간의 시간을 뺏고/ 되찾는 투쟁의 역사"(「서시-생존의 경쟁」, 『동트는 미포만의 새벽을 딛고』(1990))라는 슬로건을 기억하는 대립의 경계를 가리킨다. 과거의 길과 새로운 길의 대립은 아스라한 허공에 시인을 "칼날 같은" 자의식으로 곧추세우는 인식소로 기능하고 있다. 사이로서의 경계는 결국 경계 이전에서 경계 이후로 끊임없는 지향 속의 경계인 것이다. 과거를 반성하면서도 놓아버릴 수 없는, 새로운 경계를 세우고자 하면서도 되새길 수밖에 없는 인간의 역사가 그 안에 있다. 그러한 인정으로부터 벗어날 수 없었던 태도가 곧 백무산 시의 강박적 무의식이었다고 할 수 있겠다.

건넘의 행위를 전제한 경계에 대한 반성은 『길은 광야의 것이다』(1999)에서 주요 모티프를 이루게 된다. 예컨대 "건너는 일은 더 이상/ 내게 목적이 아니"(「젖어서 갈 길을」)라는 선언을 본다. "말의 상징탑"일 뿐인 상징계의 위태로움을 직시하는 이 시는 건넘을 목적으로 지닌 길을 부정한다. 그 대신 길의 귀속 공간인 대지와 한 몸이 되는 것을 갈 길로 제시하고 있다. 경계의 무화는 "사람 사는 소리가 웅얼거려 알 수가 없다/ 밖으로 가니 안이 그립고/ 안으로 가니 밖이 그립고/ 안팎을 하나로 하겠다고/ 얼마나 덤볐던가/ 저 물빛은 안인지 밖인지"(「물빛」)와 같이 안팎에 대한 판단 중지로 표현되기도 한다. 그러나 경계를 넘어서고자 하는 이 시집의 작품들은 한편의 아쉬움을 동반하고 있다. 그것은 선언과 회의(懷疑)의 차원을 크게 벗어나고 있지 못하기 때문이다. 따라서 『만국의 노동자여』(1988)로부터의 골깊은 단절에도 불구하고 전망과 극복의 비전을 결여한 불가항력적 구도였다 하겠다.

동질의 문제의식이 『초심』(2003) 이후에도 반복되지만 메인 모티프의 차이를 동반하고 있어 주목을 요한다. 차이의 관건은 경계를 설정하고 넘어서는 태도에 있다. 넘어설 수 있고 없음의 문제가 아니라 넘어섬을 지향하는 태도의 문제를 시인은 다루게 된다.

아직은 아니야
봄이 밖에서 오면
욕망만 우북이 자라버리지
헛된 꿈만 앞다투어 피어나지

아직은 멀었어
디 쓰러져야 돼
안에서 부리로 쪼을 때까지
어둠에서 손짓해 부를 때까지

아직은 더 무너져야 돼
저기 저 무너지고 있는 것 좀 보아

그런데 저기 저건 무어냐
저기 저 나부끼고 있는 것은 무어냐
아뿔싸, 저 무성하게 피어난 것들은 안이냐 밖이냐
푸르게 흔들고 있는 나무야
지천으로 피어 있는 들꽃들아

—「봄이 밖에서 오면」(『초심』) 부분

위 시는 여전히 안과 밖의 설정을 통해 경계를 사유하고 있다. 하지만 여기서의 안팎은 기존 경계의 의미 전이를 동반한다. 내면의 변화를 결과하지 못하는 '밖으로부터의 봄'은 부정의 대상이다. 꿈을 익히지 못하는 봄, 아직 오지 않는 그대의 시간("그대 아직 온단 말 없는데")에서는 따라서 "헛된 꿈"만 피워낼 수밖에 없다. "아직은 더 무너져야" 한다는 당위는 안팎의 대립으로부터 비롯된 내성을 반성하는 선언이다. 하지만 깨달음은 선(禪)적인 시적 각성으로 표현되는바 문득 시야에 든 "무성하게 피어난 것들"로써 안과 밖의 경계는 무화된다. '밖'으로부터의 봄을 이겨 '안'의 봄을 맞고자 한 경계인데, 혹은 더 쓰러져 안으로부터 '쪼아낼' 봄이었는데, 지천으로 핀 들꽃들은 그런 경계를 한순간에 무너뜨린다. 그토록 치열하게 모색된 날 선 경계가 들꽃으로 해소되는 풍경인 것이다.

그렇다면 '넘어섬'의 새로운 차원을 일반화할 수 있겠다. 지향을 전제로 하는 경계는 '인간의 시간'에 근거하는 강박으로 설정된 것이었다. 이제 경계는 경계 너머와 소통되어야 하며, 넘어섬의 행위는 인간의 가치를 초월하는 그것이고자 한다. 경계를 넘어선 경계는 이러한 역설의 경계일 수 있다. 『인간의 시간』에서 『초심』과 『길 밖의 길』(2004)에 이르는 경계의 변화는 역사의 경계로부터 존재와 인식의 경계로 경계 자체를 넘어서는 과정 중에 있다. 그것은 경계를 사유하는 주체의 자리를 '나－인간'으로부터 '들꽃－자연'에게로 양도하는 과정과도 같다. 그때 경계는 건넘의 목적이 무화되고, 머무름도 극복도 미망이 되고 마는 넘어섬이라 할 수 있겠다. 이러한 양상이 백무산 시세계에 내포된 경계의 존재론일 수 있다.

이것이 경계의 질적 변모인지 선시적 초월인지는 보다 꼼꼼하게 따져봐야 할 문제일 것이다. 그 재고의 영역에는 선시류가 함의하는 정적 이미지에 대한 고찰이 포함되어야 한다. 달라진 경계는 기저에 인식론적 변모를 동반－해야－한다. 그 미묘한 갈라섬의 자리는 최근과 이전 시편들의 차이요 시대를 초월하는 시적 모색의 영역일 것이다. 백무산 시에서 주목되는 시적 추인의 동력은 식물을 통한 생태적 상상력이라 하겠다.

3. 식물의 상상력

백무산을 포함하여 90년대 이후 시적 상상력의 두드러진 특징 중 하나로서 식물적 이미지의 부각을 들 수 있다. 식물적 상상력에는 인간중심적 문제 설정을 넘어서려는 문학의 의지가 내포된다. 자연에 대한 융숭함의 태도는 리얼리즘과 모더니즘 등 거대담론적 시학이 시대를 선회하여 가닿은 하나의 양상이라 하겠다. 물론 식물, 특히 백무산과 관련하여 주목해볼 '꽃'에 대한 사유가 소재적으로 새삼스러울 것은 없다. 다만 그것이 자기 동일성을 확보하기 위한 수단이냐 온전한 타자로서의 존재냐 하는 차이가 있게 되는데, 백무산에게도 꽃은 나와의 관계 속에서 존재할 수 있는 것이었다. "들판의 민들레꽃은 시들지도 않는다/ 다만 흰 솜털에 싸인 씨앗이/ 으깨어진 꽃들의 자리를 찾아/ 게릴라처럼 눈송이처럼 내려앉는다"(「민들레」, 『만국의 노동자여』)에서 꽃은 나－노동자의 의연한 생존을 증거하는 형상으로 피어난다. 그렇게 볼 때 꽃의 소멸은 곧 주체의 소멸(「우리의 가슴이 붉어지기 전에는 진달래꽃은 피지 않는다」)이기도 하다. 치열한 반성의 경계를 다루는 『인간의 시간』 이후에도 여전히 꽃은 대상화된다.

분노보다 사납게 타는 아, 눈부신 매화

칼날 꽃잎 틈새로 또 하나의 세계를 여네

매화를 심으리라
눈보라 그치지 않는 가슴에

—「매화를 심으리라」(『인간의 시간』) 부분

같은 눈 같은 가지에
다시 피는 꽃은 없다
언제나 새 가지 새 눈에 꼭
한번만 핀다네

지난 겨울을 피워올리는 것이 아니라
지상에 있어온 모든 계절을
생애를 다해 피워올린다네

언제나 지금 당장 모든 것을
꽃은 단 한번만 핀다네

—「꽃은 단 한번만 핀다」(『길은 광야의 것이다』) 부분

「매화를 심으리라」는 백무산 식 개화의 의미를 잘 드러내는데, 여기서 꽃—매화는 새로운 세계와 동일시된다. 그곳은 이제껏 살아온 전투적 세계와는 질적으로 다른 시공간이다. "마음 무게"가 사라지고 "어디에나 있고 아무 곳에도 없던" 길 잃은 순간에 맞게 된, 매화로 열리는 선경의 겨울산이 바로 그에 대한 은유이다. 꽃잎의 '사이'는 치열한 반성으로 보게 되는 "또 하나의 세계"를 경계짓는다. 꽃마저도 인간을 위해 피어나야 했던 절박한 현실들이

"눈보라 그치지 않는 가슴"으로 휘몰아치고 있지만, "심으리라"는 의지로써 새로운 세상을 지향하고자 한다. 꽃은 현실과 삶을 근저에서 다시 보는 기제이다. 하지만 그것은 인간의 역사를 위한 의도적 장치이기도 하다. '칼날'이 환기하는 의지의 정서가 그렇고, 나의 가슴을 정화하기 위한 식목(植木)의 행위가 또한 그러하다. 꽃은 새로운 세계로 모색되지만 여전히 나와 인간의 역사를 위한 꽃이었던 것이다.

「꽃은 단 한번만 핀다」에서 소개되는 꽃의 일화는 헤라클레이토스의 강물의 우화를 연상케 한다. 고유하고 절대적 존재로서의 꽃을 그리는 맥락은 「매화를 심으리라」의 정서와 다르지 않다. 차이가 있다면 꽃과 시적 자아 사이의 심리적 거리를 들 수 있겠다. 꽃의 절대 가치가 인간의 그것과 연관되는 순간을 기억할 수밖에 없었던 전자와는 달리, 여기에서는 그 자체로서 존재하는 꽃의 역학에 주목한다. "물이 빗질처럼 풀리고/ 바람이 그를 시늉하"는 사이에 "봄이 그 물결을 따라" 피워낸 꽃의 풍경은 나－인간과 무관한 대지의 일상일 것이다. 반복되는 "－네"의 어미는 인위를 자연으로 돌려놓는 본연의 리듬감으로 작용하는 동시에, 명령으로 귀속되는 말의 속성을 최대한 비켜가게 한다. 그러나 인간의 역사와 멀어진 만큼 꽃은 다시 아득한 자신만의 세계로 "단 한번만" 있게 되는 절연(絕緣)의 존재가 된다.

『초심』에서도 "한 송이라도 세상 가득함에/ 모자랄 것이 없습니다"(「매화가 지천인데도」)와 같이 우주적 의미로서의 꽃이 피어나고 있다. 그런데 절대적 존재인 꽃은 절대적 강박을 벗어나는 순간 다시 모든 것이 된다. 「12월」을 보면, "내 존재의 경계를 자꾸 허물어" 뜨리는 풀과 들이 전경화된다. 시간 역시 파편화되어 손바닥에 뒹구는 미결정의 장에서 존재의 경계는 무화된다. 파편화된 시간은 직선적 시간관의 부정일 것이다. 『인간의 시간』 이래 회의되어 온 근대적 시간관이 다시 해체되어 완고한 존재의 경계를 허무는 데 기여하고 있다. 시간의 재구성은 허물어진 "내 존재의 경계"와 함께 본연의 혼돈과 카오스로 되돌아간다. 그것은 존재의 해체이면서 동시에 기관화되지 않은 감각적 평정의 상태이기도 하다. 그리하여 꽃의 절대성은 다시 꽃 아닌 것을 생성하는 의미의 잉여를 허여한다. 바람이 되고 무수한 생명이 되는 것이 그래서 가능하다 ("바람은 무수한 줄기와 가지와 잎을 가졌다/ 잎새마다 무수한 생명을 달고/ 소용돌이치며 가지로 줄기로 잎새로/ 숨을 전한다 생명을 전한다", 「바람은 한 그루 나무」).

내가 있던 그 자리에 바람이 들어와 앉고
구름이 들어와 앉고 새들 날아와 앉고
내가 있던 그 자리에 눈보라 휘날리고
나 아닌 것들이 다 다녀가고
시간은 마침내 그 자리조차 지우고

어느 봄날에 흔적 없던 가지 끝 허공에서
나 아닌 모든 것들이
내가 되어 피어나고
저 푸른 천 개의 팔을 펼쳐
너를 안고 한 호흡으로 타오르는
눈부신 한철을
저들은 알 수 있을까

―「느티나무」(『초심』) 부분

위 시에서 꽃-나무는 나와 모든 것을 소통시키는 존재로 거듭나게 된다. "나 아닌 모든 것들이/ 내가 되어 피어나"는 것은, 들뢰즈 식으로 만물의 나-되기요 만물과 나의 꽃-되기라 할 수 있다. 자아를 이루던 경계는 되당겨진 시간에 의해 지워지고 다시 구획된다. 위의 구절은 '절대적인 것'으로서의 꽃으로부터 '다른 것이 되기'를 향한 시적 퍼스텍티브를 연상케 한다.

여기서 백무산 시의 식물적 상상력은 당대의 문학담론과 연결되는데, 90년대 제기된 문학의 위기론은 그 이면에 위기를 극복하기 위한 다양한 시도를 내포하고 있다. 문학장의 주류로 부각된 이른바 몸시, 생태시, 여성시 등은 일상화된 권력을 해체하고자 하는 문학적 일탈의 시도로 해석된다. 달리 말해 상기한 주제들은 새로운 정치적 모색을 담고 있는 시적 화두인 것이다. 이들은 공통적으로 인간과 이성이 중심이 되었던 문학의 기득권을 문제적으로 드러낸다. 지극히 개인적인 소재와 문체로 담론과 현실 사이를 부유하는 경향은 서정시의 '사적(私的)' 한계와도 연관되지만, 그럼에도 불구하고 우리 문학이 이룬 하나의 경지를 증거하기도 한다. 꽃-식물에 대한 집착은 달라진 현실의 경계를 설정하는 모색의 과정과도 같으며, 발생적 맥락에서 꽃이었으나 언어를 통해 신체-되기에 성공한 남다른 예시 속에 백무산 시의 식물적 상상력이 포함되는 것이다. 일컬어 꽃의 상상은 언어로써 언어를 방(放)하는 역설의 과정에 놓이게 되는데, 그러나 이 넘어섬의 순간은 꽃의 무게와 자연의 청록색 이미지처럼 짐짓 가벼움의 포즈를 취하고 있다.[11]

---

11) 이와 관련하여 백무산 시의 '몸'이 환기하는 '시원적 자연성'의 양면적 속성에 주목할 필요가 있다. 송석랑은 백무산 시에서 '몸'이 마음의 타자에서 주체로 격상하고 있음을 지적하고, 이러한 몸의 부각을 시인의 존재변형과 등치시키고 있다. 시인이 얻은 것은 마음을 갖는 몸, 생각하는 몸으로서 이는

이처럼 백무산 시는 이른바 생태시가 지닌 위와 같은 문학사적 성취와 한계를 동시에 지니고 있다. 백무산을 포함한 동시대의 시적 모색이 간과해서 안되는 이 '가벼운 거리'는 치열한 모색과 반성의 무게로 응당 채워져야 할 것이다. 통상의 선시류와 다른 결을 부여하는 이러한 계기는, 백무산 시의 경우 상생의 길을 모색하는 과정 속에서 보다 구체적으로 드러난다.

4. 중층의 길을 향한 시학

'초심'으로 돌아가 '길 밖의 길'에 서고자 하는 백무산 시의 표제는 단순하고 명징한 반성을 보여준다. 백무산의 '순수함'을 읽으면서 간과해서는 안될 부분이 이 속에 담긴 정치적 의미일 터인데, 초심의 명징성을 감추기라도 하듯 반성의 수위는 중층적이다.

> 연어가 자신이 떠났던 곳으로
> 수만 리 먼 여정을 다하였다
> 그러나 아직은 회향이 아니다
>
> 산란을 마치고 마지막 숨을 몰아쉬며
> 배를 뒤집고 처음 본 그 하늘 다시 본다

타자가 환생한 것인 까닭에 타자를 동화시킬 이유가 없는 주체 아닌 주체가 된다. 이처럼 몸의 '시원적 자연성'에서 자신의 윤리성을 획득한 것이 백무산 시의 몸이라는 것이다. 한편 "사물 속에서 타인과 함께 빚어내는 욕망의 균열 아래로 비친 세계가 아니"라는 점에서 "시인의 존재변형은 일상의 무게를 상실한 채 공중으로 뜬 '나'의 이상주의적인 '실존적 수정'에 그치게" 된다는 점을 경계하고 있다.(송석랑, 앞의 논문, 331-334쪽)

그러나 아직은 회향이 아니다

자연은 고단한 그를 거두어
긴 안식의 집으로 데리고 갔지만
아직은 회향이 아니다

나서 죽기까지 어떤 경로도
아직은 직선이다

알에서 깨어난 새끼들이 어미에게서
물려받은 운명을 더듬어 길을 나선다
새끼들은 분신이지 내가 아 니다

나는 죽어서도 아직 나다
내가 나를 내려 놓았으나
아직은 회향이 아니다

내가 나를 비켜 가는 것이다
달은 한번도
같은 달이었던 적이 없었다

—「회향」(『길 밖의 길』) 전문

날 선 경계의 사이를 통과해온 백무산 시는 삶과 죽음, 인간과 자연의 경계 앞에 다시 선다. 연어의 상징을 빌어 자연의 섭리를 천착하는 「회향」의 정서는 일견 인지상정의 회한일 수 있다. 그러나 화자는 결연한 어조로 "아직은 회향이 아니"라고 한다. 죽음마저도 직선 위에 놓여 적멸의 죽음을 또 다른 시작이게 한다. 죽음

이후에도 지속되어야 할 당위로서의 삶이 "내가 나를 내려놓"는 태도일 것이며, 자신마저 비켜가는 삶은 직선의 연속성이라는 질감을 지니게 된다. 이로써 백무산이 건너온 경계들은 너머의 안주를 지향하는 것도, 되돌아올 반성의 구역도 아닌 것이 된다. 직선인 삶은 언제의 시점에서도 "아직은" 미치지 못하는 항상적 결여를 인식하고 있다. 직선을 이끄는 동력은 과거를 회한으로 남겨두지 않는 반성과 영원회귀의 형이상학을 넘어서는 의지일 것이다. 결연한 직선의 이미지 속에는 부박한 생태론의 유행을 넘어서려는 의지, 자본과 인간의 길항을 지속시키려는 의도가 내포되어 있다.

백무산의 시정신을 구명하기 위해서는 이러한 중층의 길에 이르는 과정을 면밀히 고찰해야 한다. 길은 "내가 나를 통과하지 않고/ 어찌 너를 만나랴/ 너를 만나 꽃을 피우랴"(「네게로 가는 길」, 『길 밖의 길』)와 같이 존재와 기억을 넘어서려는 부단한 성찰의 결과인 것이다. 이와 같이 백무산 시의 새로운 길을 통속적 담시류와 변별하는 근거로서 외양과는 다른 내적 역동, 외면적인 비정치를 전복하는 잠재적 운동성 등을 들 수 있다. 백무산 시의 경우 존재와 언어에 대한 재고 역시 주요한 근거가 된다. 예컨대 「존재는 기억에 의지하지 않는다」(『초심』)에서는 계절에 대한 단상으로부터 기억과 감각을 뛰어 넘어 존재의 의미를 묻고 있다. 기억을 넘어서는 계기로서의 '겨울'이 의문일 듯 하지만, 존재의 근원을 찾고자 하는 혹독한 사유와 겨울이 연동된다. 또한 "벗은 산"의 탈각된 이미지는 "감각이 조직되기" 전의 "옛 거울"과 유사하며, 이들은 피상적 재현으로부터 존재의 근원으로 시적 사유를 이끌고 있다.

여기서 '거울'의 이미지는 상상계라는 은유를 벗어난다. "내가 찾던 자유는 실상/ 철창문도 벗어나지 못한 거리"일 뿐이라는 인식, 나아가 “내가 오래 걸어온 길이라지만/ 무명의 폐쇄회로였을 뿐/ 너와 나를 반복해 비출 뿐인/ 거울상이었을 뿐”(「폐쇄회로」)이라는 ‘거울상’의 부정이 그 근거이다. 이는 상징계의 전제를 부정하면서 표상의 불가능성을 상징하고 있다. 또한 “옛사람들은 거울보다 먼저/ 마음을 비춰보는 돌을 발명”(「창림사지」)하였다는 각성도 함께 있다. 원초적 이미지로서의 거울상은 그 자체가 역전된 환상이다. 거울의 반사된 정체성은 인식론적 환상이요 이에 대한 거부가 거울보다 먼저 마음을 비추는 ‘돌’의 발견인 것이다. 거울상의 부정은 곧 언어의 부정으로 이어진다. “나는 재빨리 그 말을 막았다/ 믿음에 말의 상처를 내었구나// 그 마음이 말에 갇힐까 봐/ 말을 막았네”(「말에 갇힐까봐」)에서처럼 말-언어는 믿음을 방해하는 감옥이 된다. 의식과 기억은 언어를 전제하건만, 언어는 또한 진정한 표상을 가로막는 영토화된 권력일 수 있다. 하여 ‘언어의 감옥’을 벗어난 “그 혼돈의 영토에서” 얻게 된 “한 생각 몸”은 비신체적인 몸임을 알 수 있다. 의미도 화행도 거부하는 새로운 복화술의 효과로서 비신체적인 것이 신체적인 것으로 표현되는 형국이다.

기억은 ‘항상-이미’ 정치적 기억이듯[12] 지난 계절 역시 선택된 기억으로 구성된다. 기억을 부정하는 존재론은 따라서 근대적 인식론을 풍자하기도 하며(“아는 만큼 본다는 건/ 아는 만큼만 보는 것”, 「첨성대」), 진보적 발전사관을 해체하는 탈근대적 상상력을 환기하고도 있다(“저것은 새것이 아니다/ 낡은 것을 집합해 놓은 것이다/ 묵은 짓을 총 압축해 놓은 것이다// 그렇다면 한 발짝, 딱 한 발짝일지도 모른다/ 새로운 것과의 거리가”,

12) 모든 기억은 자신이 기억하고 싶은 기억, 자기의 추억으로 영토화된 기억이다. 그런 의미에서 기억은 항상-이미 욕망에 따른 재영토화의 영역이다.(이진경, 『노마디즘 · 2』, 휴머니스트, 2002, 50면)

「저 아이들의 춤과 노래」). 자아를 중심에 놓는 사유 방식에서 기억은 동일자의 기억이며 계몽이라는 이름으로 타자를 전유하는 수단이 된다. 그것이 「길은 광야의 것이다」에서 부정된 '측량'과 '산술'의 길이었다("우리들 삶은 그곳에서 더이상 측량되지 않는다/ 우리들 꿈은 더이상 산술이 아니다/ 길은 어디에나 있고 또 없다"). 그렇게 장식된 『길은 광야의 것이다』의 대미는, 우연인지 『초심』의 첫 장에서 반복된다("길은 그리움으로 열려 일렁입니다", 「길은 그리움으로 열린다」). 실로 『초심』과 『길 밖의 길』에 제시된 많은 길들은 『길은 광야의 것이다』에 이어지는 길의 사유를 증거하고 있다.13) 확연히 이전의 질을 잃어버린 채이다. 이는 식물적 상상력으로 추인된 길의 형상일 것이다. 이 길은 착시를 끌고 가 바다가 된 길이요 파도가 된 길이다. 기억의 부정과 새로운 존재론적 모색을 통해 길은 다시 형체를 얻는다. 길의 기표는 방법이라는 기의를 얻어, 길은 길인 동시에 방법이 된다.14)

모색의 길로서 경계의 해체는 방법론적 의미로 긴장될 때 보다 분명해진다. 예컨대 인간의 먹거리가 된 생선을 보며 천착하는 길이 있다(「바다 전부」). 경계의 무화는 생선 하나가 매개하는 정치성을

---

13) 예컨대, "길 끊겼다 투덜대고 원망들 하지만/ 내사 이때라도 세상길 한번 뚝/ 끊어먹는 일 반기고 좋아라"(「눈을 기다려」), "가파른 고개 넘는/ 아스팔트 북망길"(「회심곡」), "그곳은 길이라 하데/ 이곳은 집이라 하데"(「산이 그러데」), "어스름 새벽 산길 발자국 남기며/ 마음길에 말의 상처를 남기듯"(「눈 오는 경주 남산」) 등등의 흔적들을 볼 수 있다.

14) 이는 곧 산노루의 속박을 풀어주며 얻게 된 "아, 내가 아니라 그가 아닌가/ 내 덫을 풀고 있는 것은 그 눈빛이 아닌가"(「덫」)라는 깨달음이고, "아무 일 않는 것으로/ 할 일 하는 법"(「가시연꽃」)의 습득이며, 자유가 곧 "엄중한 검열"(「검열」)이 되는 순간이기도 하다.

통해 길 위로 옮겨간다. 생선 하나를 다룸이 치국에 비유되듯[15)]길은 무위의 정치적 효과를 동반하는 것이다. 이처럼 길 위에 선다 함은 무를 수 없이 나아가는 기행의 길에서 방법과 인식의 길로의 선회를 의미한다. 경계의 길에서 생성의 길로 들어섬이요 그것은 "내가 전부 바다가 되는 길"인 것이다. 익숙한 백무산 식 어법을 통해서도 이러한 길을 만날 수 있다.

> 그러나 나는 걱정스럽게 말한다. 생존을 분배받기 위해 화염병으로 저항하고, 생활을 분배받는 일로 쇠파이프로 무장하는 일이 어쨌단 말인가. 그러나 욕망을 분배받는 일은 벼랑으로 가는 일, 노예 되기를 동의하는 일, 저 강물을 배신하는 일, 나무를 능멸하는 일, 저들과 공범이 되는 길. 이제 다시 물어야 한다, 왜 파업을 하느냐고, 다시 물어야 한다, 그리고 그 대답은 이제는 달라야 한다고.
>
> ─「욕망의 분배」(『초심』) 부분

> 이 싸움이 네 욕망이냐 내 욕망이냐가 될 수 없다
> 네 권력이냐 내 권력이냐가 될 수 없다
> 네 것 내 것 차별이 될 수 없다 그 자체다
> 강도라면 강도 자체를
> 총칼이라면 총칼 자체를 무너뜨리는 일
> 이것이 얼마나 먼 길이냐
> 얼마나 가까운 내 안의 길이냐
> 그래서 삶은 언제가 길 위에 있다
> 살아서 언제까지나 가슴을 치며 울기를

---

15) "治大國 若烹小鮮"(노자, 오강남 역, 『도덕경』, 현암사, 1995, 60장)

두려워 말자

―「이럴 줄 알았으면」(『갈 밖의 길』) 부분

「욕망의 분배」는 변모된 삶의 태도를 직설적 표현으로 제시하고 있다. 달라져야 하는 이유는 욕망을 분배받지 않기 위해서이다. 생존과 생활을 넘어, 그것이 인간의 역사를 향한 측면이라 한다면, 욕망이 분배당하는 근원의 모순을 향해 질문의 수위는 달라져야 하는 것이다. 근원의 모순은 '강물'과 '나무'가 함께 함으로써 인간만의 문제설정을 넘어선다.

동궤의 맥락에서 「이럴 줄 알았으면」은 욕망의 차이를 부정하고 있다. 욕망과 권력 그 자체를 부정하는 것은 모든 정체에 대한 발본적 회의에 해당된다. 결국 경계를 해체하는 것이며, 요원하지만 실은 내 삶의 길이라는 발견이 명징한 선언 속에 드러나고 있다.

차별화된 욕망이란 '저들'이 강요하는 삶을 꿈꾸는 욕망일 것이다. 또한 나-인간의 위치에서 비롯되는 소외요 결핍이다. 그리하여 백무산 시는 반복되는 자문을 통해 '그들'과 '우리'의 이항대립을 넘어서고자 한다. 현실의 부정은 결코 전복이 될 수 없다. 이는 앞서 보아온 언어의 거부, 식물의 상상력을 배후에 둔 채 새로운 존재론을 꿈꾸는 맥락 위에 놓인다. 나아가 백무산 시는 의미의 잉여를 정치적인 순간으로 포착하려는 시도를 길의 사유를 통해 보여주고 있다. 그리하여 길은 주어진 경계의 무화를 욕망하는 방법이고, 그럴 수 있는 태도를 아우른다. 이처럼 인간의 역사를 포함하면서도 광야의 것인 길을 안고 온 사유의 여정은 텍스트의 의미를 여전히 혹은 새롭게 '길 밖의 길'에 되돌리는 길의 변증법 혹은 길

위의 시학을 보여주고 있다.

5. 길 위의 시학

이상 이 글은 백무산 시를 통해 기억을 부정하는 새로운 존재론의 길과 경계의 시학을 고찰해 보았다. 백무산의 시는 시종일관 인간과 자본, 근대적 삶의 한계와 극복에 대한 인식이 근저에 작용하고 있다. 그가 설정하는 시적 경계는 이항대립적 계기로부터 경계라는 문제설정에 대한 근본적 회의와 태도, 나아가 미학적 회통 등을 복합적으로 상징하고 있다. 80년대로부터 이어지는 일관된 시작의 과정 속에서 그가 보여준 존재의 경계론은 민중시학은 물론 민족문학의 문제설정에 대한 주요한 반성의 계기로 작용하는 소중한 성과라 하겠다. 또한 식물적 상상력을 전유하여 인간과 언어를 벗어나는 탈근대적 시작의 방법을 모색하고 있다. 이는 일회적 반성과 유행으로 그치는 것이 아니라 달라진 현실에 대한 인식과 새로운 시적 주체의 모색이라는 점에서 백무산 시의 주요한 어법으로 이해되어야 한다. 이와 동시에 백무산 시의 '길'은 정치적 행위요 내면의 집중이 시의 외부를 향해 나아가는 지점을 가리킨다. 언어에 대한 반성적 인식은 담론의 권력화에 대항하는 서정시의 저항이라 할 수 있을 것이다. 언어와 자연을 통한 백무산 시의 서정은 이데올로기와 권력의 자리에 자연의 호명을 놓는 역전으로부터, 다시 호명의 존재론 자체를 부정하는 다양한 실험을 보여주고 있다. 여기 매개되는 진지한 반성은 새로운 시와 삶에 무관하지 않다. 그렇게 백무산이 스스로의 강박을 지양해온 과정은 90년대 이후 시사의 남다른 흔적이요 문학사적 성과일 것이다.

아이러니의 현실에 대응하는 시의 전복력은 점차 미시화되고 있다. 이는 개별 작품의 문제라기보다는 시적 현실의 구조적 변모에 따른 시의 변화라 할 수도 있을 것이다. 근본적 메커니즘의 차이 앞에서 민중시의 전사를 기억하는 것도, 체험이 결여된 언어로 존재의 의미를 부정하는 것도 온당한 대응이라 보기 어렵다. 백무산은 스스로 이를 분명히 인식하고 있는 듯하다. 그는 한 에세이에서 87년 이후의 노동정치나 노동투쟁이 결국 경계를 구획하는 영토전쟁에 불과하다는 의견을 피력한 바 있다.[16] 하지만 현실 인식과 시적 성취는 분명히 다른 차원이다. 여전한 생활의 언어 한편에 적절한 긴장을 잃은 상투적 진술이 섞여있기도 하다. 그 결과 잦은 관념어의 빈도와 잦아드는 구체적 형상을 보기도 한다. '잦음'의 이중적 의미망처럼 백무산 시의 '길' 역시 '사이'에 있다. 경계를 넘어서고자 하는 이 길이 진정 넘어선 것이냐 넘어서려는 것이냐는 백무산 시의 남은 행보가 보다 분명히 취할 태도이다. 이 문학적 곤란의 시대에 다행히도 백무산 시의 최근 성취는 이론을 선점한 듯하지만, 반복과 비약으로 인한 정체의 가능성을 포함한 채 여전히 길 위에 있다.

---

16) 그에 따르면 작금의 현실 역시 전면적 자본 지배가 가치화된 공간이어서 현실투쟁이란 영토전쟁을 반복하는 것일 수밖에 없다. 따라서 부정의 변증법으로 작동하는 '근대 현실' 공간만을 현실이라 해서는 곤란하며, 민중문학의 자연 혹은 생태적 공간으로의 관심 이동은 '현실'을 어떻게 확장할 것인가, '살림의 투쟁 공간'을 국가, 계급, 역사의 공간에 한정짓지 않겠다는 의지로서 받아들여야 한다는 것이다.(백무산, 「영토전쟁의 기억을 넘어서」, 『실천문학』, 2007 여름, 315-318쪽) 이러한 판단은 시작에도 이미 반영되어, 예컨대 「불의 유품」(『창작과비평』, 2004 겨울)은 그 입장을 시화한 경우에 해당된다.

PART 3

문학과 로컬리티

12

시, 정치, 장소

1. 시의 정치적 조건

필리핀의 국민 영웅인 리잘(J. Rizal)은 1896년 사형이 집행되기 전날, 조국과 국민에게 주는 마지막 걸작(「최후의 고별」)을 스페인어로 쓴다.[1] 애국적 정열이라는 주제가 제국주의의 언어로 기록되는 형국이 어딘지 아이러니컬한 듯도 하다. 문학 외부의 사건이 내부의 내용과 형식을 지시하는 하나의 사례이기도 할 것이다. 이 절명시를 감상하는 데 있어서 정치적 상상이 개입되지 않을 수 있을까.

우리 시대의 시는 단형 서정의 언어구성물로 존재한다. 제한된 기표의 조직적 배치는 기의와 해석의 다양성을 파생한다. 그리하여 언어의 잉여는 시 장르가 지닌 선험적 조건이 된다. 시가 지닌 장르적 역설 역시 이로부터 비롯되는데, 언어라는 기호를 통해 자

1) 베네딕트 앤더슨, 윤형숙 역, 『상상의 공동체』, 나남출판, 2002, 184-186쪽 참조.

신을 체현하지만 역학상 고도로 긴장된 방식 속에서 미적 가치를 파생한다는 점은 여타 장르의 문학과도 대비되는 시의 특장일 것이다.

언어의 긴장과 미적 가치의 상관은 한층 복잡한 층위를 형성한다. 다만 한국어가 지닌 특성으로 인해 기호 자체가 지닌 음가적 미학 수위는 다른 언어에 비해 단순한 편이다. 오늘날의 시가 미적 자율성으로서의 근대적 시학 원리에 근거한 것이라면 한국어는 그 어떤 언어에 비하더라도 미적 이념의 실현에 근접한 매체에 해당된다. 따라서 시어의 형식미학보다는 내적 의미구조의 조직에 주목하게 되는데, 그런 까닭에 한국시에 있어서 정치적 상상력은 문학사의 중요한 흐름을 형성해 왔다.2)

한국시의 정치적 상상력은 위와 같이 언어가 지닌 기호적 자질과 관계되기도 하지만 근대적 사회구성체의 형성 과정으로부터 배태된 조건이기도 하다. 한국사회의 근대성은 외세가 개입될 수밖에 없었던 역사지정학적 조건 속에서 형성되었고, 분단 모순이라는 내적 갈등을 지닌 채 전개되었다. 이러한 토대 위에 하나의 상부구조로서 존재하는 현대시는 100년의 역사적 전개 과정에 있어서 강한 민족주의 이념과 함께 정치적 상상력을 익숙한 하위 범주로 형성해 왔다.

거대담론이 해체된 이래, 1990년대의 공백을 거쳐 2000년대를 전후한 시기, 문학과 정치의 화제가 다시금 회자된 바 있다. 대개의 논의는 결국 공적 합리성과 경제적 불평등을 해소할 수 있는

---

2) 시 자체가 정치적인 것이 아니라 역사적 과정 속에서 그 성격이 부여되는 것이다. 김우창, 「시와 정치」, 『시인의 보석』, 민음사, 1994 참조.

실천적 이론에의 탐구를 강조하는 당위론으로 귀결된다.[3] 여기서의 정치가 식민지 시대 임화의 시편 속 화로의 상상이나, 분단과 개발독재 아래 김수영이 그린 거대한 뿌리의 사유에 대비하면 어떤가. 정치의 시절이 다시 온 듯하지만 대개 정치 아닌 현실과 생활이 가능했던 적이 있었는지가 더 의문이다. 더욱이 시는 삶의 반영을 가장 조직된 언어로 형상화하는바 그 상상의 순간 자체가－삶과 현실을 이중적으로 재구성한다는 점에서－정치적이지 않을 수 없다.

2. 정치 부재와 판타지의 잉여

2010년대의 한국사회를 가리키는 형용어구로서 정치의 부재를 들 수 있을 것이다. 정치 부재의 극단적 형태는 2012년 12월 나타났다. 선거 기간은 국민을 반으로 나눈 한 편의 드라마와 같았다. 이 긴장된 서사적 상황 속에는 식민지 시대로부터 유착된 권력, 유신의 경제 논리, 기존 정치의 관성에 대한 반성, 진영 간 갈등 등이 모두 녹아 있었다. 마지막 드러난 높은 투표율은 극적 긴장을 더했다. 주목해야 할 사실은 소란한 현상의 이면일 것이다. 일견 정치적일 듯한 이런 외형 뒤에는 지극히 비정치적인 폭력의 이데올로기가 숨어 있다. 정치는 무엇보다도 다양성 속에서 자신의 긍정적 이념을 실현하기 때문이다. 선거의 과정에 나타났던 진영 갈등은 1980년대까지 지속되었던 지배 이데올로기의 폭력적 이념을 위시하여 저항운동의 비약화된 언어 형태를 축약해서 보여주었다.

3) 박대현, 「'정치'로서의 시적 상상력」, 『실천문학』 2011년 여름호, 86-88쪽.

지젝에 따르면 언어를 통해 구현되는 상징적(symbolic) 폭력은 제도의 작동이 결과하는 구조적(systemic) 폭력과 더불어 객관적(objective) 폭력의 한 형태이다.[4] 그 외양은 달라졌지만 여전히 억압적인 수사의 시대가 이어지고 있다.

이러한 사정은 시의 정치를 다시 부르는 원인이기도 하다. 문학과 정치에 대한 논의는 일상적 시간을 보다 긍정적인 생활의 순간으로 견인하려는 자구책의 일환일 것이다. 랑시에르 식으로 말하자면 문학에 담긴 정치적 의미는 '감성의 분할(le partage du sensible)'을 가능케 하는 행위로부터 발견된다.[5] 이 지극히 추상적인 문학 정치의 공준을 그대로 받아들일 이유는 없지만 시가 존재하는 방식이 그와 다르지 않다는 점에서 배타적일 필요도 없다. 시가 성립하는 근본적 이유는 언어와 감각의 새로움을 체현하는 데에 있다. 이는 창작이나 수용의 양면 모두에서 성립된다. 자동화된 지각 작용의 연장이 없고서는 시가 시일 이유가 없다. 시는 언제나 제도화된 감성을 새롭게 재구성한다.

시와 정치적 상상의 길항은 근대문학의 성립기로부터 비롯된다. 이른바 저항시의 계보는 정치적 시의 대표적인 예시로 존재하고 있다. 하지만 문학과 정치는 저항시나 리얼리즘 등속의 하위 범주에만 한정되지 않는 더욱 근본적인 문제 영역이다.

> 이제 내 시에 쓰인
> 봄이니 겨울이니 하는 말로

---

4) 슬라보예 지젝, 이현우 · 김희진 · 정일권 역, 『폭력이란 무엇인가』, 도서출판 난장이, 2011 참조.

5) 자크 랑시에르, 유재홍 역, 『문학의 정치』, 인간사랑, 2009(2011), 11쪽.

시대 상황을 연상치 마라
내 이미 세월을 잊은 지 오래
세상은 망해가는데
나는 사랑을 시작했네
저 산에도 봄이 오려는지
아아, 수런대는 소리

—정희성, 「봄소식」 전문

2000년대 들어 정희성은 위와 같이 쓴 바 있다. 화자는 자전적 진술 형식을 빌어 시적 정황이 계절에 비유되는 관성을 부정하고자 한다. 실제로 오늘의 삶은 정치제도적 구속으로부터 자유로운 듯하지만 이는 역설적으로 시적 정치의 고도화를 요구하는 물리적 조건이기도 하다. 생명정치가 보편화된 사회구조는 저항시의 효용가치를 슬기롭게 제거하였다. 희망의 계절로서 봄의 시효는 다한 듯하다. 따라서 "수런대는 소리"는 선구자적 희망이 아니라 자연의 감각이요 새로운 봄의 운산이다.

「봄소식」을 위시하여 당대 시단에서 소위 '식물적 상상력'이 주목되었던 것은 시적 정치의 새로운 모색이었다. 리리시즘에 재현되는 자연의 형상들 역시 낭만적 운산과 그 결과만은 아니다. 이를테면 두 개의 경계로 설정된 자연이 있는데, 투사와 동일화를 통한 내면적 전유 대상으로서 자연이 하나라면 물성 혹은 개체성을 드러내는 욕동(drive)의 주체로서 자연이 다른 하나이다. 내면화된 자연의 경우에도 관조나 응시의 대상에 한정되지 않는다. 가라타니 고진 식으로 근대의 원근적 시선이 풍경으로서 발견한 자연과는 다른 양상인 것이다. 무엇보다 식물적 상상력의 배경에는 실존의 감각이 강조된다. 예컨대 백무산이 "내 존재의 경계는 자꾸 허물어져/시간의 상처만 손바닥에 바스락거립니다"(「12월」)라거나, "내가 있던 그 자리에 바람이 들어와 앉고/구름이 들어와 앉고 새들 날아와 앉고"(「느티나무」)라고 할 때, 여기서의 자연은 '경계'를 넘어 '길'을 모색하는 과정을 환기한다. 시의 정치는 이러한 모색 속에 생성의 길을 놓는 집단적 사유가 되어야 할 것이다. 내면적 생성의 길을 잇는 운동의 계기는 시의 정치를 묻는 담론적 행위 속에 포함되어 있다.6)

판타지 코드는 이처럼 봄의 상징이 떠나간 시어의 세계에, 정치 부재와 더불어 부각된 하나의 흐름일 것이다. 현단계 시단에서 주목받고 있는 판타지 코드는 문학과 정치적 상상력의 관계를 모색하는 데 주요한 참조점을 제공한다. 시적 판타지는 시의 잉여를 증거하고 이데올로기의 숨겨진 욕망을 발견하는 대표적 기제라 하겠다. 관련된 어떤 작품을 보더라도 그 발생의 맥락에는 문학적 공준이 사라진 시대의 파편화된 이미지들이 두드러진다.

> 이제는 바야바나 래시 렌지 같은
> 사람보다 영민한 영물을 불러내기엔 나이가 너무 많았고
> 세상은 오리무중이 되어 버렸지
> 시간이 뒤죽박죽으로 돌아가던 환상 특급을 닮아 가는 세상
> 요상한 차원에 살고 있었지
> 집에는 식구와 똑같이 생긴 사람들이 밥상에 둘러 앉아 허리를 수그리고 있지

---

6) 기타 채호기, 최두석 등의 작품을 통한 당대 식물적 상상력의 양태에 대해서는 이 책 10장 참조.

서로 말이 없고 어쩌다 고개를 돌리면
텔레비전에다 말을 하고 웃고 심각해지고 우울해지고
환상 특급이 끝나도
중세의 암흑기 지층에 묻힌 집에서는 간간이 뽕짝이 흘러나왔
지

—윤의섭, 「춤의 궁전」 부분

판타지적 상상력을 동원하는 시편에서 이미지들의 극한 거리 사이에는 "오리무중이 되어 버"린 세상과 "서로 말이 없"는 사람들이 존재한다. 유수의 문화유산이 태동했던 중세가 "암흑기 지층"으로 비유되는 아이러니가 또한 지금 시대의 것이다. 중세의 아이러니를 성립시키는 근거는 인간이라는 본질을 외면하고 신학적 가치에 귀속되었던 당대 문명의 역학에 있다. 이성의 시대라는 패러다임에도 불구하고 무지와 물신화가 가중되는 오늘의 세태 역시 다르지 않다. 그런 실정이 다시 중세의 비의적인 궁전과 마법을 환기하고 있는 형국이다.

문제적인 특징은 판타지의 이중성이다. 문학성과 상업성의 긴장은 판타지의 이중적 성격을 구성하는 일요소이다. 또한 판타지는 비현실적 몽환의 구성물인 동시에 이데올로기의 억압으로부터 비롯되는 정치적 상상력으로서의 의미를 지니기도 한다. 지젝은 판타지를 매개로 하여 상징 질서의 구성과 그에 귀속되는 주체의 양상에 주목한다. 실재를 재현하는 상징적 현실은 완전할 수 없는바 비일관성과 균열로 가득 차 있다. 이때 판타지는 상징계의 틈새를 가리는 동시에 드러내는 중층적 계기일 수 있다는 것이다.

현실의 모순 즉 상징계의 균열을 봉합하는 역할은 당대의 이데

올로기를 충실히 재현하는 텍스트가 귀속될 운명일 수 있다. 역으로 문학적 욕망의 과정에서 드러난 이데올로기적 허위, 언어 전략, 소수성의 부각 등은 봉합될 수 없는 실재이자 정치적 상상력의 욕동일 것이다. 지젝은 이데올로기의 현실을 인정하는 것으로부터 그 비판의 가능성을 타진하지만 현실은 순진하게 재현되지 않는다. 비현실적인 환상이 가장 현실적이라는 판타지의 역설은 이러한 이중적 구조로부터 비롯된다. 우리 시대의 판타지적 욕망은 인간 존재(주체)와 현실을 반성하는 하나의 계기로서 현재적이고도 정치적인 의미를 지니고 있다.

그간 정신분석 이론이 보여준 바와 같이 주체의 형성은 '아버지의 이름' 혹은 큰타자가 환기하는 상징적 질서를 벗어날 수 없다. 억압된 현실은 여러 층의 이데올로기적 재구성을 통해 봉합된다. 그럼에도 불구하고 충족될 수 없는 결여의 현실은 판타지의 욕망을 통해 드러나고 있다. 그 과정은 불완전한 주체의 속성 또는 대상의 상대성을 잘 보여준다. 판타지의 시화는 "'실체'는 현상의 세계에서, 현상적인 대상성 속에서 자기 자신을 반영하는 한에서 본질이며, '주체'는 그 자체가 분열되어 있는 한에서, 즉 자기 자신을 실정적으로 주어진 이질적인 실체로 경험하는 한에서 실체"[7]라는 지젝 식 명제의 문학적 형상이기도 하다. 판타지가 지닌 정치적 의미는 이처럼 이중의 굴절을 통해서 실현될 수 있다. 그러나 이는 지극히 미시적인 접근 방식이기도 하다. 판타지는 지젝의 일반화와는 달리 자기만족적으로 실재의 틈새 주변에서 흘러넘칠 뿐이다.

---

7) 슬라보예 지젝, 이수련 역, 『이데올로기라는 숭고한 대상』, 인간사랑, 2002 중 라클라우의 「서문」, 15쪽.

결국 시의 정치적 상상력은 자신이 지닌 소수성을 실현할 때 더욱 구체적인 의미로 담론화될 수 있다.

3. 서정과 지역, 혹은 정치의 장소

잉여쾌락, 혹은 이데올로기의 숨은 욕망을 알리는 시적 기호들은 시단의 현재 수위를 보여준다. 문제는 이 잉여의 기표들을 꿰뚫는 억압의 실체를 이 시대의 언어가 기록할 수 있을 것인가에 있다. 재현될 수 없는 실재와 우리 시대의 운명이 그 위에 가로놓여 있다. 시의 정치적 상상력을 사유하는 소이가 바로 여기에 있다.

지금은 봄이라해도
만물이 소생하는 봄이라해도
이따에는 봄인줄 모를네 모를네

안개비오네 앞산밑에 풀이 파랫소
이 비에 조쌁이 한치자라고
논뚝까지 빗물이 가득하련만

아아 밭가리 못햇소
논가리 못햇소
흙한줌 내손에 못쥐어봣소

—강경애, 「간도를 등지면서」 부분

1930년대를 간도에서 보냈던 강경애는 이주의 땅이었던 그곳을 한때 떠나면서 위와 같이 소회를 밝힌다. 지극히 서정적인 어조로 씌어진 이 글은 땅을 잃어버린 식민지 이주민의 삶을 '봄'이 부재하는 것으로 비유하고 있다. 이러한 현실 인식으로부터 제도화된 은유와 상징이 비롯된다. 한국어의 많은 비유들은 역사적 배경에 긴밀히 관련되기 때문에 정치적이며, 시어의 본질인 지각의 연장이 상쇄되는 것을 감내하며 제도화되기도 한다. 강경애의 서정이 산파하는 진정한 정치적 효과는 역사적 기억의 현재화에 있다. 이를테면 위와 같은 기록은 간도라는 공간을 둘러싼 역사적 추이를 현재로 재구성하며 관련 지역의 심상지리를 구축한다. 이는 오랜 시간을 되돌려 디아스포라의 실체를 국가 외부의 관점에서 제공하는 등 여전한 실정적 의미를 산파하고 있다.

전지구적 자본 질서가 공고한 오늘날 시적 이데올로기와 정치적 가능성을 가늠한다는 것은 지극히 개인적이고 추상적인 작업일 수밖에 없다. 시단의 개성 자체가 잉여의 시대를 증거하고 있다. 시단 영역과 시작 경향이 미세화되는 것은 시대적 징후와 무관하지 않다. 그것은 대립물들의 투쟁에 의해 중층결정으로 가는 변증적 지향의 과정이라기보다는 유기체적 감각으로 운산할 수 없는 디지털 코드의 특징에 가깝다. 그럼에도 불구하고 시는 여전히 반디지털적 사유의 기제로 존재하고 있다. 시어가 지닌 역설적 운명이 이로부터 비롯되기도 한다. 디지털 코드가 보편화되면서 이데올로기의 욕망을 가리는 절대적인 매체가 되고 있음은 재론의 여지가 없다. 이때 시어는 디지털 코드와 그 성격을 공유한다. 파편화된 기호를 통해 전혀 새로운 대상을 파생하는 맥락이 그렇다. 그럼에도 불구하고 완결된 서사를 장르적으로 지양하는 것이 시적 운명인바 시는 늘 잉여의 지점을 그리고 있다. 파편화된 코드의 조합은 이데올로기의 숨은 욕망을 가리는 동시에 잉여의 의미로 인해 전혀 새로운 틈새를 드러내기도 한다. “미친 듯이 사랑을 찾아 헤매었으나/나 자신을 사랑하지는 않았노라”(기형도, 「질투는 나의 힘」)고 하는 고백이 여전히 유효한 시절인 것이다.

문학이 정치를 표현할 수 있는가, 문학적 정치가 어떤 구체성과 역능을 지닐 수 있는가 라는 질문은 여전히 아포리아에 가깝다. 시의 경우에는 더욱 요원한 문제가 아닐 수 없다. 다시 원론으로 돌아가야 하는데, 정치는 긍정적 삶을 지향하는 인간의 관계임을 기억할 필요가 있다. 이는 추상적인 형태일 수도 있고 구체적일 수도 있다. 제도적인 것일 수도 있고 사유의 불가해한 충돌을 바로잡는 관념일 수도 있겠다. 따라서 시의 상상력은 정치적 상상력이고, 항상－이미 탈주의 범주를 생래적으로 지닌다. 이때 삶이 이루어지는 현실 장소는 정치적 상상력의 원론적이고 구체적인 배경일 수밖에 없다. 이로부터 장소성에 천착하는 시상의 시의적 의미가 파생된다. 장소성의 묘사야말로 구체적 현실의 형상이기 때문이다.

2000년대를 전후하여 문학장은 형식을 넘어서는 형식이 일상화될 정도로 ‘서정’에 관한 재구가 모색되었고, 또한 이른바 ‘정치시’의 문제틀을 통해 시적인 것의 새로운 범주를 구성해나가는 중이다. 여기에는 서정과 언어의 근본적 한계가 관련되는데, 많은 시작들은 통상적인 언어와 지역의 경험을 통해 이 문제적 쟁점을 스스로 체현하고 있다. 이와 관련하여 최근 시단의 경향에서 보다 진지하게 살펴봐야 할 점이 서정의 로컬리티라는 문제이다.

다시,
처음으로 돌아가는 겨울 산
그 품속은 뜻밖에도 포근하구나

저문다는 것은 이런 것인가
평생을 몸속에 박혀 있던
그 질긴 어둠의 파편들이
가벼운 추억처럼 쏟아져 내리고
종잇장처럼 뒤집히는 운명에도
산은 고요하여라
눈이 부시도록 고요하여라

—최종석, 「백복령을 넘으며」 부분

문단 변경에서 백복령의 사계를 기록하고 있는 이 작품은 시인의 삶의 배경으로서 강원영동지역의 '고개'에 관한 사유를 총화하려는 기획으로 보인다. 계절에 따라 4부로 분장된 구조는 그것이 완성되기까지의 물리적 시간과 순환적 경험을 반증하는 형식으로 볼 수 있다. 그 결과 백복령은 현실과 자아를 재구성하는 시학적 기제가 된다. 표면에 드러나는 정연한 형식과 완벽한 주기는 백복령의 물적 자질이기보다는 자아가 투영하는 관념적 형상일 것이다. 그런 감정은 철저히 생활의 사건으로부터 비롯된다. 즉물적 대상은 경험의 추이에 따라 불특정 공간으로부터 관계적 장소성을 획득한다. 어느 순간 고개는 삶과 죽음을 공유하고("누구는 아무렇지 않게 죽어가고/또 누구는 그렇게 살아나는가"), 소멸과 생성의 공감각이 산파되는("그 질긴 어둠의 파편들이/가벼운 추억처럼 쏟아져 내리고") 경계를 구성한다. 이때 고개가 지닌 속성은 인간적 구획 단위를 '넘으며' 스스로의 물성으로 감각화된다. 최종석 시에서 그리움이라는 근본 정서가 기생하는 숙주로서의 백복령은 이와 같이 오랜 경험과 문학적 아비투스로부터 자동발생된 지양의 공간이요 탈주의 장소라 하겠다.

이처럼 현실적 삶과 관련된 시의 소재들이 랑시에르 식으로 감성의 분할을 통해 이른바 문학적 정치를 성취하고 있는가에 대한 판단은 보다 엄밀한 시각으로 수행되어야 하리라 본다. 물론 그것이 시의 성취에 관한 기준일 수는 없다. 근대적 미학 양식으로서의 문학이라는 장르는 그 자체로 정치적 운명을 지닌 채 태동했지만, 이 명제가 시 해석의 공준일 수는 없다. 그럼에도 불구하고 시적 정치로서의 접근 방식은 그 시세계를 이해하는 주요 도구가 될 수 있다. 그 이유는 장소의 시학 스스로가 내면화된 자연과 실존에 대한 의지, 그리고 부단한 현실적 경험을 통해 '시적 정의(poetic justice)'를 구현하고 있기 때문이다.

지역적 장소를 다루는 리리시즘 경향의 시편들은 별다른 해설이 불필요할 정도로 편안한 독서를 전제하기도 한다. 이는 시인의 의도를 떠나 시작 패턴에 따른 결과일 것이다. 수많은 시작의 개성들 자체로는 어떠한 미학적 산술을 진행할 수 없다. 그럼에도 불구하고 추구해야 할 길과 지양해야 할 관성을 구분해야 한다. 설령 그것이 비본질적인 것이요 언젠가는 또 다른 시의 공준이 등장할 줄을 알면서도 문학은 늘 정치적일 수밖에 없다. 시의 장소성은 이에 대한 목적론적 의도를 앞세우지 않는다. 그 재현 방식은 문학의 궁극적 질서와 미래를 결과적으로 보여줄 뿐이다.

4. 시적 정치의 미래

기형적 자본 질서의 근대성을 토대로 지닌 한국사회에서 문단이 활황인 것은 특수한 일면에 해당된다. 세계의 문학판으로 시각을 돌려 비교하자면 그러한 진단이 공연한 허세가 아님을 체감할 수 있다. 한편 한국문단의 양적 팽창은 역설적으로 중요한 문제 상황을 내재한 것이기도 하다. 비전문성과 자기만족은 대표적 폐단의 하나이다. 문학장 활황 양상의 전면에 시가 놓이는데, 이는 서정시 범주가 지닌 장르적 특성에서 비롯된다. 아마추어리즘을 비롯한 비전문적 메커니즘은 지역적 문단권력의 관성화와 더불어 또 다른 문제를 재생산하는 중이기도 하다. 시의 정치적 상상이 텍스트 외부를 응시해야 하는 이유가 여기에 있다.

한편 신자유주의로 상징되는 자본의 새로운 질서는 문화시장의 흐름을 재구하는 중이다. 시단에 있어서도 파편화된 이미지로 시학의 미래를 예단하는 경향들은 디지털이라는 새로운 알고리즘의 기호 세계에 맞서는 미시적 욕망으로 보인다. 그러나 그 포즈는 지극히 가볍다. 시의 정치적 상상력을 고민하는 이유는 정치가 아닌 시를 위해서이다.

미시적 지평의 확장 경향은 이론의 경우도 마찬가지다. 거대담론을 해체하고 깊이 모를 미시담론의 세계가 유행하는 것은 대표적 사례일 것이다. 지젝 식의 문화이론 역시 현단계 담론적 지평과 긴밀히 연동된다. 깊이가 부재하는 내면을 상쇄할 판타지의 의장은 이론에 의해 세련되게 포장되기도 한다. 이 글에서 언급한 지젝이나 랑시에르 등의 이론은 넘쳐나는 시대의 과잉을 적확하게 묘파하고 있다. 또한 주요한 이론적 축으로서 이데올로기와 정치에 대한 논점이 자리하고 있는 것은 그 자체로 의미심장한 일이다.

푸코나 아감벤을 원용하지 않더라도 생명정치의 일상화는 이미 생활이 되었다. 지금 현재가 잉여쾌락의 시대라는 것은 실정적 삶의 곤란에도 불구하고 흘러넘치는 시어들을 보더라도 쉽게 짐작할 수 있다. 시의 정치적 상상력은 이러한 시대를 위무하기 위한 당위적 입론일 것이다. 사적 욕망과 시대의 지평이 만나는 지점은 곧 시와 정치의 접점이기도 하다. 이 중층적 구조의 장은 시가 선험적으로 지닌 잉여의 순간 중 어디에선가 제 몸을 도사리고 있을 것이다. 이 시대의 시적 잉여가 다다를 감성의 분할과 재구성의 지점. 이에 대한 정치적 사유를 포함하여 현단계 한국시는 새로운 모색의 과정 속에 놓여 있는 실정이다.

13

박인환 시의 장소와 심상지리

1. 박인환 시의 중층성

박인환(1926-1956) 시는 1950년대 모더니즘의 지표 중 하나로 잘 알려져 있다. 박인환이 1950년대를 전후한 시기, 당대의 문학 지평을 선도에서 견인하고자 했던 작가였다는 데 대해서는 이견이 없을 듯하다. 물론 그 성패에 대해서는 다양한 입장이 존재한다. 댄디한 외양과 행적, 무엇보다 불의의 요절은 모종의 불가역성을 부여해 그 문학적 성가에 관한 공방이 사후 반세기가 넘도록 지속되고 있다.[1] 성공과 실패를 떠나, 문학적 평가의 범위에 극단적 모더

1) 대표적 사례로서 그 동안 기정사실로 언급되던 등단작의 배경에 대해서조차 재검토가 필요하다는 발견을 들 수 있다. 맹문재에 의하면 「거리」가 1946년 12월 『국제신보』에 발표된 박인환의 등단작이라는 기존 입장은 재고되어야 하는데, 이는 『국제신보』가 1947년 9월에야 『산업신문』이라는 제호로 창간된 것이기 때문이다.(맹문재, 「모던한 리얼리즘의 시세계」, 맹문재 편, 『박인환 전집』, 실천문학, 2008. 이하 『전집』으로 표기) 박인환의 댄디한 외양에 대해

니즘으로서의 면모와 남다른 리얼리즘이라는 입장이 대립하고 있다는 점 자체가 주목할 만한 현상이다.[2] 문학사적 의의에 관한 상반된 평가가 공존하며 여전히 논쟁의 계기가 되고 있다는 사실은, 박인환 문학이 그만큼 중층적 실체이자 문제적 텍스트임을 반증하는 사례라 하겠다.

이 글에서는 장소 인식과 심상지리(imaginative geography)[3]의 관점

서는 이봉래(「박인환과 댄디즘」, 김광균 외, 『세월이 가면』, 근역서재, 1982), 신경림(「젊음과 슬픔과 리듬의 시인 박인환」, 『초등우리교육』 82호, 1996. 12) 등 참조.

2) 모더니즘과 관련해서는 김춘수(「후반기 동인회의 의의」, 이동하 편, 『박인환』, 문학세계사, 1993), 오세영(「<후반기> 동인의 시사적 위치」, 『20세기 한국 시 연구』, 새문사, 1989) 등을 위시하여 대개 한계를 지적해 온 이래 1990년대 이후에는 다각도로 논의가 확산되고 있다. 그 중 김용희(「전후 센티멘털리즘의 전위와 미적 모더니티－박인환의 경우」, 『우리어문연구』 35집, 2009. 9), 정문선(「모더니즘 시와 영화기법－박인환 시의 시간의식과 화자의 시선 이동을 중심으로」, 『시학과 언어학』 1권, 시학과언어학회, 2001), 박연희(「전후, 실존, 시민 표상－청년 모더니스트 박인환을 중심으로」, 『한국문학연구』 34집, 동국대학교 한국문학연구소, 2008. 6) 등은 새로운 시각에서 박인환 시에 관한 모더니티를 구명하고자 한다. 리얼리즘적 입장에서 박인환 시를 주목한 사례로는 김영철(「박인환의 현실주의 시 연구」, 『관악어문연구』 21집, 서울대학교 국어국문학과, 1996)을 위시하여 송기한(「역사의 연속성과 그 문학사적 의미－박인환의 경우」, 문학사와 비평연구회 편, 『1950년대 문학연구』, 예하, 1991), 김은철(「박인환 시의 현실과 시적 대응」, 『한민족어문학』 47집, 한민족어문학회, 2005. 12), 맹문재(「모던한 리얼리즘의 시세계」, 앞의 글), 맹문재 편(『박인환 깊이 읽기』, 서정시학, 2006) 등 참조. 한편 홍성식은 리얼리즘 시의 이념적 원천을 오든파와 스티븐 스펜더에서 찾으면서도 전후 주관적 페이소스가 강화되면서 결과적으로 한계적인 것이었다고 파악한다. (홍성식, 「박인환 시의 현실의식과 탈색의 과정」, 『새국어교육』 73호, 한국국어교육학회, 2006, 472-473쪽) 그 밖에 정영진(「박인환 시의 탈식민주의 연구」, 『상허학보』 15집, 상허학회, 2005. 8), 이기성(「제국의 시선을 횡단하는 시쓰기－박인환 시의 탈식민주의」, 『현대문학의 연구』 34집, 한국문학연구학회, 2008) 등은 탈식민적 지평에서 박인환 시를 논하고 있다.

에서 박인환 시의 문학적 추이를 논하고자 한다. 이러한 문제의식은 기존 논의들이 모더니즘이나 센티멘털리즘 혹은 리얼리즘에 관련된 평가에 집중되고 있으며, 장소성을 다루더라도 이국적 소재의 경향에 비해 고향이나 지역성 관련 논의가 소략하다는 점에서, 나아가 심상지리의 관점으로 박인환 시를 종합하는 경우가 드문 현황에서 기인한다. 장소성과 심상지리에의 천착은 박인환 시에 관한 기존 입장에 새로운 시각과 판단을 보탬으로써 박인환 연구의 지평을 보다 풍부하게 하는 의미를 지니리라 본다.

여기서 장소와 심상지리라는 용어는 작품에 쓰인 소재로부터 문학적 세계관과 인식론적 기제에 이르는 폭넓은 개념으로 사용하기로 한다. 이는 텍스트에 대한 징후적 독해로써 문학적 세계관의 내외부를 구성하는 도구이기도 할 것이다. 그렇다면 박인환 시에서 장소성의 양상을 실증할 수 있어야 하는데, 표면적으로 볼 때 새로움을 추구했던 박인환 시로부터 구체적 장소에 대한 묘사가 두드러지는 것은 아니다. 로컬리즘 혹은 지방색이 특화되지도 않는다. 그렇다고 해서 장소성의 요소가 박인환 시에서 주변적인 것이라고 일반화할 수는 없다. 시적 형상화에 있어 공간이라는 배경은 일종의 장르적 조건이기도 하다. 고향과 미국 여행 장소를 직접적 소재로 다룬 작품들 또한 박인환 시세계의 주요 범주를 구성하고 있다. 본고는 이에 주목하여 초기 동아시아 주변국에 대한 관심으로부터 고향의 발견, 그리고 미국이라는 장소 인식 사이에 존재

---

3) 이 글에서 '심상지리'라는 범주는 주체가 인식하고 상상하는 공간에 대한 지리적 이해를 가리키는 에드워드 사이드의 용어를 취한 것이다. 이에 대해서는 에드워드 사이드(박홍규 역, 『오리엔탈리즘』, 교보문고, 1991), 강상중(이경덕 · 임성모 역, 『오리엔탈리즘을 넘어서』, 이산, 1997) 등 참조.

하는 심상지리의 변모 양상을 고찰하고자 한다.

박인환 시세계에서 볼 수 있는 다음과 같은 텍스트 배치는 본고의 입론과 관련된 시사점을 제공한다. 박인환 시편 중 고향의 지명을 표제로 내세운 것으로서 유일한 작품인 「인제」(『조선일보』, 1956. 3. 11)는 그의 우연한 죽음(1956. 3. 20) 직전에 발표된다. 한편 미국을 여행한 후 쓴 작품 중 하나인 「이국 항구」(『경향신문』, 1956. 4. 7)는 사후 유고로 소개되었다.[4] 요절 사이에 놓여 박인환 후기시의 주요 지표에 해당될 이들 작품은 공히 구체적인 장소를 다루고 있다.[5] 전자는 원형적 공간으로서 유년 체험을 간직한 고향 인제를, 후자는 전후 한국사회의 큰타자(Other)라 할 미국의 한 장소를 소재로 하고 있는 것이다. 박인환의 대표작으로 알려져 있는 「목마와 숙

---

4) 「이국 항구」는 발표시 "이 시는 지난 3월 20일 작고한 필자가 지니고 있던 미발표의 작품이다"라는 부기와 함께 『경향신문』에 실린다.(『전집』, 211쪽) 이후 『목마와 숙녀』(근역서재, 1976)에는 '아메리카 시초' 편에 추가된다. 「이국 항구」 이전에 발표된 『선시집』(산호장, 1955)의 '아메리카 시초' 편에는 11편이 실린다.(한명희, 「박인환 시 『아메리카 시초』에 대하여」, 『어문학』 85집, 2004. 9, 473쪽 참조) 「이국 항구」가 발표된 같은 날 「옛날의 사람들에게－물고(物故) 작가 추도회의 밤에」(『한국일보』, 1956. 4. 7) 역시 소개되고, 이들 작품과 「인제」 사이에 「죽은 아폴론－이상(李箱) 그가 떠난 날에」(1956. 3. 17), 「침울한 바다」(『현대문학』, 1956. 4), 「세토 내해(瀨戶內海)」(『문학예술』, 1956. 4) 등이 존재한다.

5) 박인환 시세계에 대한 시기 구분에 있어서는 초기 · 중기 · 말기 3단계(김은영, 「1950년대 모더니즘시 연구－<후반기> 동인을 중심으로」, 창원대학교 박사학위논문, 2000, 89쪽), 초기 · 전후 · 미국여행 · 말기 4단계(박민수, 『한국현대시의 리얼리즘과 모더니즘』, 국학자료원, 1996, 212쪽) 등의 의견이 있다. 한편 한국전쟁을 기점으로 그 이전을 전기로 보아 논하는 경우도 있다. (맹문재, 「박인환 전기 시작품에 나타난 동아시아 인식 고찰」, 『한국문학이론과 비평』 38집, 한국문학이론과 비평학회, 2008. 3, 244쪽) 시기 구분이 목적이 아닌 본고에서는 심상지리의 변모를 가져오는 한국전쟁기를 기점으로 삼아 전후기로 대별하고자 한다.

녀」가 환기하는 바대로 추상적인 공간에서의 지적 사유를 그리던 박인환 시가 이처럼 구체적 장소를 전경화하는 양상은 하나의 인식론적 단절이자 심상지리의 변화에 해당된다. 이는 박인환 후기 시를 이해하는 데 있어서 장소성의 요소가 주요한 관건 중 하나임을 반증하는 징후라 할 수 있다.

2. 동아시아, 상상의 공간

박인환 전기시에 나타나는 공간 인식의 양상으로서 동양에 대한 묘사가 두드러진다는 점을 들 수 있다. 이러한 면모는 박인환 시의 리얼리즘적 세계 인식과 정치적 지평을 설명하는 근거로 활용되기도 한다. 여러 정황으로 보아 박인환이 해방기의 정국에 대해 계급주의적 시각을 지니고 있었다고 판단하기는 어렵다. 하지만 적극적인 현실 인식과 세계사적 상식을 겸비하였음은 분명한 듯하다. 이에 대해서는 기존 논의들이 충분히 언급한 바 있고,[6)]『전집』을 통해 새로 소개된 「시단 시평」 역시 주요 참조점을 제공한다.

> 일찍이 우리의 시는 봉건과 특권에 작별을 하고 민족적인 창조 정신 속으로 들어갔으나 지금까지의 작품을 볼 때 암담하기

---

6) 특히 동아시아 연대에 관한 강조로서 맹문재(「박인환 전기 시작품에 나타난 동아시아 인식 고찰」, 앞의 글), 박연희(「전후, 실존, 시민 표상－청년 모더니스트 박인환을 중심으로」, 『한국문학연구』 34집, 동국대학교 한국문학연구소, 2008. 6), 하상일(「아시아 신식민지인으로서의 공동체의식」, 맹문재, 『박인환 깊이 읽기』, 앞의 책) 등 참조.

> 짝이 없다. 창조 정신이란 곧 인민의 것이요 여러 가지의 우리의 소유임에 틀림없다. 물론 오늘같이 압제 밑에서 살고 있는 시인들이므로 완전한 시의 기능을 보일 수는 없으나 시의 자유 정신의 유동은 이와는 반대되는 것이다. 우리는 형상적 생명에 현실적 정신을 부합시키지 못하고는 처음부터 시를 쓸 자격이 없는 것이다.
>
> 처음부터 시단을 부인하지 못한 나로서는 주관만 세워 가지고 시단과 타협할 생각이었다. 그러나 조선 시단이 가장 젊은 세대의 시인의 독점 아래서 움직이고 있다는 것을 생각할 때 기쁜 반면 시의 시련의 필요성을 주장하고 싶다. (중략) 시대 조류 속에서 똑바른 세계관과 참다운 시정신을 망각하고서는 현대 시의 필수 조건을 잃어버리게 되는 것이다.[7]

이 글에서 박인환은 현대시의 필수 조건으로 "똑바른 세계관과 참다운 시정신"을 들고 있으며, 그 실체가 "형상적 생명에 현실적 정신을 부합시키"는 것임을 강조한다. 또한 그것은 '주관'과 '공통된 감정'을 드러내는 것과 통한다.("가장 주관이 명백하고 유행에서 초탈한 시, 공통된 감정을 솔직하게 전하여 주는 시, 이러한 시만이 거부할 수 없는 조선의 현대 시일 것이다.")[8] 이때 '주관'을 '자기만이 갖고 있는 견해나 관점'이라는 축자적 의미로 보자면 일견 '공통된 감정'과는 모순적인 듯하다. 그러나 여기서 주관은 인식의 주체로서 자아를 가리키고, 공통된 감정은 감각적 심리상태의 동질성을 뜻한다. 따라서 위 문맥은 동질적인 감각의 가치를 주체적으로 인식하려는 태도가 중요함을 역설하는 것이라 하겠다. 이와 같은 미적 가치는 "민족적인 창

---

7) 박인환, 「시단 시평(詩壇時評)」, 박인환 외, 『신시론』 1집, 1948. 4. 인용은 『전집』, 228-229쪽.

8) 위의 글, 227-228쪽.

조 정신"을 강조한다거나, 그 "창조 정신이란 곧 인민의 것이요 여러 가지의 우리의 소유"라고 부연하는 데에서도 반복적으로 확인되고 있다. 요컨대 박인환 전기시의 '동양'은 자신의 문학적 세계관이 지시하는 현대시의 조건으로서, '현실적 정신'과 '공통된 감정'의 시적 형상에 비견되는 것임을 추론할 수 있다.

박인환 시에 나타나는 동아시아 연대의식은 위와 같은 당대의 문학적 세계관에서 비롯된다. 동아시아 공간에 대한 묘사가 시세계 저변에 자리하는 것은 그에 따른 결과로 보인다. 등단작으로 알려진 「거리」로부터 장소와 관련된 소재들이 등장한다. '거리'라는 표제 자체가 구체적인 존재의 공간을 의미하고 있다.

> 거리는 매일 맥박을 닮아 갔다/베링 해안 같은 나의 마을이/떨어지는 꽃을 그리워한다/황혼처럼 장식한 여인들은 언덕을 지나/바다로 가는 거리를 순백한 식장(式場)으로 만든다//전정(戰庭)의 수목 같은 나의 가슴은/베고니아를 끼어안고 기류 속을 나온다/망원경으로 보던 천만(千萬)의 미소를 회색 외투에/싸아/얼은 크리스마스의 밤길로 걸어 보내자
>
> ―「거리」 부분[9]

이 작품에서 '거리'는 해방기의 혼란한 정세와 그에 대한 시인의 자의식을 담아내는 매개물로 형상화된다. 그런데 여기 묘사되는 거리의 풍경은 실제의 장소라기보다는 내면에서 주조되는 추상

---

9) 박인환, 『목마와 숙녀』, 근역서재, 1976. 인용은 『전집』, 185-186쪽. 앞으로 작품 인용은 『전집』의 표기를 따르기로 하며, 발표 당시 출전은 맥락상 필요한 경우에만 부기하기로 한다.

적 공간에 해당된다. "스콜과 같은 슬픔"이나 "맥박을 닮아 갔다"는 표현은 지극히 관념적이어서 전기 박인환 시의 현학적 치기를 드러내고 있다.[10] 한편 "베링 해안 같은 나의 마을", "바다로 가는 거리", "얼은 크리스마스의 밤길" 등에서는 구체적 시공간을 묘사하는 포즈를 취하기도 한다. 이는 추상적인 인식을 기표의 형상으로써 드러내는 전형적인 시작법의 일환일 것이다. 또한 시의 공간적 배경에 해당되는 일반 요소일 수도 있다. 여기서 주목하고자 하는 바는 전기 박인환 시에서 현실의 모순을 상징하는 도구로서 동양에 대한 상상적 동일시의 심상지리가 발견된다는 점이다. 위에서는 서정적 자아가 속한 '나의 마을'을 '베링 해안'과 동일시하는 양상이 그러한 맥락으로 드러난다.

> 소낙비가 음향처럼 흘러간 다음/지금은 조용한/고르키의 달밤//오막살이를 뛰어나온/파펠들의 해머는/눈을 가로막은 안개를 부순다//(중략)//정박한 기선은 군대를 끌고/포탄처럼/내 가슴을 뚫고 떠났다
>
> ―「고르키의 달밤」 부분[11]

전후 모더니즘 운동을 상징하는 동인지 『신시론』(1948)에는 박인

---

10) 이러한 성격은 김수영으로 하여금 "너는 왜 이런, 신문기사만큼도 못한 것을 시로 쓰고 갔다지?"라는 냉소적 평가를 낳는 원인이기도 할 것이다.(김수영, 「박인환」, 『김수영 전집』 2, 민음사, 2003(개정판), 98-99쪽) 하지만 그것이 객관적인 평가로만 보기 어렵듯이 오늘날 박인환에 대한 해석은 다양해지고 있다. 한명희, 「박인환과 김수영, 그 영향의 수수 관계」, 『어문론총』 43호, 한국문학언어학회, 2005. 12, 324-331쪽 참조.

11) 『전집』, 32쪽.

환의 시 한 편이 실린다. 「고르키의 달밤」이 그것으로서 박인환 전기 시세계를 이해하는 중요한 텍스트에 해당된다. 여기서 '고르키'는 시적 화자가 상상하는 비현실적 공간이다. 레닌을 상징하는 장소이기도 한 도시 고르키를 전경화하는 맥락으로부터 전기 박인환 시의 혁명적 이상주의를 읽어낼 수도 있겠다.[12] 하지만 이를 통해 레닌 식 혁명의식을 추론하는 것은 비약일 것이다. 오히려 그것은 러시아의 혁명적 장소를 빌어 박인환 특유의 낭만적 동경을 드러내는 방식에 가깝다. "정박한 기선은 군대를 끌고/포탄처럼/내 가슴을 뚫고 떠났다"에서 보듯 작품의 전반적인 정서가 정치적이라기보다는 감상적이기 때문이다. 그럼에도 불구하고 도시 고르키의 상징은 박인환 시의 심상지리를 설명하는 데 주요한 단초를 제공한다. '마리서사(茉莉書舍) 그룹'[13]의 경험을 위시하여 박인환의 지적 체험은 그 시세계에 강한 이국적 색채를 가미하고 있다. 한편 해방기 박인환의 현실 인식은 식민지를 경험한 지식인의 책무이자 지적 유희의 일종으로서 동아시아에 대한 강력한 연대의식을 표명하기에 이른다. 이러한 관념적 모험이 우연한 사건이라고만은 할 수 없다. 그것은 혁명적 연대를 직접적으로 표현하였던 일부 시작의 경향, 거기 담긴 급진적이고 정치적인 어휘, 그로 인해 『선시집』(1955) 및 『목마와 숙녀』(1976) 간행시 나타난 자체 검열의 흔적,[14] 자유신문사 기자 재직시 국가보안법 위반 혐의로 체포(1949. 7. 16)되

---

12) 맹문재, 「박인환의 전기 시작품에 나타난 동아시아 인식 고찰」, 앞의 글, 258-259쪽.

13) 김윤식, 「모더니티의 파탄과 초월」, 『심상』, 1974. 2, 134쪽.

14) 공광규, 「전후 현실인식과 사실주의 창작방법 구현」, 맹문재 편, 앞의 책, 41쪽.

었던 사건[15] 등을 통해 충분히 입증되는 바이다.

> 동양의 오케스트라/가믈란의 반주악이 들려온다/오 약소민족/우리와 같은 식민지의 인도네시아//삼백 년 동안 너의 자원은/구미 자본주의 국가에 빼앗기고/반면 비참한 희생을 받지 않으면/구라파의 반이나 되는 넓은 땅에서/살 수 없게 되었다 그러는 사이/가믈란은 미칠 듯이 울었다
>
> ―「인도네시아 인민에게 주는 시」 부분[16]

박인환 시의 동양에 대한 인식은 위 작품을 통해 보다 정치적으로 드러난다. 이 작품은 특별한 설명이 불필요할 정도로 전투적 프로파간다의 전형적 양태를 지닌다. 이처럼 박인환의 정치사회적 시의식을 엿볼 수 있는 맥락으로부터 탈식민적 지평이 추론되기도 한다.[17] 장소성과 관련하여 주목할 부분은 "우리와 같은 식민지의 인도네시아"와 같이 식민지 동양의 연대의식이 각인되어 있다는 점이다. 이러한 장소 인식은 "기적인/동양의 하늘"(「기적인 현대」)[18] 이라는 동양관으로 형상화되기도 한다. 구미 열강에 의해서 식민지의 운명에 처할 수밖에 없었던 동아시아의 현실을 '기적'이라는 극적 감정으로 수식함으로써 강력한 연대의식을 표출하고 있는 것이다.[19]

15) 시국 사건과 관련해서, 당시 기사와 곧 석방된 정황으로 보아 박인환이 남로당과는 거리가 있음을 알 수 있다. 방민호, 「박인환 산문에 나타난 미국」, 『한국현대문학연구』 19집, 한국현대문학회, 2006. 6, 421쪽.

16) 『전집』, 47쪽.

17) 이기성, 앞의 글 참조.

18) 『전집』, 71-72쪽.

이때 동양의 운명을 결정하는 대타적 존재로 서양이 부각된다. 위 「인도네시아 인민에게 주는 시」에서는 서양에 대해 "구미 자본주의 국가"라 하여 제국주의 산업사회로 일반화하는 장소 인식을 보인다. 이는 박인환의 문학사상이 영미 신문학 이론에 경사되어 있었다는 사실과 대비되기도 하는데, 서양의 문학이론에 의해 미적 근대성을 경험한 그였지만 식민지의 원인이라는 역사철학적 범주로서의 서양을 또한 설정할 수밖에 없었던 것이다. 이처럼 상상적 공간으로서의 동아시아라는 심상지리 내에 동서양의 이항적 대립 구도는 또 하나의 층위를 형성하게 된다.

> 밤이 가까울수록/성조기가 퍼덕이는 숙사(宿舍)와/주둔소의 네온사인은 붉고/정크의 불빛은 푸르며/마치 유니언 잭이 날리던/식민지 향항의 야경을 닮아 간다//조선의 해항(海港) 인천의 부두가/중일 전쟁 때 일본이 지배했던/상해의 밤을 소리 없이 닮아 간다
>
> ―「인천항」 부분[20]

이 작품은 해방기 신식민지의 현실을 소재로 삼고 있다. 인천항은 직설적인 어조로 제국주의 지배하의 홍콩, 즉 "식민지 향항의 야경"과 동일시된다. "조선의 해항"을 "식민지 향항"이나 "상해 부두"와 동일시하는 맥락에는 동아시아 지역과의 연대의식이 전제되

---

19) 이에 대해 박연희는 "파시즘 이후 신식민화가 진행된 세계사적 전환기에 그들 청년 모더니스트들이 스스로 받아들인 세계 전후 감각의 일부"로 파악하고 있다. 박연희, 앞의 글, 155-185쪽.

20) 『전집』, 43-44쪽.

어 있다. 또한 여기서 주목해야 하는 점은 '성조기'와 '유니언 잭'이 동일하게 식민지의 큰타자로 인식되고 있다는 점이다. 이로부터 동양에 대한 상대항, 즉 영국과 미국을 아우르는 서양의 이미지로서 설정된 심상지리를 엿볼 수 있다.

박인환의 전기 시편들이 동양적 공동체의식을 형성하기까지 일련의 흐름을 형성하고 있다는 사실은 공간 구도의 특성으로 상상의 동아시아를 설정하게 되는 근거가 된다. 박인환 시에서 폐허가 된 한국적 현실로서의 '로컬리즘'과 한편으로 화려한 도시의 환영과 피로라는 '엑조티즘'이 공유되고 있다는 지적도 장소성에 대한 인식론적 구도 및 미적 인식의 지평을 가리킨다.[21] 여기서 '한국적 현실'은 식민지의 공동 운명으로서 동양적 연대에, '화려한 도시'는 서양 자본과 이론이 전제된 문명비평적 태도에 유비될 수 있다. 이처럼 동양에 대한 인식소들은 박인환 초기시에서 식민지 경험이 사후적으로 조성하는 상상의 심상지리와 긴밀히 연관된다. 동아시아에 관한 탈식민적이고도 정치적인 연대의식은 이러한 추상적 사유가 결과한 지적 치기일 수 있겠다.

여기서 제국주의의 한 축으로서 문화 보편주의는 탈식민 시대에 이르기까지 주변 사회와 역사를 왜곡시켜 왔음을 상기할 필요가 있다. 탈식민 국가들은 전후 근대화나 개발 이데올로기에서 드러나듯 세계체제 이론에 적합해져야 했다.[22] 이는 해방기 지식인들에게 있어 동서양의 대립이 자연스러운 심상지리의 구도로 자리하게 되는 이론적 근거이기도 하다. 요컨대 식민 이후의 현실에 대

---

21) 김용희, 앞의 글, 317쪽.

22) 강상중, 앞의 책, 174-175쪽.

한 인식이 박인환 시의 동아시아 연대 공간을 낳고, 그 상대항으로서 서양이라는 정형이 형성되기에 이른다. 그것은 구체적 장소 인식으로 지양되지 못한 상상의 심상지리였다는 점이 전기시의 특성이라 할 수 있다.

3. 고향, 결여의 로컬리티

모두에 언급한 바와 같이 박인환 시에서 고향은 장소성의 한 지표로서 존재하고 있다. 고향에 대한 분석은 박인환 문학의 로컬리티 또는 지역문학으로서의 면모를 설명하는 수단이기도 하다.[23] 그런데 정작 박인환의 작품 속에서 출신 지역이 시화되는 양상은 극히 드물다. 동인지 『신시론』(1948)과 『새로운 도시와 시민들의 합창』(1949) 활동까지는 찾아볼 수 없다. 이는 서구 이론에 경사된 기교주의자로서의 박인환 시세계가 지닌 형식적 특징일 뿐만 아니라, 지역성의 특화가 시작의 보편적 조건은 아니라는 점에서 별다른 사실이 아니다. 오히려 그럼에도 불구하고 존재의 기원을 환기하는 고향의식 혹은 향수의 이미지가 등장한다는 점, 생전에 남긴 유일한 개인시집인 『선시집』(1955)에도 고향 인제를 직접적으로 다룬 작품(「고향에 가서」)이 오롯이 존재한다는 점 등에 주목해야 하리라

23) 박인환은 강원 인제 출신으로 강원지역문학의 주요 컨텐츠로 현재화되고 있다. 대표적인 사례로 1998년 인제군에 세운 박인환시비, 2000년 제정된 시현실·내린문학회 주관의 박인환문학상, 2011년 조성된 박인환문학관과 박인환거리 등을 들 수 있다. 이러한 제도를 비롯하여 박인환 시가 강원지역문학의 전사로서 의미를 지니기 위해서는 지역적 연고만이 아니라 그 문학적 로컬리티를 학술적으로 증명하려는 노력이 필요할 것이다.

본다. 박인환 문학세계에서 고향에 관한 구체적 표현이 처음 나타나는 것은 종군기자로서 한국전쟁을 체험한 뒤, 휴전 이듬해 발표된 산문을 통해서이다.

> 나는 한 번도 남들 앞에서 내 고향 자랑을 해 본 일이 없다. 왜냐하면 우선 나는 내 고향에 관해서 잘 알지 못할 뿐 아니라 강원도라고 하면 내가 말하지 않아도 누구나 먼저 알고 있는 것은 그 유명한 금강산을 연상하기 때문에 금강산에 비중될 수 있는 다른 자랑거리를 나는 발견하지 못했다.[24)]

고향을 소개하는 전형적 수필류에 해당되는 이 글에서 박인환은 '결여'로서의 고향에 대해 기술한다. 결여라는 표현은 이른 나이의 이주로 인해 그에 대해 "잘 알지 못"하는 전기적 사실과 "다른 자랑거리를 나는 발견하지 못"하는 인식론적 경험을 아우른다. 또한 이어지는 부분에서 "내가 살던 집, 학교, 군청, 어디서 그 자취를 찾으랴"[25)]와 같이 영탄하는 것처럼 전쟁으로 인해 폐허가 된 역사적 상실 역시 결여의 한 의미망을 형성하고 있다. 고향 지역에 대한 특별한 시적 형상화를 찾아보기 힘든 이유는 이러한 부재 혹은 결여로서의 고향관이 시세계에 반영된 결과이기도 할 것이다. 산문에 나타난 고향의식은 다음과 같이 시작품에서 그대로 재현되고 있다.

---

24) 박인환, 「원시림에 새소리, 금강은 국토의 자랑－내 고장 자랑, 강원도 편」, 『신태양』, 1954. 4. 인용은 『전집』, 512쪽.

25) 위의 글, 514쪽.

갈대만이 한없이 무성한 토지가/지금은 내 고향.//산과 강물은 어느 날의 회화/피 묻은 전신주 외에/태극기 또는 작업모가 걸렸다.//학교도 군청도 내 집도/무수한 포탄의 작렬과 함께/세상엔 없다.//인간이 사라진 고독한 신의 토지/거기 나는 동상처럼 서 있었다./내 귓전엔 싸늘한 바람이 설레이고/그림자는 망령과도 같이 무섭다.//어려서 그땐 확실히 평화로웠다./운동장을 뛰다니며/미래와 살던 나와 내 동무들은/지금은 없고/연기 한 줄기 나지 않는다.//황혼 속으로/감상 속으로/차는 달린다./가슴속에 흐느끼는 갈대의 소리/그것은 비창(悲愴)한 합창과도 같다.//밝은 달빛/은하수와 토끼/고향은 어려서 노래 부르던/그것뿐이다.//비 내리는 사경(斜傾)의 십자가와/아메리카 공병(工兵)이/나에게 손짓을 해 준다.

—「고향에 가서」 전문[26]

이 작품은 앞의 산문이 발표된 이후 간행된 『선시집』에 실린다. 고향에 대한 구체적인 묘사는 박인환 시가 그곳을 인식하는 방식을 잘 보여준다. “산과 강물은 어느 날의 회화”라는 표현은 현실의 부재로써 눈앞 풍경을 과거로 치환하는 구조를 취하고 있다. 이는 1950년대의 사회적 실정을 현대적 조어로써 구상(具象)하는 박인환 특유의 기법이라 하겠다. 여기서 고향은 전쟁의 포화를 최전선에

26) 『전집』, 153-154쪽. 이 작품의 서두는 앞선 산문에서 그 단초가 제시된 바 있다. 「원시림에 새소리, 금강은 국토의 자랑」은 다음과 같은 시구 형식으로 끝난다. “갈대만이 한없이 무성한 토지가/지금은 내 고향/산과 강물은 어느 날의 회화//인간이 사라진 고독한 신의 토지/거기 나는 동상처럼 서 있었다.”(앞의 글, 같은 쪽) 「고향에 가서」가 발표된 것이 『선시집』이고 보면 박인환은 산문 「원시림에 새소리, 금강은 국토의 자랑」을 쓰면서 적었던 단상을 완성하여 시집에 수록한 것으로 보인다.

서 직면해야 했던 강원지역의 실태를 그대로 드러낸다. "갈대만이 한없이 무성"하고 "학교도 군청도 내 집도" 지금은 사라진 결여의 장소가 곧 "내 고향"이다. 산문에서와 같이 고향은 일종의 결여된 공간으로 묘사되고 있는 것이다.

무엇보다도 "세상엔 없다"는 단언이 부재하는 고향에 대한 직접적 언명일 것인데, 이는 전후의 현실 인식에 있어서 일반적 양상일 수도 있겠다. 하지만 추상적으로 동아시아라는 상상의 공간을 묘사했던 해방기 공간 인식에 비해 구체적인 장소를 체험한 이후의 부재에 대한 묘사는 새로운 질서를 부여한다. 후자는 부재로써 오히려 실재가 드러나는 장소성의 역설적 양상이라 할 수 있다. 심리학적 관점으로 보자면 결여는 무의식의 기원이기도 하다.[27] 고향이라는 구체적 장소의 체험과 그로부터 인식된 결여의 로컬리티는 또 다른 욕망으로서 '지역'에 대한 심상지리를 형성하기에 이르는 것이다.

한편 이 시의 결구에서도 '아메리카'가 등장한다는 점이 흥미롭다. 여기서 '아메리카 공병'은 점령군의 이미지보다는 비루한 풍경의 일요소이자 교감의 대상으로 배치된다. 부재의 장소로 인식된 고향의 근저에 타자로서의 아메리카가 존재하는 것이다. 이어 살필 박인환의 아메리카 기행시편에서는 이국의 장소 체험으로부터

---

27) '욕망(desire)'은 '욕구(need)'와 '요구(demand)'의 차로 정의된다. 욕구는 생물학적 소여(the given)로서 특정한 대상을 지향하지만 그 자체로 추구되거나 충족될 수 없다. 결국 주체는 특정한 것을 요구하게 되고, 욕구가 기표를 통해 요구가 되는 순간 소외가 발생한다. 이런 점에서 욕망은 곧 결핍이라는 것이다. 이진경, 「자크 라캉 : 무의식의 이중구조와 주체화」, 이진경 외, 『철학의 탈주』, 새길, 1995, 37-40쪽.

향수를 발견하는 역전된 구도를 보게 된다.

> 텔레비전도 처음 보고/칼로리가 없는 맥주도 처음 마시는/마음만의 신사/즐거운 일인지 또는 슬픈 일인지/여기서 말해 주는 사람은 없다.//석양./낭만을 연상케 하는 시간./미칠 듯이 고향 생각이 난다.
>
> —「에버렛의 일요일」 부분[28]

고향 이미지를 통해 나타나는 구체적 장소성은 후기시의 주요 범주로 이미 구성된 미국 기행시들을 통해 확연히 드러나고 있다. 이에 대해서는 다음 장에서 상론키로 하고, 여기서는 한국전쟁과 함께 미국 체험이 고향의식을 가져오는 주요한 동인이었음을 언급하고자 한다. 「에버렛의 일요일」의 경우 아메리카의 장소성이 "미칠 듯이 고향 생각"을 환기하는 원인으로 작용하고 있다. 역시 미국이라는 요소가 관계되지만, 폐허의 현장 위에서 감상적으로 고향을 환기하던 「고향에 가서」와는 다른 구도라 하겠다. 이와 유사한 시적 정황은 "구두에 남은 한국의 진흙과/상표도 없는 '공작(孔雀)'의 연기/그것은 나의 자랑이다/나의 외로움이다"(「여행」),[29] "포틀랜드 좋은 고장 술집이 많아/크레용 칠한 듯이 네온이 밝은 밤/아리랑 소리나 한번 해 보자"(「수부(水夫)들」)[30] 등의 시편을 통해서도 발견된다. 이들 작품은 공히 조국이나 향수와 관련된 내용을 함의 또는 시사하고 있다. 미국에서의 구체적 체험이 고국과 원형적

28) 『전집』, 131쪽.

29) 『전집』, 128쪽.

30) 『전집』, 130쪽.

장소에 대한 그리움을 자아내는 동인으로 작용하는 것이다.

> 인제/봄이면 진달래가 피었고/설악산 눈이 녹으면/천렵 가던 시절도/이젠 추억.//아무도 모르는 산간벽촌에/나는 자라서/고향을 생각하며 지금 시를 쓰는/사나이/나의 기묘한 꿈이라 할까//부질 없고나.//그곳은/전란으로 폐허가 된 도읍/인간의 이름이 남지 않은 토지/하늘엔 구름도 없고/나는 삭풍 속에서 울었다/어느 곳에 태어났으며/우리 조상들에게 무슨 죄가 있던가.//눈이여/옛날 시몽의 얼굴을 곱게 덮어 준/눈이여/너에게는 정서와 사랑이 있었다 하더라.//나의 가난한 고장/인제/봄이여/빨리 오거라.
>
> ―「인제」 전문[31]

유고로 발표된 「인제」에서도 고향은 예의 결여의 공간으로 묘사되고 있다. 그곳은 "인간의 이름이 남지 않은 토지"요 "나의 가난한 고장"으로 등장한다. 한편 "옛날 시몽의 얼굴을 곱게 덮어 준/눈"이라는 표현은 "정서와 사랑"의 기원이라는 의미를 지닌 동시에 그런 비유가 곧 서구적 정형으로부터 비롯된 것임을 함축한다. 과거 "시몽의 얼굴"은 현재의 "나의 기묘한 꿈"과 은연중 대비를 이루며 시적 의미망을 형성하는 인식소로 작용한다. 이와 같은 이미지의 대비를 공간 구조로 요약하자면 '폐허가 된 도읍으로서의 고향(현실, 결여) < 시몽의 얼굴을 덮은 눈의 장소(이상, 충만)'와 같이 도식화할 수 있다. 여기서 정서의 원천은 우항, 즉 시몽의 장소이다.

그런데, 박인환은 앞서 본 산문에서 고향을 "겨울이면 구르몽의

31) 『전집』, 199-200쪽.

'시몽'보다도 흰 눈이 내"32)리는 장소로 표현한 바 있다. 여기서는 '구르몽의 시몽'보다도 더한 낭만적 서정의 공간으로서 고향을 지시하고 있기 때문에 '겨울의 고향(현실의 눈) > 구르몽의 시몽의 장소(이상의 눈)' 구도라고 정리할 수 있다. 이때 정서의 원천은 좌항, 즉 고향이 된다. 결국 현실에 대비되는 이상의 장소는 고향을 매개로 둔 채 상황에 따라 상대적으로 변주되고 있음을 알 수 있다. 위 시편에서 '인제의 봄'으로 전제되어 있는 원형적 가치, 고향 자체가 함의하는 보편적 상징 등을 통해서도 현실 정황과는 무관한 이상적 질서로서의 고향 층위를 설정하는 것이 가능하다. 그런 맥락에서 볼 때 고향은 결여의 현실이자 충만한 이상을 아우르는 중층적 장소성의 내상으로 존재하는 셈이다. 이는 박인환 문학에서 고향과 관련된 심상지리가 지닌 역설적 구조이자 장소성의 한 특징이라 하겠다.

종합하자면 박인환 시에서 고향의 로컬리티가 등장하는 계기는 종군기자로서 생생한 한국전쟁 체험, 그로 인해 폐허가 된 고향의 발견, 이어지는 문화적 충격으로서의 미국 여행 등인 것으로 파악된다. 고향은 지극한 결여로서의 장소성을 지닌다. 또한 박인환의 고향에 관련된 작품들은 세련된 모더니스트로서의 경향보다는 원형적인 장소성과 향수를 환기한다. 이러한 면모는 지역문학적 관점에서도 깊이 있게 천착해야 할 요소로 보인다. 이는 1950년대에 문학적 모더니티를 고민했던 박인환의 텍스트가 시사하는 현재적 의미 중 하나일 것이다.

---

32) 박인환, 「원시림에 새소리, 금강은 국토의 자랑」, 앞의 글, 513쪽.

4. 아메리카, 개항지의 신질서

박인환의 미국 체험은 시기적으로 볼 때 앞서 논의했던 상상 공간으로서의 동아시아 인식과 결여로서의 고향 인식 사이에 존재한다. 이러한 사실로부터 미국 체험이 박인환 시의 심상지리 형성 및 변화에 일정한 영향을 미쳤음을 연역할 수 있다. 익히 알려진 바와 같이 박인환은 1955년 당시 재직중이던 대한해운공사의 상선에 원외 사무장 자격으로 동승해 19일간 미국을 여행하게 된다. 이때의 경험은 박인환 시세계 전반에 주요한 흔적을 남기는데, 정작 여행의 계기는 아주 우연하게 마련된다. 박인환이 대한해운공사에 근무하게 된 자체가 사적 관계에 따른 것이었다.[33] 목적의식적이기보다는 연출에 의한 우발적 사건으로서의 미국행이었다는 점만 보면 인식론적 전환 내지 문학적 변이와는 거리가 멀다고 하겠다. 이러한 배경은 박인환 시의 여행이 무정향적이며, "본질보다는 실존에 충실하려는 실존주의적 태도"[34]로 해석되는 한 원인이다. 기행시편들은 이국정서와 감상주의에서 벗어나지 못하는 전형적 소재주의로 평가되기도 한다.[35] 하지만 이와 대조적인 입장도 다양하여, 예컨대 자본주의에 대한 비판적 시각과 주체적인 인식을 통해 기존 이미지스트들과의 변별점을 확보했다는 지적이나,[36] 아메리

33) 입사 동기는 "여하튼 남궁 사장과 개인적인 친면이 있기도 해서 해공에 나가기로 했던 것"이라고 한다. 박인환, 「서북 미주의 항구를 돌아」, 『월간 희망』, 1955. 7. 인용은 『전집』, 486쪽.

34) 박호영, 「김기림과 박인환의 여행의식 비교 연구」, 『한국문예비평연구』 33집, 한국현대문예비평학회, 2010. 12, 135쪽.

35) 김은철, 앞의 글, 301-306쪽 참조.

36) 양애경, 「50년대 모더니즘 시의 미적 구조」, 『한국퇴폐적낭만주의시연구』, 국

카 시편이야말로 한국인으로서의 정체성 문제를 본격 제기한 경우라는 적극적 해석이 제기된 바 있다.[37] '아메리카 시초'에 대한 평가의 양극단은 접근하는 시각에 따른 것이기도 하려니와 텍스트 외부에서 작용하는 지배적 담론 지평의 변화에도 밀접히 관련되리라 본다.

심상지리의 관점에서 박인환의 미국 체험은 동서양의 이항적 공간의식이 구체적 장소의 형태를 얻게 되는 계기를 이룬다. 생전에 상재한 『선시집』의 한 부분이 '아메리카 시초'로 구성되어 있음은 박인환의 미국 여행이 시세계에 미친 지대한 영향을 증거하기에 충분하다.

> 많은 사람이 살고/많은 사람이 울어야 하는/아메리카의 하늘에 흰 구름./그것은 무엇을 의미하는가.//나는 들었다 나는 보았다/모든 비애와 환희를.//아메리카는 휘트먼의 나라로 알았건만/아메리카는 링컨의 나라로 알았건만/쓴 눈물을 흘리며/브라보…… 코리언 하고/흑인은 술을 마신다.
>
> —「어느 날」 부분[38]

미국 여행 중에 씌어진 이 작품은 장소 체험에 따른 인식론적 전환을 시화하고 있어 주목된다. 그 계기는 "많은 사람"의 구체적 감정에 대한 직접적 감각("들었다", "보았다")이다. 그리하여 휘트먼과 링컨으로 상징되던 아메리카의 심상지리가 서민들의 희노애락이

학자료원, 1999, 360-361쪽.

37) 한명희, 「박인환시 아메리카 시초에 대하여」, 앞의 글, 475-479쪽 참조.

38) 『전집』, 123-124쪽.

담긴 삶의 현장으로 변모되는 양상을 보인다. 이와 더불어서 아메리카 시편에는 매 작품들마다 지명이 부기되고 있다는 점도 특징적이다. 이러한 장치는 생소한 지명과 여정을 기록하는 기행시편의 형식적 외장일 수 있겠지만, 해당 장소에서의 체험과 그에 따른 감정이 시작의 주된 내용을 구성하는 맥락과 연동됨으로써 소품 형식을 넘어선다. 부기된 지명은 단순한 기록일 뿐만 아니라 본문의 내용이 귀속되는 구체적 경험 영역을 한정함으로써 장소성의 범주를 완성하는 일요소로 볼 수 있는 것이다. 묘사에 있어서 관념적 진술로부터 구체적 진술로의 어조 변화 역시 심상지리의 차이를 동반하고 있다.

> 천사처럼/나를 매혹시키는 허영의 네온./너에게는 안구(眼球)가 없고 정서(情抒)가 없다./여기선 인간이 생명을 노래하지 않고/침울한 상념만이 나를 구한다.
>
> —「새벽 한 시의 시」 부분[39]

박인환 시에는 초기부터 미국과 관련된 상징이 등장한다. 이를 여행 전후와 비교해 읽는 것도 흥미로운 분석이 될 수 있겠다. 앞서 전기 작품으로 살핀 「인천항」의 "성조기가 펄덕이는 숙사"에 나타난 미국은 점령군 이미지를 지닌 것이었다. 그러나 후기작 「새벽 한 시의 시」에서 미국은 개별적인 장소로서의 의미가 강하게 부각된다. '네온'이라는 대상에 대한 인식에 있어서도 차이가 발견된다. 「인천항」의 '네온'은 주둔군의 위용과 실재를 증거하는

39) 『전집』, 133쪽.

배경이지만("성조기가 펴덕이는 숙사와/주둔소의 네온사인은 붉고"), 위 작품의 그것은 인격화된 객체이자 감정이입을 통해 '안구'와 '정서'가 없는 존재로 호명되는 것이다. 이로부터 박인환의 미국 체험이 서구라는 심상지리의 정형성 위에 문학적 구체성을 부여하게 되는 계기라는 점을 추론할 수 있다. 제국이라는 추상적 공간이 구상화된 개성의 장소로 변모되는 양상이 특기할 만하다.

미국 체험 이후 그에 대한 심상지리의 변화는 산문에도 반영되어 나타난다. "전에는 정신문명이 있는데 해방 후 미국 사람들이 들어오고 따라서 물질문명이 그대로 수입되었습니다. 그런데 물질은 여자들이 전부 돈인 줄만 알고 있습니다. 물질문명의 극치는 돈이니깐 돈이면 다 해결이 되는가 보나 그런 모양입니다"[40]는 구절은 물질문명으로 일반화되던 미국 문화에 대한 인식의 차이를 보여준다. 이와 관련하여 박인환 문학 중 영화비평에 나타난 심상지리의 변모 과정은 하나의 단서를 제공한다. 박인환은 초기의 아메리카 문화에 대한 부정적 인식을 기행 이후 극복하게 된다는 지적이 그것이다.[41] 이러한 주장 역시 박인환 문학에 있어서 미국 체험의 중요성을 입증하고 있다.

> 에버렛 이국의 항구/그날 봄비가 내릴 때/도나 캠벨 잘 있거라//바람에 펄럭이는 너의 잿빛 머리/열병에 걸린 사람처럼/내 머리는 화끈거린다//몸부림쳐도 소용없는/사랑이라는 것을 서로 알면서도/젊음의 눈동자는 막지 못하는 것//처량한 기적/덱에 기

40) 박인환 외, 「남성이 본 현대 여성」(대담), 『여성계』, 1954. 6. 인용은 『전집』, 620-621쪽.

41) 방민호, 앞의 글, 423-429쪽 참조.

대어 담배를 피우고/이제 나는 육지와 작별을 한다.//눈물과 신화의 바다 태평양/주검처럼 어두운 노도(怒濤)를 헤치며/남해호(南海號)의 우렁찬 엔진은 울린다//사랑이여 불행한 날이여/이 넓은 바다에서/도나 캠벨! 불러도 대답이 없다.

—「이국 항구」 전문[42)]

모두에 거론한 바 있듯이 박인환이 유고로 남긴 「이국 항구」는 여행을 마치고 미국을 떠나는 소회를 담은 작품이다. 이 작품에서도 '에버렛 항구'로 대변되는 이국적 장소가 개인의 구체적인 서정을 함의하는 대상으로 변주된다. 자세한 양상을 이 작품이 『선시집』에 수록되지 않고 유고로 발표된 이유로부터 분석해보기로 한다. 물론 시집 발간 이후 씌어진 것일 수 있겠지만, 「이국 항구」는 표면적으로 지극한 연시의 형식을 취하고 있다는 점에서도 '아메리카 시초' 시편들과의 차이점이 두드러진다. 이에 주목하자면 다음과 같은 해석이 가능하다. 이 작품은 '도나 캠벨'이라는 구체적 인물에 대해서 "사랑이라는 것을 서로 알면서도/젊음의 눈동자는 막지 못하는 것"이라는 식으로 연정을 표현한다. 박인환은 미국 여성에 대해 "대체적으로 건강하고 인물이 곱다. 물론 좋은 옷을 입고 있다. 나는 한국에 온 미국 여자들밖에 그전까지 보지를 못했으니깐 대수롭지 않을 것이라고 생각을 했는데 직접 그곳에 가서 가장 놀란 것은 그들이 참으로 곱고 아름답다는 것"[43)]임을 고백한 바 있다. 이 글은 도나 캠벨에 대해서도 언급하는데, "어느 기회에

---

42) 『전집』, 210-211쪽.

43) 박인환, 「서북 미주의 항구를 돌아」, 앞의 글, 495쪽.

알게 된 미스터 몬은 그의 딸 도나 캠벨을 나에게 소개"하였으며, "자동차 회사의 세일즈맨인 몬은 제법 생활을 윤택하게 하고 있고 도나는 귀여운 칼리지 걸"이었던 것이다.[44] 박인환은 짧은 여행 중에도 틈틈이 아내에 대한 미안함과 사랑을 편지로 남긴다.[45] 그런 그가 이국의 젊은 여성에 대한 개인적 호감을 그대로 시화하기도 겸연쩍은 일이었을 것이다.

물론 「이국 항구」가 취한 연시 형식이 이 작품의 전모를 가리키지는 않는다. 여기서 강조하고자 하는 점은 지극히 개인적인 정서를 형상화하고 있다는 사실이다. 미국은 제국주의나 이국 취향의 비현실적 공간이 아닌, 서정시의 본령이라 할 사적 감정에 의해 구체적 장소로 박인환 시에 각인된다. 과잉된 외장으로 인해 진정성을 의심받기도 하는 이전 경향에 비하자면 중대한 변화가 아닐 수 없다. 근대적 자아의 미적 경험 속에서 미국이라는 심상지리의 구체적 이미지를 형상화하고 있는 점이 박인환 후기시의 특징이라 하겠다.

무릇 모든 여행이 주체의 인식 메커니즘에 있어서 직접적 경험에 해당될 것이고, 그 결과 시작에 대해서도 구체성을 부여한다는 것은 하나의 일반론일 수 있다. 그러나 박인환 시에 있어서 그것이 당연한 결과이거나 단지 소재주의에 그치지 않는다는 것은 다음과 같은 사실을 통해서도 추론 가능하다. 박인환의 미국행에는 일본 기항이 사이에 놓여 있었다. 이는 박인환 시의 심상지리가 지닌 특성과 관련해서도 간과할 수 없는 요소이다. 박인환은 맡은 직책 때

---

44) 위의 글, 496쪽.

45) 『전집』의 '서간' 중 636-643쪽 참조.

문이기도 하겠지만 작가 특유의 감성을 살려 여행의 전일정을 꼼꼼히 기록한 듯하고, 이는 산문으로 상세히 재현된다. 기항을 위해 잠시 들렀던 일본 체험 역시 박인환은 예의 문학적 기록으로 남겨 놓고 있는 것이다. 그런데 시적 형상화의 양상이 미국의 경우와는 사뭇 다르다.

> 그날은 3월/율리시스가 잠자듯이/나는 이 바다에서 잠든다.//태양은 레몬/그 향기를 품에 안고/조용한 바다 위를 흐른다.//인생은 표류/작은 어선들이/과거를 헤맨다//이국의 바다 섬들 속에 있는/세토내해 그 물결 위에/나의 회한이 간다.
>
> —「세토 내해(瀨戸內海)」 전문[46]

박인환의 일본 체험에 관한 시화는 위와 같이 '세토 내해'를 바라보는 감상적 서정을 관념적으로 토로하는 양상이 유일하다. 여기서 일본 여행이 기항을 위한 형식적 체류만이 아니었음에 주목할 필요가 있다. 박인환은 "4일간은 일본 구경을 했다. 고베, 오사카, 교토 등지를 편리한 전차를 타고 왔다 갔다 했"[47]던 것이다. 그 결과 "아직 성숙지 않은 토이의 주인공들이 남의 흉내만 내고 있는 것 같다"[48]와 같이 일본 문화에 대해 나름대로의 가치판단을 표명한다. 이를 통해 박인환은 근대화 과정에서 숙명적으로 지닐 수밖에 없었던 기항지로서 일본의 운명, 즉 모방문화의 본질을 통찰하고 있음을 알 수 있다.[49] 이러한 충분한 계기에도 불구하고

---

46) 『전집』, 205쪽.

47) 박인환, 「서북 미주의 항구를 돌아」, 앞의 글, 488쪽.

48) 위의 글, 490쪽.

‘세토나이카이(瀨戶內海)’[50]라는 이국적 기표와 추상적 감상 외에 구체적으로 시화된 내용이 없다는 것은 미국 시편과의 분명한 차이에 해당된다. 이는 한반도를 둘러싸고 제국주의의 폭력적 역사를 동일하게 지니면서도 개항지와 기항지로서의 근본적 차이를 동반할 수밖에 없는 양 국가에 대한 박인환 시의 심상지리이기도 하다.

아메리카는 민족 해방과 동족 전쟁을 겪은 한국사회에서 근대 문명을 상징하는 개항지로서의 의미를 지닌다. 모더니스트 박인환이 심취했던 영미 신문학의 이론적 기원이기도 하다. 앞서 박인환의 미국 여행이 우연한 계기로 비롯되었다는 점을 들었지만, 개항지로서의 아메리카라는 전제는 우연을 필연으로 바꾼 결정적 요인일 수 있다. 박인환은 “혼란한 이 나라를 탈출해 봤으면 속이 시원해지겠다고 늘 생각”[51]한 상태였으며, “문학을 전공하는 분으로서 한번은 태평양을 넘고 미국의 풍물을 보는 것이 도움이 될 것”[52]이라는 제안을 스스로 받아들였던 것이다.

박인환에게 있어 개항지로서의 미국은 오리엔탈리즘과 같은 또 하나의 정형이었던 것으로 보인다. 그는 미국을 체험하면서 그 정형으로부터 벗어나 사실적이고 구체적인 아메리카의 신질서를 심상지리로 지닌 채 이를 시로써 형상화하게 된다. 물론 그것은 박인환 스스로 “지극히 난센스한 일”[53]임을 고백하듯이 또 다른 정형

---

49) 히야마 히사오에 따르면 동양의 근대화는 서양 근대의 충격으로 작동하였고, 중국이나 인도는 침략의 형태로 그 조력(助力)이 취해진 반면 일본은 모방문화라는 숙명을 안게 되었다. 히야마 히사오, 정선태 역, 『동양적 근대의 창출』, 소명출판, 2000, 13-45쪽 참조.

50) 『문학예술』(1956. 4)에 발표할 당시의 표기.

51) 박인환, 「서북 미주의 항구를 돌아」, 앞의 글, 487쪽.

52) 위의 글, 485쪽.

의 설정 과정일 수도 있다. 그럼에도 불구하고 박인환 시의 심상지리는, 장소란 결국 "인간의 유대"[54]라는 핵심적인 요인을 통해 그 범주를 구성한다는 이-푸 투안의 명제를 시적으로 보여주는 1950년대의 사례라 하겠다. 이는 박인환 시세계에서 특수한 장소성의 요소이자 심상지리 국면이리라 본다.

5. 장소 경험과 문학

박인환 시는 동아시아, 고향, 아메리카 등의 장소 요소를 다양하게 변주하고 있다. 동아시아 주변국과의 강한 연대의식이 전기 박인환 시의 공간 인식적 특징으로 발견되는 것은 식민지를 경험한 지식인으로서의 선험적 운명이었다고도 할 수 있다. 그것은 서양과의 추상적 대립으로 설정될 수밖에 없는 상상된 공간으로서의 면모를 지닌다.

한국전쟁의 참담한 현장과 그 결과로서 고향을 체험한 후에는 결여의 로컬리티를 시세계 속에 반영하게 된다. 비극적 현실은 부재인 고향 그 자체였지만 결여의 경험으로 인해 향수가 현재화되는 것은 박인환 시의 심상지리가 지닌 역설이기도 하다.

우연한 미국 여행은 박인환 후기시의 한 축을 형성하는 계기일 뿐만 아니라 심상지리의 국면을 재설정하는 요인이 되었다. 기행시편 속에 드러나는 여행지의 장소들은 추상적인 서양의 정형으로

---

53) 박인환, 「19일간의 아메리카」, 『조선일보』, 1955. 5. 13. 인용은 『전집』, 477쪽.

54) 이-푸 투안, 구동회 · 심승희 역, 『공간과 장소』, 대윤, 2005, 225쪽.

부터 벗어나 사실적이고 구체적인 장소성, 개항지로서의 아메리카에 대한 새로운 질서를 부여하고 있다.

전쟁 체험이나 외국 여행이 문학적 구체성을 부여하게 된다는 것은 하나의 일반론일 수도 있다. 그러나 박인환 시에 있어서 장소 인식 양상이 단순한 소재주의로 한정되지 않음은 그것이 전체 문학세계의 형성과 변모를 낳는 내적 동인으로 구조화되어 있다는 점에서 입증되는 바이다.

박인환 시는 구체적인 장소 경험이 문학적 세계관의 형성과 변모에 얼마나 지대한 영향을 미치는가를 잘 보여주고 있다. 박인환 시의 심상지리가 변주되는 과정은 그 자체로 장소가 지닌 중층적 의미를 사후적으로 증명하는 문학사적 자료라 하겠다. 그가 남긴 장소성의 시화는 해방과 한국전쟁이라는 지난한 시기에 현실과 길항했던 문학적 성취의 하나로 기록되어야 할 것이다.

14

고원 문학의 디아스포라 양상

1. 고원과 미주 디아스포라

고원(高遠, 1925-2008)은 미주지역 한인 디아스포라 문학을 대표하는 시인 중 한 사람이다. 그는 1964년 미국으로 이주하여 작고할 때까지 살았다. 고원이 재미한인 시문학을 대표한다는 명제에는 시세계의 중심 내용이라는 작품 내적 차원과 문단 제도의 실천적 구성이라는 작품 외적 차원 모두가 반영된다. 전자의 주요 논거로서 고원이 남긴 시집 중 반 이상이 미국 거주 중 출간되었던 형편이나 상당수 작품에서 이주 현실과 관련된 소재를 다루었다는 점을 들 수 있다.[1] 후자의 경우에는 미주지역 문단을 형성한 주역이

---

1) 고원은 첫 시집 『시간표 없는 정거장』(협동문화사, 1952. 장호, 이민영과의 3인 시집)을 위시하여 총 12권의 개인 시집을 상재한다. 이는 『이율의 항변』(시작사, 1954), 『태양의 연가』(이문당, 1956), 『눈으로 약속한 시간에』(정신사, 1960), 『오늘은 멀고』(동민문화사, 1963), 『속삭이는 불의 꽃』(신흥출판사, 1964), 『미루나무』(해외한민보사, 1976), 『북소리에 타는 별』(해외한민보사,

라는 이력이나 현재까지도 여전한 실정적 영향력 등이 주된 근거라 하겠다.

고원 시에 대한 학술적 접근으로는 정효구의 연구가 효시 격이다. 그는 고원 시의 의식이 개척자, 민주투사, 자연과 우주, 기독교 등으로 변모되는 과정을 분석하였다.[2] '시의식' 범주가 다소 광범위하다거나 순차적으로 도식화되는 추이, 말년의 작품을 논외로 한다는 점 등은 아쉬운 면모일 것이다. 그럼에도 고원 시에 대한 본격적 학술논문으로서 최초 시도라는 점은 그 자체로 충분한 의미를 지니리라 본다. 이어 오윤정은 고원 시세계의 전반적인 이미지를 심층 분석한 바 있다.[3] 그에 따르면 고원 시는 '태양'이나 '불'로 상징되는 초중기의 자기 인식과 생명 이미지가, 후기에 이르러 '물'의 이미지를 통해 응축과 합일의 시학으로 변주된다.[4] 이 글은 시조까지 포함하는 고원 시세계의 주요 특질을 대표적 이미지를 통해 파악하고 있다. 하지만 이미지 범주가 지나치게 확장되거나 의미가 중첩되는 양상을 보인다. 또한 이들 연구는 공통적으

1979), 『물너울』(창작과비평사, 1985), 『다시 만날 때』(범우사, 1993), 『정(情)』(둥지, 1994), 『무화과나무의 고백』(창작춘추사, 1999), 『춤추는 노을』(신지성사, 2003) 등과 같다. 이를 집대성한 『고원문학전집』(고요아침, 2006. 이하 『전집』으로 표기)이 총 5권으로 출간된 바 있다. 고원 시의 텍스트 선정에 있어서 주의해야 할 점은 『전집』이 지닌 결함을 숙지해야 한다는 사실이다. 현단계 『전집』에는 누락된 작품이 다수 존재한다. 이는 시인 스스로의 선택에 의한 것도 있지만 기존 시집에 수록되지 않음으로써 파악되지 못한 작품이 존재하며, 말년에 쓴 미발표작 등도 고려해야 한다.

2) 정효구, 「고원 시에 나타난 의식의 변모과정」, 이동하 · 정효구, 『재미한인문학연구』, 월인, 2003.

3) 오윤정, 「'불' · '불'의 이미지와 합일의 시학－고원 시의 이미지 연구」, 『시학과 언어학』 8집, 시학과언어학회, 2004.

4) 위의 글, 227-228면.

로 디아스포라적 관점에서는 여전한 논구의 여백을 남긴다. 한편 오윤정은 고원, 박남수, 마종기 등을 묶어 재미시인으로서 비교하기도 한다.[5] 이른바 "재미문학 1세대의 대표격"인 이들 시세계에 대해 '새'의 실향의식, '물'의 향수, '꽃'의 이국성 등을 키워드로 내세워 분석하고 있다.[6] 이 글은 그간 디아스포라 시문학 연구에서 주목되지 못한 미주지역 양상을 고원을 포함하는 대표적 예시로써 논구하고자 한 의미를 지니지만 중심 이미지를 개관하는 식의 표면적 접근이라는 한계를 지닌다.[7]

이 장은 이러한 선행 연구를 참고하면서 고원의 이주 이후 시세계를 대상으로 디아스포라의 관점 아래 논구하고자 한다. 주지하는 바와 같이 디아스포라는 여전히 진행중인 국문학 연구의 수요 범주 중 하나이지만 그에 대한 방법론적 공준이 합의된 단계는 아니다. 더더욱 미주지역의 경우 동아시아를 배경으로 일제강점 전후에 진행된 한민족 디아스포라의 양상과는 본질적으로 다른 성격을 지닌다.

미주와 기타 지역 간 디아스포라의 역사와 실체는 공통점과 차이점을 지닌다. 미주지역 한인 이민이 시작된 단계에서는 기타 지역과 다를 바가 없다. 미주지역 이민의 기원은 20세기를 전후한 노동자 수출 형태였던 것이다. 하지만 재미한인 사회의 본격적 성립에 있어 물리적 계기는 1965년 미국 이민법 개정에 따라 마련되었

---

5) 오윤정, 「재미시인 연구－박남수 · 고원 · 마종기를 중심으로」, 『겨레어문학』 46집, 겨레어문학회, 2011. 6.

6) 위의 글, 129면 외.

7) 그 밖에 고원 시에 대한 연구로는 시집 해설이나 단평 정도가 있다. 이에 대해서는 『전집』 I 참조.

다. 이는 기타 지역과의 분명한 차이라 하겠다. 미주지역에서 근대적 의미의 한인문단이 본격적으로 형성된 것도 1970년대에 들어서이다.[8] 이른바 '자발적 이주'라고 하는 배경은 미주지역 이민을 '디아스포라' 범주로 포함할 수 있을지의 근본적 회의를 유발하기도 한다. 본고는 디아스포라의 개념을 폭넓게 보고 그 외연을 확장시키고자 하는데, 이는 지구화 시대의 한국문학 범주를 확장하기 위한 시의적 요청과도 관련되는 입장이라 하겠다.

구체적으로는 이주의 현실이라는 문학적 실정이 고원 시세계 속에 어떻게 반영되는지를 다각도로 살피고자 한다. 우선 미주지역 한인문단 형성을 위한 고원의 실천적 과정을 분석하고자 한다. 이는 '재미시인'을 표제로 하는 매체 구성을 밝히는 과정으로서, 고원 시의 문학제도적 실천 양상은 미주지역 한인문단의 성격과 메커니즘을 예시하는 전형적 사례에 해당될 것이다. 다음으로 다양한 형식적 실험의 층위를 파악하고자 한다. 이는 디아스포라의 중심 범주 중 하나인 실존적 불안을 환기하는 외면의 양태일 수 있다. 끝으로 디아스포라적 사건을 소재로 하는 작품에 대한 주제론적 접근이 필요하다. 이는 고원 시의 디아스포라와 관련된 내용적 층위로서 핵심적인 국면이 될 것이다. 이처럼 디아스포라 양상에 대한 다각도의 분석은 고원 시세계에 대한 실증적 접근인 동시에 미주지역 디아스포라 시문학의 실체를 파악하는 데 있어 하나의 이정표 역할을 할 수 있으리라 본다.

---

8) 이에 대해서는 정효구, 앞의 글 및 남기택, 「미주지역 디아스포라 시문학의 양상－정립기 재미한인 한글 시문학을 중심으로」, 『어문연구』 70집, 어문연구학회, 2011. 12 참조.

2. '재미시인' 선집류와 한인문단의 구성

고원은 '재미시인'이라는 표제를 건 공동시집과 선시집을 여러 권 상재한 바 있다. 우선 그는 1973년 "재미한인 문단에 나온 최초의 동인지"인 『지평선』에 참여하였다.[9] 또한 고원이 공동 작업했던 『재미시인선집』[10]은 주목해야 할 초기의 텍스트에 해당된다. 이 시집이 간행된 해는 1975년으로서 고원이 미국으로 이주한 이후 처음으로 발간하는 전문 시집의 형태이다. 『지평선』 1집(1973. 12)과 2집(1974. 6)이 타자로 식자한 수공업적 형태였던 것을 감안한다면 활자를 통한 '제도적' 시집 형태는 『재미시인선집』으로부터 비롯된다고 볼 수 있는 것이다. 여성시인 3인이 동인지 형태로 활자 인쇄된 『지평선』 3집이 간행된 것은 그 이듬해인 1976년이다.[11] 『지평선』과 『재미시인선집』은 본격적으로 미주지역 시단이 형성되는 시원적 형태로서 그 자체로 문학사적 의미를 지닐 뿐만 아니라 고원 시의 이주 초기 경향을 대별할 수 있는 주요 자료라 하겠다.

---

9) 정효구, 「재미한인 동인지 『지평선』의 양상과 그 의미」, 이동하 · 정효구, 앞의 책, 85면. 기타 『지평선』의 양상에 대해서는 이 글 참조. 『지평선』은 1집(1973. 12. 1)과 2집(1974. 6. 29)를 거쳐 3집(1976. 11. 10)까지 출간된다. 『지평선』 1집에는 김진춘, 김시면, 김병현, 석진영, 정용진, 박영숙, 고원, 마종기, 황갑주, 최연홍 등 10명이 참여하고, 2집에는 최선영, 이창윤, 마종기, 최연홍, 황갑주, 김시면, 김병현, 석진영, 염천석, 이동익, 정용진, 현묵 등 12명이 참여한다. 3집의 참여 시인은 박신애, 임서경, 강옥구 등 3명이다.

10) 김시면 외, 『재미시인선집』, 하서출판사, 1975. 참여 시인은 김시면, 고원, 김송희, 김숙자, 마종기, 박영숙, 박이문, 이창윤, 최선영, 최연홍, 황갑주 등 11명이다. 『지평선』과 중복되는 시인은 고원을 위시하여 김시면, 마종기, 박영숙, 이창윤, 최선영, 최연홍, 황갑주 등 8명이다.

11) 남기택, 앞의 글 참조.

눈이나 좀 왔으면 좋지.
창문마다
비둘기 시체가 떨어지는데,
그 속에선 감전된 인조버섯이
시뻘겋게 독을 뿜는데,
지하철도의 진단은
위궤양이라는데,
빌랑 멎고
눈이나 좀 올 일이지.

―「汚染」 부분[12)]

고원은 『재미시인선집』에 위 작품을 포함하여 다섯 편의 작품을 싣는다. 이들 작품은 이주 이후에 씌어진 작품들로서 대체로 초현실적 시의식이나 상징적인 구도가 두드러진다. 1972년에 씌어진 위 작품은 이주 초기에 고원 시가 지닌 정서를 잘 보여주고 있다.[13)] 특유의 상징적 시어("감전된 인조버섯")가 등장하고, 시대는 바로 "깔리 유가"나 "하레 크리슈나"에서처럼 힌두교적 우주론에 기초한 종말론의 어두운 정서가 지배적으로 배치된다. 반면에 뉴욕을 상징하는 허드슨 강("신화가 흐를 리 없는 핫슨강")과 자유의 여신상("여신의 허한 허리")은 부정적 이미지로 대비되고 있다. 기타 「묘지에 날으는 호각소리」 역시 "철조망을 둘러친/어처구니없는 공동묘지"

12) 『전집』 I, 268면. 이하 작품 인용은 『전집』에 수록된 경우 이를 따르며 면수를 병기하기로 한다. 『전집』에 수록되지 않은 경우는 서지사항을 따로 밝힌다.

13) 고원은 대부분의 작품 말미에 창작 연대를 기록하는바 특기할 필요가 있는 경우에 병기하기로 한다.

와 같이 부정적 현실 인식의 단면이 드러나고 있다. 「孕胎하는 微笑」에서는 비온 후의 숲 풍경을 “소리 없이 피어서/실상 이렇게 소리를 배는/영롱한 웃음”으로 표현하는 공감각이 두드러진다.

약 10년의 시간이 지난 1986년에는 또 다른 ‘재미시인선집’인 『바람의 고향』[14]이 상재되었다. 이 선집은 ‘미주한국문인협회’가 편한 것으로서 고원은 「점의 숨결」, 「학꽃」, 「선 채로 묻힌 돌에」 등 3편을 실었다.[15] 이들 세 작품은 공교롭게도 고원 시세계의 주요 경향인 파격적 형식(「점의 숨결」), 보편 서정(「학꽃」), 현실 참여(「선 채로 묻힌 돌에」)의 요소를 각각 보여준다는 점이 흥미롭다. 머리말을 보면 “미국(캐나다 포함)에 거주하는 시인들의 작품”을 망라하는 동시에 “이곳에서 이만큼 많은 시인들의 작품을 한데 모았다는 건 처음 있는 일”과 같이 남다른 의미를 강조하고 있다.[16] 미주지역에서 문인협회라는 문학 제도가 생겨난 1982년 이후 최초의 시선집이라는 점에서도 의의를 찾을 수 있다. 이와 같은 해에 ‘재미작가6인집’이라는 부제를 단 『객지문학』[17]이 간행되었다. 이 선집은 소설과 수필을 포함하는 종합 장르로 처음 구성되었다는 문학사적 의미를 지닌다. 고원은 여기에 「나비와 불」, 「묘지에 날으는 호각

---

14) 미주한국문인협회 편, 『바람의 고향』(재미시인시선집), 범우사, 1986.(이하 『바람의 고향』으로 표기)

15) 이때 편집위원으로는 고원, 권순창, 김명환, 김병현, 김호길, 송상옥 등 6명이 참여한다. 수록된 시인은 29명이다. 여기 실린 고원의 시 세 편 중에서 「점의 숨결」과 「학꽃」은 『전집』에 빠져 있다. 「선 채로 묻힌 돌에」는 단연의 원 형태가 2연으로 분연되어 시조집 『새벽별』에 수록된다.

16) 「‘재미시인선집’을 엮으며」(머리말), 『바람의 고향』, 9면.

17) 고원 외, 『객지문학』(재미작가6인집), 융성출판, 1986. 시 부문에 고원 · 박이문 · 김정기, 기타 송상옥(소설), 이계향 · 황영애(수필) 등이 참여한다.

소리」 등을 포함하여 20편의 시를 수록하였다.[18)]

이후 1992년에 고원은 박남수, 마종기와 함께 '재미작가 3인시선'으로 『새소리』[19)]를 출간하였다. 고원은 「旗의 의미」와 「매미」를 위시하여 총 50편의 시를 싣는다.[20)] "재미문학 1세대의 대표격"인 이들 시인의 선집은 디아스포라와 관련하여 "세 시인의 다양한 시적 차이와 그를 아우르는 공통점을 살펴볼 수 있는 주요 텍스트"로 강조되기도 한다.[21)] 이런 식의 선집 작업은 이후에도 계속된다. 『바람의 고향』 이후 10여 년이 지난 1999년, 고원은 '재미시인 6인집'인 『回歸線의 노을』[22)]을 상재한다. 그는 머리말로

---

18) 수록 작품은 「나비와 불」, 「묘지에 날으는 호각소리」, 「염주 · 李箱 · 오줌」, 「북」, 「선인장」, 「물길」, 「눈이 오네」, 「숨 쉬는 땅에」, 「겨자씨의 눈물」, 「항아리」, 「타조」, 「객지에서 소를 보면」, 「눈빛」, 「불」, 「장미 가시」, 「遠近法」, 「샘물의 줄기」, 「산불」, 「금강산」, 「물너울」 등과 같다.

19) 박남수 · 고원 · 마종기, 『새소리』(재미작가 3인시선), 삼성출판사, 1992.

20) 목록은 「旗의 의미」, 「매미」, 「모나리자의 손」, 「앞치마」, 「나비와 불」, 「오염」, 「묘지에 나는 호각소리」, 「염주·李箱·오줌」, 「북」, 「잉태하는 미소」, 「샘」, 「돌」, 「선인장」, 「눈이 오네」, 「판문점」, 「물길」, 「겨자씨의 눈물」, 「항아리」, 「타조」, 「객지에서 소를 보면」, 「금강산」, 「물너울」, 「그림자」, 「달이 좁다」, 「하늘가에 잠겨서」, 「점의 숨결」, 「산호의 집」, 「바람」, 「점 하나」, 「점의 곡조」, 「겨울 동백」, 「학꽃」, 「야자수」, 「선채로 묻힌 돌에」, 「눈물」, 「한풀이」, 「업어 키워」, 「떠 있는 섬」, 「강물을 따라」, 「김포의 표정」, 「구름 울음」, 「달마당」, 「우주 골짜기」, 「흑장미」, 「산소 호흡」, 「물방울」, 「신호등」, 「수국」, 「그런 시간에」, 「달꽃」 등과 같다.

21) 오윤정, 「재미시인 연구」, 앞의 글, 129-130면.

22) 고원 · 김용팔 · 황갑주 · 김선현 · 김호길 · 이승자, 『재미시인 6인집 · 回歸線의 노을』, 창작춘추사, 1999.(이하 『회귀선의 노을』로 표기) 고원은 여기에 9편을 수록하는데 「떨어져 내리는 점」, 「어디서 새가」, 「물속 깊이」, 「거지 나사로에게」, 「열매 두 개」, 「만나고 나서」, 「키모」, 「도망치는 젊은이」, 「고속도로 210번」 등과 같다. 이 중 1988년작으로 밝힌 「열매 두 개」, 「만나고 나서」, 「키모」 등과 1995년작 「고속도로 210번」은 『전집』에 수록되지 않는다.

작성된 글에서 “미국에 온 후에도 시 또는 시조를 계속 창작하는 시인들의 대표작을 엮어 보자고 하는 것이 편자의 뜻이었다고 생각”23)함을 밝혔다. 이처럼 고원의 시선집 작업은 오늘날 ‘선집’으로서의 제한된 의미보다는 미주지역 문학장의 주요 아비투스요 대표적 내용 범주를 구성하고 있다는 점에서 특별히 주목해야 할 요소라고 본다.

그 밖의 문단제도적 실천의 사례로서 고원은 1986년 LA지역에서 ‘글마루 문학원’을 설립하여 문학 교육과 후진 양성을 지속적으로 실천하였다. 1988년 봄에는 연간 문예지 『문학세계』를 창간하여 발행, 편집해나가게 된다. 관련 문인들의 동인 단체인 ‘글마루 문학회’는 이주 후기 고원 시문학의 제도적 실천을 증거하는 단체로서 오늘날까지 활동이 지속되고 있다. 이 매체에 대한 고원의 남다른 관심과 애정은 아래 작품으로 외화되기도 한다.

별 없는 밤에
불도 끄고 있다가
또렷이 보이는 게 무언지.
밀튼이 눈 멀고 나서
더 잘 보던 게 무언지.
그런 참모습을
본 일이 있겠지요.

새카맣게 고요한데
홀로 밤을 새울 때 깨끗이

---

23) 고원, 「『재미시인 6인집』이 지닌 의미」(머리말), 위의 책, 3면.

들리는 게 무슨 소린지.
귀가 먼 베토벤이
지휘하던 음악이 어떤 건지.
그런 소리
들은 적이 있겠지요.

눈을 자주 감아 봅시다.
세상 귀를 자꾸 막아 봅시다.
시인의 눈과 귀가
제대로 열려야지요.

—「글마루에서」 전문[24)]

시집 『무화과나무의 고백』(1999)에 수록되었던 이 작품은 고원 후기시의 정조와 문학에 대한 입장을 시사하고 있다. 그것은 곧 감각기관의 역설을 가리키는데, 눈을 감고 귀를 막음으로써 "시인의 눈과 귀가/제대로 열려야" 한다는 것이다. 이처럼 이 작품은 구체적인 상황을 묘사하기보다는 일종의 시론시에 해당되며 시인의 자의식을 부각하는 관념적 진술이다. 오랜 이주의 시간은 물론 미 동부와 서부에 이르는 디아스포라의 진폭이 이러한 시론의 배경에 함의되어 있으리라 본다. 일생을 지속해온 시와 문학적 삶이 종합적으로 구상되는 장으로서 '글마루'가 매개되어 있는 맥락에서 이 매체에 대한 고원의 남다른 애정을 엿볼 수 있을 것이다.

이처럼 고원은 재미한인 문학장이 형성될 무렵부터 '재미시인'을 표제로 한 선집류를 위시하여 적극적인 매체 활동을 전개하였

24) 『전집』 Ⅱ, 158면.

다. 이는 그대로 미주지역 디아스포라 시문학의 내용과 형식을 상징하는 의미를 지니게 된다. 그 이유는 미주지역 한인문단의 매체적 전형성이 곧 동인지 형식에서 발견되기 때문이다. 앞서 정효구가 밝힌 것처럼 최초의 동인지 『지평선』이 그러하며, 현단계 활성화되어 있는 『미주문학』[25], 『크리스찬문학』[26], 『뉴욕문학』[27] 등 각종 문예지들 역시 대개 동인지나 기관지의 양식을 따르고 있다. 발표지면이 절대적으로 부족할 수밖에 없는 이국의 장소에서 전문적 문학활동의 물리적 근거, 즉 문인들과의 소통이나 조직화를 포함하여 제도적인 문학장의 매개체 역할을 하는 것이 미주지역 선집류가 지닌 의미라 하겠다. 요컨대 선집류는 미주지역 한인문단을 형성하는 과정에서 주요한 매체가 되었고, 고원은 미주지역 한인문단의 형성기에 적극적 활동을 통해 그 기초를 수립하였다.

3. 해체와 파격, 실존적 불안의 형식

고원 시의 전개 과정에서 가장 두드러지는 형식적 특질은 파격적인 실험 양상일 것이다. 기존 연구에 따르면 미주지역 디아스포라 문학의 경우 고향에 대한 그리움, 실정적 삶의 어려움에 대한 형상화 등이 주요 내용을 이룬다. 정효구는 재미한인 시문학에 대

25) 『미주문학』은 1982년 창립된 '미주한국문인협회'에 의해 같은 해 창간호가 발간된다.

26) 『크리스찬문학』은 1983년 창립된 '크리스찬문인협회'에 의해 같은 해 창간호가 발간된다.

27) 『뉴욕문학』은 1989년 창립된 '미동부한국문인협회'에 의해 1991년 창간호가 발간된다.

해 언어・자아・조국, 미국・도시(문명)・종교 등의 주제로 그 의식의 흐름을 요약한 바 있다.[28] 김정훈은 1980년대 이후 시문학의 주제별 양상을 고국・고향, 이방인, 정체성, 주인의식 등으로 파악한다.[29] 한편 김종회는 미국 주류문학에 진출한 경우는 드물지만 한글 창작의 분량과 수준이 상당한 정도에 이르렀음을 포괄적으로 지적하기도 한다.[30] 이들 연구는 주로 재미한인 시단의 내용적 범주를 구성하고 있으나 형식미학에 대한 논의는 소략한 편이다. 역으로 이는 보편 서정의 시형식이 주류를 이루는 재미시단의 실정을 반증하는 대목이기도 하다. 이러한 정황으로 볼 때 고원 시의 형식적 실험은 미주지역 디아스포라 시문학의 특수한 경계를 구성하는 하나의 요소라 하겠다.

이주 초기의 작품으로서 『재미시인선집』의 한 편인 「念珠, 李箱, 오줌」[31]은 불안한 현실 인식에 바탕한 초현실적 감각이 두드러진다. "뉴욕 복판에서/염주를 굴"리거나 "성한 건 無다. 그러니/부처는 다다, 불타는 다다"라는 시적 정황은 소재들 간의 극단적인 거리로 인해 의미 구성을 부정하고 있다. 불안한 현실 인식에 바탕한 일종의 초현실적 감각인 것이다. "공(空)○○○"의 가려진 기호들은 실체 없는 현상이 결국 그대로 실체라고 하는 경구(空卽是色)를 기호 자체로 체현하고 있는 듯하다. 『재미시인선집』의 또 다른 한

---

28) 정효구, 「재미한인 시에 나타난 의식의 변천과정(1)-(2)」, 이동하・정효구, 앞의 책.

29) 김정훈, 「미주지역 한인문학 연구－재미한인 시문학을 중심으로」, 송명희 외, 『미주지역 한인문학의 어제와 오늘』, 한국문화사, 2010.

30) 김종회, 「미주 한국문학의 현황과 과제」, 『인문학연구』 7호, 경희대학교 인문학연구소, 2003, 22-23면.

31) 『전집』 Ⅰ, 270면.

편인 「북」[32] 역시 해체적 현실 인식이 기호화된 형태로 제시된다. 북소리를 가리키는 의성어 '덩'은 'X'자 형태로 배치되고 있다. 이러한 언어의 기하학적 배치는 "말이 필요한 건 아니"라는 언어의 불가능성에 관한 인식에 기초하는 사유일 것이다. 언어의 위상 자체를 부정하며 또한 언어를 통해 기호의 물성을 재현하고자 하는 시도와도 같다. 이러한 형식적 파격은 고원의 현실 인식과 긴밀한 상관관계에 놓인다. 또한 기호의 파격은 자연스럽게 해체적 사고나 실존적 불안을 환기한다.

새

꽃
별송꿀
에 · 이 · 벌
익 · · · · · 이
은 · · · · · · · 물

---

32)『전집』 I, 286면. 작품 일부를 제시하면 아래와 같다.
"하기사 지금 우리한테
말이 필요한 건 아니다.
~~둥둥둥둥~~
둥덩둥덩
토인들이 제사를 마련하듯이
덩덩둥둥
(중략)
둥　　둥
덩　덩
X
둥　둥
덩　　덩"

물 · · · · · · · · · · · 고
방 · · · · · · · · · · · · · 떨
울 · · · · · · · · · · · · · · · 지

—「점의 숨결」 전문[33)]

『바람의 고향』에 수록된 위의 시 역시 언어의 배치가 기하학적 구도를 형성하고 있다. 이들 언어의 행간을 물리적으로 점유하는 기호는 '점'(·)이다. 이 작품은 3행부터 삼각형의 좌변에 배치된 음절들("별에익은물방울")과 우변에 배치된 음절들("꿀벌이물고떨지")이 대구를 이루며 하나의 의미를 형성하고, 정점에서 수직으로 배치된 음절들("새꽃송이")이 또 하나의 의미망을 형성하고 있다. 두드러지는 것은 언어의 사전적 의미보다도 점들의 행렬이다. 언어의 기호학적 배치 사이에서 삼각형 내부를 채우는 점들의 집합이 보이지 않는 의미의 행렬을 이루고 있음이 주목된다. 점들은 언어 사이의 거리를 메우며 도형의 실질적 내부를 구성한다. 이러한 이미지의 기하학은 실재와 재현의 간극, 기호의 위상과 한계 등을 사유하는 하나의 계기일 수 있을 것이다.[34)]

---

33) 미주한국문인협회 편, 앞의 책, 12면. 이 작품은 『전집』에는 수록되지 않는다.

34) 점이라는 기호를 활용하는 사용하는 방식은 그 외에도 발견된다. 예컨대 「떨어져 내리는 점」(『전집』 Ⅱ, 139면)에서 "우주 한 구석/점 하나"는 "제 갈 길을 알고 있"는 "약하지만 날쌘 새"를 가리킨다. 이 새는 "어쩌다 참 어쩌다가"라는 우연한 순간에 "거꾸로 너무 높이 올라가고/때를 놓치고" 만 결과 "처절하게/처참하게/떨어져 내"리고 만다. 이처럼 새가 사라지는 순간을 "점 하나/날리고 날려 지워"진 순간으로 기록하는 이 작품은 '점'을 통해 존재('새')의 운명을 비유하고 있다. 「점 하나」(『전집』 Ⅱ, 401면. 이 작품은 '새 시조집'으로 『전집』에 분류된 『물노래』에 포함되어 있다)에서도 "가운데/전선에 앉아/점을 찍는 새 하나"와 같이 새를 점에 비유하는 인식 구도가 반복된

새벽 세 시, 半裸體의
　깨진 거울,
　　그것은 조각가.
　　　그 속의 전신을
　　　깎고 도려내고.

너, 육신이 밤을 흔든다.
네 자신 속의 밤을.
　눈에서 북소리,
　머리칼에서 현악 소리.

—「새벽 세 시의 거울」 부분[35]

이 작품은 분행이 진행되면서 점층적으로 여백을 증가하는 형태를 취한다. 이러한 구도는 고원 시에서 빈번히 반복되는 형식 중 하나이다. 1965년 작으로 기록되어 있는 이 작품은 아주 초기부터 지속된 형식적 실험에의 관심을 증거한다. 이러한 외형적 파격은 당대 고원이 지니고 있었던 부정적 현실 인식과 긴밀한 관련을 맺으리라 본다. 디아스포라와 관계된 실존적 불안을 환기하는 근거는 외면적 형식 이외에도 이 작품에 제시된 '밤'이라는 시간적 배경이 관계된다. 고원의 전체 시세계에서 가장 빈번히 사용되는 시

다. 여기서는 "궂은 비 멎은 오후"의 잔잔한 풍경 속에 점으로 존재하는 새의 이미지를 전경화한다. 또한 '점'이 사용되지는 않았으나 '새'를 통해 존재를 현시하거나 의미의 도약을 시도하는 시편도 보인다. 「불」(『전집』 Ⅰ, 341면)은 "새로 내리는 나무/불시에 불이 난/뿌리의 아픔 때문에/깊은 땅 가슴이 찢어지고"와 같이 화마에 휩쓸린 나무의 운명을 그린다. 이때 "햇살을 찢는/새 한 마리"가 앞선 불의 정황을 종결하는 이미지로 '점처럼' 박혀 있다.

35) 『전집』 Ⅰ, 258면.

간적 배경이 곧 밤이다.[36] 밤의 이미지를 사용하는 작품들은 존재를 사유하는 시간으로서 밤을 제시하며 다양한 시적 변주를 보여준다. 예컨대 밤은 허무로 가득 차 있으면서도("이제/생식력 있는 모든 공허가/부풀어오르고", 「술잔 속의 밤」) 깨달음의 순간이기도 하고("평생 모르고 살아왔네요", 「산속의 밤」; "간밤엔 별들을 보고/더러더러 알겠더라", 「밤이 와야지」), 존재가 개방된 공간이며("낮은 닫히고 밤은/이토록 시원하게 내내 열렸던 게다", 「열린 밤」) 소통하는 장이기도 하다.("나 점 하나/달 속에 들어/백마일쯤 밤을 간다", 「밤길」) 이러한 양상을 통해 반평생 이상 이국에서 살아야 했던 고원이 자아의 정체성을 탐구하는 과정을 끊임없이 모색하고 있었음을 파악할 수 있다. 이는 곧 디아스포라로서의 정체성에 관한 성찰에 비견된다.

아
차
사
바

비가 가고
얼음이 탄다

---

36) 표제만 보더라도 '밤'은 「小市民의 밤」(『전집』 Ⅰ, 49면. 이하 권수와 면수만 표기), 「밤은 비로소」(Ⅰ, 106), 「밤의 계단」(Ⅰ, 173), 「밤사람」(Ⅰ, 217), 「술잔 속의 밤」(Ⅱ, 21), 「하룻밤 새에」(Ⅱ, 46), 「밤길」(Ⅱ, 52), 「밤새」(Ⅱ, 76), 「밤의 눈」(Ⅱ, 94), 「밤 비행기」(Ⅱ, 138), 「산속의 밤」(Ⅱ, 160), 「밤의 트레모로」(Ⅱ, 220), 「밤이 와야지」(Ⅱ, 268), 「열린 밤」(Ⅱ, 270), 「밤하늘 가는 길」(Ⅱ, 292) 등 15편에서 직접 사용된다. 시조에서도 「밤마다」(Ⅱ, 320), 「밤과 낮이」Ⅱ, 353), 「전날 밤」(Ⅱ, 364), 「오늘밤에」(Ⅱ, 408) 등 4편을 찾을 수 있다.

ㅏㅗ

―「不立文字」 전문[37)]

한편 이 작품은 제목 그대로 '문자'의 한계를 다룬다. 첫 연은 단일 음절을 수직으로 배치하는 식으로 언어의 구상화된 형태로 보여줌으로써 짧은 선시류를 도모하고 있으며, 둘째 연에서는 재현할 수 없는 깨달음의 세계를 의미 단절의 대구("비가 가고"와 "얼음이 탄다")와 기호 자체의 해체("ㅏㅗ")를 통해 부각시키고 있다. 통사 구조는 물론 음절을 파괴하는 해체적 시어 구사가 돋보이는 작품인 것이다. 이것이 1973년에 씌어지고 『한국문학』 1975년 12월호에 발표되는 정황을 보면 국내 문단과 비교하더라도 상대적으로 앞선 시기의 해체적 실험 사례에 해당될 것이다. 고원은 1989년에 펴낸 선시집 『나그네 젖은 눈』의 서문에서 "서구 현대문학에 곧잘 등장하는 불안, 불신, 부조리, 소외, 권태, 쫓김, 심문, 벽, 단절 같은 주제, 소재, 모티브가 우리에게는 그대로 생활일 수밖에 없는 절박한 상황"[38)]에서 시를 써왔음을 진술한 바 있다. 이러한 자서적 진술을 통해서도 고원 시세계에 담긴 파격적 형식이 실존적 불안에 대한 사유의 산물임을 짐작할 수 있다. 이주 이후의 현실은 파격의 형식을 낳는 또 다른 '생활'의 절박함을 낳을 수밖에 없었을 것이다.

시집 『다시 만날 때』(1993)는 이로부터 고원 시의 형식적 파격이 대폭 줄어드는 양상을 보인다는 점에서 이주 이후의 후기시 기점

---

37) 『전집』 Ⅰ, 272면.

38) 고원, 「설명과 고백」(서문), 『나그네 젖은 눈』, 혜원출판사, 1989. 인용은 『전집』 Ⅱ, 16면.

으로 삼을 만하다. “사람보다 더 간절하게, 직접, 30년간 타국에서 사랑해온 것이 한국말”[39]이라는 소회를 증명하듯이 작품들은 긴장된 조직과 언어의 경제를 지향하고 있다. 그럼에도 불구하고 “가득해지면/다시 비고/○ ○/○ ○/○ ○”(「물방울」)[40]에서처럼 해체된 기호를 통해 감각을 조직하는 여전한 양상을 발견할 수 있다. 또한 서사시의 시도 역시 파격적 형식의 범주에 든다.[41] 이듬해 발간된 『정』(1994)에서도 산문시와 시조의 다양한 시형식을 시도하고 있다.[42] 『춤추는 노을』(2003)에 이르면 두드러지는 형식이 단시의 양상이다. “시의 길이를 15행 이내로 제한하는 고집스런 원칙”[43]을 시인 스스로 강조하듯이 선시풍의 짧은 시형식을 시도한다. 「실존」[44]은 고원의 전체 시세계 중에서 가장 짧은 작품에 해당되어 “통/말이 없다./깊은 숨을/쉬기만 한다./바위”와 같이 전문이 구성된다. 바위의 생리와 무언의 생을 지극히 경제적인 언어와 ‘실존’이라는 표제로 그리는 점에서 고원 시에서 형식과 존재론적 사유의 접점을 엿볼 수 있다.

---

39) 고원, 「책머리에」(서문), 『다시 만날 때』, 범우사, 1993. 인용은 『전집』 Ⅱ, 27면.

40) 『전집』 Ⅱ, 34면.

41) 대표적 예가 이른바 ‘두순자 사건’을 소재로 한 「검은 눈물로 거듭나」와 같은 작품이 있는데, 이에 대해서는 본고 4장에서 다루기로 한다.

42) 고원은 “1950년대 몇 편 발표하고는 35년이나 지나고 난 1992년에 다시 시작하게 된 산문시, 1986년과 87년에 겨우 7편을 쓴 후로 만 5년 간 끊어졌다가 역시 1992년에 되살아난 시조”라 하여 스스로의 창작 경향을 밝힌 바 있다. 「책머리에」(서문), 『정』, 인용은 『전집』 Ⅱ, 91면.

43) 「50주년 기념 시집을 내면서」(서문), 『춤추는 노을』, 인용은 『전집』 Ⅱ, 204면.

44) 『전집』 Ⅱ, 227면.

사사사사/사막은 산 산이네.//질긴 나무,/무가 서 있네.//나이 많은/무의 나무가/싱싱하네.//무나무는 뒤집어도/무나무지.//사사사사/무의 소리.

—「무나무」 전문[45]

2001년에 씌어진 이 작품은 이주 후기, 실존에 대한 문학사상과 형식을 집약하는 문제작으로 보인다. 미주이민 100주년을 기념하여 제작된 『한인문학대사전』[46]에도 전재될 만큼 고원 시세계를 대표하는 작품으로 평가되고 있는 것이다. 화자는 사막의 나무를 대상으로 "무의 나무"를 유추한다. '사막'이라는 배경은 미주지역 특유의 장소에 대한 경험을 선세한다. 재미시인의 작품 속에 사막의 소재가 종종 등장하는 양상에는 문학적 상상력을 자극하는 이국적 소재에 대한 낯선 경험의 맥락이 연동될 것이다. 사막은 축자적 개념이 함의하는 불모의 이미지와 달리 산과 나무, 나름의 생명을 포함하는 중층적 대상이다. 「무나무」는 이 모순적인 존재의 구조를 '무(無)'와 '나무'의 결합으로 등치시켜 제시하고 있다. 이처럼 오랜 시작 과정을 통해 귀결된 문학사상과 생의 철학이 「무나무」에 담겨 있다. "사사사사"라는 동일 음절의 반복 형태는 사막을 환기하는 동시에 "무의 소리"를 지시하는 수(四)와 부재(死)의 가시적 형상일 것이다. 요컨대 이주 초기시의 파격적 경향은 세월이 흐르면서 보다 정제된 시형태로 변주된다. 보편적 서정시나 시조류에의 관심은 이를 반증하는 사례라 하겠다. 그러나 한편으로 장시의 실험

45) 『전집』 II, 248면.

46) 미주문학단체연합회 편, 『한인문학대사전』, 월간문학 출판부, 2003.

이나 선시류의 접목을 여전히 보여주고 있다는 점에서 고원 시세계의 파격은 일관적인 형식적 특질로 파악될 수 있겠다.

미주지역 재미한인문학은 탈근대적 공동체 의식의 문학적 전거로서 주요한 대상이 된다. 디아스포라 현상 자체가 고향(조국, 한국)과 이주지(미국) 간의 기억과 체험으로 구성되는 범주임을 전제할 수밖에 없다면 이러한 이원적 의식은 디아스포라 문학에 보편적인 것일 수 있다. 이를 전유하여 새로운 공동체 질서와 한국문학 경계를 재구성하는 것은 연구자들뿐만 아니라 창작 단계에서 주요한 문제의식이 되어야 한다. 관건은 이러한 시의적 사유와 문학적 반성이 재미한인 시문학을 통해 어느 정도 실증될 수 있을지의 문제일 것이다. 고원 디아스포라 시문학의 형식적 실험을 주목해야 하는 이유는 이러한 맥락에서 비롯되는 것이기도 하다. 고원 시의 파격이 실존적 불안의 결과라고만 단정할 수는 없다. 하지만 위에서 살펴본 것처럼 이국적 소재의 상징적 전유, 언어의 해체, 기호 활용, 밤과 허무에의 의도적이고도 집중된 사유 등은 오랜 이주의 삶과 긴밀한 연관을 맺는다. 시라는 장르가 집약된 사유와 언어를 다루는 한 이러한 연관이 표면에 명시될 수는 없겠으나 고원 시의 실험적 형식이 세계적 패권국으로의 자발적 이주라는 디아스포라의 삶을 직간접적으로 반영하고 있다는 점은 분명한 사실이리라 본다. 디아스포라와 관련된 구체적 사건의 시화가 보여주는 양상은 이에 대한 또 다른 논거일 수 있다.

4. 디아스포라적 사건과 정체성 재구

고원 시를 포함하여 미주지역 한인문학은 국문학 연구에 있어서 중요한 시의적 의미를 지닌다. 활성화되어 있는 디아스포라 문학 현장인 재미 한인문학장은 민족국가 단위로 설정되었던 한국문학의 외연을 확장하고, 공동체에 대한 탈근대적 사유를 가능케 하는 물리적 기제일 수 있다. 현단계 미주지역 한인 공동체의 특수성 중 하나로 배타적 민족주의 성향을 들 수 있다. 1960년대 이민법 개정 이후 본격적 이주가 시작된 이래,[47] 미주지역 한인들은 비교적 빠른 시간에 한인 커뮤니티를 형성하고 주류 사회의 주변 단위로 포섭된다. 재미 한인들은 특유의 근면 성실로 안정적 정착에 성공하지만, 한편 이민 1세대들의 정체성에 내면화된 '단일민족' 이데올로기는 문화적 충돌이나 인종적 갈등을 낳는 원인으로 상존하고 있다. 이는 자발적 이주라는 역사적 배경에도 불구하고 미주 이민을 '디아스포라'의 관점으로 접근할 수 있는 실질적 조건이라 하겠다. 고원 시에서도 디아스포라의 실정이 가장 두드러진 경우는 구체적인 사건과 결합되는 경우이다.

> 오래간만에 제 나라에 가서/미국 거지가 왔다는/옛 친구들 바람을 맞고 돌아온/한국 사람이 또 하나/총에 맞아 죽었다.//한 줄기 바람이 휙/쏘고 갔다. 그저,/아무렇지도 않게/바람이 지나간 자리에/아무 그림자도 없었다.
>
> —「바람 · 5」 전문[48]

이 작품은 "한국 사람이" 비극적으로 "총에 맞아 죽"은 풍경을

---

47) 1965년 미국 이민법 개정(하트-셀러법 Hart-Celler Act)은 활발한 미주 이민의 제도적 계기라 하겠다.

48) 『전집』 II, 99면.

담담히 묘사한다. 그 사건은 "그저,/아무렇지도 않게/바람이 지나간 자리"로 등치되고 있다. 소수민족으로서의 불평등한 사건은 이주의 삶에 있어서 가장 서러운 현실일 것이다. 총기 소지는 미국 주류사회 내에서도 찬반 논란이 끊이지 않는 심각한 사회 문제 중 하나이다. 해마다 수많은 관련 사건이 발생하지만 총기 소지가 여전히 허용되고 있는 현실은 자유와 인권을 상징하는 한 축 이면에 거대한 무기산업 자본의 헤게모니라는 다른 한 축이 양립하는 이중적 의미를 지닌다. 미국 내 소수자라는 에스니시티(ethnicity)를 지닐 수밖에 없는 한인들은 종종 총기 범죄의 희생양이 되고 있다. 가장 비극적인 사건일 수 있는 총기 사건의 희생자를 지극히 건조한 어조로 묘사하는 위 작품은 그 담담한 어조로 인해 비극성을 더한다. 이러한 사건은 스스로 "또 하나"의 징후가 된다. 즉 불평등한 인종차별적 사건이 결코 일회성에 그치지 않음을 반증하는 무언의 역설을 담고 있는 것이다.

「도망치는 젊은이」[49] 역시 유사한 사건을 다룬다. 경찰에 의해 무고하게 희생된 한인 청년의 실화를 소재로 하는 것이다. 즉 "보기도 끔찍한" 경찰의 추격을 피해 도망치던 한인 젊은이가 결국 "총알 열다섯/빈 몸둥이 쓰러"지게 된 비극적 사건을 사실적으로 묘사하고 있다. 여기 소재는 범죄에 의한 희생이 아니라는 점에서 비극성이 배가된다. 미국 사회에서 경계인이요 소수 인종일 수밖에 없는 한인들에게 있어 강력한 경찰 공권력은 공포의 대상일 수밖에 없다. 여기에는 자유로운 의사소통이 어려운 언어의 문제가 깊이 관련된다. 미국에는 이처럼 공권력에 의한 사고 역시 종종 발

---

49) 『전집』 II, 369면.

생한다. 또한 이 사건은 1992년 미주 한인사회 최대의 비극인 LA 폭동의 원인을 제공한 '로드니 킹 사건'과 흡사한 맥락을 지닌다. 그러나 그 결과는 전혀 다르다. 백인 경찰에 의한 흑인 로드니 킹의 구타사건이 폭동으로 이어지며 한인사회에 막대한 피해를 야기한 것과 달리, 한인 피의자는 목숨을 잃었음에도 그저 "오지나 말걸/후회조차 못"하는 비극적 사건으로 마무리되고 있다.

이와 관련하여 생각해봐야 하는 문제는 한인 공동체의 민족성일 것이다. 코리안-아메리칸(Korean-American)의 에스니시티와 공동체의 실정성은 위와 같은 인종차별적 사건의 원인과 대안을 모색하는 데 하나의 논점을 제공한다. 재미 한인(코리안-아메리칸)들은 이주의 대상(미국)에 대해 비판과 순응의 양가감정을 지닐 수 있다. 미국인을 자처하면서도 여전한 한민족 정체성은 한·흑 갈등, 한·라티노 갈등의 원인이자 실제 사회 문제로 외화되곤 한다. 재미한인 디아스포라 시의 현실적 조건이기도 할 미국 내 한인 공동체의 배타성은 문제적 현상인 것이다. 재미한인 사회에서 전무후무한 폭력사태였던 LA 폭동은 이러한 배경으로부터 오랫동안 누적된 사회적 갈등이 폭발한 사건이었다.

(1) 불난리

> 흉하게 검은 소리 한줄기가/L. A.의 목을 누른 날 저녁이었다./태평양으로 해가 빠지자마자/허울 좋은 천사들의 도시가/갑자기 지옥에 빠진 시간/땅도 하늘도 불바다가 됐다./연기 구름을 불기둥이 뚫고/저무는 4월의 L. A.는 불난리.//검은 동네 새까맣게/또 새빨갛게 불꽃에 묻히고/탄탄한 철문 탕탕 튀면서/코리아타운에 코리아가 탄다./천사들 다녀간 흔적도 없이/무너지는 무지개/색색이 탄다.//빚더미 가난이 타고/이십 년 고생이 타고/삼

십 년 한이 타고/분하고 억울해서/타고타고 끝없이 타느냐.

—「L. A. 哀歌」 부분[50)]

「L. A. 哀歌」는 재미한인 디아스포라의 관점에서 가장 주목해야 할 작품에 해당될 것이다. 총 3부 18연으로 구성된 이 작품은 LA 폭동(4 · 29 폭동)을 소재로 한다. 위에서 보는 바와 같이 1장은 소제목에서처럼 폭동의 순간을 '불난리'로 비유하여 묘사하고 있다. 2장 '잿더미 속에서'는 폐허가 된 와중에서 "잿가루를 짓씹으면서" 역사와 현실을 되돌아볼 것을 다짐하는 내용이다. 3장 '하늘이 울어'는 한국인 희생자인 "에드워드 이재성"을 추모하며 부르는 희망의 진혼가에 해당된다. 이 작품은 LA 폭동이 일어난 바로 다음 달(1992. 5)에 제작되었다. 미주 이민 100여 년의 역사적 과정에서 가장 대표적인 문화적 충돌의 사건을 신속하게 시화한 대표적 작품이라 하겠다.

LA 폭동의 원인은 로드니 킹 사건으로 알려져 있다. 이 폭동의 본질은 미국 내 오랜 흑백갈등이 빚어낸 사건, 즉 흑인 피의자에 대한 백인 경찰의 무리한 진압과 특혜이다. 그러나 폭동의 원인은 다양하고 중층적이다. 당시 로스앤젤레스의 시장과 상권을 둘러싸고 대립되었던 인종 사이의 갈등 역시 폭동의 배경으로 간과할 수 없는 요소인 것이다. 그 밖에도 상업주의나 포퓰리즘에 근거한 언론의 태도에서도 그 원인을 발견할 수 있다. 백인 기득권층의 폭력성에 초점을 두어 사건을 담론화한 언론의 선정주의 방식도 하나의 문제임을 간과할 수 없다.[51)]

---

50)『전집』 II, 63-64면.

한편 「검은 눈물로 거듭나」[52]는 LA 폭동의 또 다른 원인이기도 한 이른바 '두순자 사건'을 소재로 한다. 1991년 3월 16일, 흑인 빈민지역인 남부 LA에서 상점을 운영하던 두순자는 오렌지 주스를 훔치던 15세 흑인 소녀 라타샤 할린스를 다툼 끝에 총을 쏘아 숨지게 했다. 1992년 4월 29일, 로드니 킹을 구타한 4명의 백인 경찰에 대한 무죄판결 이후 분노한 흑인들의 폭동이 시작되자 미국 언론은 두순자 사건을 집중 보도하였다. 위 작품은 LA 폭동이 발생하기 전인 1992년 2월로 제작 연대가 기록되어 있다. 시인 스스로 "실지 사건에 입각한 '짧은 서사시'"라고 기록하는 이 작품은 미주 한인사회의 병폐와 역사적 비극을 시화하려는 남다른 의미를 지닌다.

또한 중요한 것은 상처를 기억하는 동시에 그 원인을 반성하고 극복하려는 노력일 것이다. 고원은 LA 폭동을 위시한 한인 공동체의 상처를 시적으로 묘사하는 동시에 다민족 사회로의 동화를 위한 방안을 모색하고 있다. 예컨대 「빛깔이 많은 노래」[53]는 LA 폭동을 소재로 하여 화해와 화합을 노래한다. 이는 "L.A. 폭동 1주년"을 기념하여 지은 작품임이 부기되는데, 그런 만큼 "일곱 가지 꽃빛깔"로 인종과 문화의 화합을 시도하자고 강조한다. 나아가 "무지개에도 없는 빛깔까지/옷이나 몸속에 있는 그대로/이제는 우

---

51) 이에 대해서는 장태한, 「로스앤젤레스 폭동과 동포 사회의 미래」, 『한국학연구』 12집, 고려대학교 한국학연구소, 2000. 7 및 David D. Kim, 「Clash of Colors－LA Riots of 1992」, DDK production, 2008 참조. 「Clash of Colors」는 재미한인 1.5세대인 데이빗 김 변호사가 제작한 다큐멘터리이다.

52) 『전집』 Ⅱ, 58-59면.

53) 『전집』 Ⅱ, 109면.

리 서로 빛깔로 인사"하는 것이 필요함을 역설한다. 이러한 치유의 노력은 다민족 이민 국가인 미국에서 한인 공동체의 정체성을 구성하는 과정에 필수적인 요소일 것이다.

> 우리는 코리안 아메리칸./20세기에 새로 나온/우리 이름이 좋다.//코리안 아메리칸의 힘줄에는/1903년 하와이/사탕수수밭에서 할아버지들이/한 맺혀 흘린 피가 돌고 있다./그 무렵에 "사진신부"로 건너온/할머니 외할머니 찌든 땀이/코리안 아메리칸의 가슴을 적신다.
>
> ―「우리 노래」 부분[54)]

미주 디아스포라의 기원과 양상에 대해서는 상당한 연구가 진행된 바 있다. 그런데 시문학 양상에서 이러한 민족적 역사를 기록하는 경우는 의외로 많지 않다. 「우리 노래」와 같은 작품은 명실공히 미주지역의 민족적 서사에 대한 시화를 시도하고 있다는 점에서 주목할 만하다. 이 작품의 서사적 소재는 시적 긴장을 완화하는 요소가 되기도 한다. 그럼에도 불구하고 민족적 자긍심과 역사적 상처를 사실적으로 시화한다는 점에서 시적 르포르타주로서 손색이 없으리라 본다. 이러한 양상은 고원 시가 지닌 민족 외부에서 민족 내부의 관점이 무엇인지를 반증하기도 한다. 고원의 디아스포라적 삶에는 고국의 정치 불안과 민주주의 퇴보가 관련된다. '광주'에 대한 기억과 저항은 고원 문학의 민족주의적 성격을 상징하는 대표적 기제이다.[55)] 하지만 디아스포라의 삶과 연륜은 민족적

---

54) 『전집』 II, 199면.

55) 이에 대한 시화는 『빛의 바다』(1980), 『아아, 光州여 無等山이여』(1981), 『빛

모순의 극한 대립을 지양하고 위와 같이 자긍적 공동체의 단위를 지향한다. 이는 곧 민족의 외부가 민족 내부를 세련하고 변증적 지양을 도모하는 하나의 입장으로서 고원 디아스포라 시문학의 한 특성이라 하겠다.

민족적 정체성에 대한 모색은 궁극적으로 스스로의 문제로 수렴되고 있다. 이주 후기작에 해당되는 「종려나무 벌판」[56]과 같은 작품은 고원 시세계의 궁극적 지향과 종점에 관한 구상태로 보인다. "이민의 땅 높은 곳에서/사투리 많은 별들이 일러준다./이민은 종려나무/키 크는 연습"과 같이 '이민'이라는 것이 결국 새로운 환경에 적응하여 생존하기 위한 삶의 여정이라는 이치가 '종려나무'를 소재로 전개되고 있다. 이러한 교훈적 시상은 장소성을 통해 보다 구체화되기도 한다. 이와 관련되는 대표적 소재가 구체적 공간을 장소화하는 심상지리의 양상이라 하겠다. 예컨대 "고속도로 210번을/20년 가까이/자동차로 가고 오고,/지금은 내/새 고향 산천"(「고속도로 210번」)[57]과 같은 인식은 이주 초기, "자본이 토한 쓰레기"의 도시로서 '뉴욕'을 묘사하던 장소 인식(「바워리(Bowery)」)[58]과는 분명히 다른 차원이다. 고원은 미국 동부로부터 서부로 이어지는 횡단의 삶을 살았다. 그 과정에서 자신이 정착한 곳을 새로운 고향으로 받아들이고 그에 대한 시화를 지속적으로 모색하고 있는 것이다. 고원 시의 이와 같은 양상은 오늘날 한국 지역문학의 범주를 구성하는 과정에서도 하나의 단서를 제공한다.

이 타는 5월』(1983) 등에 집약되어 있다.

56) 『전집』 II, 259면.

57) 『회귀선의 노을』, 28면.

58) 『전집』 I, 281면.

고원 시의 디아스포라와 관련해서 중요한 사실은 그가 엘리트이자 전문 시인으로서 코리안 디아스포라와 관련된 문학적 사건을 시화하고 있다는 사실이다. 이는 현단계 재미한인 시문학 연구에서 간과되고 있는 부분이다. 이에 대한 엄밀한 분석과 문학사적 정리는 미주지역 디아스포라 문학에 있어서 중요한 사료가 되리라 본다.

지금까지 고원 시세계를 디아스포라의 관점에서 살펴보았다. 고원은 13권에 이르는 방대한 작품을 지닌 만큼 시세계의 다양한 변주를 보여주고 있다. 따라서 한두 갈래로 시세계를 재단하기에는 무리가 따른다. 미국 이주 이후에도 상당수 작품은 이주 이전의 경향이 반복되는 동시에 새로운 환경과 체험을 바탕으로 하는 디아스포라 시세계를 형성하고 있다.

이 글에서는 주로 이산의 관점에서 살펴볼 수 있는 텍스트를 선별하여 디아스포라적 정체성을 밝히고자 하였다. 우선 고원은 자신의 문학적 생애와 실천을 통해 제도적으로 미주 디아스포라 한인시단을 형성하는 데에 많은 영향을 미친다. 특히 '재미시인'을 표제로 한 선집 작업으로써 미주지역 한인문학장의 매체적 정립을 시도하였다.

다음으로 고원은 다양한 형식 실험을 보여주고 있다. 형식적 변주는 무엇보다도 이주에 따른 실존적 조건을 환기한다. 보편 서정의 전통적 시양식이 지배적인 재미한인 시단에서 고원의 파격적 시도는 개성적 수위를 형성하기에 충분한 기제라 하겠다.

가장 중요한 것은 디아스포라의 내용적 특성일 것이다. 고원은 한인사회 내 다양한 사건을 소재로 디아스포라의 현재를 시화하고 있다. 예컨대 LA 폭동은 미주지역 한인사회의 문제점이 폭발한 대표적 사건이다. 고원은 한인사회의 엘리트이자 1세대 문인으로서 이들 사건에 대한 문학적 증언을 시도하는 한편, 이러한 역사적 시화를 계기로 새로운 공동체의 방향과 정체성을 모색하였다.

고원은 미주지역 엘리트 이민의 전형적 사례에 해당된다. 국내에서 등단하여 이미 문학적 세계의 기초가 다져진 상태였고, 이주 이후에도 실험적 노력을 계속하며 시세계를 이어 나갔다. 무엇보다도 고원 시는 미 주류 문단에 참여하는가 하면 언어의 적극적 전유를 통해 영작을 실천하였고, 실험적 모색의 과정에서 재미한인 시단의 지평을 확장하였다는 문학사적 의미를 지닌다. 이처럼 미주지역 디아스포라 문학의 특수한 성취를 보여주는 고원 시세계는 재미한인 시문학의 대표적 양상이라 할 만하다. 한편 문학장의 전문성이나 예술적 경쟁 구도가 부재하는 환경 속에서 일종의 매너리즘에 빠지는 양상 역시 고원 시세계의 분명한 한계로 지적할 수 있다. 이는 고원 시세계를 떠나 미주지역 한인 디아스포라 문학장의 실정적 문제이기도 할 것이다.

15

이성선 문학과 로컬리티

1. 이성선 시와 지역

이성선(李聖善, 1941－2001)은 1970년 『문화비평』, 1972년 『시문학』으로 등단한 이래 첫 시집 『詩人의 屛風』(1974)을 포함하여 13권의 개인 시집을 상재하였다.[1] 이를 집약한 전집은 2005년과 2011년에 각각 출간된다.[2] 이성선 시는 외형적으로 볼 때 단행본으로 독

1) 이성선은 강원도 고성 출신으로서 등단작은 「詩人의 屛風」 외 4편(『문화비평』), 「아침」·「서랍」(『시문학』) 등이다. 시집 목록은 간행순으로 ① 『詩人의 屛風』(현대문학사, 1974), ② 『하늘門을 두드리며』(전예원, 1977. 산문시), ③ 『몸은 지상에 묶여도』(시인사, 1979), ④ 『밧줄』(창원사, 1982. 산문시. 『시인을 꿈꾸는 아이』, 율도국, 1997 재출간), ⑤ 『나의 나무가 너의 나무에게』(오상사, 1985), ⑥ 『별이 비치는 지붕』(전예원, 1987), ⑦ 『별까지 가면 된다』(고려원, 1988), ⑧ 『새벽 꽃향기』(문학사상사, 1989), ⑨ 『향기 나는 밤』(전원, 1991), ⑩ 『절정의 노래』(창작과비평사, 1991), ⑪ 『벌레 시인』(고려원, 1994), ⑫ 『산시』(시와시학사, 1999), ⑬ 『내 몸에 우주가 손을 얹었다』(세계사, 2000) 등과 같다.

립 출판된 2권의 산문시를 포함하여 시집에 수록된 것만 총 710편에 이른다.[3] 이러한 외장은 이성선 시세계의 방대한 규모와 깊이를 반증하는 형식적 지표라 하겠다.

이성선 시에 대한 평가는 우선 생전에 평단에서 이루어진 비평적 조명을 들 수 있다. 각 시집에 수록된 해설을 비롯하여 주로 1990년대 이후 발표된 작품론, 작가론 등이 여기 해당된다. 이에 따르면 이성선 시세계의 특징은 동양철학에 바탕한 친자연적 경향으로 수렴할 수 있다.[4] 시세계와 일치하는 염결한 생애 역시 기존 이성선론의 한결같은 논거로 반복되는 바이다.

---

2) 이성선, 『이성선 시전집』, 시와시학사, 2005(이하 『시전집』으로 표기); 이희중 · 최동호 편, 『이성선 전집』 1(서정시); 여태천 · 최동호 편, 『이성선 전집』 2(산문시 · 기타), 서정시학, 2011.(이하 『전집』 1, 2로 표기)

3) 참고로 『시전집』에는 『벌레 시인』의 「山詩」 연작 중 3, 5, 19, 42, 53, 54의 6편이 빠진 704편이 수록되어 있고, 『전집』 1에는 '시집 미수록 시편' 7편이 포함된다. 『시전집』에 누락된 6편은 모두 개작되어 시집 『산시』에 수록된 것이다.(「저녁밥」, 「산달」, 「여름비」, 「눈물」, 「산중다인」, 「귀를 씻다」) 이를 동일 작품으로 볼 경우 총 편수는 704편이 된다. 『전집』 1의 '차례'에서는 『詩人의 屛風』 중 「겨울, 회고적」의 누락, 『나의 나무가 너의 나무에게』의 간행년도(1985) 오기(1982) 등이 발견된다.

4) 자연친화적인 성격에 대해서는 "자연과의 대화를 통하여 우주적 질서의 넉넉한 울림을 노래로 걸러내는 일을 자임"(권두환, 「'숫'시인 이성선」(해설), 『이성선 : 빈산이 젖고 있다』(한국대표시인100인선집78), 미래사, 1991, 145쪽), "한결같이 자연을 시의 대상으로 삼고, 그에 대한 서정을 노래해온 시인"(이경호, 「이성선이 지은 자연의 집」, 『시와시학』 1994년 여름호, 129쪽) 등의 표현을 비롯하여 김재홍, 「가치의 다양화와 열린 지향성」, 『소설문학』, 1987. 12; 이승훈, 「70년대의 한국시」, 『현대문학』 1989년 3월호; 이광호, 「투영의 시학」, 『현대시학』 1990년 4월호 등 참조. 기타 해설 및 평론에 대해서는 『전집』 2의 '연구자료목록', 731-733쪽 참조. 참고로 여기 연구자료목록 중 '논문' 부문에는 전집 간행 시점(2011. 4)을 고려하더라도 그 이전에 발표된 학위논문 및 연구논문이 다수 누락되어 있다. 이에 대해서는 본고 머리말의 연구 현황에 대한 분석 참조.

시세계에 대한 학술적 접근은 그의 사후에 본격 제기된다. 이를 대별하자면 우선, 문학사상적 특질에 주목한 연구가 주된 흐름을 형성한다.[5] 이들 연구는 이성선 시 근저에 자리한 시정신 혹은 문학사상의 원천이 불교와 노장 등 동양철학으로부터 비롯되고 있음을 실증하고 있다. 이 시기에 제출된 일련의 학위논문들도 다양한 입장과 시각에서 이성선 문학사상에 관한 심도 있는 논거를 제시한다.[6] 이러한 선행 연구는 이성선 시의 제작 원리 및 문학적 세계관을 심층적으로 구명한 사례들이라 하겠다. 다음으로, 형식미학적 접근 양상이 또 다른 흐름을 형성한다.[7] 이들 연구는 다양한

---

5) 최동호, 「한국적 전통과 현대 불교시의 전개」, 『한민족어문학』 40집, 한민족어문학회, 2002. 6; 박남희, 「노장적 사유의 두 가지 모습－천상병과 이성선의 시를 중심으로」, 『한국시학연구』 7호, 한국시학회, 2002. 11; 김인섭, 「이성선 시의 불교적 상상력」, 『우리문학연구』 16집, 우리문학회, 2003. 12; 이희중, 「이성선의 시에서 나비의 의미 연구－『莊子』를 참조하여」, 『민족문화연구』 41호, 고려대학교 민족문화연구원, 2004; 이승하, 「한국 현대시에 나타난 불가의 인물들」, 『첨단문화기술연구』 4호, 중앙대학교 문화콘텐츠기술연구원, 2008. 12 등이 그것이다.

6) 이세경, 「이성선 시의 창작정신과 자아인식」, 단국대학교 석사학위논문, 2003; 정 은, 「이성선 시의 정신 세계」, 충북대학교 석사학위논문, 2003; 이병금, 「이성선 시의 선(禪) 사유 연구」, 경희대학교 석사학위논문, 2004; 송기용, 「이성선 시 연구－현실도피적 자폐성향을 중심으로」, 영남대학교 석사학위논문, 2007 등이 있다.

7) 주향호, 「이성선 시의 공간 의식 연구－불과 물의 공간을 중심으로」, 명지대학교 석사학위논문, 2002; 김석환, 「이성선 시집 『내 몸에 우주가 손을 얹었다』 연구－'달'과 '시'의 기호작용을 중심으로」, 『한국문예비평연구』 11집, 한국현대문예비평학회, 2002; 이상오, 「이성선 시의 이미지와 감각성」, 『민족문화연구』 39호, 고려대학교 민족문화연구원, 2003; 김문주, 「이성선 시의 관능성과 구도(求道)의 성격」, 『어문논집』 58집, 민족어문학회, 2008; 노창선, 「이성선 시의 미적 거리에 관한 연구」, 『개신어문연구』 33집, 개신어문학회, 2011 등이 있다.

관점에서 형식미학 분석을 통해 시세계의 주요 특성을 도출한 성과라 하겠다. 한편, 생태학적 관점에서 이성선 시세계를 고찰한 연구는 이성선 시의 친자연적 성향에 대하여 1990년대 이후 부각된 생태담론을 적용해 새롭게 해석하고 의미 부여한 경우에 해당된다.[8)]

이상의 연구 동향에 나타난 문제점을 들자면 우선, 이성선의 방대한 시세계에 비해 아직까지 학술적 평가가 미진한 것으로 파악된다. 그 이유의 하나로 이성선 시가 본격적인 학술 담론의 대상으로 공론화되기에는 당대 문학적 성격이 강했다는 측면을 들 수 있다. 또한 중앙문단과의 교류가 드물었다는 점도 이성선 시 연구가 활발하지 못한 제도적 이유일 수 있겠다. 시종일관 자연을 소재로 한 전통 서정의 경향을 보이는 점도 간과할 수 없다. 실로 "언뜻 들어보아 그렇고 그런 이야기를 그는 지치지도 않고 계속해서"[9)] 유지한 시인이었다. 이제 사후 10주기가 지난 만큼 그 단순하면서도 방대한, 진정성 있는 철학적 시세계에 대하여 다각도의 학술적 검증이 필요한 시점이리라 본다. 다음으로, 연구 내용이 동양철학에 바탕한 문학관이나 친자연적인 서정의 세계에 집중되는 경향을 볼 수 있다. 이성선 스스로가 명백한 문학관을 유지한 채 일관된 시세계를 평생 고수했던 만큼 그에 대한 평가 역시 유사한 맥락을

---

8) 장영희, 「한국 현대 생태시의 영성 연구－이성선, 고진하 시를 중심으로」, 부산대학교 박사학위논문, 2008; 김동명, 「이성선 시의 심층생태주의적 양상 연구－후기시를 중심으로」, 『한국문학논총』 56집, 한국문학회, 2010. 12 등이 주목된다.

9) 나태주, 「아름다운 맞수－내가 만난 이성선」, 『시와시학』 1994년 여름호, 101쪽.

형성하는 현황은 당연한 결과로 보인다. 그럼에도 불구하고 시세계의 근원으로서 생태철학에 대한 정치한 분석은 여전히 미진하며, 삶과 문학의 근본 배경인 지역성을 통해 시세계를 종합하거나 지역문학론으로의 심층적 접근은 전무한 실정이다. 다만 지역과 관련된 단편적 언급은 많이 발견되는데, 지역에서의 정주는 특히 시인의 품성과 문학관에 관련된다. 대표적 예로 "설악에서 흐르는 물과 같이 깨끗한 영혼을 지닌 시인"으로서 "어떠한 어려움이 있더라도 고향에 살면서 오직 시인의 길만을 걷겠노라고 결의"했다거나,[10] "문단 출세주의자들과 달리, 설악산 한 모퉁이에서 밤늦도록 내면의 불을 밝히며 묵묵하게 자기의 길을 가는 시인"이라는 언급[11] 등을 볼 수 있다.

이 장은 위와 같은 문제의식을 바탕으로 이성선 시세계에 대해 지역문학적 관점을 견지하고자 하며, 관련된 주요 범주로서 로컬리티(locality) 즉 지역성을 들기로 한다.[12] 지역성은 이성선 시세계

---

10) 민 영, 「시대를 초월하는 서정의 힘」, 『창작과비평』 1991년 겨울호, 411쪽.

11) 최동호, 「설악산의 새벽꽃 향기」, 『삶의 깊이와 시적 상상』, 민음사, 1995, 185쪽.

12) 본고에서는 '로컬리티'를 '지역성'과 동일 개념으로 사용하되, 그 용어를 통해 그간 '지역'이라는 범주가 지닌 '중앙'과의 이항적 대립 의미를 지양하는 동시에 보편적이고도 특수한 장소성이라는 문학적 함의를 가리키고자 한다. 광의의 개념으로 볼 때 지역성은 시장르를 성립시키는 공간적 배경이기도 하다. 나아가 작품 생산 과정에 있어 보다 목적의식적인 장소 인식의 양상이 본고에서 전제하는 지역성의 핵심적 의미망을 형성하게 될 것이다. 기타 로컬리티에 관한 문학이론적 쟁점에 대해서는 『한국민족문화』 32집(부산대학교 한국민족문화연구소, 2008. 10)의 특집 '로컬리티 다시보기' 중 이상봉의 「탈근대, 공간의 재영역화와 로컬 · 로컬리티」, 김용규의 「로컬리티의 문화정치학과 비판적 로컬리티 연구」, 문재원의 「문학담론에서 로컬리티 구성과 전략」 등과 이재봉 외, 「지역학과 로컬리티 연구」(좌담), 『로컬리티 인문학』 2호, 부산대

를 일관하는 중심 요소로서의 의미를 지닌다. 예컨대 형식주의적 관점에서 볼 때 이성선 시의 '산'과 '바다'는 전체 시세계를 관류하는 메인 모티프라 할 정도로 빈번히 등장한다. 이때 산은 '설악산'으로, 바다는 '동해'로 구체화되는 실정적 의미망을 지닌다. 역사전기적 관점에서 보더라도 고향(고성)을 비롯하여 학창시절과 교편생활로 평생을 보낸 지역(속초, 양양 등)을 전제하지 않고서는 이성선 시세계 자체가 성립되기 어렵다. 대부분의 시작을 계기하는 문학적 경험의 장소가 곧 강원영동지역인 것이다. 이성선 시의 특장 중 하나인 생태의식 역시 강원지역의 삶이라고 하는 실존적 조건과 긴밀히 연동된다. 이러한 문학 내외부적 사실은 그 시세계를 지역성의 관점에서 접근해야 하는 필연적 이유와 당위성을 제공하고 있다. 요컨대 다양한 측면에서 문학적 로컬리티 양상에 주목하는 연구는 이성선 시 이해의 지평을 확장하는 데 기여하리라 본다.

2. 문학관에 반영된 로컬리티 요소

이성선 시세계는 특정한 시기 구분이 무의미할 정도로 일관된 경향을 보인다. 그는 시종일관 자연의 경험과 관찰을 바탕으로 고유한 철학적 성찰을 시도하고 있다.[13] 무엇보다도 시세계를 주조

한국민족문화연구소, 2009. 10 참조.

13) 이러한 전제 위에 논의의 편의상 시기 구분을 할 경우에는 1980년대 후반을 기점으로 전기와 후기로 대별하기로 한다. 대표적인 이유로 이 시점은 이성선 시의 외형적 특징 중 하나인 장시와 단시의 분수령에 해당된다는 점을 들 수 있다. 예컨대 이성선 시세계의 주요 경계를 구성하는 산문시 「하늘문을 두드리며」와 「밧줄」은 1970년대 후반과 1980년대 초반에 발표된다. 뿐만 아니라 이 시기에 상재된 시집 중 『시인의 병풍』, 『몸은 지상에 묶여도』 등의

하는 친자연적인 삶이 역사전기적 배경으로 확고하다는 사실은 한국문학사의 특수한 일영역을 점유하기에 충분한 기제일 것이다. 이성선 시는 근대 제도로서의 미적 양식인 현대시를 통해 동양의 전통적 사유를 일생 동안 추구하였고,[14] 그 사상에 부합하는 삶을 실천함으로써 예술과 생이 하나되는 사례로서의 문학사적 의미를 지니고 있다.

본 장에서는 이성선 자신의 문학관을 검토하고 그에 반영된 로컬리티 성격을 도출해보기로 한다. 이성선은 일관된 시작 경향에 걸맞도록 비교적 명료하게 자신의 문학관을 제시한 바 있다. 그런 이성선의 문학관에서 특히 강조되는 요소로서 이른바 생명사상이 주목된다.

> 시란 사람 수만큼 다르다. 사람의 가슴 수만큼 다르다. 그러나 알고 보면 많은 사람 많은 사물 속에는 하나로 이어져 통하는 길이 있고 리듬이 있으며 그래서 모두는 동일 맥박 속에 사는 생명이다. 이 우리의 오지에 숨어사는 진짜 <생명>, 그것과 하나인 시가 어쩌면 가장 좋은 시일지도 모른다. 우리 생명은

작품은 내면적 독백과 진술 방식에 의거하는 식으로 산문투의 경향이 강하다. 반면 1990년대 이후의 시집은 이전과 비교할 때 외형상 길이가 짧아지고 분연 분행의 빈도가 상대적으로 잦은 양상을 보인다. 이와 함께 후기시에서는 여백과 반전을 의도적으로 배치한 선시류의 경향이 강화되는 모습을 볼 수 있다. 한편 이성선 시의 시기 구분에 대해 이상오는 초월지향성의 초기(4시집, 1982), 자연 사물에 대한 관찰의 중기(8시집, 1989), 감각성의 통합과 연대의 후기(1990 이후)로 설정한 바 있다.(이상오, 앞의 글, 265쪽)

14) 최동호는 불교시의 측면에 주목, 한국현대시의 불교사상 계보 중 이성선을 "한용운-김달진-조종현-이성선-조정권-최승호 등으로 이어지는 노장적 · 은둔적 소승적 지향"으로 분류하고 있다. 최동호, 「한국적 전통과 현대 불교시의 전개」, 앞의 글, 355쪽.

현재 여기 있으며 동시에 위대한 어떤 것과 연결된 초월적 존재이다. 시 또한 바로 그런 생명의 영혼에서 솟아나는 울림의 노래이다.[15)]

이 글의 요점은 "사람 수만큼" 다양한 시를 하나로 묶는 요인으로서 '생명'이 존재한다는 사실이다. 이로부터 이성선의 생태사상과 그에 부합되는 시론을 도출할 수 있다. "많은 사람 많은 사물"은 "동일 맥박 속에 사는 생명"의 존재이다. 모든 존재가 고유한 가치를 지닌다는 믿음은 인간중심적 관점과는 다른 생태사상을 환기한다. 여기서 '생명'은 인간이나 동식물의 유기체적 조건이 아닌 모든 사물의 핵심이라는 의미에 가깝다. 이는 이른바 심층생태학에서 강조하는 존재론의 입장이라 하겠다. 시는 "그런 생명의 영혼에서 솟아나는 울림의 노래"로서 미적 모더니티의 자아중심적 예술관과는 근본적으로 다른 층위를 형성하고 있다.

오늘날 생태담론의 수준에서 볼 때 생명사상은 다양한 이론적 기원으로 분류할 수 있겠는데, 이성선의 경우 동양의 수직적 존재론에서 유래되는 것으로 파악된다. 이성선은 동양과 서양을 구분하며 자신의 경우 "간접적이고 소극·수동적이며 전체적"[16)]인 동양의 삶의 방식을 걸었노라고 명시하고 있다. 생명사상은 서양식 이론주의가 아닌 스스로의 삶에 의해서 자연발생적으로 형성된 동양적 세계관인 것이다. 이러한 동양적 패러다임은 시세계의 초기 단계에서부터 설정된다. 이성선은 "1974년 첫시집 『詩人의 屛風』을 내고는 동양의 정신세계에 빠져들기 시작했다. 동양의 지혜 그

---

15) 이성선, 「생명과 초월」, 『시와시학』 2001년 봄호, 121쪽.

16) 이성선, 「하늘을 보며 걸어온 길」, 『시와시학』 1994년 여름호, 57쪽.

신비 속에 길을 찾고 몸을 적시고 싶었다. 당시 서구 조류인 모더니즘이나 리얼리즘이 정치적인 상황과 함께 한국문단을 가득 덮고 있었지만 이런 속에서도 나는 불경의 반야심경에서부터 화엄경, 힌두의 우파니샤드 바가바드기따, 중국의 노장 등 나의 길이라 생각되는 곳은 어디든지 찾아나섰다"[17]고 강조한 바 있다.

이성선이 이와 같은 존재론을 형성하는 데에는 고향에서의 삶이 주요 요인으로 작용한다. 이는 그 스스로 "제가 자란 강원도 산골은 그와 삶의 방식이 아주 달랐습니다. 자신의 논에 들이는 물은 누구의 도움이나 협조를 받아서 얻는 것이 아니고 하늘에서 직접 개인적으로 받았습니다. (중략) 이웃이란 서로 말 없이 생의 길을 걸어가는 길동무에 불과한 정도였습니다. 여기서 탄생한 것이 수직적 삶의 방식"[18]이라는 고백에서 발견된다. 문학관 속에 반영된 로컬리티 요소가 확보되는 것이 바로 이 지점이다. 오늘날의 생태시학이 서양의 패러다임에서 비롯되어 보편화되어 온 맥락, 그 결과 동양철학의 생명사상이 새롭게 주목받고 있는 정황[19] 등은 이성선식 가치관을 문제적으로 재구해야 할 이론적 배경이기도 하다. 이성선의 세계관은 그대로 문학관과 시형식으로 이어져 "동양적 직관과 가슴 뛰는 서정, 명상, 그리고 전체를 순간적으로 뒤엎는 禪的 방법"[20]을 배태하게 된다. 이처럼 이성선의 문학관은 곧 로

---

17) 이성선, 「동양적 자연관 속에」, 『시와시학』 1994년 여름호, 116쪽.

18) 위의 글, 같은 쪽.

19) 최일범, 「유교 인본주의의 생태철학에 관한 연구－머레이 북친의 사회생태론 철학과 비교하여」, 『유교사상연구』 34집, 한국유교학회, 2008; 유권종, 「생태주의와 유교 생명주의」, 『한국학연구원 학술대회자료집』, 계명대학교 한국학연구소, 2011 등 참조.

20) 이성선, 「하늘을 보며 걸어온 길」, 앞의 글, 57-58쪽.

컬리티와 생태학적 지평을 함의하고 있다. 이성선 문학의 로컬리티와 관련하여 김윤식은 "강원도의 시인이기에 앞서, 설악의 시인이기에 앞서, 동해, 속초의 시인"[21]이었음을 적시한 바 있는데, 이러한 언급은 지역에서의 구체적 삶과 그로부터 발생하는 다양한 관계를 예술적으로 반영하는 과정이 곧 시세계의 요체라는 사실을 내포한다. 이성선 시를 지역문학의 범주로 다룰 수 있는 필요충분조건이 이로부터 비롯된다.

그 밖에 각종 시론시류의 작품들은 문학관을 재구하는 또 다른 일차 자료에 해당될 것이다. 이성선 시세계에는 자신의 문학관 및 시에 대한 사유를 집약하는 상당수 작품이 존재한다. 이러한 작품들 속에는 시에 대한 사상이 응축된 형태로 함의되기 마련인데 이를 통해서도 고향의 친자연적 환경이라는 요소를 발견할 수 있다. 이성선에게 있어 시작의 가치와 배경에는 항용 강원지역의 친환경적이고 풍성한 자연이 존재한다. 시론시류의 작품에는 공통적으로 문학관에서 강조된 바와 같이 영동지역에서 체득된 '수직적 삶의 방식'이 근저에 자리하고 있는 것이다.[22]

한편 이러한 문학관으로부터 생겨나는 의문은 이성선 시가 과연 근대적 미학과 예술태로서 어떠한 실정적 의미를 지니는가의 문제이다. 이성선 시의 외장을 두고 현실을 외면한 정신주의적 세

---

21) 김윤식, 「'용지못'의 시적 구체성－황선화론」, 『김윤식의 비평수첩』, 문학수첩, 2004, 115쪽. 이와 유사한 언급은 기타 논자들에게도 자주 발견된다. 이는 "평생을 설악산을 바라보고 바다를 바라보며 시를 써온 보기 드문 은자형(隱者形) 시인"(이병금, 앞의 글, 14쪽)으로서의 면모이기도 하다.

22) 대표적으로 전기시의 「영혼의 피리」(『시전집』, 249-250쪽), 후기시의 「벌레 시인」(『시전집』, 996-997쪽) 등을 예시할 수 있다.

계라거나 사회적 폭력이 결과한 자폐 성향이라는 지적도 가능하다.[23] 그러나 이성선의 문학관이 비현실적 정신주의에 지배된다고만 한정할 수는 없다. 염무웅은 "시적 사유와 육신의 삶은 그 소실점에서 만나"[24]게 된다고 하여 이성선 후기시의 변모와 지향을 적절히 파악하고 있다. 이 말은 '시적 사유'의 정신적 지평이 결국 '육신의 삶'이라는 현실 문제를 간과할 수 없었다는 지적과 같다. 요컨대 이성선의 생태적 문학관 속에는 강원영동의 친환경적 삶이라고 하는 지역적 요소가 반영되어 있으며, 그에 의거한 실천적 문학 행위를 지속적으로 보여주고 있다. 문학사상의 배경뿐만 아니라 다양한 지역문학적 실천 양상을 지닌다는 점이 이성선 시의 로컬리티를 구성하는 핵심적이고도 특수한 면모라 하겠다.

3. 중층적 고향과 공간 구상

본 장에서 주목하고자 하는 점은 이성선 시에서 다양하게 변주되는 고향의 양상이다. 고향의식은 농경사회 전통을 지닌 한국문화의 특성이자 현대시의 주된 요소기도 하다. 이성선의 경우 고향의식은 앞서 살펴본 것처럼 전통적인 동양사상이 발단하는 원인이요 강원영동의 공간을 구상(具象)하는 등 지역성과 필연적 관련을 맺는다. 따라서 고향의 중층적 의미 양상은 이성선 시 지역성의 면모에도 해당되리라 본다. 고향의 소재화는 이성선 시의 출발기로

---

23) 송기용, 앞의 글, 4-7쪽 참조.

24) 염무웅, 「풍경 뒤에 숨은 고통의 텍스트－이성선 · 최하림 · 김영무의 시를 읽고」, 『창작과비평』 2001년 겨울호, 81쪽.

부터 비롯되는 특질로서 주된 형태를 다음과 같이 분류할 수 있다. 우선, 고향은 비의적 · 신화적 · 원형적 공간[25)]으로 묘사된다.

> 어느 깊은 겨울이더라. 日沒 빛나는 가지에 설까. 춥게 자란 새들이 날아와 밤의 문빗장을 열고 다시 나를 얽은 겨울의 동아줄을 끊고 갑자기 매서운 부리로 내 살을 쫓기 시작하더라. 穴을 파더라. 이상한 일이어라. 나도 다가서 그의 눈 속을 가만히 들여다보니 거긴 東北海岸 山嶽 속의 작은 마을. 눈이 내리더라. 다가선 내 어깨에도 눈발이 내리던가. 視野가 갑자기 어두워지고, 神인가, 사람인가, 아니면 저승을 나는 鶴인가. 두려움에 오슬오슬 떠는 나를 등에 업고 아슬히 높은 山脈을 뛰고, 날아 넘어, 雲鏡에 놓더니. 山과 바다를 합치어 구름을 만들고 별빛과 흙을 섞어 꽃을 빚는 재주와 나무에서 이슬로 달에서 새의 잠 속으로 드나드는 축지법을 가르치더라.
>
> —「축지법」(①) 전문[26)]

첫시집에서 지역의 모티프가 사용된 텍스트 중 하나인 위 작품은 산문의 형식으로 씌어진다. “신인가, 사람인가, 아니면 저승을 나는 학”일 수도 있는 절대 존재는 구극의 정신을 가리키는 대지모신적 이미지를 지닌 채 사유의 축에 배치되고 있다. 여기서 비의

---

25) 본고에서 사용하는 공간(space)과 장소(place) 개념은 추상성과 구체성의 일반적 맥락과 더불어, 무차별적이고 개방적인 공간이 경험과 인간관계에 의해 장소성을 획득한다는 푸안의 입론을 따르기로 한다. 이-푸 투안, 구동회 · 심승희 역, 『공간과 장소』, 대윤, 2007(개정판) 중 10장 ‘친밀한 장소 경험’ 참조.

26) 『시전집』, 83쪽. 괄호 안은 시집 발간순 번호를 가리킨다.(각주 1 참조) 이하 작품 인용은 『시전집』을 통하며 각주로 쪽수를 밝히고, 제목 옆에 시집 번호를 부기하기로 한다.

적 공간으로서 "동북해안 산악 속의 작은 마을"이 등장한다는 점이 주목된다. 시정신의 귀의처로서 비의적 공간을 형상화하는 양상은 이성선 초기시의 심상지리(imaginative geog-raphy)가 지닌 한 특징이라 하겠다. 이는 곧 고향의 이미지이자 이성선 초기시의 로컬리티와 관련하여 특기할 요소가 된다. 그런 고향은 "무섭도록 아름다운 우주의 빛"(「굴헝」, ③)[27]을 간직한 공간으로 시세계에 각인되어 있다. 비의적인 고향의 이미지는 신화적인 모습으로 변주되기도 하며, 신화적 공간은 곧 원형적 공간에 해당된다. 전기시에 수록된 고향의 이미지는 이처럼 비의적, 신화적, 원형적 공간으로 부각된다.[28]

하늘 아래 첫마을/별빛 바람소리 하늘소리가/내려와 나를 키운 곳/자라면서 사람들은 거길 떠나/도회로 가라 했습니다./무섭

27) 『시전집』, 199쪽.

28) "하늘 밑 첫동네/내 유년의 마을을 열면/저녁 나뭇가지가 헐벗고/속삭이듯 서 있고/가지 끝에 걸린 헌 짚신 한 짝/짚신 머리에 막 달이 뜬다"(「神話」, ③, 『시전집』, 186-187쪽)에서는 '달', '학', '우주' 등의 이미지가 등장한다. 이는 "하늘 밑 첫동네"인 "내 유년의 마을", 즉 고향에 대해 신성한 장소성을 부여하는 기제로 반복 사용되고 있다. 이와 유사하게 주술적 공간으로 묘사되는 유년기 고향(「幼年期의 自畵像」, ③, 『시전집』, 196-197쪽) 역시 신화적 상상의 공간으로서 고향의 의미망을 형성하는 작품류에 해당된다. "馬를 잡아타고/나는 달린다./고향의 天井/옛 얼굴과 만나/칼싸움을 시작한다"(「욕망이 피는 아침」, ①, 『시선집』, 137-138쪽)는 표현 또한 산문투의 장시 형식을 통해 고향이 환기하는 신화적 상상력을 형상화한다. 전기시에서 고향에 관한 묘사가 구체화되는 대표적 작품으로 「고향의 天井 1」(①, 『시전집』, 116-117쪽)이 있는데, 여기에서 고향은 특정한 지역을 환기하기보다는 한국의 전통 정서를 간직한 원형적 공간으로서의 의미가 강하다. 할머니의 존재가 유년기 자아를 절대적으로 보호하는 대지모신적 이미지로 그려지는 모습도 고향이 지닌 원형성을 그대로 드러내고 있다.

고 겁나는 나에게/낮고 넓은 곳으로 가라 했습니다./아래로 조금씩 발을 옮기며/산골놈이란 말이 죽어도 싫어/내 몸 곳곳의 별빛과 바람소리를/몰아내기 시작했습니다./나도 당당해졌습니다./촌놈을 쉽게 비웃으며/사는 것이 무엇인지 아는 양/작은 도시 골목을/빈 깡통으로 굴러다녔습니다./그러나 언제부턴가 나는/밤에 돌아와 울기 시작했습니다./그리워졌습니다./마음 비면 빌수록 그리워졌습니다./하늘에서 내려와 제일 먼저/나를 키우던 별빛 바람소리/지키어 빛나던 하늘의 음성/밤마다 꿈이면 그들은 옵니다./골목을 굴러다니다 쭈그려 잠든/어두운 꿈속으로나 찾아와/슬픈 눈빛으로 나를 들여다봅니다.

—「별빛 바람 하늘소리」(⑤) 전문[29]

다음으로, 고향은 현재화된 공간으로 재구된다. 이성선 시세계에 내재된 고향은 과거로만 귀속되는 기억의 장소에 한정되지 않는다. 즉 현실 속에서도 끊임없이 되살아나 가치판단과 삶의 척도로 작용한다. 이처럼 지속적으로 현재화되는 맥락이 이성선 시의 고향의식이 지닌 또 다른 특성이라 하겠다. 위 작품은 한국사회 근대화의 표지로서 고향과 도시라는 두 장소가 대비되면서 시적 의미망을 주조하고 있다. 또한 다양한 장소 체험에 대한 시인의 자전적 경험이 드러나 있는 경우에 해당된다. 즉 "도시 골목을/빈 깡통으로 굴러다녔"으나 결국 "별빛 바람소리"와 "하늘의 음성"을 그리워할 수밖에 없는 자아의 공간 인식이 서정적으로 형상화됨을 볼 수 있다. 이처럼 고향의 원형성이 강조될수록 현실과의 상대적 편차는 더욱 강화된다. 따라서 고향은 현실에서 비롯되는 질곡을

29) 『시전집』, 395-396쪽.

상쇄하는 치유의 공간으로 재현된다. 가령 「별이 비치는 지붕」(⑥)[30]에서 나타난 대로 "고향으로 갑니다"라는 구체적 행위는 현실의 상실과 부재를 치료하는 실천의 수단이 된다. 실천은 인위적이지 않다. 그저 "나를 쏘아보는 별빛"과 "고향 마을 뒷산 솔바람 소리"를 감각하는 것으로서 고향이 환기하는 생태적 순리의 현동과 감각 그 자체가 치유이고 가치라는 사실을 구조화하고 있다. 이러한 인식 지평은 이성선 시의식의 특수한 차원이라 하겠다.

> 소가 혀끝으로 반달을 핥는/추녀 밑으로 밤이 자꾸 깊다./제사도 없다. 오는 사람 없다./작은 산들이 풀잎에 거꾸러져 잠들고/개구리 울음만 아득히 별을 머는다./죽도록 외롭고 죽도록 아름다운 시간/고향집 문살에는 달빛만 우련하다.
>
> ―「고향집 밤」(⑩) 전문[31]

또한, 고향은 현실 속에서 애상의 장소로 부각된다. 앞선 양상이 전기시에 주로 드러나는 고향의식과 그 특질에 해당된다면, 후기시에 포함되는 1990년대 이후에도 고향은 신성의 공간으로서 아련한 기억과 우주적 상상력을 펼치는 장으로 주조되어 나간다. 전기시의 원형성을 그대로 간직하고 있는 것이다. 달라진 층위라면 고향을 묘사하는 맥락 속에 음울한 이미지가 배태된다는 점이다. "제사도 없다. 오는 사람 없다"는 표현은 근대화의 진전과 함께 공동화되어 가는 전통사회의 보편적 구조를 상징하기도 한다. 그럼

30) 『시전집』, 474쪽.

31) 『시전집』, 928쪽.

에도 불구하고 "죽도록 외롭고 죽도록 아름다운 시간"이라 하여 고향의 가치가 역설적으로 강조되고 있다.

후기시의 애상적 정조와 관련하여 고향과 대비되는 의미항으로서의 현실 문제를 간과할 수 없다. 그런 구도는 전후기의 분수령이 되는 1980년대 후반부터 나타나는 특징이라 하겠다. 이와 같은 양상은 이성선 시의 고향의식을 현실과 무관한 정신세계로만 한정할 수 없는 이유가 된다. 이는 이성선 시의 자의식을 넘어서는 문제이기도 하리라 보는데, 부연하자면 시종일관 정신주의의 지평을 강조한 이성선이지만 한편으로 어쩔 수 없는 현실의 경계를 인식할 수밖에 없었던 것이다. 이때 현실과 고향의 대비는 극명해지고 간결한 형식은 더욱 강화된다. 분행과 분연, 축약된 어형 사이에 존재하는 무언의 여백은 시어의 지시적 범위를 넘어 고향의 가치에 대한 역설적 의미, 이를테면 "파도 치는 물결 세상"(「낙산사 노래 · 2」, ⑪)[32]의 실재를 감각케 하는 도구로 기능하고 있다.

이처럼 고향을 소재로 하는 시편들은 이성선 시세계의 주된 범주 중 하나이다. 그의 시에 있어 고향은 원형적 공간이자 생태적 이상으로 묘사되고 있으며, 현재의 장소와 대비됨으로써 상대적인 가치가 부각된다. 그런 고향은 "현실 쪽으로"의 귀의를 가로막는 거대한 벽과 같아서 또 하나의 현실이라는 경계를 구성하기도 한다. 자연의 원리를 따르는 시적 표현은 현실의 긴장과 모순에 대해 적극적인 해석을 드러내지 않는다. 간결직절의 시형이 강화되면서 고향의 이미지를 역설적으로 전경화하는 양상은 또 다른 특징으로 보인다. 이상은 중층적 고향의식을 구성하는 일련의 내용과 형식

32) 『시전집』, 1035쪽.

이라 하겠다.

이성선 시의 고향의식 양상이 로컬리티의 논거로 성립되기 위해서는 '고향'이라는 시적 소재가 함의하는 보편적 의미망으로부터 변별되는 지점을 강조해야만 할 것이다. 이성선 시의 고향이 강원영동지역의 공간을 구상한 고향 이미지라는 점은 분명한 개성에 해당된다. 구체적인 기억과 물성의 고향은 이성선 시의식의 원천으로서 주된 모티프를 형성하고 있으며, 지속적인 영동권 자연 묘사에 관계되는 인식소이기도 하다. 고향이 원형성을 간직한 공간인 동시에 강원영동지역에서의 현재적 삶 속에서 변주된다는 점, 그런 식으로 시의식 근저에 자리하며 전체 시세계를 관류하는 중층적 공간으로 배치되고 있다는 점은 이성선 시의 로컬리티를 구성하는 일요소일 뿐만 아니라 지역문학적 관점에서 특징적 면모라 하겠다.

4. 생태적 삶과 실천 장소로서의 지역

지배적 장소 이미지와 생태적 삶

모두에 전제한 바와 같이 이성선 시세계를 재구하는 데 있어서 '지역'과의 관련은 필수적인 요소로 보인다. 이성선 시세계가 고향 고성을 위시하여 강원영동지역에서의 삶과 문학적 실천으로 특화된다는 데 대해서는 이견이 없을 줄 안다. '설악의 시인'이라고 통용되는 형용어구는 이에 대한 상징적 사례라 하겠다.[33] 구체적 지

33) 김인섭, 「이성선 시의 심상체계 소고」, 『숭실어문』 18집, 숭실어문학회, 2002, 323쪽 참조.

역과 장소애(topophilia)는 이성선의 삶의 배경일 뿐만 아니라 그 문학세계가 발단하는 필연적 조건이라는 점에서 시세계를 고찰하는 데에 주요 매개가 되어야 한다.

이성선 시의 지역적 요소는 지배적인 이미지로부터 쉽게 발견된다. 앞서 살핀 고향을 제외하고, 이성선 시세계를 관류하는 메인 모티프가 있다면 단연 '산'과 '바다'를 들 수 있을 것이다. 여기서 산은 '설악산', 바다는 '동해'로 구체화된다. 이처럼 이성선 시세계가 지닌 로컬리티 중 대표적인 형태는 구체적인 장소를 의도적으로 소재화하는 양상이다. 그 과정에서 동해와 설악은 가장 빈번한 장소로 전유된다. 이러한 구조는 전기 시편들에서부터 반복적으로 등장하고 있다. 예컨대 "고요한 아침 불타는 해안에서/나는 날개를 편다./한 날개는 동해, 한 날개는 설악산/떠오르는 햇살을 온 몸에 받으며/나는 해안에서/산과 바다의 거대한 날개를 편다.//나를 부르는 나라/하늘 멀리 떠올라/불타는 나라"(「날개」, ③)[34]는 지역성의 양상을 전형적으로 보여준다. 여기서 '동해'와 '설악'은 구극의 지향을 담은 장, 즉 "나를 부르는 나라"를 환기하는 소재가 된다. 서정적 자아가 지향하는 가치의 장은 근대적 제도나 인위적 기준으로 구획되지 않는 순수한 물자체의 질서이고, 이를 대리하는 대표적 장소가 동해와 설악인 것이다. 이들 지배적 이미지가 강조되는 주요 작품은 「天上의 가지에 남은 소리」(①), 「물을 주다가」(③), 「설악산을 가며」(⑤), 「나의 집」(⑥), 「겨울 설악산」(⑦), 「雨中山行」(⑧), 「동해 일출」(⑨), 「산구름꽃」(⑩), 「큰 노래」(⑪), 「저문 하늘빛에 기대다」(⑫) 등으로서 전체 시세계에 분포되어 있다.

---

34) 『시전집』, 262쪽.

이성선 시의 로컬리티와 관련하여 특히 중요한 사항은 지역성을 문학적 실천의 매개로 전유하고 있다는 사실이다. 이는 지역문학의 범주가 소재주의 차원을 넘어 로컬리티의 진정성을 구성하게 되는 계기라는 점에서 주목해야 할 요소이다. 이성선은 문학사상을 실현하는 일환으로 지역에서의 삶을 강조한다. 실제 삶에서 드러난 지역활동가로서의 면모는 사회적 실천의 한 양상일 것이다.[35] 이성선은 현실적인 환경운동은 물론 생활 자체를 실천으로 간주하는데, 스스로 삶을 지역에서의 그것으로 정주시키고 있는 점이 단적인 사례라 하겠다. 이러한 삶의 시적 형상으로서 "큰 산 밑으로 이사를 오니 저녁이면 산그림자 덮고 자네. 꽃잎 아래 눕듯이 산의 숨소리 덮고 자네. 지붕 위에 물소리 뿌리가 흘러내리고 내 몸 골짜기에 짐승소리 들리네"(「이사」, ⑩)[36]와 같은 표현을 본다. 이성선은 고향을 떠나 대도시에 살 기회가 자주 있었으나 스스로 설악산을 벗한 삶을 선택한다. 즉 강원지역에서의 거주를 생태적 삶의 수단으로 선택한 것이요, 그 삶은 위와 같은 시적 의미망으로 외화되고 있다.[37] 이러한 삶과 시형식은 곧 문학적 실천으로서의 의미를 지닌다.

> 어느 시인은/삶의 팔 할이 바람이라지만/나는 삶의 전부를 걸으며 떠돈다./걸으면 산의 향기가 온몸에 배고/발에 물소리 밟힌

---

35) 이성선은 1996년 속초, 고성, 양양 환경운동연합을 결성하고 공동의장으로 활동한 바 있다. 『전집』 2, 728쪽 참조.

36) 『시전집』, 849쪽.

37) 그 밖에도 이와 관련하여 「날개」(③), 「물소리」(⑩), 「이탈」(⑪) 등의 작품이 주목된다.

다./이 자가용 시대에/그것은 미친 사람의 짓이지만/더 미치게도 나는 오히려/괴나리 봇짐을 생각한다./나의 발은 언제나 길 위에 있고/돌과 풀꽃에 부딪히며/그것들 눈빛에 이끌린다./나의 발은/시장 복판에도 있고/들이나 물가 산상에 머물며/길의 끝에 닿고/그 처음에 서고 싶어한다./이렇게 바다와 산을 헤매는 것이/또 도피라 비웃기도 하겠지만/차를 타고 건물 사이로 숨거나/저 익명의 숲 속에/술을 들고 시대를 논하는 것도/도피라면 더 큰 도피요/참여라면 같은 참여다./그대들은 지상에 참여하지만/나는 우주에 참여한다./지금도 미시령 길을 더듬으며/혼자 중얼거린다./나는 언제나 길 속에 있고/길 위에서 생각하고 여기서 자리라./길은 나의 스승

—「길」(⑧) 전문[38)]

이 작품은 "삶의 전부를 걸"고 떠도는 '길' 위의 삶을 노래한다. 화자는 자신의 삶에 대해 "미친 사람의 짓"이라거나 "도피라 비웃기도 하겠지만"과 같이 현실을 외면한 행위라는 것을 스스로 인식하고 있다. 하지만 "그대들은 지상에 참여하지만/나는 우주에 참여한다"에서처럼 자신의 삶에 대한 믿음을 분명히 표명한다. 그것은 스스로의 행위가 세태에 대한 구체적 인식과 주관적 평가에 의한 선택이요 실천임을 확신하는 맥락과 같다. 무엇보다도 생활에서 습득된 장소성을 전유하여 시작 의지를 밝히는 것은 시인 이성선에게 가장 적극적인 실천의 태도로 기록되어야 하리라 본다.

다른 예로 「청초호」(⑧)[39)]와 같은 작품은 "설악산이 물 속으로 잠 자러 들어가고/나도 집을 가지고 그의/산자락 끝에 내려가/늦도

---

38) 『시전집』, 705-706쪽.

39) 『시전집』, 636쪽.

록 시를 쓰다 잠이 든다"고 노래한다. 지역의 이미지들은 '지붕'과 '이불'이 되어 시적 자아의 존재론적 거처를 완성한다. 강원지역이라는 장소의 전유는 '집'의 상상으로 구조화되기도 한다. 이러한 상상력은 바슐라르가 제시한 집의 시학에 관한 한국적이고도 원형적인 양태에 해당될 것이다. 그 밖에도 "설악산은 내 집의 지붕입니다./밤이면 추녀 끝으로 별이 뜨고/기왓골 깊은 골짜기 물소리가 높습니다.//동해 푸른 바다는 나의 앞마당입니다./새벽에 일어나서 뜨락을 쓸면/출렁이는 마당 푸른 잔디 위에 생선 한 마리//이슬 묻어 뒹구는 붉고 싱싱한 해 한 마리/젓가락으로 집어 올려 숯불에 구워서/매일 아침상에 놓습니다"(「나의 집」, ⑥)[40] 역시 주목된다. 이 작품은 "집은 인간의 삶에 있어서 우연적인 것들을 세서해 주며, 지속의 조언을" 들려주고, "존재는 말하자면 일종의, 물질의 지상낙원 안에 군림하는 것이다. 그 물질적인 낙원에서는 존재는 자양분 가운데 잠기며 본질적인 일체의 이로운 것들로 충족되어 있는" 것이라는 의미를 구체적인 이미지로 보여준다.[41] 이러한 작품들과 그에 나타난 시의식은 적극적으로 지역성을 전유하는 동시에 삶을 실천하는 전형적 예시를 제공하고 있다.

---

40) 『시전집』, 455쪽. 이는 『별까지 가면 된다』(⑦)에서 「나의 집 · 1」로 개작된다. 전문은 다음과 같다. "설악산은 나의 지붕이다./지붕 끝으로 밤이면 별이 뜬다./기왓골 깊이깊이 물소리가 잠긴다.//동해는 나의 마당이다./새벽에 일어나 뜨락을 쓴다./일렁이는 푸른 잔디밭에 올라온//퍼들쩍거리는/생선 한 마리/붉고 싱싱한 햇덩이//나는 방긋이 웃으며/젓가락으로 집어 숯불에 구워/아침상에 올린다", 『시전집』, 493쪽.

41) 가스통 바슐라르, 곽광수 역, 『공간의 시학』, 동문선, 2003, 80-81쪽. 기타 이성선 시와 집의 이미지에 관해서는 이경호, 앞의 글 참조.

형식 실험과 지역문단의 구성

이성선 시의 장소에 관한 전유 양상 중 다양한 형식 실험이 존재한다는 점에서도 지역성과 관련된 요소를 발견할 수 있다. 초기 이성선 시는 산문시의 양상을 보인다. 대자연의 체험으로부터 비롯되는 장편 서사시의 기획이 그것이다. 이 장에서는 이것이 강원 영동지역 고유의 자연 조건에서 기인하는 하나의 특질일 수 있다고 본다. 이에 대해 이곳 지역문단의 전사로서 기록되는 최인희(1926－1958) 시와의 대비는 흥미로운 논거를 제공한다. 1950년대 등단하여 활동한 최인희의 문학세계는 강원지역의 자연적 소재를 바탕으로 전통적 세계관을 표출하는 것으로 특화된다.[42] 이는 이성선 시세계와 유사한 경향이라 하겠다. 또한 최인희는 「여정백척」이라는 장시를 남기는데, 이 작품은 태백산맥을 기행하는 서정적 자아가 그 여정과 생태적 이상을 노래한 작품이다. 이러한 경향은 이성선의 「하늘문을 두드리며」나 「밧줄」 등과 유사하며, 이들은 강원영동지역의 서사시류를 형성하고 있다. 따라서 장편 산문시라는 특수한 형식에 의거, 대자연의 체험을 전통적 세계관으로 시화하는 양상은 강원지역문학을 구성하는 한 범주라 하겠다.

---

42) 강원도 동해 출신인 최인희는 1953년 『문예』를 통해 3편의 시를 발표하며 등단하였고, 『현대문학』 등으로 작품활동을 하였다. 또한 시인 황금찬 등과 함께 강릉 중심의 시동인회 '청포도'를 주도하였으며, 유고시집 『여정백척(旅情百尺)』(가리온출판사, 1982)을 남겼다. 현재 동해문인협회를 중심으로 그의 문학적 업적과 정신을 기리기 위한 '최인희 문학상'이 운영되고 있다. 『청포도』는 강원도 최초의 시동인지로서 황금찬, 최인희, 김유진, 이인수, 함혜련 등에 의해 1952년 창간, 2호(1953)까지 발간되었다. 이상 남기택, 「최인희 시 연구」, 『비평문학』 32호, 한국비평문학회, 2009. 6 참조.

형식 실험에는 최소한의 언어로 최대한의 의미를 구현하는 시적 경제와 미학적 실천이 포함된다. 이성선은 후기시에서 주목하는 양식이 단형의 선시류라는 사실을 스스로 적시한 바 있다.[43] 이러한 시의식은 언어를 통해 삶의 각성과 발견을 표현하려는 오랜 실천적 과정에서 비롯된 결과일 것이다. 이는 작고 직전에 쓴 산문에서도 예의 강조되고 있다. "끝으로 덧붙인다면 긴 시보다는 짧은 시를 좋아한다. (중략) 삶이 묻어 있으면서도 그 너머를 노래하는 시, 어쩌면 모든 생명의 눈빛과 귀에 닿을 수 있는 그런 시"[44]가 그것이다. 여기서의 문학관은 '삶'의 반영을 강조하고 있다는 점에서도 주목된다. 이전의 시세계에서 삶의 형상은 구체적이지 않을뿐더러 의도적인 반영 흔적을 찾아보기 힘들다. 생활의 재현보다는 자연의 형상과 그 비의를 드러내는 방식이 주요 형성 원리였던 것이다. 따라서 단시를 강조하면서 삶의 흔적을 반영하려는 의식은 이성선 시세계에 있어서 형식과 내용 양면의 지양과 실천을 드러내는 기제라 할 수 있다. 여기에도 영동권의 지역성이 목적의식적으로 반영된다.

---

43) "그 동안 나는 짧은 시를 주로 써 왔고 근래 출판한 시집 『산시(山詩)』도 짧은 시들만 모아 하나로 묶었다. 시는 짧아야 울림이 크고, 여백이 많을수록 독자와 함께 하는 감동이 크다는 생각에서다. 독자를 유도하고 홀리며 끌고 가는 시가 아니라, 순간적으로 독자의 발걸음을 멈추게 하고 시와 함께 전율하는 그런 시를 말한다. (중략) 시는 삶의 핵심과 영혼의 정수를 하나로 꿰는 어떤 것, 보이는 부분과 보이지 않는 부분, 이쪽 세계와 저쪽 세계를 순간에 함께 보는 황홀이다. 시는 바로 그 문이고 이 문은 작을수록 눈앞에 펼쳐지는 감동이 크다." 이성선, 「나를 열고 저쪽을 여는 시」, 『시와시학』 2000년 봄호, 326쪽.

44) 이성선, 「생명과 초월」, 『시와시학』 2001년 봄호, 122쪽.

山뽕잎을 흰 누에들이 먹고 있다.//구름 풀어지는 설악산.

—「누에」(⑪) 전문[45]

이 작품은 이성선 시세계에서 최단시 형식에 속하여 설악산의 한 풍경과 존재를 단 2행의 시어로 담담히 형상화하고 있다. 수많은 설악산의 형상 중에서 가장 단순하게 대상 자체의 물성을 강조하는 시편이라 하겠다. 여기에 담긴 시적 진정성과 대상의 가치는 단일 작품 자체로 판단하기 어렵다. 이는 기타 설악산 시편에 연동된 채로 그 소담한 의미와 여백의 미학을 완성하는 텍스트라 하겠다. 산에 대한 이성선의 시적 선문답은 이어지는 '산시' 연작시집으로 전개된다. 『산시』의 의미망은 "우주 앞에/구름 옷 벗어버리고/막 새로 태어나는 설악산"(「천후우 울음—산시 · 4」, ⑫)[46]과 같이 설악에 대한 일련의 시적 사유를 구성한다. 이때 산에 대한 경험이 더해질수록 그것이 취하는 외장은 더욱 간명해진다. 언어라는 상징기호는 대상의 본질로부터 끊임없이 멀어질 수밖에 없는 기표이지만 그런 언어를 매개로 할 수밖에 없는 것이 시의 운명이다. 단시 형식은 이러한 모순적 상황 인식으로부터 부각되는 구조로 보인다.[47] 요컨대 단형 선시류의 실험은 형식 자체가 아닌, 그에 담긴 강원영동의 지역적 소재와 특유의 문학적 지향 간 변증적 상호작용을 통해 이성선 고유의 실천적 의미를 완성하고 있다.

---

45) 『시전집』, 978쪽.

46) 『시전집』, 1054쪽.

47) 전체 시세계에서 최단 형식이라 할 1연 2행의 「자정」(⑥), 「봄날」(⑧), 「새—山詩 · 14」 · 「피리—山詩 · 18」(⑫), 2연 2행의 「누에」(⑪), 「견적(見跡)—山詩 · 5」(⑫), 「벌레」(⑬) 등이 후기 시집에 집중되어 있다.

또한, 지역문단의 구성과 참여 차원을 주목해야 한다. 대표적인 예로 정립기 강원영동지역의 문단제도 중 하나인 '설악문우회'[48]와 '물소리 시낭송회'[49]를 주도한 사실을 들 수 있다. 이성선의 문학적 생애에는 외형적인 문단활동이 두드러지지 않는다. 그럼에도 불구하고 지역문단을 구성하고 적극적 활동을 지속한 면모는 이성선 문학의 아비투스(habitus)[50]로서 남다른 면모라 하겠다. 강원영동지역의 경우 한국전쟁기 활동한 '청포도동인회' 이후 1960년대 이후에야 지역문단이 정립되는 모습을 보인다. 이러한 현황을 통해 이성선의 활동은 강원영동에서 본격적인 지역문단을 형성하는 계기였음을 알 수 있다. 이 또한 지역문학의 실천적 사례에 해당되는 주요 선서일 것이다.

> 아버지는 비무장지대 너머에 계시다/강원도 고성 금강산 속/작은 마을/또는 원산에/아버지는 계시다/외금강과 해금강의 외로운 길/논둑이 풀대 끝이나 길가 가지 위에/구름 되어 머물고 비로 흐느끼고/이미 육신은 땅에 다 털어버린 후/바람으로 아들을

---

48) '설악문우회'는 1969년 10월에 속초지역에서 활동하는 작가들을 중심으로 결성되었고, 이듬해인 1970년 4월 동인지 『갈뫼』 창간호를 낸 이래 2010년 현재 40집을 간행하고 있다. http://www.galmoe.co.kr 참조.

49) '물소리 시낭송회'는 1981년 9월 30일, 이성선과 최명길의 주도하에 속초에서 처음 시작된 시낭송회이다.(이성선, 「시의 청각적 전달 <물소리 시낭송회>」, 『문화예술』 1990년 4월호, 한국문화예술위원회 참조) "패기 넘치던 젊은 시인이 머리카락이 허옇게 되고 이마에 주름이 가득 졌어도 열정어린 모습으로 시를 낭송한다면 그것은 문단의 어떤 가치와 관계없이 얼마나 거룩한 일인가"(같은 글)라는 언급에서 이 모임과 지역문단에 대한 이성선의 열정을 엿볼 수 있다.

50) 일종의 문화적 경향을 가리키는 부르디외의 아비투스 개념에 대해서는 피에르 부르디외, 하태환 역, 『예술의 규칙』, 동문선, 1999, 285-307쪽 참조.

부른다/설악산 아래 찾아와 밤 지새다 떠난다/아홉 살 때 가신 아버지/돌아보고 다시 돌아보며 가신 얼굴/그때부터 비무장지대는/남북을 가르는 띠가 아니다/아버지와 내가 찾아서 꽃으로 떠서/서로를 들여다보는 강물이 되었다/비무장지대는 지금/저승의 아버지와 이승의 아들이/만나 대화하는/새와 풀꽃의 면회소가 되었다

—「새와 풀꽃의 면회소」(⑬) 전문[51)]

이 작품은 이성선 전체 시세계의 향방을 사후적으로 소급하는 문제적 텍스트에 해당된다. 그런 만큼 큰타자(Other)로서의 아버지, 구체적 삶과 현실 인식, 생태의식의 양상 등을 두루 내포하고 있다. 이 장에서 주목하고자 하는 점은 지역문학의 실천적 면모로서, 고향의식에서와 마찬가지로 특기해야만 하는 것은 로컬리티의 측면이다. 위 작품에서는 그의 시시계에서 금기시되던 아버지의 소재가 지역성과 결합하며 지양되는 양상을 보인다. 아버지의 월북과 분단이라는 사회적 금기는 이제 "비무장지대는/남북을 가르는 띠"를 넘어 "새와 풀꽃의 면회소"로 승화된다. 즉 아버지의 죽음과 사회적 절망이 고향의 생태적 물성으로 상승 극복되고 있는 양상이다. 이러한 실천 의지는 급기야 자신의 신체 역시 고향 자연의 일부로 존재토록 하는 데에로 나아간다.[52)] 이성선은 스스로의 운명마저도 실천의 일부로 전화하는 극단적 상황을 선택한 것이다.

이상으로 살핀 바와 같이 이성선 시는 장소성을 변주하며 지역

---

51) 『시전집』, 1161-1162쪽.

52) 이성선이 스스로 선택한 죽음의 의미에 관해서는 이병금, 앞의 글, 67-78쪽 참조.

문학의 다양한 지평을 보여주고 있다. 이러한 면모는 지역에서의 삶을 실존적 조건으로 지닌 문인들에게 나타나는 보편적 현상일 수도 있겠다. 문제는 장소 전유가 지닌 특수성의 차원일 것인데, 시인 이성선이 지역적 삶과 문학을 의도적으로 추구했음은 분명한 사실로 보인다. 문학 내외적으로, 즉 장시와 단시의 문학적 실험이나 스스로의 실정적 삶과 문단 구성 등에서 장소성을 동반하는 요소가 발견된다는 점은 이성선 시의 로컬리티를 설명하는 데 충분한 논거를 제공한다. 이론 전유나 사상적 지향만이 아닌 지역성이 매개되는 구체적이고 다양한 실천적 면모를 발견할 수 있음은 모든 지역문단이나 문인의 선험적 조건이 아니라는 사실에 주목해야 하리라 본다. 그렇다고 해서 그의 시를 지역문학이라는 범주로 한정할 수는 없다. 이성선 시는 우리 현대문학이 간과했던 전통적 사유와 대자연의 세계관, 그리고 생태적 삶을 실현한 사례에 해당된다. 장소애와 로컬리티는 그런 이성선 시세계의 전개 과정에서 자연스럽게 배태된 문학적 실체요 실천의 한 방식이었다.

5. 로컬리티의 전유와 사적 의의

이성선 시는 30여 년을 일관되게 자연에 대한 성찰을 바탕으로 씌어진다. 이 고집스럽고 성스럽기까지 한 구도의 길은 미적 모더니티의 관점으로 볼 때 지나치게 단순 반복적인 패턴일 수도 있고, 삶이 배제된 형이상학적 관념의 체계를 형성하기도 한다. 하지만 근대적 미학이 예술의 공준으로 고착화된 현단계 문학장의 세태에 반하여 고유한 정신적 지평을 구축한 이성선 시는 그 자체로 충분한 의미를 지닌다. 근대시 100년의 역사는 미학과 시학의 서구적 기준을 발본적으로 재구하기에 이르렀으며, 생태학적 패러다임의 부각 역시 전통과 동양적 사유방식을 현재의 관점에서 재조명하고 있는 실정인 것이다.

이성선 시는 지역성에 바탕한 이미지를 통해 문학과 철학이 함의해야 할 미적 가치와 삶의 의미를 추구하였다. 이성선은 모든 존재가 동등한 가치를 지니며 그 순리를 표현하는 것이 곧 시작의 길이라는 문학관을 피력한 바 있다. 전후기를 관류하여 분포되는 시론시의 양상도 이를 잘 반영한다. 이러한 문학관은 강원영동지역에서의 친자연적 삶에서 기인한 것임을 확인할 수 있다.

이성선 시의 로컬리티로서 드러나는 고향의식은 중층적 양상을 보인다. 전기시에서 유년의 장소로 부각되는 고향은 비의적, 신화적, 원형적 공간으로서의 의미를 지닌다. 또한 현재화된 공간으로 재구되어 치유의 장소로 변주되기도 한다. 후기시에 이르러 고향은 현실 속 애상의 공간으로 부각된다. 과거와 현재를 넘나들며 강원영동의 지역성을 환기하고 구상하는 맥락은 이성선 시의 고향의식이 지닌 특성에 해당된다.

문학적 삶과 실천 장소로서의 지역은 이성선 시의 핵심적 의미망을 형성하는 기제 중 하나이다. 설악산과 동해는 대표적인 장소이미지로 반복 전유된다. 또한 지역에서의 생태적 삶, 장소성이 매개되는 장시와 단시의 실험, 지역문단의 구성과 헌신 등이 실천적 양상으로 부각되고 있다. 이처럼 이성선의 시는 무릇 문학이 인간 삶의 총체성을 반영하고, 대부분의 생이 존재가 귀속된 지역에서 이루어진다는 보편적 명제를 실증하는 사례에 해당된다. 소재주의를 넘어 로컬리티를 전유한 성취는 이성선 시세계가 지닌 문학사적 의의로 기록되어야 할 것이다.

16

제도 너머의 문학
—지역문학의 현황과 전망

1. 소수자로서의 문학

제도 너머의 문학. 이 표현은 본디 모순적이다. 근대와 더불어 '문학(literature)'이라는 제도가 정착된 이래 그것을 벗어난 문학행위란 존재할 수 없기 때문이다. '작가'라는 프로필을 얻는 데 필요한 제도적 절차는 단적인 사례라 하겠다. 텍스트가 생산 유통되는 방식 역시 문학제도를 벗어날 수 없다. 근대 이전의 시문이 지역별 혹은 문중의 차원에서, 일정 부분 개인이라는 매체를 통해 향유되던 과정과 비교하면 확연한 차이라 하겠다.

이러한 문제로 인하여 현 등단제도를 비판하는 목소리 또한 적지 않다. '한국문학'이라는 특수한 현상 속에서 '제도'가 지닌 양가적 의미는 논쟁의 대상이 아닐 수 없다. 그럼에도 불구하고 우리 문단의 자생력과 예술적 수월성은 세계적 수준으로 보인다. 이러한 가치를 유지하는 일계기로서 현 문단제도가 작동하고 있다는 점은 또 하나의 역설이라 하겠다.

문제는 문단제도가 고착화되는 과정에서 발생하는 구조적 패턴이요 그 과정에서 본의 아니게 발생하는 소외와 비효율성일 것이다. 우리 문단의 향중앙성은 고질적인 병폐 중 하나이다. 물론 이는 단지 문학예술장에만 국한된 것이 아닌바 한국사회가 지닌 기형적 구도이기도 하다. 더불어 신자유주의로 상징되는 초국적 자본제도가 현실을 잠식하고 있는 세태 속에서 문학의 운명은 위태롭기만 하다.

이로부터 제도 너머의 문학을 주목하는 분명한 이유가 성립된다. 이는 잃어버린 문학의 정론성을 다시 확인하는 기제이자 문학장을 지탱하는 구조적 불평등을 발본적으로 재고하는 문제의식을 환기한다. 문학장의 기존 아비투스를 재편하고 문학 본연의 소수성을 지향하는 입장일 수도 있다.

들뢰즈 식 소수성이란 외면으로는 소수적이지만 내면으로 생성의 선을 그리는 문학적 탈주를 가리킨다. 카프카를 위시한 예증이 잘 알려져 있지만 한국문학에 있어서 민족적, 언어적 소수성의 범주를 찾아보긴 힘들다. 이에 '지역'이라는 요소를 주목하게 된다. '지역문학'이라는 범주 자체가 기존 문단제도의 권력화 과정에서 대타적으로 형성된 것이다. 소외된 시인들의 계보를 찾는 과정에서, 그리고 현단계 문학의 소수성을 탐색하는 과정에서 지역이 매개되는 이유가 여기에 있다.

2. 지역 혹은 문학장의 변방

1990년대 이후 본격 제기되고 있는 지역문학담론은 문학사의 편향을 바로잡고 한국문학의 진정한 총량을 확립하는 의미를 지닌다. 이러한 현상은 지방자치제의 본격화에 따른 제도적 변화와 밀접히 관련된다. 또한 신자유주의적 시스템이 학계와 평단에 작용하면서 비롯된 결과이기도 하다는 점에서 묘한 역설을 지닌다. 요컨대 연구나 비평활동에서의 성과주의가 본격적으로 적용되면서 '지역문학'이라는 컨텐츠는 각 지역에 근거를 둔 연구자와 평론가들에게 자료의 보고였던 것이다.

지역문학담론의 활성화는, 그 발생론적 운명에도 불구하고, 한국문학이 안고 있는 몇 가지 난제를 해결하는 데 주요한 단서를 제공해왔다. 무엇보다도 문학사에서 소외된 사료를 복원하고 의미를 부여함으로써 한국문학의 총량을 보완하고 있다. 나아가 기존의 미학적 가치로는 평가할 수 없었던 문학적 소수성의 의미를 다양한 시각에서 실증하고 있다. 하여 지역문학담론의 수준은 최근 지역문학을 주제로 한 전국 규모의 학회까지 창립을 목전에 둔 상황에 이르렀다. 그런데 지역문학장 속에서도 문학활동과 비평담론의 규모 면에서 지역별 차이가 존재한다.

문학장의 문제는 문학적인 문제로부터 비롯된다. 공허한 논의를 예방하기 위해 구체적 사례를 살펴볼 필요가 있다. '지역문학'의 개념 성립이 가능하다는 전제 아래 가장 소외된 지역을 예시하자면 강원지역을 들 수 있다. 문학장 활성화의 대표적 지표로서 활동작가나 작품, 출판제도 등의 분포를 들 때 강원지역은 가장 열악한 지역에 해당되는 것이다. 이곳은 지역에 근거한 전문 문예지가 부재하는 유일한 권역이다. 1990년대 이래 지역문예지가 남발되면서 그 문제점 역시 심각한 수준인 현실과는 판이하게 다른 면모라 할 수 있다.[1)]

이 지역은 따라서 한국문단의 다단한 현상과는 거리가 먼 문학활동이 반복되고 있다. 특히 영동지역의 경우, '중앙'과의 물리적 거리가 먼만큼, 사정은 심각하다. 영동지역의 문학활동은 수십 년 동안 비슷한 양상이 반복되고 있다. 주요 기관의 시낭송회와 기관지 혹은 동인지 발간이 진행되고 있고, 순수 서정적 경향의 크고 작은 작품집이 발간되고 있다. 이들 현상은 그 자체로 지역문학장의 실제를 구성하는 소중한 결실들일 터이지만 다단한 문단의 편린으로부터 너무나 자유로운 현상이기도 하다.

다음으로 지역문학 담론 속에서 상대적 열세를 보이는 지역은 대전충남지역이다. 강원지역에 비해서는 나은 형편이지만 기타 지역과 비교하자면 관련 논문이나 평론이 훨씬 부족한 곳이 이곳이다. 창작활동의 경향과 메커니즘에 있어서도 작가회의 계열의 활동이 활성화되어 있다는 점을 제외하자면 강원지역과 별다른 차이점을 발견하기 어려운 듯하다.

근대문학장의 다단한 현상으로부터 이들 지역이 배제되었던 원인은 무엇보다도 '근대'라는 제도의 성격과 연관될 것이다. 식민지 근대와 전후 혼란이 이어진 한국사회의 특수성 속에서 이들 지역은 미적 근대의 실현이라는 '근대문학적 사건'이 발생될 만한 계기를 갖지 못했다. 수도권인 인천·경기와 영호남, 제주권역이 상징적으로 지닌 근대사적 사건과 위의 두 지역을 비교해보면 쉽게 짐

---

1) 이와 관련하여 『유심』, 『시와세계』 등의 잡지를 강원지역에 근거한 사례로 드는 경우가 있다. 만해사상선양실천회에서 서울에 근거를 두고 발행하는 『유심』을 지역문예지로 볼 수는 없다. 강릉에서 발행되던 『시와세계』 역시 이를 주관하는 송준영 시인이 서울로 근거지를 이미 옮겼고, 강릉에서 발행될 당시에도 그 면면을 보면 지역문예지의 성격과는 거리가 멀었던 것이 사실이다.

작이 갈 일이다. 하여 이 글에서는 위 두 지역을 대상으로 시적 정체성을 약술하고 주목받지 못했던 일부 텍스트를 예시하기로 한다.

3. 지역문학의 실례

강원영동지역의 경우

이곳 지역문학의 성립과 전개 과정에서 주목할 만한 사건은 지금까지 이어지고 있는 문학동인단체인 '관동문학회'(1959), '두타(頭陀)문학회'(1969) 등의 결성과 1980년대 이후 이어진 지역별 문인협회의 창립이라고 할 수 있다. 물론 그 이전에도 지역 출신 문인의 개별적 활동 속에 지역적 체험은 전거되고 있었다. 그럼에도 불구하고 구체적인 삶을 바탕으로 지속적인 관계를 통해 진행되는 지역문학의 흐름은 위의 단체들이 대표한다고 해도 무방할 듯하다.

강원영동지역의 문학적 정체성과 관련되면서도 문학세계가 일단락된 일세대 시인들로는 진인탁, 최인희, 김영준 등을 거론할 수 있다. 이들의 작품세계는 평단에 제대로 소개조차 되지 않은 실정이다. 1949년 5월 『학생과문학』에 김기림 추천으로 등단한 진인탁(1923-1993)은 생업으로 인하여 문학활동을 지속하지 못하다가 말년에야 시집 『자화상』(반도출판사, 1991)을 발행한다. 진인탁의 작품에는 고향의 삶을 소재로 한 장면이 종종 등장하며 또한 지역문인들의 현재적 삶 속에 뚜렷한 영향력을 행사하고 있음도 사실이다. 이는 지역문학으로서 진인탁 시의 실정적 의미라 할 수 있다.

내 배곱(배꼽)에/ 탄가루가 끼인 것은/ 아내만 안다.// 내 작업복/ 실밥 간 곳마다/ 절어 붙은 탄가루도/ 아내만 안다.// 이불 아래/ 무언의 호소/ 메아리 없는 빈 천정/ 둥지(동지) 어느 밤이었더이다.// 새벽 칸데라를 들고/ 주섬 주섬 갱으로 나가는 길/ 어쩐지 우람한 어깨가 밉다고 했다.// 살을 섞고 사는/ 부부 사이도 가슴 속에/ 또 하나의 얼굴/ 그것이 몹시 미웠다 한다……

—「아내의 비밀」 전문

이 작품은 진인탁 시 서정의 구조, 지역적 삶의 천착, 현실인식 등을 종합적으로 볼 수 있는 대표작에 해당된다. 탄광은 강원영동의 지역문학을 구성하는 주요한 지표 중 하나이다. 위 작품은 어느 탄광노동자의 회한을 소재로 절묘한 서정적 상황을 연출하고 있다. 반복되는 탄광노동은 “살을 섞고 사는/ 부부 사이”에도 “또 하나의 얼굴”을 만들어 놓았다. 부부 사이에 가로놓인 또 다른 타자의 존재로 인해 노동자의 “우람한 어깨”는 가장의 든든함도 아니요 남성적 매력도 아닌 미움의 대상으로 전락하고 만다. 타자의 실체가 무엇인지는 명확하지 않다. 그것이 시적 장치이고 「아내의 비밀」이 지닌 상상의 지평일 것이다. 부부 사이에 놓인 그것은 강도 높은 노동에도 불구하고 반복되는 빈곤, 부부 관계를 가로막는 신체적 혹은 정서적 장애, 빈궁한 삶의 물리적 조건, 기타 지시될 수 없는 현실적 결여 등을 환기하며 ‘아내의 비밀’을 시적 현실로 구조화하고 있다.

1953년 『문예』를 통해 등단한 최인희(1926-1958)는 1950년대 강릉지역에서 황금찬 등과 ‘청포도’ 동인으로 활동한 바 있으며, 유고시집 『여정백척(旅情百尺)』(가리온출판사, 1982)을 남겨놓았다. 최인희 시는 대개 자연을 소재로 하고 있으며 순수 서정의 정신으로 주조된다. 전통 사상을 근저에 둔 구도의 자세와 물아 합일의 태도도 최인희 시의 특장이라 하겠다.

> 소복이 山마루에는 햇빛만 솟아 오른 듯이/ 솔들의 푸른 빛이 잠자고 있다.// 골을 따라 山길로 더듬어 오르면/ 나와 더부러 벗할 친구도 없고// 묵중히 서서 세월 지키는 느티나무랑/ 雲霧도 서렸다 녹아진 바위의 아래위로// 은은히 흔들며/ 새여 오는 梵鐘소리// 白石이 씻겨가는 시낼랑 뒤로 흘려 보내고/ 고개넘어 낡은 丹靑/ 山門은 트였는데// 千年 묵은 기왓장도/ 푸르른채 어둡나니.
>
> —「낙조(落照)」 전문

위 작품은 두타산 무릉계곡 입구의 시비에 기록된 작품이다. 이 작품 역시 전통사회의 목가적 분위기를 연출함으로써 생태학적 이상향을 이미지화하고 있다. 이러한 작품세계는 오늘날 부각되는 이른바 생태시의 전사로서 손색이 없다. 한편 지역문학의 관점에서 보자면 구체적인 지역의 이미지와 삶의 형태가 부재한다는 점이 아쉽다. 그럼에도 불구하고 고향을 중심으로 이루어졌을 전원의 체험과 관찰이 위와 같은 이상적 세계의 이미지를 형성하였다는 점은 충분히 짐작할 수 있다. 지역적 삶의 구체적 응용 여부만이 지역문학의 가치판단 기준일 수는 없다. 최인희 시는 위와 같이 전통적 사상과 정서를 단형 서정의 양식으로 집약하는 특징적인 경향을 보여주고 있다.

김영준(1934－1996)은 동해·삼척지역문단의 전신이라 할 '동예문학회' 창립회장(1961)을 맡기도 한 인물이다. 그는 1972년『풀과별』의 추천으로 등단한 이후 삼척문화원 설립에 동참하고 문화원장을 역임하는 등의 활동을 통해 삼척문화의 대명사로 손꼽히게 된다. 하지만 문학활동에 있어서 세속적 욕심은 없었던 듯 생전에는 시집을 발간하지 않았고, 유고시집으로 『길 · 세월 · 밤』과 『누가 무엇을 숨길 수 있으랴』(혜화당, 1997)가 문우들에 의해 간행되었다. 김영준의 시세계에는 비탄의 정조가 상상력의 근저에 작용하고 있을 볼 수 있다. 중앙문단의 관행을 배격하고 시집 발간마저 거부하며 지역문화 창달에 일생을 바친 면모는 김영준 시를 이해하는 하나의 지표가 될 수 있을 것이다.

> 온갖 풍상 다 겪은/ 외줄기 삶/ 굽이굽이 얼룩진 상처 감추며/ 자연의 젖줄로 남고 싶다.// 넝마를 벗고 알몸이 되어/ 아득한 옛날로 돌아가고 싶다./ 사슴의 무리가 날뛰는/ 들판에 이르러 노래도 부르고/ 숱한 사연에 휘말려/ 울고 싶다.// 엎어졌다 자빠지고/ 취한 듯 뒹굴다/ 조용히/ 돌아온/ 청상의 눈물이고/ 청아한 / 사랑의 흐름이고 싶다.
>
> —「오십천」 전문

이 작품은 김영준 시의 지역에 대한 관심과 서정의 경향을 잘 드러낸다. 이른바 '비탄의 정조'를 반복하는 동시에 염결한 시정신을 표출하기도 한다. 죽서루를 끼고 시내를 관류하는 오십천은 이 지역의 상징물 중 하나이다. 화자는 오래된 역사의 무게를 온몸으로 감당하면서도 묵묵히 제자리를 지키는 오십천의 품성을 강조한다. 이는 곧 대상에 투사된 자아의 태도와 다르지 않을 것이다. 화자는 오십천을 통해 "청상의 눈물"과 "청아한/ 사랑의 흐름"이 길항하는 굴곡의 인생을 직시하며 고고한 삶의 의지를 부각시키고 있다. 「후진 바다」 역시 "고향의 바다는/ 마음의 조각들을/ 삼켰다

토해 버린 미움의 물결/ 절망과 야심의 싸움터"라 하며 핍진한 삶의 실체를 전경화한다. 이 모두는 지역의 삶에 천착하는 김영준 시의 현실인식이요 서정의 방식인 것이다.

이상으로 강원영동지역 일세대 작고시인들 중 주목받지 못했던 작품과 그 경향을 간단히 예시하였다. 이들만을 두고 볼 때 강원영동지역시문학은 일견 전문성이 결여되고 구체적인 지역적 연고가 부족하다는 것을 지적할 수 있다. 이상 거론한 일세대 시인들은 대개 지역에서의 삶은 물론 중앙문단과의 활발한 교류라든가 전문적 창작활동이 부족한 것이 사실이기 때문이다. 지역문학 현장과 이들 간의 거리감은 '향중앙성'을 속성으로 하는 한국 문화지형에서 서울을 제외한 주변도시가 지닐 수밖에 없던 형성기의 특징이 아닐까 한다. 한편 지역적 삶만이 지역문학의 지표일 수는 없다. 이들의 시세계는 유년의 삶을 매개로 하는 형식과 내용을 지니고 있을 뿐만 지역문학의 현재를 구성하는 실정적 의미를 지닌다. 이들의 문학세계가 지역문학의 현재에도 지속적으로 개입되는 현실은 '지역문학'이 정형화된 틀이 아니라 항상 운동하는 구성적 개념을 증거하는 현상이기도 할 것이다.

이상 일세대 시인들을 통해 강원영동지역시문학은 단형 서정의 시형을 중심으로 하면서 지역적 삶을 시화하는 경향을 보여주고 있음을 추론할 수 있다. 이러한 특징들은 이곳 지역문학의 정체성을 구성하게 될 것이다. 그 이면에는 이미지 조각과 언어 구사에 보편 서정의 전통적 형상화 방식이 존재한다. 이 자체가 문제될 것은 아니지만 다소 일방적인 방향으로 지역문학의 양상이 재생산되는 흐름은 경계해야 하리라 본다. 이는 위에 살펴본 형성기 시인들의 문제라기보다는 지역문단 이세대를 포함하는 당대적 흐름과 관계된다 하겠다.

최근 이 지역의 시작 활동과 관련하여 주목할 만한 사례를 들자면 류재만 시의 경향이 있다. 1997년 『시와 사람』으로 등단한 류재만은 해양시라는 특별한 장르를 개척해온 인물로서 현재에는 동해지역문학의 대표적 예시에 해당된다. 동해지역 근대문단은 비교적 늦은 시기에 형성된다. 동해시의 현 행정단위는 1980년 당시 명주군 묵호읍과 삼척군 북평읍이 합쳐 형성되는데, 현단계 동해지역문학은 동해문인협회, 동해여성문학회 등의 활동으로 집약된다. 앞서 거론한 최인희와 기타 김시래(1923−2008) 등은 향토적 소재를 바탕으로 한 전통적 서정시의 세계를 보여주고 있다. 이후 지역문단을 이끌고 있는 박종해, 권석순 등의 문학세계 역시 순수 서정의 주류 경향을 이어가고 있다. 이와 달리 동해지역에서 주목할 만한 문학의 양상이 바다를 소재로 한 작품세계인 것이다. 동해지역의 창작 경향을 개관해보면 상당량이 바다를 직간접적으로 다루고 있음을 알 수 있다. 그 중 류재만의 작품은 기타 지역 문인들이 구사하는 리리시즘의 일반적 양상과 달리 해양을 소재로 함은 물론 지역적 삶과 방언 구사로 특화된다.

> 그물을 걷어야겠다/ 멀쩡한 날씨에 왜 그러세요/ 외번개가 쳤어/ 곧 북새가 몰아닥치고/ 너울도 보통이 아닐 게야/서둘러라/ 왜 그리 굼뜨냐/ 썰물에 너무 밀려 왔어/ 벌써 새바다가 어두워지고 있어/ 안 되겠다/ 저 쪽 배가 더 급하다/ 배를 붙일 테니 건너가서 도와줘라/ 우리 기관이 좋기는 하다만/ 여유가 없으니 늦잡지 마라
>
> ─「파도를 재우다」 부분

류재만의 시는 바다의 수많은 생물을 소재로 하고 있다. 또한 위와 같이 구체적인 뱃일의 경험을 시적 서사로 형상화하는 특징적 양상을 지속적으로 보여주고 있다. 10연 170여 행에 이르는 위 단편 서사시의 형태는 풍랑을 만난 뱃사람들의 행위와 의식을 묘사하며 생생한 삶의 현장을 소개하고 있다. 지역의 언어와 삶의 양식이 하나의 시적 사건과 어울려 전달하는 감동은 동해지역시의 고유한 미덕일 것이다.

이상의 양상은 특정 지역에 한정되는 것이 아니다. 이들은 서로 습합되어 존재하며 상호작용을 통해 강원영동지역의 문학적 정체성을 이루게 될 것이다. 그 밖에도 이를 구성하는 수많은 텍스트들이 있다. 앞서 거론한 일세대 시인들에 이어 최근까지 관동문학회, 두타문학회, 기타 지역별 문인협회와 작가회의를 중심으로 이곳 지역문단이 움직이고 있다. 이들 단체를 중심으로 전개되고 있는 강원영동지역의 문학은 관련 문인과 작품집 등의 규모 면에서는 타지역에 비해 열악한 수준이라 하겠다. 그럼에도 불구하고 이들 단체는 낙후된 지역문화의 활성화와 문학적 삶의 실현을 위해 정기적인 모임과 창작활동 등을 지속하고 있다. 이들의 실천적 노력과 그것이 지닌 의미는 어느 지역에도 뒤지지 않는 한국 지역문학장의 현재를 구성하고 있을 것이다.

대전충남지역의 경우

대전충남지역시문학의 경우 정훈, 박용래, 박희선, 이덕영 등으로 상징되는 일세대 시인들을 거론할 수 있다. 그 밖에도 김관식, 김형원, 신동엽, 신석초, 윤곤강, 정한모, 한성기, 한용운 등을 비롯하여 비교적 풍부한 지역문학적 전거를 지닌다. 대전충남지역 일세대 시인들의 작품세계는 분명한 개별적 차이에도 불구하고 순수서정을 바탕으로 한 전형적 서정시의 방식을 공유하고 있다. 비록 이들 시세계가 지역문학적 관점에서는 본격적으로 조명되지 못한 단계에 있지만 개별 연구에 있어서는 강원지역에 비해 비교적 잘 알려져 있다고 본다. 따라서 대전충남지역시의 경우 일세대 시인들의 전반적 경향과 원인, 이세대 시인들 중 주목할 만한 일부 양상을 예시하기로 한다.

대전충남지역의 일세대 시인들이 추구하는 시정신은 여유과 관조 혹은 느림의 시학이라 일컬을 만하다.[2)] 이는 이 지역과 관련된 통념적 정서와도 다르지 않다. 또한 언어적 특징과도 어울리며 역사지리적 특수성을 반영한 문학적 관념일 수도 있겠다. 문제는 그것이 다소 일방적이라는 점이다. 곧 지역적 정체성이 외화되는 문학적 방식이 획일화되어 있다는 점이 이 지역 시문학의 문제라 하겠다. 이러한 대전충남시단의 성격은 주로 문인협회, 즉 한국문학가협회 충남도지부(1955), 한국문인협회 충남지부(1962), 한국문인협회 대전지회(1989) 등이 형성되는 일련의 과정에서 문학적 아비튀스로 고착화된다고 할 수 있다. 문협을 중심으로 한 문학권력의 형성은 순수서정의 방식으로 지역문학의 형식을 지속시키는 주요한 원인이 되는 것이다.

문협의 문학권력화에는 주요 문인들이 각종 단체의 주요 인사로 자리잡는 과정, 지역 강단과 아카데미즘을 지배하는 과정, 그리

---

2) 이에 대해서는 남기택, 「소수자로서의 지역문학, 그 정체와 전망」(『비교한국학』 17권 1호, 2009. 4) 참조.

하여 문학 후속세대의 재생산을 담당하게 되는 과정 등이 두루 포함된다. 이른바 문학적 에콜의 형태를 갖추는 것으로 볼 수도 있겠다. 문학장의 본성상 특정 단체활동이 지속되고 그로부터 하나의 에콜을 형성해가는 과정은 지극히 자연스러운 것이요 그 자체가 문제될 것은 없다. 열악한 지역적 조건 속에서도 지역문화를 이끌어온 문인들의 면면한 노력을 간과할 수 없지만, 그럼에도 불구하고 문협 중심의 문학장 구도는 지역문학의 정체(停滯), 혹은 '서정의 메트릭스'를 구조화하는 하나의 원인일 수 있다는 점을 경계해야 할 것이다.

문인협회 중심의 지역문단 경향을 잇는 이세대 시인으로 박상일 식의 경향을 들 수 있다. 박상일은 그 시세계는 물론 현실적 삶에 있어서 시인 한성기의 영향을 받고 있다. 실제 그는 스승으로 모시던 한성기의 삶과 밀접다는 이유로 유성 구암동의 한 주택을 '시인의 집'이라 이름 붙여 산다.

> 달빛이 마루에/ 묵화를 쳤다// 마당에 서 있는/ 두 그루의 감나무// 옮겨다 놓듯/ 떨리는 붓끝으로// 바람에 흔들리는/ 나뭇가지며/ 나뭇잎까지// 아무도 몰래/ 가져갈 수 없도록// 담 너머/ 차가운/ 마루바닥에// 밤새/ 묵화 한 점/ 그려 놓았다
>
> ―「시인의 집」 전문

이 작품은 달빛을 받은 감나무 그림자의 정경을 담담하게 묘사하고 있다. 마루바닥에 드리운 두 그루 감나무의 그림자가 '묵화'로 비유된다. 달빛 고요한 한밤의 정경이라는 진부한 모티프가 '시인의 집'으로 표상되는 계기가 궁금하다. 이를 추인하는 것은 달빛

이 묵화를 그리는 감나무의 전이에 대한 감각이요 나뭇가지며 나뭇잎의 예민한 미동을 포착하는 정서일 것이다. 또한 그로써 묵화한 점의 현현을 '밤새', 이는 밤의 사이라고 하는 시간의 지속과 그 결과로서의 상태를 아우르는 표현일 것인데, 연장시키는 사유의 힘이라 할 수 있겠다. 시인의 집은 물리적 대상과 구체적 시공간을 넘어서는, 이를테면 마루바닥의 그림자에 가닿은 애절한 시선에 대한 명명인 것이다.

이처럼 소박한 언어와 간결한 이미지로 그려온 시의 길은 '돌'의 모티프에 집중되고 있다. 예컨대 「산」에 쓰인 '돌'의 이미지는 최근의 돌 연작을 전조한다. "돌의 언어는 내 시의 중심이 되었다"(『고향을 잃어버린 돌』 자서)는 시인의 말을 참조하지 않더라도, 수석인으로서의 삶은 최근 박상일의 시적 화두임을 근작 곳곳에서 발견할 수 있다. 그가 주목하는 돌은 그 투박하고 단단한 외양과는 달리 "오르고 내리다 보면" 스스로 알게 되는 진리를 체현하고 있다. 돌은 자연의 섭리가 빚은 결과물이요 그 과정을 온몸으로 증거하는 결정체이다. 돌을 위해 할애했던 시인의 생은 자연을 통해 현실을 재구하고자 하는 시적 맥락과 일치한다. 변화와 생성의 진리를 단순하지만 집약된 형태로 보여주는 돌의 존재론은 박상일이 걸어온 시인의 길이 닿게 된 의미의 한 영역이자 대전충남지역시의 한 성격일 것이다.

내 말이 그 말이어유 글쎄/ 저 냥반은 그거시 어째서 그렁가/ 쇠딱따구리 소리만 났다 허먼/ 벌떡허니 나가 장작을 패드라구유/ 굴뚝 모탱이구 마루 밑구녕이구/ 틈새기 읎시 꽉꽉 쟁여 놨었응게/ 아매두 부엌 아궁이가 그것덜/ 모다 먹느라구 입깨나 아펐을끼/ 산내끼 꼬는 것두 하루 이틀이지/ 발 질구 방 뜨건디 저 냥반은 글쎄/ 바까티만 뜨겁구 안은 안 뜨건가/ 나만 맨날 맷돌 밑짝 맹글에유/ 웃짝 밑짝 그러다봉게 이리 됐지유

—「딸부잣집 낙수 소리」 전문

이진수 역시 이 지역의 농촌 정서와 느림의 시학을 보여주고 있다. 위 작품의 경우 특유의 방언과 해학이 깃들어 더욱 친근한 지역 정서를 자아낸다. 여기에는 농투성이로 일생을 보낸 서민의 삶과, 삶의 고난을 농 걸어 무화시키는 여유가 있다. 선시풍의 짧은 시행으로 자연의 발견을 노래하는 류의 작품군도 이러한 여유의 시학에 해당되는 예시들이다. 그런 이진수 시에서도 위처럼 지역색이 전경화되는 작품이 많은 비중을 차지하는 것은 아니다. 그 역시 토속적인 고향의 삶을 배경으로 가감없는 생활의 진실을 서정적으로 진술하는 것을 특징적 경향으로 지닌다. 그 중에서 화자의 시선이 타자에게로 향할 때, 특유의 지역적 색채가 두드러짐을 볼 수 있다.

이들과 다르게 민중시학의 관점으로 생생한 생활의 양상을 시화하는 경우도 볼 수 있다. 윤임수의 경우, "흔들리지 말자 절대로 흔들리지 말자 다짐하며/ 내 가슴 속 굵은 못을 힘껏 때려박았어요/ 내 뜨거운 땀방울의 당당함으로 푸르게/ 푸르게 서는 날 있으리라 믿어요"(「철도 궤도공의 편지 2」)라는 표현은 오늘날의 보편화된 정서로 볼 때 오히려 생경하다. 직업(철도공사)의 특성상 한 지역에 집중되지 않고 선로를 따라 오고간 삶의 궤적이 반영되어 있는 점도 특이하다. 이처럼 부유하는 생의 행적 깊숙한 곳에 "급한 숨을 원하지 않는,/ 아늑함의 끝이 보이지 않는"(「식장산」) 지역적 삶의 발견

이 또한 자리하고 있다. 기존 민중시의 수사를 극복하고 현실을 다채롭게 끌어안는 앞으로의 과정에서 지역적 체험의 언어에 대한 능숙한 전유가 기대된다.

한편 보일러공 출신인 이면우의 작품들은 구체적 일상과 체험의 형상들로 가득 차 있다. 문학이 삶의 반영이라면, 그러한 문학의 원리는 이면우의 시에서 전형적으로 재현된다.

> 아아, 이제야 알겠구나/ 그 숲 속 작은 새들 오늘 새끼들 부화시킨 것/ 그래 제 몸을 던져 둥지를 지키고 있구나/ 따스한 물기 같은 전율이 등골을 타고 내렸다/ 그래 그래, 사는 거다/ 누구라도 온몸으로 살아야 하는 거다.// 끝내는 조용해진 상수리나무, 아카시아 우거진/ 오솔길 두고 오늘 나는 가시에 찔리고 넝쿨에 긁히며/ 잡목숲 뚫고 이만큼 돌아 산을 내려왔다.
>
> —「그 숲 속 작은 새들」 부분

이면우의 시는 이른바 '온몸의 시학'을 연상케 한다. 이론의 온몸을 체현하는 시의 숲 속에서 시인은 온몸으로 부딪히는 생활의 자세를 통해 파편화된 자본의 삶을 뚫고 나가고자 한다. 우리는 그 과정에서 우거진 잡목숲 사이에 길없는 길을 내는 우회의 진리를 본다. 이러한 발견은 세태로서의 생태주의가 지닌 부박함을 넘어서는 무게일 것이다. 이를 가능케 하는 동력이 그의 시 근간에서 작동하는 건강한 노동과 구체적 삶의 자세임을 쉽게 확인할 수 있다. 그리하여, "바로 지금 너의 삶을 깊이 들이켜라 새 나무 구름 기쁨 두려움도 천천히 천천히 내뱉어라 숲의 끝에서 한번 휘청할 때 나무가 아래로 내민 가지를 사내는 두 손으로 꽉 움켜쥐었다"(「

그 숲을 지나왔다」)와 같이 자연에 대한 경이는 인간의 의지와 단속 없는 긴 산문체로 결합된다.

최근 문학의 개인주의화 경향은 역설적으로 정치의 회복이라는 화두와 혼재되어 있는지 모른다. 문학이 지닌 대항담론적 속성은 모든 시대를 관류하는 문학의 존재방식일 것이며, 그 자체로 다양한 목소리의 혼재라는 정치적 장의 본성과 연결될 수 있다. 1980년대를 지나온 문학은 준열한 자기반성을 거치며 문학 자체의 대항적 위치를 발본적으로 모색하는 다양성의 차원을 열어놓게 되었다. 현실이 탈정치화될수록 보이지 않는 권력의 자리를 뒤집고 언어화해야 하는 것은 어쩔 수 없는 문학의 몫이어야 한다. 그 치열한 고군분투의 자리에 이면우의 소박한 시들은 화려하거나 전투적이지 않지만 남다른 시의 결을 거느린 채 하나의 가능성으로 존재하고 있다. 이 역시 이곳 지역문단의 소중한 자산이 아닐 수 없다.

그럼에도 불구하고 문학장의 관성에 따라 제대로 된 비평적 조명을 받지 못하는 텍스트들은 한국문학 전체를 보더라도 큰 손실이 아닐 수 없다. 기존의 관점에서 주변인적 위치에 머무르고 마는 수많은 텍스트가 있는데, 묵묵한 문학적 실천으로 삶과 유리되지 않는 작품세계를 지닌 소장 시인 중 한 사람으로 이종진을 들 수 있다. 이종진의 시로부터는 인위적으로 채색되지 않은 서정의 언어를 경험하게 된다. 다단한 문단의 흐름과 사건에도 불구하고, 시작의 처음부터 지금까지 일관되도록 자신만의 길을 고집하는 방식은 이종진 시의 경향이고 뚝심이다. 그렇듯 등단(『현대문학』, 1988) 이래 최근 경향에 이르는 과정은 견고한 자의식으로 자신만의 시세계를 일구어온 시간이었을 것이다.

그간 이종진의 시는 삶의 진지한 성찰, 자아의 발견과 내면적 고투 등을 묘사해왔다. 비루한 삶에 대한 반성과 회한, 현실이 부여하는 생활의 무게감 등도 주된 의미망이다. 예컨대 시인은, "아직껏 제대로 되먹은 것 하나 없이/ 십여년이 가까워지도록 두들겨 온 이 작업/ 어차피 일이나 삶이 끝없는/ 고통을 참아내기 위해 있는 것이라는 것을/ 가끔은 위안하면서/ 익숙한 실책과 망치로 저물녘까지/ 돌을 두드린다"(「즐거운 작업」)고 쓴 바 있다. 여기서 화자는 돌을 깎는 작업 속에서 일이나 삶이 결국 고통을 참아내는 과정이라는 사실을 되새긴다. 이 비극적 삶의 인식은 시인이 처한 만만찮은 현실의 무게와 다르지 않다. 그러나 그 고통의 순간이 즐거운 노동이었다는 고백이 곧 이어진다. 공치사로 들릴지 모를 이러한 경구는 당위론적이거나 막연한 긍정이 아니라 돌의 삶을 이해하고("끝내 서러워하지 않는 돌"), 돌에 투사하는 전이("돌 속에 내가 고요히 들어가")의 순간을 거친 발견이다. 생의 발견은 또한 여타의 시편들과 어울려 그 진정성을 완성하게 된다. 유년으로부터 최근의 경험에 이르는 오랜 체험들이 특유의 진솔한 문체와 어울려 고유한 긴장을 유발하고 있는 것이다.

이러한 방식은 근래 상재한 『여기 아닌 그곳』(2008)의 곳곳에서도 발견된다. 시와 삶이 서로를 배신하지 않는 이른바 '삶의 시'의 체현이 그것이다. 요컨대 이종진 시의 무늬를 형성하는 것은 내면적 성찰과 고투의 과정이라 할 수 있다. 재기의 시학이 지배적인 세태 속에서 이종진 시는 분명 남다른 의미를 지닌다. 그의 시는 구심적 세계의 형상을 위한 일관된 노력을 통해 시가 지닌 장르적 본성을 체현하고 진지한 내면적 성찰을 유도하고 있는 것이다.

여기서 역사적 관점의 개입은 이종진 시의 개성을 이해하는 유용한 방법일 듯하다. 시인은 문학청년의 시절을 지나 수석과 더불어 만만찮은 세월을 보냈고, 한때 강단에서 시를 가르치기도 했으며, 지금은 책을 만드는 일을 생업으로 삼아 현실을 살아가고 있다. 다소 과작의 경향을 보이는 이유는 하나의 돌을 다듬듯 작품을 쓰는 그에게 시작이라는 것이 우연한 단상의 재기발랄한 말놀음일 수 없기 때문일 것이다. 그만큼 이종진의 시는 완숙한 경험을 자신만의 긴 언어로 풀어내는 방식을 취한다. 긴 언어라 함은 대체로 긴 시를 쓴다는 스타일로부터 그 결을 이루는 진술의 문체와 완만한 호흡 등을 포함한다. 몇 가지 모티프와 주제, 작품을 관류하며 형성되는 일관된 의미망 역시 이종진 시의 긴 호흡을 증거하고 있다. 이는 그의 시가 시류에 휩쓸리지 않는 우직한 자세로 자신만의 길과 방법에 이르고 있음을 보여주는 또 다른 국면이라 하겠다.

이상 거론한 대전충남지역 소장 작가들의 시세계는 그대로 시인의 개성일 것이며 누구도 어떤 방향을 강제할 수 없다. 그럼에도 불구하고 지역적 삶은 시인의 자의식을 떠나 작품의 구성에 무의식적으로 관련된다. 기존의 조명들이 주목하지 못했던 의미가 있다면 이러한 입장으로부터 새로운 접근이 가능할 것이다.

4. 지역문단의 향방

강원영동지역과 대전충남지역 시문학은 해방 이후 미적 근대의 실현 단계를 충실히 밟아왔다 하겠다. 그 과정에는 전통 서정, 여유와 관조, 느림의 시학으로 대표되는 순수시의 세계가 두드러진다. 민족문학 그룹도 하나의 비판적 동력으로서 1980년대 이후 적극적 활동을 지속하는데, 작가회의 소속회원의 작품이라고 해도 작품 자체만 두고 볼 때 문학적 정체성을 변별하기 어려운 경우가 상당하다. 지역을 초월하는 경향도 공통적이어서 지역적 삶의 형상화를 통해 '지금 여기'의 현실을 의식적으로 드러내려는 경향이 많지 않다.

지역적 정체성을 분명히 구분하고 드러내는 것만이 바람직한 문학의 향방은 아닐 것이다. 그럼에도 문학의 본성이 현실의 체험을 통해 미적 언어를 구축하는 것일진데, 다채로운 언어로써 지역현실을 풍성하게 그려내지 못하는 양상은 아쉬운 면모가 아닐 수 없다. 하여 기존의 순수서정과 내면적 세계를 추구하는 경향을 보다 확장하고, 다양성을 통한 문학판의 활성화를 의식적으로 도모해야 할 필요성이 있겠다. 오늘날 지역문학담론은 침체된 문학을 활성화시키고 세계화시대에 응전하는 방법론으로서 제기되고 있음을 지역문학의 현장이 주목했으면 한다.

지금까지 이들 지역의 시적 정체성과 활발히 조명되지 못했던 텍스트를 소개해보았다. 앞으로 지역문학의 활성화를 위한 다양한 시도가 필요할 것인데, 지역문학에 관한 선행 글들은 대개 지역잡지의 역할, 지역문학에 대한 인식론적 전환, 그리하여 문학의 위기 극복 방안으로서의 지역문학을 강조하고 있다. 강원영동지역과 대전충남지역문학은 이러한 지역문학의 당위를 실천할 수 있는 구조적 여건을 갖추고 있다고 본다. 민족문학적 전통을 비롯하여 다종의 문학활동이 지속되고 있고, 신진연구자를 포함하는 인력풀도 형성되어 있는 등 타지역에 비해 결코 어려운 조건이 아니다.

위에 거론한 지역시의 사례들이 '제도 너머의' 문학일 수는 없다. 어쩌면 기존 제도로의 편입을 열망하는 중인지도 모른다. 흔히 말하는 아마추어리즘에 갇혀 예술적 수월성보다는 인정과 구투를 벗어나지 못하는 마이너리티의 장일 수도 있다. 이러한 부정적 요인들에도 불구하고 분명한 사실은 현단계 지역문학장은 서울이라는 특정 지역의 상징권력으로부터 지나치게 배제되어 있다는 점이다. 지역문학의 제자리 찾기 과정에는 지금까지의 문제적 구조를 개선하는 동시에 전문성을 구비함은 물론 진정한 문학적 소수성을 성취하기 위한 실천적 노력이 필요할 것이다. 이를 담보하지 못하는 지역시단의 형평은 결코 당위일 수 없다.

찾아보기

ㅇ

논문출처

이 책에 실린 글들은 아래에 근거하였으며, 모든 글은 수정 · 보완되었다.

「근대문학사상의 형성과 효용」: 『한국언어문학』 46집, 한국언어문학회, 2001. 5.
「동화적 상상력과 근대문학의 성립」: 『인문학연구』 32권1호, 충남대 인문과학연구소, 2005. 6.
「근대, 백석, 아쿠타가와」: 『어문연구』 37집, 어문연구학회, 2001. 12.
「조벽암 시의 포즈와 근대」: 『비평문학』 23호, 한국비평문학회, 2006. 8.
「오장환, 『성벽』과 『병든 서울』 사이」: 『비평문학』 37호, 한국비평문학회, 2010. 9.
「시적 재현과 영상언어」: 『현대문학이론연구』 40집, 현대문학이론학회, 2010. 3.
「문화산업시대의 문학」: 『화요문학』 2007년 가을호.
「문학과 판타지」: 『비평문학』 24호, 한국비평문학회, 2006. 12.
「백일몽, 불안한 주체의 설 자리」: 김현정 외, 『라깡과 문학』, 예림기획, 1998.
「문학과 권력」: 『작가마당』 7호, 대전충남작가회의, 2004. 9.
「경계와 길의 시학」: 『비평문학』 26호, 한국비평문학회, 2007. 8.
「시, 정치, 장소」: 『시와시』 2013년 봄호.
「박인환 시의 장소와 심상지리」: 『한국언어문학』 79집, 한국언어문학회, 2011. 12.
「고원 문학의 디아스포라 양상」: 『우리어문연구』 45집, 우리어문학회, 2012. 1.
「이성선 문학과 로컬리티」: 『영주어문』 23집, 영주어문학회, 2012. 2.
「제도 너머의 문학」: 『현대시』 2010년 2월호.

저 자 약 력

남기택 (南基澤)
1970년 대전 출생
충남대학교 국어국문학과 및 동 대학원 졸업
문학박사, 문학평론가
현재 강원대학교 교양학부 교수
주요 저서로는 『근대의 두 얼굴, 김수영과 신동엽』,
『강원영동지역문학의 정체와 전망』 등이 있다

경계와 소통, 한국 현대문학의 다층성

지은이 • 남기택
발행인 • 조승식
발행처 • (주) 도서출판 북스힐
등록 • 제22-457호
주소 • 142-877 서울시 강북구 수유2동 240-225
www.bookshill.com
E-mail • bookswin@unitel.co.kr
전화 • 02-994-0071
팩스 • 02-994-0073

2013년 2월 20일 1판 1쇄 발행
2014년 1월 20일 1판 2쇄 발행

값 12,000원
ISBN : 978-89-5526-508-8